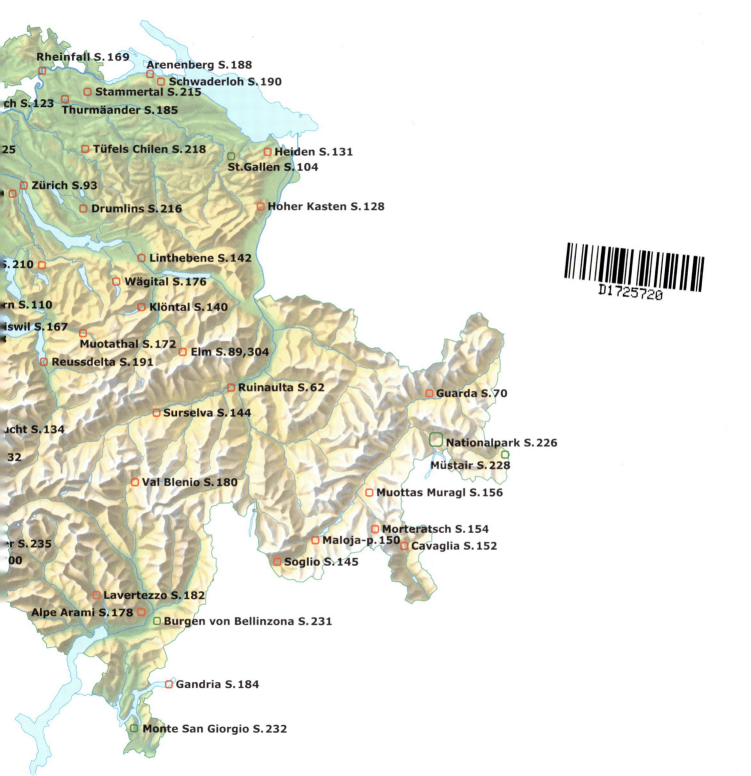

GEOLAND SCHWEIZ

MICHAEL SZÖNYI

# GEOLAND
# SCHWEIZ

vdf Hochschulverlag AG an der ETH Zürich

**Bibliografische Information**
**Der Deutschen Bibliothek**
Die Deutsche Bibliothek verzeichnet diese Publikation in der Deutschen Nationalbibliografie; detaillierte bibliografische Daten sind im Internet über http://dnb.ddb.de abrufbar.

© 2007
vdf Hochschulverlag AG an der ETH Zürich

Das Werk einschliesslich aller seiner Teile ist urheberrechtlich geschützt. Jede Verwertung ausserhalb der engen Grenzen des Urheberrechtsgesetzes ist ohne Zustimmung des Verlages unzulässig und strafbar. Das gilt besonders für Vervielfältigungen, Übersetzungen, Mikroverfilmungen und die Einspeicherung und Verarbeitung in elektronischen Systemen.

ISBN-13: 978-3-7281-3077-8
ISBN-10: 3-7281-3077-X
www.vdf.ethz.ch

# ZUM GELEIT

Kaum ein Land der Welt vereinigt auf so kleiner Fläche so viele erdwissenschaftlich interessante Phänomene wie die Schweiz. Der Titel „GeoLand Schweiz" ist aus diesem Grund absolut zutreffend. Es ist deshalb auch kein Zufall, dass in der Schweiz im Bereich Geologie und verwandter Fachgebiete stets auf hohem wissenschaftlichem Niveau geforscht und gelehrt wird.

Die Erdwissenschaften sind aber nicht bloss ein spezialisiertes Forschungsgebiet, sondern sie haben mehr Einfluss auf unser tägliches Leben, als man auf den ersten Blick annimmt. Die Form der Landschaft, wie wir sie antreffen – die Nutzungsmöglichkeiten, die sie uns bietet – die Gefahren, die davon ausgehen – all dies wird weitgehend durch den Aufbau des Untergrundes, also die „Geologie" bestimmt. Unsere Versorgung mit Wasser, Rohstoffen und Energie beruht auf erdwissenschaftlichen Grundlagen. Infolge der knapper werdenden Ressourcen und der wachsenden Bevölkerungszahlen werden die Wechselwirkungen zwischen uns Menschen und unserer Umwelt (und damit auch mit unserem Untergrund) immer wichtiger. Die Berücksichtigung dieser Faktoren führt dazu, dass nachhaltige Entwicklungen angestrebt werden.

Der Autor des Buches „Geoland Schweiz" versteht es, wissenschaftliche Zusammenhänge und ihre Auswirkungen auf unser Leben auf sehr anschauliche Art und Weise darzustellen und verständlich zu machen. In spannenden Texten, illustriert mit hervorragenden Bildern, werden unterschiedlichste Aspekte unserer Umwelt und Gesellschaft beschrieben und dabei immer wieder Bezüge zu erdwissenschaftlichen Grundlagen hergestellt. Die Freude an unserer wunderschönen Landschaft mit den vielen Sehenswürdigkeiten bleibt aber stets im Vordergrund.

„GeoLand Schweiz" leistet damit einen wichtigen Beitrag zum besseren Verständnis unserer Lebensgrundlagen und der Wichtigkeit des sorgsamen Umganges mit ihnen.

Pirmin Mader,
Präsident Schweizer Geologenverband CHGEOL

# VORWORT

Geowissenschaften oder Erdwissenschaften – was ist das eigentlich? Dieser Wissenschaftszweig steht vor den Herausforderungen des angebrochenen 21. Jahrhunderts und muss sich nach aussen positionieren und definieren. Die entsprechende Arbeitsgruppe „Future of Geosciences" schreibt es so: „Geowissenschaften umfassen alles, was mit dem System Erde in Beziehung steht, vom inneren Kern bis zur äusseren Atmosphäre, und [...] erforschen die Wechselwirkungen aller Komponenten der Geosphäre mit der Biosphäre und mit menschlichen Aktivitäten." Die Multi- und Interdisziplinarität, die Komponente Mensch und das Verständnis unseres Lebensraums sind von zentraler Bedeutung.

Dieses Buch wendet sich an Leser, die über den Tellerrand durchschnittlicher Touristenperspektiven hinausschauen wollen und sich nicht als „Pauschaltouristen" verstehen. Es soll in Wort und Bild Verständnis für Zusammenhänge schaffen und aufzeigen, welche spannenden Aspekte, Destinationen und Gebiete ein facettenreiches Land wie die Schweiz im Kontext der Geowissenschaften für jeden persönlich bereithalten kann. Der Autor gesteht den Lesern dieses Buchs die Fähigkeit zu, sich selber organisieren zu können, wenn es darum geht, ein preisgünstiges Hotel, eine Veranstaltungsfirma für eine Stadtrundfahrt, eine Transportmöglichkeit zu einem gängigen Ausflugsziel oder die entsprechend passende Reiseliteratur zu finden.

Vielmehr soll dieses Werk die Sicht des Reisenden auf die Prozesse, Entstehungsweisen und Zusammenhänge lenken, die unsere Landschaft zur heutigen Form und zum heutigen Aussehen gestaltet haben. Dem Leser werden Bezugspunkte, Ansätze und Begründungen geliefert, um die gegenwärtige Natur- und Kulturlandschaft in der Schweiz besser zu verstehen und sich vermehrt für sie zu interessieren. Dabei werden keine geowissenschaftlichen Fachkenntnisse vorausgesetzt. Die didaktisch aufbereiteten Texte sollen allgemein verständlich die Grundlagen darstellen. Grau hervorgehobene Fachbegriffe werden in einem separaten Kasten erklärt. Wer sich tiefgreifender mit der Materie befassen möchte, dem sei das Buch „Allgemeine Geologie[1]" von Press und Siever empfohlen.

Ausgehend von den im Buch behandelten und erwähnten Schwerpunkten wird der Leser zahllose Varianten finden, sich weitergehend mit der Thematik zu beschäftigen oder zu einem verwandten Gebiet abzuschweifen. Bei der Orientierung sollen die beiden Karten im Einband sowie das Stichwort- und Inhaltsverzeichnis am Schluss des Buches helfen.

---
[1] Dem Verständnis von Geologie im angelsächsischen Raum entspricht eine weite Disziplin, wie sie in etwa die Erdwissenschaften in der Schweiz umfassen. Kommt Forschung am Lebensraum und am Verhalten des Menschen hinzu, spricht man von Geowissenschaften.

„Alles in allem gibt es nur zwei Arten von Menschen auf der Welt – solche, die zu Hause bleiben, und solche, die es nicht tun."

*Rudyard Kipling*

Es soll ein Grundstein gelegt werden, während des Reisens tiefer und durchdringender zu sehen und zu entdecken und aus persönlicher Neugier die ausgetretenen Wege für individuelle Erkundungen zu verlassen. Die begleitenden Fotos können dementsprechend auch jeweils nur eine emotionale, subjektive Momentaufnahme zur Veranschaulichung und zur Vermittlung der natürlichen Ästhetik sein und nicht annähernd die umfassenden visuellen Methoden der modernen Forschung widerspiegeln. Dem Leser soll das heutige Systemverständnis der Erd- und Naturwissenschaften vermittelt werden. Dennoch gilt es zu beachten, dass zahlreiche der hier vorgestellten Plätze und Landschaften in einem fragilen Gleichgewicht stehen und bei mangelnder Sorgfalt leicht aus der Balance zu bringen sind – deshalb folgt hier der Hinweis, nicht leichtfertig in der Gegend umherzulaufen, keine geschützten Pflanzen zu pflücken, Tiere zu füttern oder Abfälle zu hinterlassen. James Lovelock erzählt von diesem metastabilen Gleichgewicht des lebenden Planeten Erde sehr schön in der Gänseblümchengeschichte seiner Gaia-Hypothese.

Dass der Mensch die Gewalt der Natur letztlich nicht bändigen kann, hat das Hochwasserereignis vom August 2005 gezeigt, als in kurzer Zeit grosse Landesteile der Schweiz von reissenden Bergbächen, anschwellenden Flüssen, Murgängen und steigenden Seespiegeln schwer heimgesucht wurden und Menschen zu Schaden kamen. Dieses Buch soll das Verständnis des Menschen für die Natur verbessern und versucht, geologische, meteorologische, glaziologische, seismologische und weitere natürliche Prozesse so darzulegen, dass der Leser sich selber Zusammenhänge erschliessen und Konsequenzen für seine Handlungen ableiten kann.

Ausgehend vom Grossen – der Schweiz als Ganzem, im Herzen Europas, mit ihrer geografischen Drei- und sprachlichen Vierteilung – werden sukzessive mehr und mehr Details vorgestellt. Über die Regionen und Städte gelangt der Leser zu ausgewählten Landschaften, Typlokalitäten und Geotopen, wobei für jede Vorliebe etwas dabei sein wird. Themen wie Verkehr, Verstädterung und Nachhaltigkeit runden das Bild ab und schaffen Platz für grössere räumliche und zeitliche Zusammenhänge: Das sind die vier Dimensionen von Raum und Zeit, die unter dem geografischen Aspekt eng miteinander verflochten sind. Obwohl der Autor versucht hat, alle Themen und Aspekte ausgewogen zu behandeln, ist selbst in einem so kleinen Land wie der Schweiz keine Vollständigkeit möglich und bleibt die Auswahl subjektiv.

Immer wieder werden wir auf unserer Reise interessanten und polarisierenden Persönlichkeiten aus Naturwissenschaft und Politik begegnen. Grosse Namen wie Albert Heim, Amanz Gressly oder die Dynastie der Eschers schaffen Verknüpfungen, erzählen Geschichten und liefern auch einmal ein kleines Aha-Erlebnis, wenn man ihnen an anderer Stelle wieder begegnet. Dem Autor war es ein wichtiges Ziel, für den Leser jederzeit einen Alltags- und einen Raumbezug zu schaffen und diesen mit hochwertigen Fotos zu illustrieren, um sich an einem roten Faden orientieren zu können.

Güttingen, im August 2006: Michael Szönyi

## DIE SCHWEIZ UND IHRE DREITEILUNG

Aufgrund der Vielseitigkeit und Kleinräumigkeit des Landes ist die Schweiz besonders für Touristen und Entdeckungsreisende geeignet. Viele Sehenswürdigkeiten sind leicht zu erreichen und liegen nahe beieinander. In der Schweiz drängen sich mittlerweile fast 7.5 Millionen Menschen auf einem Hoheitsgebiet von 41'295 km$^2$ (Bundesamt für Statistik BFS, 2005). Doch betrachtet man eine Karte mit der Bevölkerungsdichte, so wird einem schnell klar, dass grosse Teile der Schweiz unbesiedelt sind, während ein Streifen, der etwa diagonal von Südwest nach Nordost verläuft, stark bevölkert ist. Wie kommt dies zustande? Schauen wir uns die Aufteilung der Schweiz an:

### Mittelland

Die Schweiz wird geografisch-geologisch grob in **drei Gebiete** unterteilt, wovon das **Mittelland** den grossen Siedlungs- und Landwirtschaftsraum zwischen Jura und Alpen bildet. Es ist ein Streifen mit einer Ausdehnung von gut 300 km Länge in Südwest-Nordost-Richtung vom **Genfersee** bis zum **Bodensee**, der eine Breite von 40 bis maximal 70 km Breite aufweist. Dieser Streifen beinhaltet, geologisch betrachtet, das **Molassebecken**, sozusagen der Abtragungsschutt der Erosionsprozesse im sich bildenden Alpengebirge. Es ermöglicht mit seiner Fruchtbarkeit den intensiven Lebensraum, wie wir ihn heute nutzen. Die kilometerdicken, **sedimentären** Molasseablage-

*Sonnenaufgang über dem Bodensee. Deutlich zu erkennen die Anhöhen vor Immenstaad in der linken Bildhälfte. Mai 2005.*

*Der „Jet d'eau" des Hafens von Kreuzlingen mit Blick auf das Konstanzer Becken des Bodensees. Juli 2002.*

*Die „Sprungschanze" Rigi von Arth-Goldau gesehen. Mai 2006.*

*Intensive Landnutzung im Mittelland: Landwirtschaft, Industrie und Energieerzeugung überschneiden sich. Mai 2003.*

rungen wurden teils in einem Meer mit schwankendem Wasserstand, teils auf dem Festland auf dem kristallinen Grundgestein abgelagert. Man unterscheidet die vier Stadien der Unteren Meeresmolasse (UMM), der Unteren Süsswassermolasse (USM), der Oberen Meeresmolasse (OMM) und der Oberen Süsswassermolasse (OSM). Die Molasseablagerungen nehmen in ihrer Mächtigkeit kontinuierlich von den Alpen her nach Norden ab. Ebenso kann man beobachten, dass die Komponenten und die **Korngrössen** immer klei-

> **Sediment:** Alle aus der Vielzahl der an der Oberfläche durch physikalische Kräfte (Wind, Wasser, Eis), chemische Vorgänge (Ausfällungen aus Meeren und Seen) oder biologische Vorgänge (Organismen) abgelagerten oder abgeschiedenen Feststoffe, die später im Zuge der Diagenese lithifiziert (versteinert) wurden.

ner werden: Grosse Flüsse haben ihre Fracht nach und nach aus dem Alpengebiet abtransportiert und wieder deponiert, als ihnen die Gesteinspassagiere – abhängig von ihrer Masse – zu schwer wurden. Dementsprechend kann man nach ihrer Transportdistanz und ihrer Korngrösse drei Typen von Molassegesteinen (mit abnehmender Korngrösse und zunehmender Transportdistanz) unterscheiden: Nagelfluh, Sandstein und Mergel.

Als ganz typisch für die Beeinflussung der Molasse durch die Alpenfaltung darf die **Rigi** gelten: Sie ist eine Scholle disloziierter, dem Alpenraum direkt vorgelagerter Molasse, die aus ihrem Ursprungsgebiet verschoben und wie eine Sprungschanze aufgetürmt wurde, als aufgrund der Kollision zwischen afrikanischer und europäischer Platte der Platz des Mittellandes sukzessive verkürzt wurde. Schon von weit her ist die Rigi daher an ihrer Form zu erkennen.

## Der Thurgau

Der **Thurgau** im Nordosten der Schweiz führt das Molassebecken des Mittellandes, maximal bis zu 4 km mächtig, in die süddeutschen und österreichischen Voralpengebiete über. Bei der heutigen intensiven Landnutzung als Wohn-, Industrie- und Lebensraum ergeben sich konfliktartige, aber auch symbiotische Überschneidungen, die den Thurgau, aber auch andere typisch landwirtschaftlich geprägte Kantone wie den Aargau und Bern sowie weitere Gebiete betreffen. Als konfliktgeladenes Beispiel zwischen Industrie, Wirtschaft und der Landwirtschaft kann die Volksabstimmung zum Bau einer Umfahrungsstrasse um

Kreuzlingen und einer Schnellstrasse von Weinfelden nach Arbon gelten, die so genannten T13 und T14. Beide zerschneiden gemäss Trassenführung Landwirtschafts- und Naherholungsraum in erheblichem Masse, ohne dass der Nachweis für den Bedarf dieser Verkehrsstrassen letztlich zweifelsfrei erbracht worden wäre. An der Urne sagte das Thurgauer Volk als höchster Souverän des Kantons zu beiden Vorlagen Nein.

## Exkurs: Landwirtschaft in der Schweiz

Die Landwirtschaft bildete früher als primärer Sektor (in der **sektoralen Wirtschaftslehre** nach Fourastié) das Fundament zur Ernährung jeden Volkes. Erst im Zuge von technischer Innovation, Fortschritt und Spezialisierung wurde im 18. und 19. Jahrhundert der sekundäre Sektor während der Industrialisierung stärker, um schliesslich im ausklingenden 20. Jahrhundert von den Dienstleistungen (tertiärer Sektor) übertroffen zu werden. In diesem Problemkreis bewegt sich die Landwirtschaft, vor allem in der als Hochpreisinsel verschrieenen, mittlerweile komplett von EU-Land eingeschlossenen Schweiz. Das **Kulturland** (Land- und Forstwirtschaft) macht noch immer den grössten Teil des genutzten Bodens aus, rund zwei Drittel des Schweizer Bodens werden so genutzt. Dennoch verliert die Landwirtschaft gegenüber dem Siedlungsraum ständig an Fläche, was Pro Natura (ein knapp 100'000 Mitglieder zählender Verein für Naturschutz) auf den Plan brachte, Siedlungsraum in Mehrfamilienhäusern sinnvoller zu nutzen und dem wuchernden Einfamilienhausbau einen Riegel vorzuschieben.

Als das Gebiet der Schweiz besiedelt wurde, musste das heute nutzbare Gebiet erst einmal urbar gemacht werden, vor allem durch **Rodung** der vorherrschenden Waldflächen. In der Folge etablierten sich **Dreifelderwirtschaft** und Weinbau, der in ausgewählten Regionen noch heute intensiv betrieben wird, v.a. in der Westschweiz und im Zürcher Weinland, wo man grosse Stücke auf die produzierten Tropfen hält. Die **Erfindung** von Düngern und von Maschinen zur Effizienzsteigerung sowie Importe aus den neu erschlossenen Gebieten jenseits des Atlantiks führten im 19. Jahrhundert zu globalen Marktveränderungen, die letztlich der einheimischen Landwirtschaft einen derartigen Druck auferlegten, dass es häufig zu **Abwanderungen** kam. Stark betroffen waren die südlichen Bergtäler im Tessin und in Graubünden sowie der Kanton Glarus. In den Alpen konnte das Bauerntum durch die topografische Ungunstsituation nicht mit der Konkurrenz aus dem Ausland mithalten. Vielerorts wurde die Bewirtschaftung der Äcker eingestellt oder auf Viehwirtschaft umgestellt. Die Täler entvölkerten sich zusehends durch Auswanderung oder Wegzug in die Städte. Als entsprechende Relikte im Landschaftsbild sind heute unter anderem die Ackerterrassen im Unterengadin, im Südtessin und im Wallis erhalten.

**Sektorale Gliederung:** Die sektorale Gliederung ist die wichtigste und häufigste, nicht immer aber die beste Gliederung der Wirtschaft eines Landes. Diese Gliederung unterteilt die Wirtschaft in drei Sektoren (primär: Landwirtschaft, sekundär: Industrie, tertiär: Dienstleistungen) und betrachtet die Entwicklung der drei Sektoren als Funktion der Zeit in anteiligen Prozenten. Sie wurde von Jean Fourastié entwickelt und beschreibt exemplarisch den Übergang von einem dominierenden ersten zu einer industrialisierten Gesellschaft mit einem Schwergewicht im zweiten und schliesslich einer postindustriellen Gesellschaft mit grösstem Anteil im dritten Sektor.

*Landwirtschaft in Sommeri TG. Bauern werden immer mehr zu Unternehmern und verkaufen ein diversifiziertes Warenangebot direkt ab Hof ohne den Zwang von Ladenöffnungszeiten. Ein praktischer Zugewinn für Kunde und Verkäufer. Mai 2004.*

Heute kennt die Schweiz eine landwirtschaftliche Förderung der Berggebiete, um die gefährdete Bewirtschaftung in Gebieten unter erschwerten Produktionsbedingungen, welche heute allgemein anerkannt sind, sicherzustellen. Diese erfüllt nämlich eine wichtige Aufgabe sowohl gegenüber Naturgefahren wie Rutschungen, Steinschlag und Lawinen als auch bezüglich des Mikroklimas. Daneben hat die Land- und Forstwirtschaft aber auch eine gesellschaftliche Funktion zu erfüllen. Der Tourist wie auch der einheimische Bewohner profitieren gleichermassen von einer gepflegten Kulturlandschaft und der Schutz vor Wasser wird mittels Bodenstabilisierung und Erosionsverhinderung sowie der Vermeidung von Brachlandentwicklung sichergestellt. Für die Gesellschaft erfüllt sie eine Erholungsfunktion durch schöne Landschaftsbilder und stellt die richtige Mi-

schung aus dezentraler Besiedelung und Zersiedelung dar. Laut Artikel 104 der **Bundesverfassung** leistet die Landwirtschaft folgende drei Kernbeiträge: Die sichere Versorgung der Bevölkerung, die Erhaltung der natürlichen Lebensgrundlagen und der Kulturlandschaft sowie die dezentrale Besiedlung des Landes.

Interessant in diesem Zusammenhang ist auch die Betrachtung der Biodiversitäts-Entwicklung. Entgegen allen Unkenrufen, dass die Landwirtschaft und die Kulturlandbewirtschaftung die **Artenvielfalt** drastisch reduziere und diesem Treiben Einhalt geboten werden müsse, zeichnet sich im alpinen Raum genau ein gegenläufiger Trend ab: Brachliegende Almweiden werden langsam überwuchert und wieder mit niedrigen, die Magerwiesen verdrängenden Baumarten bewachsen, was die Anzahl der Arten nachweislich reduziert. In diesem Sinne leistet die Landwirtschaft einen wichtigen Dienst für Mensch und Umwelt (BFS, 2002).

Schwindende **Subventionen**, der Zwang zur Vergrösserung des Hofes und weitere strukturelle Veränderungen, um sich überhaupt im Beruf halten zu können, machten viele Bauern erfinderisch. Der **Direktverkauf** ab Hof ist zum Renner geworden und hat viele zu einer breiten Diversifikation ihrer Angebote veranlasst. Begonnen hat es mit einem einfachen Holztisch, eventuell durch einen Schirm vor den Witterungseinflüssen geschützt, auf dem ein paar Schüsseln Himbeeren oder Schnittblumen verkauft wurden. Bezahlt wurde ohne Anwesenheit des Bauern in eine metallene Box. Doch wenn das Angebot gut nachgefragt wurde, musste die Hofeinfahrt bald verbreitert werden, um den Kunden genügend Parkplätze zu bieten, zu den Beeren kamen Eier und Salate ab Hof, und der einfache Verkaufstisch wich einer kleinen Hütte und bald einem massiven Verkaufsgebäude mit Registrierkasse und allem drum und dran. Heute ist die **Konkurrenz** der Nachbarhöfe oft schon so gross, dass man seine eigenen Spezialnischen findet und ofenfrisches Brot backt oder im Sommer die Stammkundschaft mit eigenen Glacé-Kreationen verwöhnt.

Abendstimmung in Altnau TG. Mai 2003.

*Das Mittelland erstreckt sich in der Diagonale vom Hafen von Romanshorn TG (links) bis zum Jet d'Eau im Hafen von Genf (rechts). Juli / August 2005.*

Die Vorteile liegen für beide Seiten auf der Hand. Der Kunde hat spontan die Möglichkeit, in einem Laden mit sehr praktischen Öffnungszeiten auch am Wochenende oder am Abend einzukaufen. Die Produkte sind ständig frisch, da es kaum einen kürzeren **Transportweg** gibt als zwischen Feld und Theke ein und desselben Landwirtschaftsbetriebes. Ferner kann der Landwirt seine **Rohstoffe** meist fast vollständig selbst beschaffen und sie nach seinem Gutdünken für verschiedene Produkte so einsetzen, wie es gerade am zweckmässigsten ist.

## *Geologie*

Geologisch kann das Mittelland mit den Sensationen der Alpenüberschiebung vielleicht nicht mithalten, hält aber für den engagierten Betrachter so manche Überraschung bereit. Unterstützung findet man dabei bei den Ämtern für Raumplanung in den jeweiligen Kantonen, die in einigen Fällen (z.B. TG und SG) einen ausführlichen Geotopenführer im Kanton erstellt haben[2]. Ein **Geotop** definiert sich ähnlich wie ein Biotop als räumlich begrenzte Lokalität mit besonderer Bedeutung für Geologie, **Geomorphologie** oder Geoökologie, das als Zeuge der Erdgeschichte wichtige Erkenntnisse über die Landschafts- und

> **Geomorphologie:** Die G. beschäftigt sich mit den Formen und den formgestaltenden Prozessen auf, an und nahe unter der Erdoberfläche. Sie stellt die Frage, wie die Situation resp. die Form den Prozess beeinflusst und umgekehrt. Diese beiden Grössen stehen miteinander in Interaktion.

---

[2] www.raumplanung.tg.ch; www.sg.ch

Klimaentwicklung oder die anthropogenen Kultureinflüsse liefert. Geotope gelten als **schützenswert** und sind darum der Nachwelt zu erhalten. Die Geotope des thurgauischen Mittellandes geben unter anderem Einblick in die wichtigsten Stadien der Aufschüttung des **Molassebeckens** bei der Alpenfaltung im **Tertiär** und der ausgeprägten Vergletscherung des Gebietes im **Quartär** – die Molasse im Thurgau ist sozusagen das Geschichtsbuch der werdenden Alpen und der Vergletscherungsphasen. Gerade im Raume des Bodensees finden sich End- und Seitenmoränen, welche die Gletscher der Eiszeiten hinterlassen haben, sowie mächtige Schotter aus der Riss- und Würmvergletscherung, die **Terrassen** aufgebaut und die Flusstäler aufgefüllt haben. Diese Landschaft kann man z.B. auf einer Radfahrt von St. Gallen nach Kreuzlingen via Amriswil erleben. Die Gesteinsabfolge im Thurgau wurde nicht zuletzt zugänglich mit den Tiefbohrungen, die in den 1960er Jahren auf der (vergeblichen) Suche nach Erdöl bis auf über 2 km Tiefe abgeteuft wurden.

Eines der Geotope des Kantons Thurgau, das durch den Bau der Umfahrung Kreuzlingen an der T13 in Mitleidenschaft gezogen worden wäre, sind die **Bommer Weiher**: Bei Geotop Nummer fünf handelt es sich um künstliche Stauweiher bei der ruhigen, beschaulichen Ortschaft Bommen, als Ruhepol und grüne Oase mit Seerosen, Schilfflächen und einem Vogelparadies zwischen der Hauptverkehrsachse A13 beim neugebauten Autobahnanschluss Kreuzlingen (in der Nähe befindet sich auch der → Findlingsgarten Schwaderloh) und der Hauptstrasse Kreuzlingen – Weinfelden. Der emotional geführte Abstimmungskampf um den Ausbau der Achsen von T13 und T14 ging an die Anwohner der betroffenen Ortschaften – die Vorlage wurde an der Urne abgelehnt. So bleiben die Bommer Weiher so erhalten, wie sie seit 1460 zwecks Nutzung von Wasserkraft als Antrieb für Mühlräder erschaffen worden waren. Neben dem Strassenbau gefährden aber verschiedene andere Prozesse und Ereignisse die Landschaft der Bommer Weiher. Von Verlandung bedroht, musste 1979 das Gebiet saniert werden. Und ein allzu starkes Algenwachstum aufgrund von Düngereintrag aus der umliegenden Landwirtschaftszone erfordert nun, dass die Wasserqualität verbessert wird.

Ein spezielles Stück Gletschergeschichte erzählt der Burgfried des **Wasserschlosses** von Hagenwil (bei Amriswil TG), inventarisiert im Thurgauer Geotopenführer als Objekt Nr. 8. Auf dem Weg von den Alpen hangabwärts schleppten die Gletscher den schweren Gesteinsschutt mit, so lange sie ihn tragen konnten. Die deponierten, grossen Steinblöcke, die geologisch in einer fremden Umgebung stehen, tragen den Namen Findlinge oder Erratiker. Sie geben Aufschluss über die Herkunft und die Fliessrich-

*Schilf an den Bommer Weihern. März 2005.*

> **Flussterrassen:** Ebene, stufenartig übereinanderfolgende Flächen über der Talaue eines Flusstales. Sie kennzeichnen frühere Talböden, die auf einem höheren Niveau entstanden, bevor regionale Hebungsvorgänge oder eine Zunahme der Abflussmenge den Fluss dazu brachten, sich in die frühere Talaue einzuschneiden. Die höchsten Terrassen sind typischerweise die ältesten. In der Schweiz unterscheidet man gemäss der alten Eiszeittheorie die vier Stadien der älteren Decken- (Günz), der tieferliegenden jüngeren Decken- (Mindel), der Hochterrassen- (Riss) und schliesslich der Niederterrassen-Schotter (Würm-Eiszeit).

*Panoramen von Hagenwil mit dem Wasserschloss. März 2005.*

tungen eines Gletschers, da sie die geologischen Spuren ihres Ursprungsortes tragen. In Hagenwil, an der Grenze des Thurgaus zum Kanton St. Gallen, floss ein Ableger des Rheingletschers, der Gesteine aus dem Bündnerland transportierte, die hier in der Region vielfältig genutzt werden konnten. Markante Hinterlassenschaft zum Ausgang der Eiszeiten ist die **Schmelzwasserrinne** von Hagenwil nach Amriswil (Objekt Nr. 7) aus dem so genannten Konstanz-Stadium der Eiszeiten, in deren Vertiefung sich die Kantonsstrasse neben dem noch heute bestehenden Bach hinzieht, links und rechts flankiert von sanften Anhöhen.

Ein weiteres Geotop (Nr. 24) ist die **alte Thurbrücke** in Bischofszell, die nahe dem Zusammenfluss von Thur und Sitter Einblick in die Konstruktionsweisen und verwendeten Materialien beim Brückenbau des Mittelalters bietet. Es ist die längste verbliebene Steinbrücke des Mittelalters in der Schweiz, erbaut vor mehr als 500 Jahren und immer wieder repariert aufgrund der Einflüsse von Verwitterung an den verschiedenen verwendeten Typen von Bausteinen, die ein kunstvolles Mosaik und wichtiges historisches Zeugnis darstellen. Die aus Sand- und Tuffsteinquadern gefügte Brücke ist 1487 vollendet worden und überquert in 8 Bögen die Thur. Sie war erstaunlich lange ein wichtiger Übergang in Bischofszell – obwohl mit dem Aufkommen der Industrie und der Nutzung der Thur zur Energiegewinnung durch Johann Jakob Niederer 1856 längst die Diskussion einer neuen Brücke im 19. Jahrhundert lanciert worden war, dauerte es bis 1969, um eine neue Brücke wenig westlich vom alten Standort

DIE SCHWEIZ UND IHRE DREITEILUNG

Oben: In Bischofszell TG, am Zusammenfluss von Thur und Sitter, sind ausgeprägte Schotter in den Flussbetten erkenntlich (links). Im Sommer 2003 war der Wasserstand besonders niedrig. Ganz in der Nähe findet man die alte Thurbrücke von Bischofszell (rechts), aus Tuff- und Sandsteinquadern gebaut, die schon im Mittelalter eine wichtige Wegverbindung darstellte und heute als erhaltenswertes Kulturgut und Geotop Nr. 24 geschützt ist. August 2003.

Unten: Aufnahme des Wasserschlosses Hagenwil TG mit einem Infrarotfilm (links). Das gut erhaltene Bauwerk zeigt die Verwendung von Findlingen zum Bau eines Bergfrieds (rechts). Heute beherbergt es einen Gastronomiebetrieb und ist ein vielbesuchtes Ausflugsziel, da sich die Umgebung insbesondere mit dem Fahrrad gut erkunden lässt und sich Ausflüge ins nahe gelegene Naturschutzgebiet Hudelmoos (BLN Objekt Nr. 1413 „Thurgauisch-fürstenländische Kulturlandschaft" im Bundesinventar schützenswerter Landschaften) empfehlen. Dieses zählt zu den Hochmooren nationaler Bedeutung und liegt friedlich eingebettet zwischen den Weilern Räuchlisberg, Hueb und Riet. April 2003 / April 2005.

*Ein Gewitter zieht sich in Richtung Alpstein zurück und lässt die tiefstehende Abendsonne nochmals die blühenden Hochstamm-Apfelbäume in Sommeri TG aufleuchten. Mai 2005.*

zu errichten. Bis ins Jahr 2006 wird die alte Brücke fachgerecht saniert, um Wasser und Feuchtigkeit in Zukunft besser aus dem Brückenkörper heraushalten zu können. Sehr schön zu beobachten sind auch die wechselnden Kiesbänke im Bett der Thur (das bei Niedrigwasser ein beliebter Grill- und Picknickplatz ist) aufgrund schwankender Wasserstände im Hitzesommer 2003 oder während der Unwetter im Sommer 2005 (vorangehende Seite).

Mit dem Thurgau in Verbindung bringt man den Begriff „Mostindien" – ein zusammengesetzter Name, angeblich aufgrund der Form des Kantons, die dem grossen Subkontinent Indien so ähnlich sehen soll, sowie aufgrund der Tatsache, dass im April und Mai die spriessenden Obstbäume den Kanton zum Mekka des Obstes machen, das dann jeweils im Herbst knackig von den Bäumen geerntet werden kann und unter anderem in die berühmten Thurgauer Apfelprodukte verarbeitet wird. Ziel jedes Herstellers ist es ja, dass der Produktename gleich stellvertretend für die ganze Gattung genannt wird, und die innovative Firma Möhl ist bei verschiedenen Getränken nahe dran. Und als Präsent aus dem Thurgau bietet sich jederzeit das „Thurgados-Öpfeli" an. Wer sich lieber am Puls der Landwirtschaft vor Ort ein Bild macht, dem sei der **Obstlehrpfad** in Altnau TG empfohlen. 16 Schautafeln auf einem gut zwei- bis dreistündigen, leicht zu begehenden Weg an den Hängen am Bodensee informieren über die verschiedensten Aspekte zum Thema Obstbau, die im Zusammenarbeit mit der landwirtschaftlichen Schule vom → Arenenberg erstellt wurden. Der Obstlehrpfad gibt kurzweilig Einblick in moderne Produktionsweisen in der Obstwirtschaft und zeigt die nördlichsten Ausläufer der Schweiz von ihrer schönsten Seite.

## DIE SCHWEIZ UND IHRE DREITEILUNG

### Das Seeland

Die heutige Form des landwirtschaftlich sehr intensiv genutzten **Seelandes** am Jurasüdfuss in den Kantonen Neuenburg, Freiburg und Bern geht, wie die meisten Oberflächenformen der Schweiz, auf die **Eiszeiten** zurück. Der **Rhonegletscher** hatte sich fleissig in die damals vorhandene Landschaft eingearbeitet und eine Senke hinterlassen, in der sich ein grosser See bildete, die von der Endmoräne nahe Solothurn gestaut wurde: Der Solothurnersee. Als die Endmoräne durch die Erosionskraft der Ausflüsse nach und nach durchbrochen wurde, verblieben die drei heute bekannten Restseen und dazwischen eine grosse **Sumpflandschaft**: Das grosse Moos. Schon früh wurde es von den Menschen besiedelt und als Kulturland genutzt, doch die Natur blieb unberechenbar. Oft zerstörte die **Aare** durch grossflächige Überschwemmungen das eben erst urbar gemachte Land und verunmöglichte so eine gesicherte landwirtschaftliche Produktion. Planungen zu Korrekturarbeiten wurden aufgenommen, und von 1868 bis 1878 wurde die **erste Juragewässerkorrektion** (JGK) durchgeführt, mit der Einleitung der Aare in den Bielersee (Hagneckkanal) und der Kanalisierung, Vertiefung und Laufverkürzung der Broye und der Zihl sowie der Aare (Nidau – Büren). Zusätzlich erfolgte eine Absenkung des Grundwasserspiegels. Bis ins 20. Jahrhundert hinein wurden die dadurch neugewonnenen Böden drainiert und in Ackerland überführt.

Durch die menschlichen Eingriffe traten aber neue Probleme auf. Der trockengefallene, jetzt poröse Torfboden senkte sich um bis zu vier Meter, zersetzte sich und wurde anfällig für Winderosion – die Oberfläche wurde einfach weggeblasen (**Deflation**). In den 1960er bis 1970er Jahren erfolgte darum die **zweite Juragewässerkorrektion** mit einer weiteren Seespiegelabsenkung um einen Meter, um die Gefahr neuer Überflutungen zu bannen.

**Deflation:** Die ausblasende Tätigkeit des Windes, begünstigt durch fehlende oder mangelnde Vegetation.

*Der Anfang des Murtensees und der Kanal der Broye. Die beste Übersicht über die Seenplatte im Berner und Freiburger Mittelland erhält man vom Mont Vully aus, einer kleinen Erhebung zwischen dem Murten- und dem Neuenburgersee. Er steht unter dem Eintrag 1209 auch auf der Liste des BLN. Juli 2005.*

*Ortseingang von Galmiz. Juli 2005.*

Nachdem die grossen Meliorationsarbeiten der 2. JGK im Jahre 1973 abgeschlossen waren und sich die Landwirtschaft grossflächig etabliert hatte (Wald ist kaum vorhanden und eine Ursache für die mangelhafte Stabilisierung des Bodens!), geriet das Seeland in den letzten Jahren vor allem aus wirtschaftlichen und raumplanerischen Überlegungen wieder ins Gerede. Der „**Fall Galmiz**" bewegte die Gemüter ausserordentlich und war 2004/05 einige Monate lang nicht aus den Medien wegzudenken. Es ging dabei um den Ansiedlungsversuch des grossen amerikanischen Biotechnologieunternehmens Amgen auf dem Gebiet der Gemeinde Galmiz im Grossen Moos. Raumplaner, Wirtschaftspolitiker und Landschaftsschützer gerieten sich in die Haare, als der Staatsrat von Freiburg der **Umzonung** von 55 Hektaren Landwirtschaftsboden zugestimmt hatte, ohne die Abstimmung mit den beteiligten Nutzern, wie es das Raumplanungsgesetz (RPG) als verbindliche Vorgehensweise für den Richtplan verlangt. Wenn im kantonalen Richtplan ein Projekt festgesetzt wird, muss vorher der Nachweis erbracht sein, dass die raumwirksamen Eingriffe abgestimmt sind – dies hat im Fribourgischen gefehlt. Während die Raumplaner im Kanton Fribourg die Bedeutung für die Region herausstrichen und die Einbettung in den **Entwicklungsschwerpunkt Kerzers – Murten** und als Standortvorteil die direkte Anbindung an die grossen Verkehrsachsen betonten und damit die Einhaltung der raumplanerischen Grundsätze bestätigten, sprach man beim Landschaftsschutz von Zersiedelung und einem zu grossen Landbedarf. In der Folge kam es zu gross angelegten Demonstrationen. Amgens entschied sich aber gegen den Industriestandort Galmiz.

Im Seeland gibt es eine weitere Spezialität bezüglich industrieller Wertschöpfung in der Schweiz: Die **Raffinerie** in Cressier im Kanton Neuenburg, die seit ihrer Betriebsaufnahme im Jahre 1966 gut ein Viertel (momentan gut 3.3 Mio. Tonnen pro Jahr) des schweizerischen **Erdölverbrauchs** aller Fraktionen (unterschiedliche Be-

---

**Erdöl:** Fossile Kohlenwasserstoffe zur Nutzung als Brennstoff und für die chemische Industrie. Bedingung zur Entstehung von Erdöl sind organische Reste von Pflanzen und anderen Lebewesen, die nach dem Absterben unter der Einwirkung von anaeroben Bakterien zersetzt werden. Im Zuge der Diagenese bei Druck- und Temperaturerhöhung auf 80°C und 2 bis 3 kbar entstehen Kohlenwasserstoffe, die unter dem Überdruck aus dem Gestein ausgepresst werden und eine Migration durchführen (Aufstieg in andere Schichten). Gelangen sie in poröse Deckschichten, die wiederum von inpermeablen Schichten überlagert sein müssen, können sie sich anreichern und so wirtschaftlich abgebaut werden. Typische Speichergesteine sind v.a. Sand- und Kalksteine, aber auch Schiefer.

standteile des Erdöls wie Gas, Kerosin, Diesel, Heizöl und natürlich Benzin) deckt und von einer Pipeline durch den Jura mit Rohöl aus der Nähe von Marseille gespeist wird. Ausgezeichnet hat sich die Anlage in neuester Zeit durch ein Umwelt-Management-System und der damit einhergehenden ISO-14001-Zertifizierung. Die damals Shell gehörende Anlage war der einzige Industriebetrieb, der im Seeland eine Baubewilligung – gegen den damals in den 1960er Jahren schon heftigen Protest der Bevölkerung – erhielt. Allem Widerstand zum Trotz sollte eines dennoch nicht vergessen werden: Knapp 60% des effektiven Endenergiebedarfs in der Schweiz wird durch das Ausgangsmaterial Erdöl gedeckt! Um die Versorgungssicherheit insbesondere während der verschiedenen politischen und militärischen Krisen zu erhöhen, wurde auch in der Schweiz nach Erdöl gesucht, doch ausser unbedeutenden Vorkommen von Kohlenwasserstoffen im luzernischen Entlebuch (Finsterwald) war die eigens gegründete **Swisspetrol Holding AG** nicht erfolgreich. Schon viel früher war in der Schweiz die Mär vom Erdölreichtum umgegangen: Arnold Heim war der Sohn des berühmten Albert Heim, doch leider nicht als Nachfolger seines Vaters als Professor der Geologie am Polytechnikum, der ETH, auserkoren worden. Stattdessen suchte er für grosse Ölfirmen nach dem schwarzen Gold und wurde unter anderem auch in der Molasse des Schweizer Mittellandes fündig. Der Haken: Es handelt sich um so genannte Ölsande, die allerdings bezüglich Umweltaspekten weder einfach noch unproblematisch abzubauen sind. Aufgrund der Verknappung der weltweiten Erdölreserven könnte der Abbau von Ölsanden und Ölschiefern zwar dereinst wirtschaftlich werden, doch bleiben der energetische und der umweltliche Nutzen mehr als fraglich.

Die Diskussion zeigt vor allem, dass die **Raumplanung** in der Schweiz – abgesehen von den Kompetenzen des Bundes zur Rahmengesetzgebung ein hauptsächlich kantonales, föderalistisch geregeltes Thema – stärker auf die Moderne ausgerichtet werden muss. Man spricht unter anderem von der Bildung und Förderung von **Metropolitanräumen**, die untereinander stark vernetzt sind und der fortschreitenden Zersiedelung der knappen Fläche im Mittelland Einhalt gebieten sollen. Es wäre schön zu sehen, wenn die Raumplanung es schaffte, Landwirtschaft, Industrie und Naherholungssuchende wie Radfahrer und Spaziergänger in der Nutzung der vorhandenen Landressourcen unter einen Hut zu bekommen.

## Alpen

Die Erde ist ein dynamisches System in jeder Hinsicht: Landschaften als kleinräumige und geologisch kurzfristige Merkmale verändern sich ständig aufs Neue, Erdteile als grossräumige und langfristige Merkmale verschieben sich aufgrund der Plattentektonik, kollidieren miteinander und falten Gebirge auf. Hinter all diesen Prozessen stecken immense Kräfte aus dem Erdinnern (endogene Kräfte) und Kräfte ausserhalb der Erde, welche durch die Energie der Sonne angetrieben werden (exogene Kräfte). Sie setzen verschiedene Kreisläufe in Gang, die eng miteinander verstrickt sind und sich in Rückkopplungseffekten gegenseitig bedingen. Um die Entstehung und Veränderung einer Landschaft und die wirkenden Systeme dahinter zu verstehen, ist es nötig, einen kurzen Blick auf diese Kreisläufe zu werfen und einige Begriffe einzuführen oder sie zu erklären.

## *Der Gesteinskreislauf*

Es gibt drei Typen von Gesteinen, die alle ineinander verwandelt werden können. Durch solche Umwandlungsprozesse laufen Massentransfers ab, die Material zwischen der Erdoberfläche, dem Erdinnern, den Ozeanen und der Atmosphäre austauschen. Sie stellen ein **dynamisches Gleichgewicht** dar, das den Prozess in Schwung hält. Die Idee des Gesteinskreislaufs geht auf den Schotten **James Hutton** zurück, der sich im 18. Jahrhundert mit Theorien zur Erde befasste. Beginnen wir unsere Reise im Erdinneren.

**Magmatische Gesteine** (Erstarrungsgesteine) entstehen aus so stark erhitztem Material, dass es sich verflüssigt. So wird es als **Magma** zur Oberfläche gefördert. Unterhalb des Schmelzpunktes verfestigt es sich durch Abkühlung und Kristallisation wieder. Je nach Ort dieser Erstarrung unterscheidet man zwei Typen magmatischer Gesteine: Plutonische Gesteine sind nach dem Gott der Unterwelt, Pluto, benannt. Es sind **Intrusivgesteine**, die noch im Erdinnern auskühlten. Das geschieht meist so langsam, dass genug Zeit blieb, um mit dem Auge sichtbare Kristalle zu bilden. Gelangt das Magma als Lava an die Oberfläche, spricht man von **Extrusivgesteinen**, wie man sie von Vulkaneruptionen kennt. Diese Ergussgesteine kühlen oft rasch oder gar schockartig aus, sodass keine sichtbaren Kristalle, sondern nur glasartige (amorphe) Formen entstehen konnten.

Im Meer, von Flüssen oder dem Wind abgelagerte Partikel, die unter Druck und in langer Zeit in erhärtetes Gestein umgebildet wurden, nennt man **Sediment-** oder **Ablagerungsgesteine**. Sediment wurde von den äusseren Kräften der Erde durch Verwitterung, Erosion und Abtransport an seine neue Position verfrachtet. Topografie und Klima spielen hierbei eine grosse Rolle. Je extremer beides ist, umso mehr Energie steht für die Zerstörung des Ursprungsgesteins zur Verfügung – wie das auch in den hochaufragenden Alpen der Fall ist. Fortlaufende Sedimenttransporte lassen Schichten entstehen, die mit der Zeit überlagert und damit hohen Drücken ausgesetzt werden, sodass die Lithifizierung (Versteinerung) am

---

**Magma:** Natürlich vorkommendes, geschmolzenes Gesteinsmaterial, eine Silikatschmelze von 1500° bis hinab zu 700°C, aus der durch Abkühlung magmatische Gesteine entstehen. Magma, das an der Erdoberfläche ausfliesst, wird als Lava bezeichnet.

Ort der Ablagerung einsetzt. Je nach Mineralien und Entstehung der Sedimente lassen sich Rückschlüsse auf die Entstehungsbedingungen und somit auf das zur Zeit der Sedimentation herrschende Klima ziehen. Dies ist sehr wichtig bei der Rekonstruktion geologischer Prozesse – und im Schweizer Mittelland mit seinen Sedimentgesteinen aus der Verwitterung der Alpen optimal zu erleben.

Beide Gesteinstypen, magmatische und Sedimentgesteine, können eine Veränderung der Struktur durchlaufen, wenn sie durch plattentektonische Kräfte, Einwirkungen durch hohe Temperaturen und Drücke im Erdinnern oder Kontakte mit heissem Magma beansprucht werden, ohne dass sie erneut geschmolzen werden. Man nennt dies Metamorphose und die entstehenden Produkte **metamorphe Gesteine** (Umwandlungsgesteine). Alle drei Typen von Gesteinen stehen in einem immerwährenden, dynamischen Zyklus. Gesteine werden erodiert, von Flüssen, Gletschern oder Winden abtransportiert und an Meeresküsten oder Flussdeltas abgelagert und zu neuem Sedimentgestein. Kräfte, welche die Alpen aufgetürmt haben, sorgen für derartige Drücke und erhöhte Temperaturen, dass Sedimente und bisher unverformte magmatische Gesteine eine Metamorphose durchlaufen. An Plattengrenzen wird die Erdkruste so stark ausgedünnt, dass frisches Magma nachfliessen und neue magmatische Gesteine bilden kann. Diese jungen Gesteine findet man an ozeanischen Rücken z.B. im Atlantik und im Pazifik. Ein immerwährendes Spiel, das durch die innere Energie der Erde und die Kraft der Sonne angetrieben wird.

*Die drei Typen von Gesteinen: Granit (oben) als Vertreter der magmatischen Gesteine mit massig-richtungslosem Gefüge, Konglomerat (mitte) als Beispiel eines Sedimentgesteins mit verschieden grossen und unterschiedlich gerundeten Komponenten, sowie Marmor (unten) als metamorpher Typ mit horizontal eingeregelten Mineralien.*

**Metamorphose:** Änderung der Mineralzusammensetzung und der Kristallstruktur; der Gesamtgesteinschemismus bleibt unverändert. Metamorphose tritt als Folge von Temperatur- und Druckerhöhung auf.

## Der Wasserkreislauf

Jedes Wasserteilchen ist ständig in Bewegung und erlebt die verschiedensten Orte auf seiner Reise. Man spricht von Reservoiren als spezifischen Gebieten, wo Wasser vorkommt. Der grösste Teil des auf der Erde existierenden Wassers (in seiner Gesamtheit als **Hydrosphäre** bezeichnet) befindet sich in den Ozeanen, das sind knapp 96%. Weiteres Wasser ist im gefrorenen Zustand in Gletschern, Schnee und Eis sowie in den polaren Eisschilden, der **Kryosphäre**, zu finden (3%). Das entspräche einem einzelnen Eisblock von über 24 Mio. km³. Es verbleibt gut ein Prozent an Wasser, das sich die Flüsse und Seen, das Grundwasser, die Atmosphäre und die **Biosphäre** teilen. All diese Reservoire stehen untereinander in Verbindung. Niederschlag lässt Wasser aus der Atmosphäre auf die Erdoberfläche fallen, wo es ins Grundwasser versickert oder an der Oberfläche durch Abfluss transportiert wird. Verdunstung oder Sublimation lässt Wasser oder Eis wieder in die Atmosphäre gelangen. Tiere und Pflanzen bauen Wasser in ihre Organismen ein, ebenso wie Gesteine, die Wasserstoff- und Sauerstoffmoleküle enthalten. In diesem Sinne ist die Erde als solches ein gigantischer Organismus, der lebendig ist. Dies meinte schon James Lovelock und formulierte die Gaia-Hypothese, nach der die Erde ein grosses, sich selbst regulierendes System ist.

Es ist ein kostbares Gut, dieses Molekül $H_2O$, das aus zwei Atomen des Elements Wasserstoff und einem Atom des Elements Sauerstoff gebildet wird. Wasser ist ein spezieller Saft, dessen wundersame Fähigkeiten nicht auf Anhieb ersichtlich sind. Das Molekül ist ein dreidimensionales Gebilde, das sich durch Wasserstoffbrücken mit anderen Molekülen verbinden kann und eine ganz spezifische Struktur aufbaut, basierend auf seiner Polarität von negativ geladenen Sauerstoff- und positiv geladenen Wasserstoffionen im Verband. Ist das Wasser in einem gasförmigen Aggregatzustand (in der Atmosphäre), so hat es eine so grosse Energiemenge aufgenommen, dass kaum Wasserstoffbrücken bestehen. In flüssigem Aggregatzustand sind sie jedoch sehr ausgeprägt, wodurch der hohe Siedepunkt und auch die Oberflächenspannung zustande kommen. Unter dem Gefrierpunkt von 0 °C bildet Wasser ein hexagonales, ausgedehntes Gitter, das weniger kompakt ist als flüssiges Wasser. Damit hat Eis eine geringere Dichte als flüssiges Wasser und schwimmt auf diesem. Seine **grösste Dichte** erreicht Wasser bei 4 °C. Aus diesem Grund sammelt sich das schwere Wasser im Winter am Boden, sodass nur die Oberfläche zuzufrieren beginnt.

*Die Dynamik des Wassers, inszeniert mit einer Kugel, die in ein mit Wasser gefülltes Gefäss einschlägt.*

Wasser sollte jedem Lebewesen ausreichend zur Verfügung stehen, doch das ist nicht der Fall. Wurden in den vergangenen Jahrhunderten Kriege um Territorium, Macht oder Ideologie geführt, so scheint es immer wahrscheinlicher, dass sich zukünftige **Konflikte** um Ressourcen, insbesondere um Wasserressourcen drehen werden. Das einzige Wasser, das der Mensch verwenden kann, ist sauberes Süsswasser. Auch wenn es durch die Niederschläge und das Grundwasser als erneuerbare Ressource gilt, wird häufig in den Wasserhaushalt eingegriffen. Künstliche Bewässerungen, Veränderungen im Wasserweg durch Umleitung ganzer Flüsse mittels Kanälen und unterirdischer Leitungen, Bodenversiegelung und Abflussveränderungen durch menschliche Bebauungen, Strassen und Dämme haben einen erheblichen Effekt auf den Kreislauf des Wassers. Veränderungen an Oberläufen von Flüssen wirken sich nachhaltig und zum Teil in krassem Ausmass auf den Abfluss am Unterlauf aus, und verläuft dazwischen eine Landesgrenze, wie es viele Beispiele auf der Welt, vor allem im Nahen Osten, gibt, ist die politische Auseinandersetzung praktisch schon vorprogrammiert. Doch auch innerhalb von Landesgrenzen gibt es Entscheidungen, die Leute vor den Kopf stossen oder ihnen die Lebensgrundlage entziehen. Hunderttausende von Menschen wurden beim „Drei-Schluchten-Staudamm" in China umgesiedelt. Hier stösst die saubere Wasserkraft an die Grenzen der Nachhaltigkeit – ein Gedanke, den es auch in der Schweiz beim zukünftigen Ausbau der Nutzung von Wasserkraft im Hinterkopf zu behalten gilt.

*Mensch und Wasser. September 2005.*

## Der Kohlenstoffkreislauf

Es ist eine heisse Debatte, die auch an verschiedenen Stellen dieses Buches wieder aufgegriffen wird: Die Frage nach der Veränderung unseres Erdenklimas und dem Einfluss der Menge an **$CO_2$**, die sich in der Erdatmosphäre befindet. Um die klimatischen Veränderungen über geologische Zeiträume hinweg sichtbar zu machen, ist es zweckmässig, den Weg des **Kohlenstoffes** etwas genauer zu verfolgen. Auch das Element mit dem schlichten Buchstaben „C" durchläuft einen Kreislauf, der erst über viele Millionen Jahre geschlossen wird. Dabei spielt das Molekül Kohlenstoffdioxid $CO_2$ eine Hauptrolle. Die schnellste Veränderung hinsichtlich des $CO_2$-Gehalts in der Luft erfolgt über die **Biosphäre** – und hier sei der Mensch eingeschlossen. Der Kohlenstoffhaushalt von Pflanzen (durch Photosynthese) und Tieren (durch Atmung) bestimmt die Menge an Kohlenstoff, die in die Erdatmosphäre entlassen oder aus ihr entzogen wird. **Geologische Vorgänge** benötigen einen viel grösseren Zeitrahmen. Das $CO_2$ wird in diesen Fällen durch Vulkanismus, durch Sedimentation von Karbonaten und durch Metamorphose von karbonathaltigen Gesteinen in die Atmosphäre eingebracht. Der Kreis schliesst sich durch die Verwitterung von Gesteinen, wobei Kohlensäure benötigt wird, die aus Wasser und $CO_2$ besteht, sowie durch die Umwandlung von organischen Materialien in Substanzen, die wir heute als **fossile Brennstoffe** grosszügig verfeuern und damit das gebundene $CO_2$ beschleunigt wieder in die Atmosphäre entlassen.

## Die Entstehung der Alpen

Für den Menschen ist es schwer, sich riesige Zeiträume von mehreren Millionen Jahren wie die Entstehung von Gebirgen wie der Alpen vorzustellen. Dennoch kann man die **Alpen** als jung bezeichnen. Sie stellen die letzte der drei grossen **Gebirgsbildungsphasen** in Europa dar. Von Skandinavien bis nach Irland findet man die älteste, die kaledonische Gebirgsbildung. In Zentraleuropa, vor allem Deutschland, sieht man heute die Ergebnisse des variszischen Orogens, der zweiten Phase. Die Alpen sind schliesslich die jüngste dieser Auffaltungsepisoden und zur gleichen Zeit entstanden wie die Karpaten, der Balkan, der Apennin, die Pyrenäen und der Atlas. Diese **alpine Phase** begann am Ende des Kreidezeitalters vor ca. 100 Mio. Jahren und dauert nachweislich bis heute an. Man unterscheidet drei generelle Ablagerungsmilieus in den Schweizer Alpen, nämlich das **Helvetikum** im Norden, das **Penninikum** weiter südlich und im südöstlichen Bereich das höchste Bauelement – das **Ostalpin**. Durch die Kontinentalkollision – dem Zusammenstoss von zwei Kontinenten – erfolgte der Zusammenschub mit einer massiven Verkürzung, sodass die Ostalpinen Decken über das Penninikum geschoben und schliesslich auch im Norden die Sedimentmassen des Helvetikums erfasst wurden. Die erwähnte Dreiteilung der Gesteinsklassen in magmatische, metamorphe und sedimentäre Gesteine ist auch bei der Betrachtung der Petrografie der Alpen ersichtlich: Kristalline, unveränderte magmatische Gesteine findet man im Bereich des kristallinen Grundgebirges von Grimsel- und Gotthardmassiv (Aaregranit, Gotthardgranit). Der **Bergeller Granit** ist hingegen eine junge Intrusion, welche vor ungefähr 30 Millionen Jahren erfolgte. Die penninischen Decken stellen einen metamorphen Gesteinskörper dar, der grösstenteils aus Gneis und Bündnerschiefer besteht, ebenso wie das Ostalpin. Am Nordrand der Alpen finden wir die Kalke des Helvetikums aus einem ursprünglich marinen Ablagerungsmilieu.

Wie kompliziert die Prozesse der Alpenfaltung sind, wird einem Wanderer bewusst, der sich im Gebiet der **Glarner Hauptüberschiebung** bewegt. Hier wird die Geologie äusserst lebendig. So intensiv lebendig, dass sich die Koryphäen und Begründer der Geologie vor mehreren Jahrhunderten die Zähne am harten Gestein ausbissen, um schlüssige Erklärungen für ihre Beobachtungen zu finden. **Arnold Escher**, Hans Conrad Escher von der Linths Sohn und erster Professor für Geologie in Zürich, hatte schon in den 1840er Jahren herausgefunden, dass an vielen Orten in den Alpen jüngere Gesteinsschichten von älteren Paketen überlagert werden – eine Erklärung für eine solche ungeheuerliche Struktur zu finden, war allerdings ziemlich schwierig, da seit **Nicolaus Steno** der Grundsatz galt, dass jüngere Gesteine immer über älteren horizontal abgelagert würden und die damals wirkenden Prozesse noch heute gültig seien. Auch der Schotte James Hutton formulierte „the present is the key to the past". Escher skizzierte damals eine komplizierte Verfaltungsgeschichte, die als „**Glarner Doppelfalte**" berühmt wurde. Erst am Ende des 19. Jahrhunderts kam dann ausgerechnet ein französischer Geologe (Marcel Bertrand, Professor in Paris) auf die Lösung des Problems und postulierte eine heute auf 45 km geschätzte Überschiebung, welche den alten Verrucano aus dem Süden auf die jungen Flysch-Schichten überschob. **Albert Heim**, der kritische Zürcher Geologenpapst, dem wir im Laufe unserer Reise noch mehrmals begegnen werden, akzeptierte diese Glarner Tektonik erst Jahre später und versuchte mit seiner ganzen Autorität, an der Doppelfaltentheorie seines Vorgängers und Mentors Escher in Zürich festzuhalten. Die Theorie begann aber zu bröckeln, als überall in Europa weitere Entdeckungen von jüngeren Gesteinen, die auf älteren lagerten, bekannt wurden und die **Deckentheorie** langsam zum Durchbruch kam. Heute ist soweit klar, dass 250 bis 300 Millionen Jahre alter, rötlicher **Verrucano** aus dem Perm über nur knapp 50 Millionen Jahre altem **Flysch** liegt. Der Verrucano wurde als kompakte Masse, als so genannte **Decke**, von Süden her über eine beachtliche Strecke nach Norden transportiert. Die scharfe Trennlinie ist schon von weitem gut mit blossem Auge erkennbar.

*Ein Flysch mit Strömungsmarken an der Basis aus dem Bereich der Gurnigel-Decke im Berner Oberland. Er befindet sich in den „préalpes médianes", den voralpinen Decken aus penninischen Sedimenten.*

**Flysch:** Bezeichnung für eine bestimmte Folge von sandigen, mergeligen und tonigen Sedimenten aus Turbiditen, die entlang eines wachsenden Gebirges in einem Tiefseetrog abgelagert wurden. Charakteristisch an Flysch ist die relative Armut an Fossilien und der Zusammenhang mit der Orogenese. Während einer Gebirgsbildungsphase wird Flysch vor der Auffaltung des Gebirges abgelagert.

## Gletscher und Oberflächenprozesse

Gletscher prägen das Bild der Schweiz in allen Landesteilen. Mit zunehmender Höhenlage fällt ein immer grösserer Anteil des Niederschlags in Form von Schnee, von dem ein Teil in Gletschereis umgewandelt wird. Aus diesem Grund ist es zweckmässig, an dieser Stelle einige **Begriffe** einzuführen, die bei der Beobachtung und zum Verständnis eines Gletschers hilfreich sind: Oberhalb der **Gleichgewichtslinie** gibt es eine positive Massenbilanz, das heisst es fällt mehr Schnee, als wieder abschmelzen kann. Ein Gletscher kann dadurch in zwei Teile aufgeteilt werden: Über der Linie liegt das Nähr- oder **Akkumulationsgebiet** des Gletschers, wo sich der gefallene Schnee zuerst in Firnschnee und dann in Firneis und schliesslich Gletschereis umbildet und den Gletscher anwachsen lässt. Diesen Übergang von Schnee zu Gletschereis, der mehrere Jahre dauert, bezeichnet man auch als **Metamorphose**. Unterhalb der Gleichgewichtslinie liegt hingegen das Zehr- oder **Ablationsgebiet**. Hier herrscht eine negative Massenbilanz vor, das heisst der Gletscher verliert einen Teil seiner Masse durch Abschmelzen. An der Gleichgewichtslinie selber ist die Massenbilanz = 0.

Die **Überlast** des Eises führt dazu, dass sich im Innern eines Gletschers gewaltige Kräfte durch Druck aufbauen. Das Eis an der Sohle wird **plastisch** und verformbar und lässt den Gletscher abwärts fliessen. Ausschlaggebend hierbei ist die Differenz zwischen der Eislast und dem Wasserdruck an der Sohle. Die Gletscher fliessen von den Akkumulationsgebieten zu den Ablationsgebieten mit einem Massenverlust, der in Form von Schmelze oder Kalbung abläuft. Die **Eisdeformation** eines Gletschers ist abhängig von der **Schubspannung**, der hangparallelen Spannungskomponente. Als praktische Schätzung für die meisten grossflächigen Gletscher kann man annehmen, dass das Produkt aus **Neigungswinkel** mal **Mächtigkeit** des Gletschers **konstant** ist: Steile Gletscherpartien sind also dünn und flache, langsam fliessende Gletscherabschnitte sind dick. Daraus ergibt sich die typische Form eines Gletschers, der an den Rändern steil abfällt. Aufgrund der **Druckunterschiede** befindet sich – abhängig vom Temperaturumfeld des Gletschers – am Untergrund des Gletschers Schmelzwasser, das sogar Steigungen überwinden, also aufwärts fliessen kann. Daraus erschliesst sich auch die Erosionskraft eines Gletschers, der seine Umgebung nachhaltig formt und umgestaltet.

*Vom Gletscher auf dem Lauchboden abgelagerte Findlinge. Juli 2005.*

Die grossräumige Erosionswirkung eines Gletschers zeigt sich eindrücklich an den veränderten, rundgeschliffenen **Trogtälern**. Aus unvergletscherten V-Tälern werden durch die abrasive Wirkung des Gletschers **U-förmige** Trogtäler, die entlang der gesamten Talflanke hinauf bis zur **Schliffgrenze** erodiert wurden. Diese markiert die Einflussgrenze des Gletschers, die sich gut als Trennlinie zwischen **rundgeschliffenen**, glazial beeinflussten, tiefer liegenden Partien und stark verwitterten, **schroffen** Berggräten manifestiert. An hochliegenden Gebirgswänden haben die Gletscher **Kare** hinterlassen, steile Erosionsflanken im Fels. Durch die grosse Tiefenwirkung der Gletschererosion ergab sich ausserdem die Problematik beim Tunnelbau, wenn man dabei auf glazial übertiefte Täler gestossen ist (→ Gotthard, Lötschberg).

Auch bezüglich der **Oberflächenformen** ist ein Gletschergebiet interessant. Im Vorfeld des Gletschers kann eine Reihe von Beobachtungen gemacht werden. Dabei stellt man fest, dass Gletscher „lebendige Wesen" sind. Sie zeichnen sich zwar durch gemeinsame Formenvergesellschaftungen aus, die individuell aber in einigen Punkten voneinander abweichen und so jedem Gletscher ein eigenes Erscheinungsbild verleihen. Solche Beobachtungen können gut im Feld vorgenommen werden. In der Schweiz prägen häufig **Hängetäler** das Landschaftsbild. An diesen Stellen ist ein kleiner, schwächerer Nebengletscher auf den Hauptgletscher getroffen, der sich schon tiefer eingegraben hatte. Aus diesem Grund mündet der kleinere Gletscher auf einem höheren Niveau in den grösseren und hinterlässt eine markante Steilstufe zum Haupttal.

Am unteren Ende der Gletscherzunge bilden sich **Schuttformationen**, die vom Gletscher während der verschiedenen Vorstösse und Rückzüge geprägt wurden. Ausmass und Lage erzählen den Wissenschaftlern Geschichten über die **klimatische Vergangenheit** des Gebiets und die Erosions- und Transportfähigkeit eines Gletschers. Anhand einer **Massenbilanz** zwischen dem Erosionseintrag (Input) und der Erosionsabfuhr (Output) kann man die Gletscher einem **sedimentierenden** oder einem **erodierenden** Milieu zuordnen. Ist das Verhältnis Input/Output <1, so herrscht Erosion vor, bei einem Verhältnis >1 herrscht Sedimentation vor. Umgeben den Gletscher also kaum Felswände, von denen Steinschlag und Geröll auf den Gletscher fallen, so ist der Sedimentinput gering und der Gletscherbach führt mehr Material ab, als vom Gletscher angeliefert wird. Umgekehrt sind vor allem die grossen Moränenbastionen kleiner Gletscher, die umgeben sind von grossen Felswänden, anfällig für Murgänge, da sehr viel Material herantransportiert und lose abgelagert wird. Vereinfacht gesprochen: **Grosse Gletscher** schaffen **kleine Moränen** und **kleine Gletscher** bilden **grosse Moränen**. Am Ende der Gletscherzunge verlässt der Gletscherbach durch das Gletschertor das Eis

---

**Kar:** Nischenartige Hohlform am oberen Ende eines Gletschertals. Sie besitzt die Form eines halben Trichters, die Rückwand und die Seitenwände sind fast senkrecht, der Karboden überwiegend eben oder eingetieft. Nach dem Abschmelzen der Gletscher wird der Karboden meist von einem kleinen See (Karsee) eingenommen.

*Klimawandel im Kleinen? Detail des Morteratschgletschers. Oktober 2005.*

und transportiert das fein zerriebene Erosionsmaterial als Suspension weg, was ihm seine Trübe und milchig-blaue Farbe verleiht. Daher spricht man auch von **Gletschermilch**.

Neben der Endmoräne am unteren Ende des Gletschers können oft verschiedene Stadien von **Ufermoränen** beobachtet werden. Neben den aktiven **Seitenmoränen** direkt am Rand der momentanen Eisposition findet man Ufermoränen, die von Gletschern durch ihren – seither letzten – Vorstoss während der „**Kleinen Eiszeit**" von 1850 abgelagert wurden. Diese Moränen bestehen aus wenig sortiertem, stark heterogenem Gesteinsschutt mit grossen Blöcken, die zum Teil während der eiszeitlichen Vergletscherung über enorme Distanzen transportiert wurden: Dies sind die so genannten **Findlinge** oder die erratischen Blöcke, die sich durch Gestein auszeichnen, das ortsfremd ist, sich also von der Umgebung deutlich unterscheidet. So lassen sich recht einfach die Wege der Gletscher während der Eiszeiten nachzeichnen, da die Herkunft der Gesteine geologisch recht einfach und oft gut bestimmt werden kann.

DIE SCHWEIZ UND IHRE DREITEILUNG

*Der Glacier d'Arolla am frühen Morgen im Wallis. August 2005 (oben links). Gefahr des Abbruchs einer Schneewächte am Mont Collon im Arollatal VS, August 2005 (oben rechts). Der stark geschrumpfte Rhonegletscher am Belvedere des Furkapasses, im Mittelgrund die alten Ufermoränen und im Hintergrund die Gersternhörner, Juni 2005 (unten links). Der Findelengletscher bei Zermatt vom Stockhorn aus gesehen. März 2005 (unten rechts).*

## *Gletscherschwund und Klimaveränderung*

Gletscher sind ein sehr feinfühliges globales Thermometer. Ausdehnung und Zustand von Gletschern sind ein wichtiger Indikator für **klimatische** Veränderungen unseres Planeten. Darum ist das wissenschaftliche Interesse gross, die Veränderungen an Gletschern in der Vergangenheit zu erforschen und Prognosen für die Zukunft zu stellen.

Das Abschmelzen von Gletschern stellt vor allem eine Gefahr durch die neugebildeten Seen dar. Diese bilden sich im Gletschervorfeld hinter den abgelagerten Moränen und Dämmen und werden **proglaziale Seen** genannt. Sie können die oft instabilen Dämme rasch durchbrechen und so zu einer Überflutung des Tales führen. Zwar sind die proglazialen Seen in der Schweiz und generell in den Alpen vergleichsweise klein, doch liegen auch die gefährdeten Objekte (menschliche Infrastruktur, von dauerhaft bewohnten Siedlungen über Ferienanlagen bis zu Sömmerungsweiden) nahe an der Gefahrenquelle. Die Erstellung von aktuellen, nachgeführten Gefährdungskarten und eine zuverlässige Überwachung stellen eine neue Herausforderung für die Behörden dar. Doch wie erforscht und beobachtet man den Zustand eines Gletschers im Verlauf der Zeit überhaupt? Verschiedene Fachrichtungen müssen hier ihr Spezialwissen gemeinsam einbringen. Glaziologen messen die Massenbilanz des Gletschers anhand der Akkumulation im Nähr- und der Ablation im Zehrgebiet und setzen sie in Beziehung zu klimatologischen Messdaten. Die Überwachung aus der Luft mittels **Fernerkundung** erlaubt die fotografische Aufnahme und die Vermessung der Gletscherzungen in jährlich erfolgenden Kampagnen. Geomorphologen können die Marken an den Rändern der Gletschertäler identifizieren und deuten. Sie entdecken alte Moränenwälle und Erosionsspuren, die der Gletscher hinterlassen hat. Biologen können Pollen untersuchen sowie fossilisiertes Holz datieren und so die Umweltsituation der Vergangenheit analysieren.

Mit diesen Methoden und Kenntnissen kann die Geschichte der heutigen Gletscher detailliert rekonstruiert werden – das neueste Kapitel der Erdgeschichte, die so genannte Quartär-Epoche, wird von ihnen dominiert. Die letzten knapp 2.5 Millionen Jahre hindurch erlebten die Gletscher unterschiedliche Vorstoss- und Schwundperioden. Die Kaltzeiten bezeichnet man dabei als **Glaziale** („Eiszeiten"), die wärmeren Perioden als **Interglaziale** („Zwischeneiszeiten"). Dieses wechselweise Vorrücken und Zurückweichen der Gletscher hat ein komplexes Muster an Gletscher-

> **Klima:** Gesamtheit der meteorologischen Erscheinungen, die den mittleren Zustand der Atmosphäre an einer Stelle der Erdoberfläche kennzeichnet; gewöhnlicher Verlauf der Witterung (gem. WMO mittlerer Zustand der Atmosphäre über einen Zeitraum von 30 Jahren).

> **Proglaziale Seen:** Durch glaziale Erosion übertiefte Täler werden beim Gletscherrückzug oft mit Schmelzwasser gefüllt. So enstehen Seen, deren Sedimente die Gletscher- und Klimageschichte archivieren und eine Jahresschichtung zeigen: klastische Warven. Proglaziale Seen stellen eine zunehmende Naturgefahr im Bereich schwindender Gletscher dar, aufgrund ihres Potentials, plötzlich auszubrechen und Überschwemmungen zu verursachen.

spuren hinterlassen. In der klassischen Eiszeittheorie bezeichnete man die vier Hauptphasen der Vergletscherung nach Zuflüssen der Donau in Süddeutschland als Günz-, Mindel-, Riss- und Würmeiszeit. Die modernen Theorien zeichnen heute ein noch viel detaillierteres Bild. Die Eiszeitwirkungen lassen sich mitunter bis weit ins Mittelland nachweisen, grosse Teile der Kontinente waren mit Gletschereis überdeckt. Vor ca. 18'000 Jahren begann sich dann die Atmosphäre nachhaltig zu erwärmen, was zu einem Abschmelzen der Gletscher im Flachland führte, die sich fortan wieder in höhere Lagen zurückzogen. Diese Zeit wird als **Spätglazial** bezeichnet und ist ebenfalls geprägt von recht unregelmässigen Temperaturen. Die Gletscherstände schwankten und reagierten dynamisch auf die gerade herrschenden Temperaturen bis hinein ins Postglazial, die Nacheiszeit. Diese Umstände lassen sich beispielhaft am → Gletscherlehrpfad Morteratsch nachvollziehen.

Zurück in die Gegenwart, wo das Wissen über die Vergangenheit der Gletscher proaktiv genutzt werden soll. Wie werden sich unsere Schweizer Gletscher in **Zukunft** entwickeln, werden sie etwa komplett verschwinden? Es ist unbestritten, dass das natürliche, menschlich nicht beeinflusste Klima in unseren Breitengraden schon sehr viel tiefere Temperaturen nach sich zog (Eiszeiten im Quartär), aber auch viel höhere, ja tropische Temperaturen mit sich brachte (z.B. im Jurazeitalter). Doch in den letzten 5'000 Jahren war es nie so warm wie momentan. Das Problem ist dabei nicht der absolute Temperaturanstieg um einige Grade an sich, sondern die regional stark schwankenden Unterschiede. Dazu gesellt sich ein global gestiegener **Energiegehalt** der Atmosphäre aufgrund der stark gestiegenen Menge an in ihr zirkulierendem Wasserdampf, der viel stärker ausgeprägte Wetterextreme nach sich zieht. Der Begriff „Klimaerwärmung" ist übrigens irreführend, da sich ein Klima gemäss Definition (siehe Kasten) nicht erwärmen oder abkühlen kann, sondern „nur" verändern. Als Beispiel mag der Mensch selbst gelten, der problemlos äussere Temperaturänderungen um viele Grad, beispielsweise zwischen einem geheizten Zimmer und einem Ausflug in eine kalte Winterlandschaft, aushalten kann, den aber Veränderungen von wenigen Grad bei seiner eigenen Körpertemperatur (Fieber!) vor ein existentielles Problem stellen. Der ganzheitliche, integrative Ansatz ähnlich der eingangs erwähnten Gaia-Hypothese von James Lovelock beim Verständnis des Planeten Erde ist zu berücksichtigen.

Komplizierte Modellrechnungen versuchen nun, den Temperaturanstieg in eine Prognose für die Längenänderung der verschiedenen Schweizer Gletscher umzusetzen. Basierend auf der höher zu liegen kommenden Schneegrenze bei steigenden Temperaturen bedeutet dies: Zwischen 2015 und 2025 wird die Schneegrenze 100 m höher liegen als heute, verursacht durch eine Temperaturerhöhung von 0.7°C. Ein Achtel aller Gletscher und ein Viertel der Gletscherfläche wird verschwinden. Bei 1.4°C Erwärmung liegt die Schneegrenze 200 m höher, schon knapp 60% aller Gletscher und mehr als 50% der Eisfläche sind verschwunden. Der Trend ist beliebig fortsetzbar, bis fast die ganzen Alpen der Schweiz eisfrei sind...

Um die ökonomisch und psychologisch negativen Folgen abzumindern, hat man sich an einen neuen Versuch gewagt: Die Gletscher während des Sommers einzupacken und so ihr Abschmelzen etwas zu reduzieren. Praktiziert wird das momentan an zwei Standorten. Doch halt, ganz neu ist die Idee allerdings dann doch nicht: Der Künstler Rigassi kreierte im Jahre 1993 auf dem Fornogletscher im Engadin eine Hommage an Alberto Giacometti und seine Familie, die hier 1935 fotografiert worden waren. Er deckte bestimmte Bereiche des Gletschers mit Tüchern so ab, dass das Eis während der warmen Sommertage nur rundum abschmolz, während es unter den Tüchern Bestand hatte. So entstanden die so genannten „cinque piedistalli", welche man sich als Figurensockel für die Giacometti vorstellen soll.

Einer der aktuell abgedeckten ist der **Gurschengletscher** am Gemsstock auf fast 3000 m ü.M. Allerdings ist die Motivation diesmal ganz praktischer Art: Die Skisaison. Die Betreiber der Bergbahnen oberhalb von **Andermatt** mussten jeweils vor Eröffnung der Wintersportsaison den Abschnitt zwischen der Bergstation und der Skipiste mit viel Aufwand künstlich neu aufschich-

ten, da der Gletscher an dieser Stelle in den letzten 15 Jahren bis zu 20 m an Mächtigkeit verloren hatte. Es hat sich gezeigt, dass der dabei verwendete Energie- und Arbeitsaufwand dabei grösser war, als eine Kühlfolie herzustellen und über den Gletscher zu stülpen. Laut Glaziologen der ETH Zürich ist der Pilotversuch mit dem vor Strahlung und Wärme schützenden **Vlies** ein Erfolg und hat 1.5 m Eisschicht gegenüber dem unverpackten Gletscher bewahrt. Um wirklich Aussagekraft zu erhalten, muss das Projekt allerdings noch einige weitere Jahre durchgeführt und wissenschaftlich betreut werden, zur Auswertung der Messdaten. Man ist jedoch optimistisch, dass solche Verpackungsaktionen im kleinen Rahmen wirksam sind und wenigstens dort, wo der Mensch auf ihn angewiesen ist, den Gletscher auf seiner Flucht etwas aufhalten können.

Der andere Gletscher, der seine Sommerpause 2005 unter einer Schutzfolie verbrachte, ist der **Tortin-Gletscher** im Wallis. Auch hier werden vor allem die Bereiche zweier Skipisten von **Téléverbier** unter das Vlies gelegt, was eine messbare Temperaturdifferenz von bis zu 10°C nach sich zieht. Nachhaltig sei dies nicht, hatten Umweltschützer bemängelt. Und dass damit der Gletscherrückzug nicht aufgehalten werden kann, ist klar, viel mehr als eine oberflächliche Symptombehandlung ist es nicht. **Nachhaltig** ist es auf lange Zeit nur, den anthropogenen Treibhauseffekt zu reduzieren und sich Gedanken zu machen, wie viel von der atmosphärischen Erwärmung (ca. +0.45°C 0.15°C gemäss Maisch et al., 1999) tatsächlich auf das Einwirken der Menschheit zurückzuführen ist. Beides sind sehr heikle Themen.

*Eine kleine Wetterstation auf einem verwitterten Bord in Lavertezzo TI.*

Ersteres, die Reduktion des anthropogenen Treibhauseffekts, vor allem aus politischen und wirtschaftlichen Gründen. Dies zeigte kürzlich die Diskussion in der Schweiz zur Erfüllung des **Kyoto-Protokolls**, zu dem sie sich verpflichtet hat. In diesem Rahmen wird im Schweizer $CO_2$-Gesetz konkretisiert, dass die $CO_2$-Emissionen zwischen 2008 und 2012 um 10% unter den Wert von 1990 gesenkt werden müssen. Der beschlossene, freiwillige „**Klimarappen**" als weitere Massnahme zur Erreichung des Ziels hat nun wenig Zeit (vorerst bis Sommer 2007), um seine Wirkung zu beweisen. Am 1. Oktober 2005 wurde er auf Benzin und Diesel eingeführt, um die $CO_2$-Emissionen zu senken. Im Gegensatz zur ebenfalls diskutierten $CO_2$-Abgabe stellt der Klimarappen jedoch effektiv eine weitere (freiwillige) Besteuerung der Treibstoffe dar und ist nicht eine administrative Umwälzung in Milliardenhöhe, denn die erhöhten Treibstoffpreise infolge der $CO_2$-Abgabe würden letztlich wieder über andere Lenkungsmassnahmen wie AHV und Krankenkasse rückerstattet und daher zu einem Nullsummenspiel im Inland führen. Viel stärker fällt ins Gewicht, dass infolge der $CO_2$-Abgabe im Inland zwar weniger Benzin und Diesel verkauft, doch effektiv nicht nennenswert weniger $CO_2$ produziert würde, da ein Grossteil der ausländischen Kunden nicht mehr in der Schweiz tanken wird. Diese Abwägungen zwischen Umweltbewusstsein und Volkswirtschaft sind vorzunehmen, damit der Klimarappen beweisen kann, dass er einen echten Beitrag zur $CO_2$-Reduktion der Schweiz liefert, die hauptsächlich durch den Zukauf von Emissionszertifikaten (Reduktion der $CO_2$-Emissionen durch Einwirken der Schweiz im Ausland) und Fördermassnahmen im Inland aus den Einnahmen der **Stiftung Klimarappen**[3] zustande kommt. Nachdem die $CO_2$-Abgabe aber wenigstens auf Brennstoffe für Gebäudeheizungen eingeführt werden sollte, ist die Diskussion neu entbrannt. Gegner der $CO_2$-Abgabe bezeichnen die gestiegenen Heizölpreise als verdeckte Abgabe, die aber wirkungslos sei, da sie nicht zweckgebunden verwendet werden könne. Auch hier wird nun um die Einführung eines „Klimarappens II" gestritten, der vollständig zweckgebunden der Reduktion von Energieverlusten durch Sanierungen von Gebäuden dienen soll, mit den Pro-Argumenten wie beim Klimarappen auf Treibstoffen, aber dem Zweifel der Wirksamkeit von 2 Rappen Zuschlag pro Liter Heizöl gegenüber den 9 Rappen bei der $CO_2$-Abgabe.

Das zweite Thema, die Nachweisbarkeit der (anthropogen verursachten) Klimaveränderung, ist vor allem aus wissenschaftlicher Sicht heikel: Der Beweis, dass der Mensch die Erdatmosphäre mit seinen Handlungen langsam aus dem Gleichgewicht laufen lässt, ist alles andere als einfach zu erbringen. Als Beispiel mag die wissenschaftliche Charakterisierung des **Hitzesommers 2003** herangezogen werden. Grosse, erschreckende Zahlen wie Ernteverluste in der Höhe von 12.3 Milliarden US$, Waldbrandschäden (1.6 Mia. US$), steigende Strompreise aufgrund eines turbulenten Elektrizitätsmarktes in Europa sowie die Abschaltung oder Produktionssenkung von Kernkraftwerken (über 100 Euro pro MWh) und hitzebedingte Todesfälle (Schätzungen zwischen 22'000 und 35'000 Personen in Europa) machten

---

[3] www.stiftungklimarappen.ch

Schlagzeilen in allen Medien. Es ist aber schwierig, ein einzelnes Extremereignis mit einer Veränderung des kompliziert zustande kommenden Klimas direkt in Verbindung zu bringen. Dennoch steigt die statistische Wahrscheinlichkeit für solche Extremereignisse bei Berechnungen mit Modellen, die den Einfluss des Menschen berücksichtigen, gegenüber Berechnungen mit Modellen, die nur natürliche Variablen enthalten, deutlich an. Die grosse Vielfalt von Parametern und ihren Einflüssen sowie die grossen Dimensionen der Atmosphäre machen es schwierig, genaue Prognosen abzugeben. Dementsprechend viele wissenschaftliche Publikationen für und wider die anthropogene Klimaveränderung gibt es (siehe auch Kapitel Naturkatastrophen). Unsicherheiten zu verringern und natürliche Variabilitäten vor dem Hintergrund menschlicher Veränderungen besser erklären zu können sind die grossen Herausforderungen der modernen Meteorologie und Klimatologie.

Doch zurück zu den Gletschern: Wer den Furkapass vom Urserental her erklommen hat, wird fast in jedem Fall kurz nach der Passhöhe beim **Belvedere** einen Halt einlegen und einen Blick auf den **Rhonegletscher** werfen. Schon heute muss man aber den Hals recken, um über das Geländer auf der Terrasse des Touristenshops hinaus Blick rechts hinten den Rhonegletscher in seiner noch verbliebenen majestätischen Pracht erkennen zu können. Auf der Höhe des Belvedere selber ist er beträchtlich geschmolzen und fliesst tief unterhalb des einstigen **Moränenwalls**, den er aufgeschichtet hat. Gemäss den vorliegenden Daten ist der Gletscher noch 9 km lang und umfasst eine Fläche von 17 km$^2$ auf einer Höhe von 3630–2200 m ü.M. Als Schadenpotential galten früher die Furkapassstrasse sowie die alte Furka-Dampfbahnstrecke, die seit kurzem wieder neu belebt wurde. Dennoch sind seit 1947 keine Schadenfälle mehr verzeichnet worden – der Gletscher hat sich auch weit von der menschlichen Infrastruktur am Belvedere und der Steilstufe, über die er ursprünglich bis zur Ortschaft Gletsch hinunterreichte, zurückgezogen. Sich neu bildende, proglaziale Seen könnten in Zukunft gefährlich werden.

*Der Steingletscher am Sustenpass als wichtiger Alpenaspekt, mit Gletscherbach (rechts), Gletschersee (links), Gletschertor kurz oberhalb des Sees (im Schatten) und vielen weiteren anschaulichen Beispielen für Begriffe aus der Geomorphologie. Juni 2005.*

DIE SCHWEIZ UND IHRE DREITEILUNG

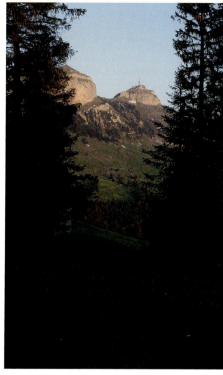

Dem **Steingletscher** am Sustenpass werden zwei Einträge im historischen Gletscherinventar der Schweiz zugeordnet: Im Juli 1956 brach der Stausee über Nacht aus und riss den Damm mit, sodass das Hotel Steingletscher in Mitleidenschaft gezogen wurde. Ein ähnliches Ereignis geschah im August 1998, als nach heftigen Regenfällen der Steinsee überlief und talwärts eine kleine Überschwemmung auslöste. Der Steinsee selber ist jung und existiert erst seit den 1940er Jahren als **proglazialer See**, der seit 1950 von der Kraftwerke Oberhasli AG (KWO) bewirtschaftet wird. Der Steinlimmibach wurde in den See geleitet, um ihn als Speicherbecken zu verwenden. Ein Lehrpfad zu glazialen und verwandten erdwissenschaftlichen Themen führt in einer kleinen Wanderung ins Gebiet und ist von der Sustenpassstrasse aus einfach zu erreichen.

*Links: Der Dents du Midi ist umhüllt von einer Wolkendecke. Von Gryon aus gesehen, bildet er das Tor zum Wallis. Juli 2005.*
*Rechts: Ganz anders präsentieren sich die Alpen an den nördlichen Ausläufern, dem Alpstein mit dem Hohen Kasten im Kanton Appenzell Innerrhoden. Mai 2004.*

### Solifluktion am Furkapass

Im hochalpinen Bereich werden die sichtbaren Oberflächenformen stark von den jahreszeitlichen Temperaturschwankungen beeinflusst und verändert. Am Rand der Gletscher und des ewigen Eises befinden wir uns im **Periglazialbereich**. Der Bereich des über das ganze Jahr andauernden Bodenfrostes wird als **Permafrostbereich** bezeichnet. Der Frost kann bis in mehrere hundert Meter Tiefe vordringen und wird nicht allein über die Temperatur- sondern auch über die Schneeverhältnisse gesteuert. Das Gebiet des **jahreszeitlichen Bodenfrostes** hingegen ist nicht vollständig das ganze Jahr über gefroren. Hier dringen die Frostprozesse nur noch Dezimeter bis Meter in den Untergrund ein und können im Sommer durch den Wärmefluss von der Oberfläche her aufgetaut werden. So gibt es oberflächennahe Schichten, die teilweise auftauen und dadurch instabil werden. Dieses Abwechseln von Tau- und Gefrierprozessen führt dazu, dass sich der Boden langsam hangabwärts bewegt. Diese Bewegung ist eine Zickzack-Bewegung als Kombination aus Expansion senkrecht zur Oberfläche und Kontraktion vertikal durch die Gravitation. Diese Zickzackmuster hinterlassen eine charakteristische Struktur, wie sie zum Beispiel an der Furka-Passstrasse sichtbar ist. Die Solifluktion findet man, von Realp her aufsteigend, kurz vor der Passhöhe auf der linken Strassenseite. Ein solches Bodenkriechen kann Geschwindigkeiten von einigen Zentimetern pro Jahr erreichen.

*Solifluktionsformen kurz vor der Furkapasshöhe im Gesamtüberblick (links) und als mehrere Meter breiter Ausschnitt (rechts). Juni 2005.*

## Blockgletscher

Ein Material kann in zwei verschiedenen **rheologischen Eigenschaften** versagen, wenn es zu sehr beansprucht wird. Ein Gestein an oder nahe der Erdoberfläche bricht in der Regel **spröde** – ein solcher Vorgang zeigt, dass zuviel Spannung in der Erdkruste aufgebaut wurde. Den ruckartigen Entlastungsvorgang kennt man als **Erdbeben**, ein Vorgang auf den später (→ Basel) noch eingegangen wird. Der zweite rheologische Prozess ist **duktiles** Versagen. Hier entsteht aufgrund der Beanspruchung ein kontinuierliches Fliessen: Ein Blockgletscher, der aus mit Eis gesättigten Geröllmassen im Bereich von Schutthalden hoher Berge besteht und sich langsam hangabwärts bewegt.

Ein **Blockgletscher** hat mit einem Gletscher eigentlich nichts zu tun; es ist ein irreführender Name der historischen Geomorphologie. Man findet sie im Permafrostbereich. Musterbeispiele sind die Blockgletscher von → Muragl und Murtél im Engadin. Ist der Bereich des Permafrostes nämlich mit Eis gesättigt, so kann er sich duktil verformen und aufgrund der Gravitation hangabwärts fliessen. Im Vergleich zur Solifluktion ist der Prozess zusammenhängend, d.h. aufgrund der **Duktilität** „spürt" das obere Ende eines Blockgletschers, dass sich das untere Ende bewegt und es muss nachfliessen. So ergeben sich grössere dynamische Volumina: Ein Blockgletscher kann mehrere hundert Meter lang und einige zehn Meter breit sein und sich mit erhöhter Geschwindigkeit im Vergleich zur Solifluktion bergab bewegen, bis zu Dezimetern pro Jahr. Permafrost hat eine wichtige Aufgabe, denn der gefrorene Schutt der Blockgletscher wird so zusammengehalten. Taut der Permafrostbereich weiter auf, so werden nach und nach neue Bereiche des Gebirgsschutts instabil und drohen abzustürzen. Besonders deutlich wird dies momentan in den hochalpinen Gebieten um **Pontresina**, was auf dem dortigen → Klimalehrpfad gut aufgezeigt wird. Murgänge, Gletscherabbrüche, vermehrte Steinschläge – das alles ist Ausdruck einer zunehmenden Dynamik am Berg, die Landwirtschaft und Wohnbevölkerung in den Berggemeinden bedroht. **PERMOS**, seit dem Jahr 2000 als gesamtschweizerisches Permafrostprojekt aktiv, soll diese Dynamik minuziös vermessen und überwachen. Dies erfolgt über Bohrlöcher, die Temperaturfühler enthalten, durch geophysikalische Vermessung mit seismischen und elektrischen Methoden und mittels Auswertung und Interpretation von Luftbildern. Da der Permafrost eine viel grössere Fläche als die Vergletscherung in der Schweiz einnimmt, ist der entsprechende Forschungsaufwand gerechtfertigt und nötig. Vor allem, weil über Blockgletscher und Permafrost noch wenig bekannt ist und das Verhalten bei einer solchen atmosphärischen Erwärmung noch nicht vollständig geklärt ist.

**Jura**

Jura ist eine Typbezeichnung mit zwei Bedeutungen: Der Zeitabschnitt des Jura ist die mittlere Periode des Mesozoikums in der **geologischen Zeittabelle**. Er ist benannt nach der Region des Schweizer Juras, einem grossen Gebirgsbogen in der Nordwestschweiz mit Teilen in Frankreich und Deutschland, in dem vorwiegend Gesteine des Jurazeitalters vorzufinden sind. Darum nennt man den Jura auch eine **Typlokalität**. Der Jura wird unterteilt in die drei Epochen Lias, Dogger und Malm, welche oft auch als Schwarzer, Brauner und Weisser Jura bezeichnet werden. Dagegen ist der Kanton Jura ein weiterer homonymer, politischer Begriff, der den Werdegang des Kantons nachzeichnet.

## *Der jüngste Kanton*

Der jüngste Kanton der Schweiz, am 1. Januar 1979 nach einer Volksabstimmung im Jahre 1978 und vielen politischen und emotionalen Querelen gegründet, entstand aus einem mehr als 150 Jahre dauernden Unabhängigkeitskampf heraus, der auch in sich alles andere als homogen war. Als im März 1815 nach der Niederlage Napoleons bei Waterloo der **Wiener Kongress** als Restitutionsanlass fungierte, um die Verhältnisse in Europa zu beruhigen und zu ordnen, musste sich die Schweiz zur **Neutralität** verpflichten, um die alten Grenzen wiederhergestellt zu bekommen. Somit kehrten die Gebiete Genf, Wallis, Neuchatel und das aus Teilen des Elsass und dem heutigen Jura bestehende Fürstbistum Basel zur Schweiz zurück. Sie waren in den **Helvetik** und **Mediation** genannten Perioden unter die Herrschaft des von Napoleon regierten Frankreichs gefallen. Innerhalb der Schweiz wurden die Verhältnisse ebenfalls neu geordnet, und weil Bern den Einfluss über die Waadt verlor, erhielt es – quasi als Ersatz – die Gebiete des Jura. Dies führte innerhalb des Jura zu Spannungen, da sich der **katholische Norden** gegen das reformierte Bern auflehnte, während der **protestantische Süden** ihm die Treue hielt.

| Alter [Ma] | Epoche | Periode | Ära/Äon |
|---|---|---|---|
| 0.01 | Holozän | Quartär | Känozoikum |
| 2 | Pleistozän | | |
| 5.3 | Pliozän | Tertiär | |
| 24 | Miozän | | |
| 34 | Oligozän | | |
| 56 | Eozän | | |
| 65 | Paläozän | | |
| 99 | Oberkreide | Kreide | Mesozoikum |
| 142 | Unterkreide | | |
| | Malm | Jura | |
| | Dogger | | |
| 206 | Lias | | |
| | Keuper | Trias | |
| | Buntsandstein | | |
| 251 | Muschelkalk | | |
| 290 | | Perm | Paläozoikum |
| 354 | | Karbon | |
| 417 | | Devon | |
| 443 | | Silur | |
| 495 | | Ordovizium | |
| 544 | | Kambrium | |
| 2500 | | | **Proterozoikum** |
| 4700 | | | **Archaikum** |

Hinzu kamen Streitigkeiten aufgrund der schlechten **Erschliessung** des Gebiets, der deutsch-französische **Sprachkonflikt** und die unterschiedliche Verteilung der Wirtschaftssektoren im jurassischen und bernischen. Diese Spannungen äusserten sich vor allem in den zwei Jahrzehnten, die der Unabhängigkeit des Jura vorangingen. Keineswegs waren sie immer friedlich: Neben der zwar scharfzüngigen, aber der Legalität treuen Vereinigung des **Rassemblement Jurassien** gab es die oft in die nationalen Medien gelangenden Aktionen der **Béliers** (Rammböcke) und drittens sogar eine Art Untergrundorganisation, die **Front de Libération Jurassien**, mit Gewalttaten. Es ist aber ein Zeichen der Schweizer Politik und speziell ihrer Fähigkeit zu **Konkordanz** und **Föderalismus**, Mässigung gegenüber Kampfhaltungen den Vorzug zu geben, was bis heute vielfach in Erfolg endet. Am 24.9.1978 wurde die Gründung eines Kantons Jura mit einem überragenden Ja-Stimmenanteil (alle Stände, sprich die Vertreter der Kantone, sind für die Vorlage) in der Volksabstimmung gutgeheissen. Somit trat der Jura als 26. Kanton 1979 in den Bund der Eidgenossenschaft ein.

Heute besteht der zu über 90% französischsprachige Kanton Jura aus den **drei Bezirken Delémont** (das Pays Vadais mit der Kantonshauptstadt Delémont, dt. Delsberg), **Porrentruy** (die Ajoje und die Clos du Doubs mit dem Bezirksort Porrentruy) und die Franches-Montagnes genannten Freiberge mit Saignelégier. Daneben ist nicht zu vergessen, dass es auch einen Berner Jura gibt und viele andere Begriffe, die den Namen „Jura" tragen.

## *Geologie des Juras*

**Geologisch** betrachtet ist der Jura eine späte Folge der Alpenkollision. Er entstand, als sich die Spannungen des Alpenbogens auch jenseits des Molassebeckens des Mittellandes auswirkten. Dies geschah zum Ende der Alpenfaltung im Miozän, vor ca. 8–10 Mio. Jahren. Die aufgeschlossenen, sichtbaren Gesteine im Jura sind Sedimente, die im Mesozoikum in einem flachen Meer entstanden sind. Man stelle sich vor, dass damals grosse **Korallenriffe** in einem tropischen Klima

> **Korallenriff:** Küstenform in tropischen Regionen. Korallenriffe sind häufig direkt dem Land vorgelagert und bestehen aus organischen Strukturen, aufgebaut aus Korallen, Algen und Schwämmen. Voraussetzungen sind seichte Gewässer mit einer Wassertemperatur von 25 – 29°C, die lichtdurchflutet sind. Man unterscheidet Küstenriffe, Barriereriffe, Atolle oder Korallenbänke.

*Brücke von Saint-Ursanne JU aus dem 18. Jahrhundert mit der Statue des Heiligen Jean Népomucène. Das beschauliche, mittelalterliche Städtchen verfügt angeblich als einzige Ortschaft in der Schweiz ausschliesslich über Zugänge durch Stadttore. März 2005.*

*Schön erkennbare Sedimentpakete („Bänder") in einem Steinbruch in der nördlichsten Klus der Birs, bei Choindez. Dieses Quertal zeigt den Kettenjura in der Epoche des Jurazeitalters, die man Dogger nennt. Die Klus von Moutier zeigt dann die nächstjüngere Epoche des Juras, den Malm. März 2005.*

*Auf knapp 1000 m gelegen, ist der Torfsee Etang de la Gruère noch im März zugefroren. März 2005.*

hier existierten. Dementsprechend trifft man hauptsächlich Kalksteine und Mergel an, die so gut aufgeschlossen sind, dass das Gebiet gleich einer ganzen Epoche den Namen vermacht hat: **Das Jurazeitalter**. Diese Gesteine sind verfaltet und zum Teil zerbrochen worden, während das unterliegende Kristallingestein nicht von der Deformation betroffen ist. Man unterteilt den Jura in **vier Einheiten**, entsprechend ihrer geografischen Lage und geologischen Einheit:

1. Im Süden, ans Mittelland der Schweiz grenzend, findet man den **Faltenjura** (Typ „Haute-Chaîne" oder Kettenjura genannt), der sich durch deutliche Ketten und eine sichtbare Trennung durch **Längstäler** und durch die berühmten **Klusen** (Quertäler) auszeichnet. Als Klus definiert man die Durchstiche der Jurafalten von **antezedenten Flüssen**, speziell der **Birs**, die als alter, bestehender Fluss von Süd nach Nord den Faltenjura in der Kluse von Court, von Moutier (BE) und von Choindez durchschneidet. Die Jura-Innenwand verfügt über die höchsten Gipfel im Süden, noch in Frankreich (Crêt de la Neige, 1718 m), und wird sukzessive flacher, je weiter man nach Nordosten die Juragrenze entlang wandert. Der Chasseral ist noch 1607 m hoch, anschliessend läuft der Jura bei Balsthal SO und der Lägern (859 m) im Osten aus.

2. Hinter dem Kettenjura folgt der Faltenjura Typ „**Franches-Montagnes**", auch Freiberge genannt, der eine starke Faltung und eine starke Abtragung durch Verwitterung und Erosion zeigt, sodass zahlreiche offene Hochebenen auf 1000–1200 m ü.M. entstanden sind, die den Freibergen ihre sinnbildliche Weite verleihen. Es sind harte, erosionsresistive Rippen aus Kalkstein, die vor allem um Saignelégier JU anzutreffen sind.

3. Nach Norden läuft der Jura sukzessive, ohne so klare optische Grenze wie zum Mittelland, in Frankreich und Deutschland aus. Es ist der **Tafeljura**. In der Schweiz findet man ihn in kleinen Gebieten im Kanton Basel und dem Aargau.

4. Neben dem puren Tafeljura unterscheidet man den **Plateaujura**, der aus ungefalteten Hochebenen besteht und vorwiegend jenseits der französischen Grenze liegt, mit kleinen Ausläufern im Gebiet von Läufelfingen BL. Er wurde von der Alpenkollision wenig tangiert und die verbleibenden Kräfte reichten hier nicht aus, um nennenswerte Deformation zu bewirken.

Der Jura verfügt als **mesozoisches Kalkgebirge** über moorige Böden und Karsterscheinungen wie Höhlen, **Dolinen** und zahlreiche Seen ohne oberirdischen Abfluss. Zu den bekanntesten und schönsten zählt der **Étang de la Gruère** in den Freibergen in knapp 5 km Entfernung von Saignelégier. Er entstand während des Rückzugs der eiszeitlichen Gletscher, die beim Überfahren der Felsen wasserdichte Mergelschichten erzeugt hatten, auf denen sich das Wasser sammeln konnte. Seit den 1960er Jahren steht er unter Naturschutz. Der hohe organische Anteil verleiht dem Wasser die typische braune bis schwarze Farbe und den Geruch, den Hochmoore ausströmen.

## *Die Dinosaurier-Autobahn*

Die A16 ist momentan die Paradebaustelle nicht für die Autobahnbauer, die dereinst Biel via Delémont mit Delle verbinden möchten, sondern auch für die Paläontologen. Im Jahre 2002 hat man hier Dinosaurierspuren des späten Jurazeitalters gefunden, welche sich bald als die vielversprechendste Entdeckung der letzten Jahre herausstellen sollten. Die Kalksteine der als „Kimmeridgian" bekannten Malmepoche im Bereich des als **Transjurane** bezeichneten Autobahnabschnitts tragen die Abdrücke von verschiedenen Dinosaurierarten, die zu Lebzeiten kreuz und quer, einzeln und in Gruppen gewandert sind und ihre Spuren hinterlassen haben.

Das Juraklima brachte tropische Verhältnisse in das Gebiet der heutigen Schweiz, und dementsprechend muss vor 150 Mio. Jahren auch das Panorama ausgesehen haben, das die Dinosaurier zu Gesicht bekamen: Sie wandelten an einem „Palmenstrand" (Cycadeen) im Gezeitenbereich umher und konnten so die tiefen Abdrücke in die Sedimente pressen. Im Laufe der Zeit trat die Versteinerung der Spuren, die Lithifizierung, ein und konservierte jene wertvollen Abdrücke, die uns heute zahlreiche Informationen über die Lebensweise und den Lebensraum der Riesenechsen offenbaren. Oft wird die damalige Situation in der Region des Jura mit jener verglichen, die Urlauber heute in den Bahamas vorfinden: Eine Anzahl von kleinen Inseln oder zusammenhängenden Inselgruppen mit Lagunen in einem untiefen Meer, das den geeigneten Lebensraum für die Entstehung von Korallenriffen bot. Diese haben letztlich die Kalksteine gebildet. **Amanz Gressly** gilt als Vorreiter der Entdeckung, dass die Juragesteine in einem flachen Tropenmeer gebildet wurden – obwohl er selbst die See nie gekannt hat, konnte er die verschiedenen Typen der Jurakalke richtig deuten und ihre Entstehung ableiten. Ferner erkannte er die Bedeutung der Tatsache, dass in der **Stratigrafie** (der Abfolge von Schichten) die gleichen Typen von Juragesteinen nicht überall an derselben Stelle anzutreffen sind – die Korallenriffe haben sich dynamisch bewegt, entsprechend den stetigen Veränderungen des Meeresspiegels während des Auseinanderbrechens des Superkontinents **Pangäa**.

Was für die Wissenschaftler der „section de paléontologie" als kleines Projekt begann, ist mittlerweile eine Unternehmung von über 40 Angestellten geworden, die für die paläontologische Begleitung des Autobahnbaus auf einem Abschnitt von fast 25 km verantwortlich sind. Mittlerweile sind über 2'000 Saurierspuren ausgehoben worden. Auf einer Fläche von ca. 1'500 m² findet man zahlreiche Fährten sowohl von zweifüssigen, fleischfressenden Theropoden als auch von vierfüssigen, pflanzenfressenden Sauropoden. Ein wahres Paradies für **Ichnologen** ist dieser spezielle Fundort, aber auch eine Herausforderung, die Spurenabdrücke – die Ichnofossilien – richtig lesen und verstehen zu lernen. Diese geben nämlich ausführlich Auskunft über die Grösse und das Fortbewegungs- sowie das Sozialverhalten der Tiere.

Für die Zukunft denkt man darüber nach, die geeigneten Abschnitte der Spurenfunde auch dem Publikum öffentlich zugänglich zu machen. Eine Verlängerung der Autobahnbrücke soll die Dinosaurierspuren überdecken und so zugleich nachhaltig schützen und eine Besichtigung ermöglichen. An den Begegnungstagen im Oktober 2005 jedenfalls nahmen mehr als 1'800 Besucher die Gelegenheit wahr, sich von den Fachpersonen über ihren Berufsalltag vor Ort bei **Courtedoux** informieren zu lassen. Ein Museum oder Geopark soll den Ablauf von paläontologischen Ausgrabungen illustrieren und verständlich machen, sodass den Besuchern der Zugang zur wissenschaftlichen Welt und der biogeografischen Vergangenheit erleichtert wird – auch die Aufnahme in das UNESCO Welterbe analog dem → Monte San Giorgio stehe zur Diskussion[4].

---

**Stratigrafie:** Geologischer Wissenschaftszweig, der die Gesteine anhand ihrer anorganischen und organischen Merkmale und Inhalte nach ihrer zeitlichen Bildungsfolge ordnet und eine Zeitskala zur Datierung der geologischen Vorgänge und Ereignisse aufstellt. Zwei Hauptprinzipien werden angewendet, um Sedimentgesteine interpretieren zu können: erstens das Prinzip der Horizontalität, das besagt, dass alle Sedimente ursprünglich horizontal abgelagert wurden. Zweitens das Prinzip der Superposition, das besagt, dass jede Sedimentschicht in einer tektonisch unveränderten Region jünger als die darunter liegende und älter als die darüber liegende ist.

**Ichnologie:** Die Wissenschaft vom Spurenlesen. Die Fähigkeit, Spuren lesen zu können, hatte vor allem in der frühen Vergangenheit einen hohen Stellenwert und ist eine der ältesten Fertigkeiten des Menschen. Das Lesen und Zuordnen von Spuren erlaubte es, verschiedene Tierarten zu erkennen und ihnen entweder aus dem Weg zu gehen oder auf der Suche nach Futter zu folgen oder sie zu jagen. Ferner sagt das Vorhandensein von Spuren an gegebenen Orten etwas über die Bedingungen zu Lebzeiten der Tiere aus. Das Prinzip der Ichnofazies ordnet dementsprechend die verschiedenen rekonstruierbaren Merkmale einer Umweltsituation zu.

---

[4] www.palaeojura.ch

## *Karst*

**Karst** ist eine Erscheinung, die aufgrund des chemischen Zusammenspiels zwischen löslichen Kalkgesteinen und dem als Kohlensäure im Wasser gelösten $CO_2$ entsteht. **Korrosion** nennt man diesen rein chemischen Vorgang, bei dem das Kalziumkarbonat ($CaCO_3$) unter dem Einfluss von Kohlensäure ($H_2CO_3$) aufgelöst wird, sodass Kalziumionen ($Ca^{2+}$) und Bikarbonationen ($2 \cdot HCO_3^-$) freigesetzt werden. Das Phänomen ist benannt nach dem slowenischen Hinterland nahe Triest, das als Muster für die Verkarstung gilt. Diese Landschaft verfügt über alle Elemente, welche den Begriff Karst letztlich definieren: Korrodierte Oberflächen mit Rillen und Löchern, die unter dem Begriff **Karren** (auch: Schratten) zusammengefasst werden, sowie eine karge, **spärliche Vegetation** und Mangel an Oberflächenwasser, denn ein Grossteil des Niederschlags fliesst im Untergrund ab. Typisch sind auch **Höhlen** mit **Stalaktiten** – von der Decke der Höhle nach unten wachsend – und **Stalagmiten** – vom Höhlenboden nach oben wachsend. Wurden in der Höhle genügend Kalktröpfchen ausgeschieden, sodass die beiden Formen zusammenwachsen konnten, spricht man von **Stalagnaten**. So ge-

Einzelhöfe auf dem Weg ins Vallée de Joux mit typischen Karren als Karsterscheinung in der Mitte. Der gelbe Enzian (Gentiana lutea) ist die dominierende Pflanze auf solchen Karstflächen. Die stark verwitterten Gesteine liessen sich gut aufsammeln, wodurch im Jura die einzelnen Felder durch Trockenmauern abgegrenzt werden. Juli 2005.

**Karren:** Chemische Verwitterungsform von kalziumhaltigen Gesteinen (Kalk, Gips), die typischerweise in Karstgebieten anzutreffen ist. Durch die Lösung von Kalk entstehen tiefe Risse und Spalten in der Erdoberfläche oder in Höhlen, die ein charakteristisches Entwässerungssystem ausbilden. Der Begriff „Schratten" stellt das alemannische Synonym dar. Beide Begriffe bezeichnen den gesamten Komplex der kleinen Karstformen und werden weiter unterschieden anhand der Art des Abflusses oder der Gesteinssituation: Rillenkarren, Trittkarren, Rinnenkarren, Hohlkarren, Kluftkarren, Karrentische usw.

nannte **Schwundlöcher** (Ponoren), bei denen ein Oberflächengewässer plötzlich in den Untergrund eintritt und ein **Trockental** zurücklässt, sind auch häufig. Im Jura findet man sie im Gebiet des Lac de Joux. Stürzen Decken von unterirdischen Höhlen ein oder sackt der Untergrund nach, bleiben charakteristische Vertiefungen an der Oberfläche zurück, die **Dolinen**. Sie werden nach der Genese, also der Art ihrer Entstehung, klassifiziert und heissen demnach Lösungs-, Senkungs-, Sackungs- oder Einsturzdolinen.

Trockenmauern sind eine spezifische Erscheinung der Jurahöhen und verdanken ihre Entstehung der ausgedehnten Weidewirtschaft. Seit dem 17. und 18. Jahrhundert hatte man die alten Holzmauern nach und nach durch Steinmauern ersetzt, um der Entwaldung entgegenzuwirken und die einzeln oder gehäuft herumliegenden Steine, die oft bei der landwirtschaftlichen Arbeit behinderten, aus dem Weg zu räumen. Im 20. Jahrhundert wurden sie jedoch vernachlässigt und häufig dem Verfall preisgegeben. Zur Rettung der Trockensteinmauern wurde daher 1994 die **Association pour la Sauvegarde des Murs de Pierres Sèches (ASMPS)** ins Leben gerufen, die sich der Erhaltung der Mauern verschrieben hat. Übrigens sind solche Trockenmauern nicht alleine auf den Jura beschränkt, sondern sind häufig auch im Wallis zu finden, wo sie aus der Kulturlandschaft, v.a. dem Weinbau, ebenfalls nicht mehr wegzudenken sind.

Fährt man über einen der zahlreichen kleinen Pässe, dann bemerkt man schnell die Kargheit und Abgeschiedenheit, die den Jura aufgrund seiner natürlichen Beschaffenheit auszeichnen. Landwirtschaft ist mühselig und flächenintensiv, gerade auch wegen der korrodierten Karstlandschaft. Um ins **Vallée de Joux** zu gelangen, wählt man am Besten den **Col du Marchairuz**, der die genannten Eigenschaften beispielhaft veranschaulicht. Der **Lac de Joux** im gleichnamigen Hochtal verliert beispielsweise einen Grossteil seines Wassers durch Sickerung in den durchlässigen Untergrund, und das Flüsschen Orbe verschwindet unterirdisch aus dem See, um in **Vallorbe VD** als **Stromquelle** auf 750 m ü.M. wieder zum Vorschein zu kommen. Es hat schon einen weiten Weg hinter sich, entspringt es doch in Frankreich im Lac de Rousses. Es fliesst anschliessend durch die Orbe-Schluchten in Richtung des gleichnamigen Städtchens Orbe, vereinigt sich kurz darauf mit der Thielle und fliesst bei Yverdon in den Neuenburgersee. Den Zusammenhang zwischen dem Austritt des Wassers im Lac de Joux und dem Wiederauftauchen hier hat übrigens eine für die Geologie wichtige Person nachgewiesen: **Horace Benedict de Saussure**, ein Gelehrter des 18. Jahrhunderts (1740–1799) aus Genf, der als waghalsiger Bergsteiger die Schweiz durchquerte, als einer der Ersten den Mont Blanc erklommen hatte und eine grosse Zahl von Beobachtungen miteinander verknüpfte (niedergeschrieben in „Les voyages dans les Alpes"), die ihn

*Die Springquelle der Orbe bei Vallorbe VD. Juli 2005.*

# DIE SCHWEIZ UND IHRE DREITEILUNG

Abendstimmung im Trockental von Les Begnines am Col du Marchairuz mit Dolinen und karger Vegetation mit Gelbem Enzian im Talboden und Bewaldung entlang der Kämme. Trockensteinmauern grenzen die einzelnen Weiden voneinander ab. Der Gelbe Enzian, als Apothekerpflanze für die Gewinnung von Bitterstoffen bekannt, ist auch Lieferant für die Zutaten von Suze. Seit kurzem ist ein Streit zwischen Paris und dem Berner Jura ausgebrochen. Nicht Fernard Moureaux in Paris soll zeitgleich mit dem Bau des Eiffelturms 1889 den Aperitif vorgestellt haben, sondern das Getränk stamme aus dem Dorf Sonvilier BE im Berner Jura, wo Suze als „Gold der Alpen" verkauft worden sei. Wer Recht hat, wird sich schwer beweisen lassen. Da aus 100 kg Wurzeln nur knapp 12–13 l Suze produziert werden können, hat man sich auch in der Schweiz Gedanken über den kommerziellen Anbau gemacht. Entsprechende Versuche der Kommerzialisierung gibt es hier im Vallée de Joux. Juli 2005.

schliessen liessen, dass es steilgestellte, verfaltete Gesteinsschichten in den Alpen gibt.

Der Grund des Wiedererscheinens der Orbe liegt darin, dass hier die Basis der Kalkschichten erreicht und von einer Bruchfläche durchtrennt wird. Bis hierhin konnte sie sich einerodieren. Um die unterirdischen Wege des Wassers zu erkunden, drangen Taucher in den 1960er Jahren erstmals in den **Siphon**, einen komplett mit Wasser gefluteten Gang ein, und kamen schliesslich 250 m weiter in einer Höhle wieder hervor, die heute von den Besuchern (14.–/7.– Eintritt Erwachsene/Kinder) als Endpunkt ihrer Höhlenerkundung der „**Grotte de l'Orbe**[5]" erreicht wird. Die Höhlen sind der Öffentlichkeit zugänglich gemacht worden und können von jedermann besichtigt werden. Sie wurden im Jahre 1974 erschlossen, nachdem schon seit der Jahrhundertwende klar war, dass eine unterirdische Verbindung zwischen dem Vallée de Joux und der Springquelle der Orbe bestehen müsse. Der Besuch beginnt im 60 m langen Eingangstunnel, der schliesslich in eine natürliche Höhle mündet. Hier findet man den „**Lac de Silence**", einen stillen, grün schimmernden See mit 25 m tiefem Wasser der Orbe. Neben diesen offensichtlichen Erosions- resp. Korrosionsprozessen in der unterirdischen Karstlandschaft gibt es aber auch genau das Umgekehrte: **Akkumulationsprozesse**, die nichts anderes als die umgekehrte Richtung der chemischen Kalkreaktion darstellen. Das geschieht, wenn das Wasser an gelöschtem Kalk übersättigt ist und dieser zusammen mit $CO_2$ an der Luft wieder ausgeschieden wird. Dann bauen sich so genannte

---

[5] www.grotte.ch

*Der Gang durch den Siphon. Deutlich zu erkennen ist der ehemalige Stand des Wasserspiegels an der Farbgrenze des Gesteins (links). Man braucht nur wenig Phantasie, um das Tier in der hier abgebildeten Formation namens „Bison" zu erkennen (rechts). Juli 2005.*

**Kalksinter** auf, Kristallfällungen von Karbonat, welche die unglaublichsten Formen hervorbringen können. Über solche Kalksinter floss die Orbe in Wirbeln hinunter und bildete das **Strudelloch des Cairns**, eine Erosionsform von symmetrischer Schönheit. Zu den typischsten Sintern gehören jedoch die Tropfsteine in den Höhlen: Stalagmiten und Stalaktiten sowie die zusammengewachsenen **Stalagnaten**. Bei genauem Hinsehen entdeckt man auch viel kleinere Säulen, die ganz weiss sind: Es sind **Fisteln**, kleine röhrchenförmige Abscheidungen von Kalk. Im Fistelsaal sind diese kleinen Stalaktiten beispielhaft zu besichtigen.

Der weitere Rundgang führt sogar durch einen ehemaligen Siphon, ein Engpass der Höhle, der komplett mit Wasser gefüllt war. Heute wird er regelmässig entleert, damit die Besucher trockenen Fusses die weiter hinten liegenden Höhlenpartien besichtigen können. Die Speläologen (Höhlenkundler) hatten bei der Erforschung der Orbe-Höhlen diesen Komfort noch nicht und mussten auf Taucher zurückgreifen. Weniger Ehrgeiz, aber etwas Phantasie braucht man in der grossen Gewölbehöhle, um die grosse Kalkabscheidung gleich rechts neben dem Geländer zu erkennen. Es sei hier verraten, dass sie „Bison" genannt wird. Sie ist nach ihren lebenden Verwandten benannt, die in nur geringer Distanz der Höhlen auf dem Pass des **Mont d'Orzeires** weiden. Vorbei am gleichnamigen Bison-See auf der anderen Seite gibt es noch viel zu entdecken, bis man schliesslich am oberen Ende des Siphons

> **Sinter:** Mineralische Absätze an Quellaustritten oder an fliessenden Gewässern. Gründe für das Entstehen dieser Abscheidungen sind veränderte physikalische Bedingungen im Wasserlauf. Dazu gehören z.B. Änderungen der Temperatur und der Fliessgeschwindigkeit des Wassers sowie Abgabe von Kohlendioxid. Zu den bekanntesten Formen zählen die Kalksinter, die durch schnelles Entweichen von Kohlensäure aus kalkhaltigem Wasser entstehen. Der im Wasser gelöste Kalk fällt dabei aus und bildet häufig krustenartige Überzüge an Steinen.

steht. Hier begegnet man der unterirdisch laut rauschenden Orbe wieder, die ihrem Ausgang zueilt. Während der Schneeschmelze soll es sogar vorkommen, dass die gesamte Höhle wieder unter Wasser steht und Besuchern der Zugang verunmöglicht wird. Zur Beruhigung sei gesagt, dass Abflussmessungen ergeben haben, dass es mindestens acht Stunden dauert, bis das Wasser hier drin ansteigt. Bevor der Besucher wieder in den Tag zurückkehrt, kann er in den Höhlen eine permanente Mineralienausstellung, den Feen-Tresor, besichtigen. Hier sind besonders prachtvolle Exemplare aus der gesamten Welt ausgestellt, die das schöne Wachstum der Natur demonstrieren. Der Name geht auf die Legende des Donats zurück, deren Inhalt an dieser Stelle nicht verraten sei... denn hier ist der richtige Ort für Abenteuer und mystische Geschichten und Erzählungen, wie man sie sich allenthalben weitergegeben hat. Auch Wilhelm Tell hätte seine Freude gehabt, an solchen Orten dem Gessler aufzulauern.

*In der Grotte de l'Orbe. Eine Ansammlung von unterirdischen Karstphänomenen, so genannter Endokarst, kann hier ausgiebig bestaunt werden. Dazu gehören von der Decke hängende Stalaktiten, die schliesslich bei genügender Kalkausscheidung mit den Stalagmiten am Boden zu so genannten Stalagnaten zusammenwachsen. Im linken Bildrand sind die weissen, dünnen Fisteln zu erkennen (oben links). Ferner gibt es schön vom durchfliessenden Wasser erodierte Strudellöcher mit sorgfältig kreisrund ausgewaschenen Steinen, wie hier das Cairn-Strudelloch (oben rechts). Panorama der Grotte de l'Orbe in der bergseitigen Höhle, wo der 250 m lange Siphon wieder zum Vorschein kommt (unten). Juli 2005.*

*Reifkristalle bei starken Minustemperaturen. Januar 2006.*

Tektonisch gesehen ist das Tal eine synklinale Depression zwischen den beiden antiklinalen Juraketten des Risoux und des Mont Tendre, eine grossflächige Einsenkung. Der Karst und die damit verbundene karge Vegetation sowie ein raues, windiges Klima führen dazu, dass der Jura durch eine spezielle Art der Landwirtschaft charakterisiert wird: Die extensive Weidewirtschaft.

Kaltluftseen im Jura führen dazu, dass eine kleine Ortschaft jeweils den Kältepol der Schweiz bildet: **La Brévine**, das morphologisch in einer **Polje** gelegen ist, einer weiten Senke, welche die schwere, kalte Luft regelrecht einfängt. Schuld an dieser Besonderheit, dass die kältesten Temperaturen der Schweiz nicht auf hohen Berggipfeln, sondern in einem solch abgeschotteten Tal gemessen werden, ist die umgebende Topografie von vier Bergketten in allen Himmelsrichtungen, die es der kalten Luft ermöglichen, sich wie ein See über das Tal zu legen und es in eisige Kälte zu hüllen. Der Schweizer Temperaturrekord von −41.8°C datiert vom Januar 1987 und übertrifft damit so exponierte Berglagen wie den Säntis, der „nur" mit der höchsten jemals gemessenen Schneelage von 816 cm aufwarten kann. Klima und Boden beeinflussen dementsprechend die Landwirtschaft, die sich hier wie in weiten Gegenden des Juras auf Tierhaltung beschränkt. Der Wintertourismus kommt aber völlig auf seine Kosten, dank ausgedehnten, flachen Langlaufloipen, geführten Schneeschuhwanderungen und sogar einem kleinen Skilift. Kürzlich wurde La Brévine sogar mit den Langlaufparadiesen am finnischen Polarkreis verglichen und für absolut spitzentauglich befunden. Wer also nicht unbedingt von sich sagen will, am Polarkreis Ski gelaufen zu sein, der kann sich die Flugstrapazen sparen und tolle, tief verschneite Landschaften von der Loipe im Jura aus erleben.

*Der Lac de Joux mit dem Dent de Vaulion im Bildhintergrund. Juli 2005.*

**Poljen:** Eine Übergangsform im Karst zwischen Dolinen und Uvalas, welche im Gegensatz zu Uvalas einen flachen Boden aufweisen und mehrere Kilometer lang und breit sind. Sie besitzen eine unterirdische Entwässerung, können aber nach starken Niederschlägen überschwemmt werden.

# REGIONEN

## Einleitung

Bei 26 Kantonen in der Schweiz ist es schwierig, für jeden einzelnen Kanton eine naturräumliche und geologische Einheit zu finden – ebenso wie bei Mentalität und Sprache. Viele sagen, es gäbe 26 einzelne Dialekte oder zum Teil sogar noch mehr. In der Tat ist es gerade in der kleinräumigen Schweiz enorm wichtig, dass kantonsübergreifend und grenzüberschreitend gearbeitet und gedacht wird – eine Notwendigkeit im Rahmen von Globalisierung und schrumpfenden Distanzen durch Medien, Transportmöglichkeiten und digitale Netze, die mehr und mehr auch in der Schweiz mit Hilfe von Bundesbeschlüssen wie dem Interreg[6] II und III umgesetzt werden, ohne dass der **Föderalismusgedanke**, Grundlage des Staatskonzepts der Schweiz, begraben werden soll. So gibt es transkantonale Gremien, Konferenzen und Organisationen sowie Annäherungsversuche von Gebieten, die sich bezüglich Natur- und Wirtschaftsraum sowie Distanz nahe stehen, aber **räumliche Disparitäten** zu Nachbargebieten aufweisen. Beispiele sind die Thurkorrektion, an der die Kantone St. Gallen, Thurgau und Zürich beteiligt sind; die Euregio Bodensee, z.B. mit einem gemeinsamen Verkehrs- und Werbekonzept, in dem Baden-Württemberg, Vorarlberg, die Kantone St. Gallen und Thurgau sowie Liechtenstein involviert sind; die Region Genf, in welcher der Übergang zwischen der Stadt und dem französischen Umland der Haute Savoye für manche längst fliessend und nicht mehr klar umrissen ist und die sich durch einen grenzüberschreitenden Pendlerverkehr von über 200'000 Fahrzeugen täglich auszeichnet; und viele andere Regionen mehr. Ziel ist es, Kantons- und Ländergrenzen zu überwinden und gemeinsame Probleme und **Entwicklungsziele** auch gemeinsam anzugehen. Besonders notwendig scheint dies im Grossraum Genf zu sein, wo die Behörden praktisch vor vollendete Tatsachen gestellt werden: Die Stadt Genf, einzige Metropole der weiteren Umgebung, ist längst Magnet für viele Menschen geworden, die in der Stadt arbeiten, aber weiterhin auf dem Land in Frankreich wohnen möchten. Eine Entwicklung, die durch das Abkommen der Personenfreizügigkeit zwischen der Schweiz und der EU weiter beschleunigt wird und zu einer „région métropolitaine lémanique" führt.

---

[6] www.interreg.ch

In diesem Kapitel sollen aufgrund der natürlichen Kammerung der Schweiz und der geografischen Gegebenheiten einige Regionen und ihre typischen Merkmale aus geowissenschaftlicher Sicht vorgestellt werden. Auf punktuelle Besonderheiten wird später eingegangen. Von den Alpen so markant isolierte Gebiete wie das Wallis und das Tessin vermochten seit jeher zu begeistern und sind naheliegende Themenpunkte, doch nicht minder interessant mag das Glarner Hinterland mit seiner wirtschaftlichen (Problem-) Entwicklung, den Gemeindefusionen, dem Geopark und dem aggressiven Werben um Zuzüger sein. Die Städte, ihrerseits Regionen, in denen grossräumliche Entwicklungen vermehrt stattfinden, werden in einem eigenen Kapitel besprochen.

## Südschweiz

Das Tessin gilt als die mediterrane Ecke der Schweiz und bietet vielen Aussteigern, Frührentnern und Ferienhausbesitzern Zuflucht und gutes Wetter. Dieses Stereotyp ist vom klimatologischen Standpunkt durchaus zu vertreten, da im Tessin das sonst in der Schweiz vorherrschende Westwindmuster, das Regenwetter vom Atlantik bringt, so nicht anzutreffen ist. Durch die Kammerung der Schweiz, bewirkt durch die verschiedenen alpinen Gebirgsketten, ist das Tessin vor dieser Strömung geschützt. Der Vergleich der Klimadiagramme von Lugano und Zürich zeigt jedoch deutlich, dass im Tessin mengenmässig gesehen fast 50% mehr Niederschlag bei deutlich höherer Jahresmitteltemperatur fällt. Die hohen Niederschlagsmengen im Tessin fallen in vergleichsweise kurzer Zeit. Besonders niederschlagsreich sind die (Süd-) Föhnlagen, wenn im Norden warme Fallwinde die Täler durchströmen.

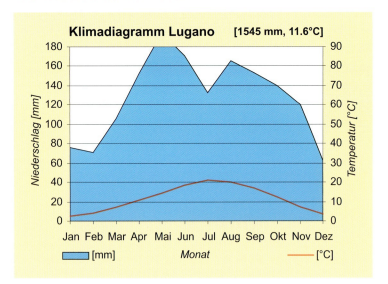

*Vergleich der Klimadiagramme von Lugano und von Zürich (Daten von MeteoSchweiz). Lugano zeichnet sich durch ein deutlich feuchteres, aber auch milderes Klima aus.*

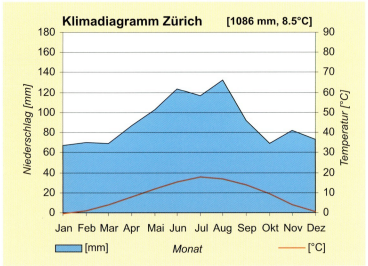

Im Süden stauen sich aber dann die Luftmassen am Alpenhang und müssen, um aufsteigen zu können, abregnen. Dieser Vorgang setzt Kondensationswärme frei, sodass sich die wassergesättigte Luft beim Aufstieg weniger abkühlt als trockene Luft. Nach der Alpenüberquerung kann sich die absinkende Luft wieder normal erwärmen. Dies erklärt, warum solche Föhnlagen auf der Leeseite warme Temperaturen mit sich bringen. Umgekehrt gibt es aber natürlich auch den Nordföhn, das heisst die Staulage befindet sich auf der Alpennordseite und bringt dem Tessin warme und trockene Tage.

Die Klimadiagramme sind so aufgebaut, dass die Achse für den Niederschlag auf der linken Seite den doppelten Werten der Temperaturskala auf der rechten Achse entspricht. So lassen sich Niederschlag und Temperatur gemäss der **Köppen'schen Klimaklassifikation** vergleichen. Fällt die Niederschlagssäule eines Monats unter die Temperaturkurve, so bedeutet dies ein Nettodefizit an Wasser und demnach eine Trockenheit. Die Durchschnittstemperatur in Lugano ist gut 3°C höher als in Zürich. Das ergibt zwar noch immer den Klimatyp „Cf" (ganzjährig feuchtes, gemässigtes Klima), aber mit spürbaren Unterschieden gegenüber vergleichbaren Lagen auf der Alpennordseite, wie ein Vergleich mit Zürich zeigt.

Wer dann von den hochgelegenen Tälern z.B. nach der Durchquerung des Gotthardtunnels die Leventina hinunterfährt und schliesslich nach Lugano gelangt, wird den Süden deutlich spüren. Die weit verzweigten Arme der Seen bieten genügend Ufer zum Flanieren und zum Geniessen der Natur. Die stark verästelte Form geht auf die Erosionsarbeit von Adda- und Ticinogletscher während der letzten Eiszeit zurück, die eine Beckenlandschaft geschaffen hat. Es sind U-Täler mit steilen Flanken, die heute mit erstaunlich tiefen Seen gefüllt sind (Lago di Lugano: 288 m, Lago Maggiore: 372 m). Sie haben ihren Grund erst unterhalb des Meeresspiegels! Dies zeigt, wie stark die Erosionsleistung des Schmelzwassers am Boden eines Gletschers sein kann.

Sprachlich bildet das Tessin (mit vier Bündner Tälern, in denen ebenfalls Italienisch gesprochen wird) die drittgrösste native Sprachgruppe in der Schweiz nach dem deutschen und dem französischen. Es ist schon ein Kuriosum, dass dieses Gebiet südlich der Alpen und ohne sichtbare Grenze zum norditalienischen Raum Bestandteil der Schweiz ist, von hohen Bergen von allen anderen Gebieten der Schweiz getrennt und lange Zeit nur schwer für den Verkehr zu erschliessen.

Typische Tessiner Merkmale sind die **Steinhäuser** in den Tälern, das kompakte Dorfbild im Gegensatz zu den Streusiedlungen am Alpen-

---

**Köppen'sche Klimaklassifikation:** Köppen grenzt das Klima mit Hilfe bestimmter Klimafaktoren ab. Grundlage sind Schwellenwerte von Niederschlag und Temperatur (hygrische und thermische Merkmale). Ziel ist es, den Vegetationsgrenzen nahe zu kommen. Die Erde wird folglich in fünf Klimate eingezont, mit den Grossbuchstaben A – E bezeichnet. In Gebieten höherer Breite herrscht Jahreszeitenklima vor, das heisst es gibt grosse jahreszeitliche Temperaturschwankungen. In Gebieten nahe dem Äquator herrscht Tageszeitenklima, das heisst grosse tageszeitliche Temperaturschwankungen herrschen vor. Für eine weitere Differenzierung der fünf Hauptzonen in Klimatypen und Untertypen werden ein zweiter und dritter nachgestellter Buchstabe eingeführt.

*Panoramaaufnahme des Lago di Lugano mit dem San Salvatore im rechten Bildhintergrund. Juli 2005.*

nordhang sowie das Vorhandensein von endemischen oder typischen Pflanzen. Neben dem → Bergell ist auch hier die **Kastanie** typischerweise beheimatet. Jedoch wird sie nicht mehr so sorgfältig und minuziös gepflegt wie im Nachbarkanton Graubünden, und viele Selven, die typischen Wälder, sind im Tessin wegen mangelnder Pflege dabei zu verwildern. Ein geführter Spaziergang durch einen Tessiner Kastanienwald ist im oberen Malcantone (www.malcantone.ch), dem Alto Malcantone nahe der italienischen Grenze zwischen Lago di Lugano und Lago Maggiore, in **Arosio** möglich. Gemütlich über 5 Stunden und anhand von 8 Stationen wird man durch die rekultivierten Kastanienparks nahe den Dörfern und Weilern sowie durch die (Nieder-) Wälder geführt, die sich die Natur langsam wieder zurück erobert. Der Weg ist ein Stück mediterranes Leben im Tessin, mit lichten Baumlandschaften, sonnendurchfluteten Wiesen und Stopps auch an historischen Punkten (Kirche von San Michele), anhand derer die Verwendung von Granitplatten und Kastanienholz für den Hausbau studiert werden kann.

*Platz von Lugano nahe der Seepromenade mit den Vorbereitungen zum Lugano Jazz Festival. Juli 2005.*

## Steinbrüche

Weltberühmt geworden sind die Tessiner Marmorsteinbrüche. Der **Steinbruch von Castione** zeichnet sich durch **Marmor** in zwei verschiedenen Farben aus. Es gibt den **schwarzen Marmor** (castione nero) und den **weissen Marmor** (castione bianco). Der weisse Marmor ist durch seine Reinheit charakterisiert, er besteht fast nur aus Kalzit. Der schwarze Marmor ist ein Kalksilikatgestein, das häufig zur Verkleidung von Fassaden an Gebäuden und Brunnen verwendet wurde, zum Beispiel in Bern. Es enthält wechselweise helle und dunkle Lagen. Die hellen Lagen bestehen vorwiegend aus den Mineralien Kalzit und Quarz, die dunklen Elemente vor allem aus dem Dunkelglimmer Biotit sowie auch Amphibolen. Dazwischen findet sich der kalziumhaltige Granat, Grossular genannt.

Die Marmore des Tessins sind die letzten, die heute noch in der Schweiz abgebaut werden. Es sind kalkhaltige Sedimentgesteine, die unter dem grossen Druck der Alpenauffaltung eine Metamorphose durchliefen und ihre schöne, kompakte Struktur erhalten haben. Sie sind unter dem Begriff „**Cave di Castione**" in der Liste der erhaltenswerten Geotope aufgeführt. Die Tessiner Marmore entsprechen dabei auch dem geologischen Kriterium, dass ein Kalkgestein eine Metamorphose durchlaufen haben muss. Anderswo wird häufig auch einfach ein stark strukturierter Kalkstein als Marmor bezeichnet.

Ein anderer Typ Gestein, mittlerweile für seine silber-graue Farbe berühmt geworden, findet sich in der oberen Leventina nahe Iragna. Im Iragna-Steinbruch wird Leventina-Gneis abgebaut. Dieser Gneis ist Bestandteil des untersten **Penninikums** und gehört zu den tiefsten Krustengesteinen, die in den Alpen aufgeschlossen sind. Ins Gestein sieht man mit Georadar: Eine Technologie, die mit hochfrequenten elektromagnetischen Wellen arbeitet, die an Grenzflächen reflektiert werden und Regionen unterschiedlichen Materials separieren. Durch diese sehr hochauflösende geophysikalische Methode können auch die Qualität des Gesteins vor dem Abbau im Steinbruch analysiert und die besten Ansatzpunkte

> **Marmor:** Metamorphes, grobkörniges Umwandlungsprodukt der Kalksteine oder Karbonate. Im technischen Sinne ist Marmor schleif- und polierfähiges Gestein, das deshalb eine enorme wirtschaftliche Bedeutung für eine Region haben kann.

Im Marmorsteinbruch von Castione TI.
April 2002.

bestimmt werden, um möglichst homogene, qualitativ einwandfreie Gneisblöcke von 1.5 mal 1.5 mal 4 m herauszusägen und die Stellen, die von Frakturen und Verwerfungen durchzogen sind, zu meiden. Um die Tessiner Steinbruchindustrie zu retten, deren Beschäftigtenzahl sich in den letzten Jahren mehr als halbiert hat, sind derart spezifische Nischenprodukte nötig, die hochwertige Fassadenverkleidungen ergeben. Ein Beispiel, das in Iragna erfolgreich vorgemacht wird.

## Wallis

Der Begriff Wallis taucht in einigen geologischen Zusammenhängen auf, die zeigen, welcher dynamischen Geschichte die Region unterworfen war. Blenden wir gut 100 Mio. Jahre zurück in die Kreidezeit. Der gesamte Formenschatz der Alpen existiert noch nicht, wir befinden uns stattdessen in einem Vorgänger des (westlichen) Mittelmeeres, der **Tethys**, die sich zwischen den gerade erst entstandenen Kontinenten Afrika und Europa erstreckt. Das ganze Gebiet wird aufgrund der Entfernung der Kontinente voneinander gedehnt und schliesslich auseinandergerissen. Dadurch entsteht ein kleiner Mikrokontinent, den man als **Briançonnais** bezeichnet. Zwischen ihm und dem Südrand des europäischen Kontinentes erstreckt sich ebenfalls Wasser. Das ist der **Walliser Trog**, ein kleines Meeresbecken mit mittleren Wassertiefen.

Gegen Ende der Kreidezeit ändern sich die plattentektonischen Verhältnisse dramatisch. Durch die Öffnung des Atlantiks verbleibt kein Platz für die Tethys, die Bewegungen von Afrika und Europa kehren sich um, sie driften aufeinander zu. Es kommt zur Kollision der beiden Kontinente und der daraus entstehenden komplizierten Gesteinsabfolge, wie im einführenden Alpenkapitel erläutert.

Neben den penninischen Gesteinen findet man im Wallis auch einen Anteil von **afrikanischer Kruste**. Die Dent-Blanche-Decke ist eine Klippe, die über die penninischen Komplexe geschoben wurden. Sie besteht aus Gneis und Gabbro und lässt sich daher gut von den Sedimenten der unterliegenden Einheiten unterscheiden. Die berühmtesten Walliser Berge werden von ihr, der höchsten Baueinheit der Walliser Alpen aufgebaut: Das **Matterhorn**, der Dent Blanche, das Weiss- und das Zinalrothorn.

Das Wallis als abgeschlossene Region hat seine Spezialitäten zu bieten, nicht zuletzt aufgrund seiner **Lage**: Es ist der drittgrösste Kanton der Schweiz und entspricht weitestgehend dem Einzugsgebiet der Rhone. Wer im Geografieunterricht der Mittelschule lernen musste, die Schweiz aus dem Gedächtnis zu skizzieren, wird sich erinnern: Das Tessin als spitziges Dreieck im Südosten der Schweiz mit Schwung zeichnen und das Wallis auf gleicher Höhe nach Westen verschoben als Trapez darstellen. Wie entlegen das Wallis ist,

> **Tethys:** Das Urmittelmeer, das sich ursprünglich zwischen den Kontinenten Gondwanaland und Euramerika erstreckte, als sich Pangäa im Zuge der Plattentektonik aufspaltete. Im Paläozoikum begann die Öffnung dieses Meeres, doch war die Tethys v.a. im Mesozoikum dominant. Die Öffnung des Atlantiks kehrte schliesslich die Plattenbewegung von Afrika und Europa um. Die Tethys begann sich zu schliessen, was den Zusammenschub der beiden Kontinente und die Orogenese der Alpen bewirkte.

macht sich vor allem in strengen Wintern bemerkbar. Für praktisch alle Destinationen in der Schweiz gibt es mehrere Strassenzugänge, doch von der Deutschschweiz aus ins Wallis ist das nicht der Fall: Die Alpenübergänge Grimsel und Furka sind stets geschlossen, so bleibt nur die Hoffnung, dass die Verbindungen des Autoverlads der Bahn durch den Furka- und Lötschbergtunnel offen sind – oder dann der Umweg über die Welschschweiz und den Genfersee.

## *Suonen*

Diese Abgeschlossenheit bringt es mit sich, dass das Wallis über ein einzigartiges Klima verfügt (→ Kräutergarten Saillon). Es ist ein inneralpines Trockenklima mit einer geringeren Niederschlagsmenge als beispielsweise am Mittelmeer. Die Bewirtschaftung von Feldern stellte die Bauern also vor ein grosses Problem, das sie mit einer unvergleichlichen Hartnäckigkeit und mit Erfindungsreichtum lösten: Mit Wasserleitungen, **Suonen** genannt, konnte man auf geniale Weise die landwirtschaftliche Bewirtschaftung der trockenen Hänge durch die Nutzung des reichlich vorhandenen Gletscherwassers ermöglichen. So findet man oft Stellen, an denen oberhalb der Suonen die ursprünglichen Trockenhänge erhalten geblieben sind, während unterhalb der Suonen alles grünt. Das eigentliche Bewässern respektive Ableiten des Wassers aus dem Kanal

> **Suonen:** Historische Bezeichnung für ein spezielles System von Wasserleitungen im trockenen, sonnigen Klima des Wallis („bisses" auf französisch) zur Bewässerung von Hängen mit Gletscherwasser.

*Die Meerheji ist die spektakulärste Stelle der Gorperi-Suone im Baltschiedertal. Oktober 2005.*

auf die Wiesen wurde mittels **Wässerbritt** bewerkstelligt, mit eisernen Platten, die das Wasser in der Suone so stauten und umlenkten, dass es gezielt in die Felder und Wiesen floss.

Bekannt und als Wanderung beliebt sind die Suonen von Eggerberg und Ausserberg an der Lötschberg-Südrampe im Baltschiedertal. Suonen sind aber im ganzen Wallis anzutreffen. Die Wege, die den kilometerlangen Suonen folgen – die längste verläuft bei Saxon und misst 32 km – verdanken wir den Unterhaltsarbeiten, welche die Funktion der Suonen gewährleisteten. Es war viel in Stand zu setzen, da sich die **Unwägbarkeiten**

**der Natur** sehr rasch auswirkten: Lawinen, Steinschlag und heftige Niederschläge, die zu Erdrutschen führten, konnten eine Suone schnell unterbrechen oder mit Geröll auffüllen, und faulendes und morsches Holz musste immer wieder ausgebessert oder ersetzt werden. Heute sind diese aufwändigen Unterhaltsarbeiten oft zu teuer oder kompliziert, um das Wasser der Gletscher in die Kulturlandschaft zu leiten, und zahlreiche Suonen sind trockengefallen oder durch Lawinen oder Felssturz zerstört oder verschüttet und mit Sedimenten aufgefüllt worden. Doch einige Suonen werden, u.a. aus kulturhistorischen und touristischen Gründen, bewahrt und gepflegt.

Die **Gorperi** im Baltschiedertal gilt als am besten erhaltene Suone des Wallis und zeigt zugleich den Wagemut, den die Bauern beim Überwinden gewisser geografischer Gegebenheiten an den Tag legten. Oft dienen ausgehöhlte Baumstämme als Leitung für das Wasser, die so genannten **Kännel**. Sie führen das Wasser über Schluchten und Felsvorsprünge hinweg und wurden mit hölzernen Tragekonstruktionen im Fels verankert. Um über die Funktionstüchtigkeit der zahlreichen Suonen informiert zu sein, wurden kleine Wasserräder mit Holzschlegeln installiert, die ein rhythmisches Geräusch erzeugten, das die Leute im Dorf beruhigte. Doch verstummte der regelmässige Schlag, mussten die gefährlichen Reparaturarbeiten aufgenommen werden, die manchem Mann und so einigen Pferden das Leben gekostet haben.

Die Gorperi erreicht man von Eggen respektive Eggerberg aus. In gut drei Stunden Marschzeit erwandert man die Suonenkultur des Wallis, vorbei an der spektakulären, Schwindelfreiheit fordernden Passage am „**Meerheji**" (wer auf Nummer sicher gehen will, kann sich durch den daneben existierenden Tunnel zwängen) und stäubenden Wasserfällen bis tief ins Baltschiedertal nach Ze Steinu und dann entweder entlang der auf das Jahr 1376 zurückgehenden **Niwärch** – wobei nochmals etwa ca. 60 Höhenmeter gewonnen werden müssen – oder die **Undra** entlang zurück aus dem Tal bis nach Ausserberg. Die Niwärch erfordert ebenfalls nochmals etwas Wagemut vom Wanderer bezüglich Schwindelfreiheit, Trittsicherheit und Unerschrockenheit gegenüber Steinschlag, vor dem mit einer Messingtafel im Gestein gewarnt wird: Auf einem Abschnitt von 200 m dürfe nicht angehalten und Rast gemacht werden aufgrund der Gefahr des

*Wandermöglichkeiten bei Ze Steinu im Baltschiedertal. Oktober 2005.*

Steinschlags in einem Schuttkegel, den die Suone durchquert. Für alle, die vor dieser Gefahr zurückscheuen, gibt es einen Tunnel, der mit einer Taschenlampe bequem und sicher zu durchqueren ist – allerdings fehlt einem dann auch die gewaltige Aussicht mit der scharf im Gelände markierten Trennlinie der Suonen, die Trockenheit von Fruchtbarkeit separiert.

Das Gebiet zwischen Ausserberg und Eggerberg eignet sich ferner, um sich einen Einblick in die Architektur und die Ingenieurkunst des Bahnbaus im frühen 20. Jahrhundert zu gönnen – auf der Nordseite des Haupttales des Wallis zieht sich die **Lötschberg Südrampe** ausgehend vom Eisenbahn-Knotenpunkt Brig entlang von Brücken, Viadukten und Tunnel bis hinauf nach Goppenstein.

Walliser Spezialitäten im Rhonetal sind die bekannten Aprikosen und der Weisswein, daneben gibt es aber auch sehr exotische Produkte, die im Wallis beheimatet sind. Safran ist zum Beispiel das teuerste Gewürz der Welt, das man nicht unbedingt in der Schweiz ansiedeln würde. Dennoch gibt es eine Safran-Endemie im Wallis: Das Dorf Mund, oberhalb Brig im Rhonetal am Eingang zum Gredetschtal gelegen, ist der einzige Ort in der Schweiz und der nördlichste der Welt, an dem bis heute **Safran**, aus den lilablauen Pflanzen Crocus sativus der Familie der Schwertliliengewächse gewonnen, produziert wird. Bevor die Industrie um Brig rasant zu wachsen begann, gab es über sechzig Safranfelder im 600-Seelen-Ort. Zwischenzeitlich sind sie dann auf drei geschrumpft, und es ist nur dem Einsatz des ansässigen Pfarrers und der daraus 1979 entstandenen Safranzunft zu verdanken, dass die Tradition des Safrananbaus nicht vollständig verloren ging und heute wieder stabil auflebt. Der Erfolg konnte exportiert werden, und zwar in den nahen Ort → **Grengiols**, wo die Tulpenzunft sich um den Erhalt der einzigartigen endemischen Grengjer Tulpe bemüht, die nur hier vorkommt und erst 1946 entdeckt wurde.

*Walliser Weintrauben frisch von der Ernte. September 2005.*

## Graubünden

Der Kanton des Grauen Bundes, 1803 in die Schweizer Eidgenossenschaft aufgenommen, ist mit 7'106 km² der grösste Schweizer Kanton und weist einen enormen Höhenunterschied auf, von 270 m ü.M. im untersten Misox auf der Südseite des San-Bernardino-Passes bis hinauf auf die Spitze des Piz Bernina, mit 4049 m ü.M. der einzige Viertausender Graubündens. Die Kantonsgrenze misst 740 km, und jeden einzelnen Kilometer davon haben zwei Bergsteiger kürzlich abgeschritten; über 335 Berggipfel führte die Tour. Zudem ist Graubünden der einzige Kanton mit drei **Amtssprachen**: Deutsch, Rumantsch und Italienisch (in den vier Südbündner Tälern Misox, Bergell, Puschlav und Calanca). Mit den Quellen des Rheins und des Inns verfügt er über die Ursprünge von zwei der wichtigsten **Flüsse** in der Schweiz respektive Europas und über viele geologisch wichtige und erlebenswerte Naturschauspiele, welche die **Berge** in ihrem steilen Terrain über die Jahrtausende hinweg geschaffen haben. Diese Berge haben mittlerweile ihren Schrecken verloren, der auf viele Menschen bis weit nach dem Mittelalter eingewirkt hatte. Heute verbleiben allenfalls die Magie und die Anziehungskraft eines Berges, an seinem Fusse Erholung zu suchen oder sich der Herausforderung zu stellen und ihn mit eigener Körperkraft zu bezwingen. Der Kanton beherbergt ferner den einzigen **Nationalpark** der Schweiz, der von Zernez und dem Ofenpass aus den Einstieg in eine faszinierende Landschaft ermöglicht, und die Plaun la Greina, die ausgedehnteste und ursprünglichste Hochebene in der Schweiz, zwischen dem Tessin und der Surselva gelegen. Doch es geht auch ganz dezent und ohne Superlative, mit klingenden Namen wie den Tälern Schanfigg, S-charl, Lumnezia oder Puschlav. Namen, die schon andeuten, dass sich mehr als eine Geschichte hinter ihnen verbirgt!

## *Die Ruinaulta*

Zu den grösseren Naturereignissen in den Schweizer Alpen gehören **Bergstürze**. Einige dieser ver-

heerenden Massenbewegungen aufgrund der Schwerkraft zu historischen Zeiten (= menschlich wahrgenommen und aufgezeichnet) werden an anderer Stelle besprochen: Derborence; Goldau; Elm 1881; Randa 1991. Ein von den Dimensionen her viel gewaltigeres Ereignis findet man allerdings, wenn man in die prähistorische Zeit (= vor der menschlichen Besiedlung) zurückblättert. Vor ca. 9'000 Jahren (nach neuesten Erkenntnissen durch vielschichtige Datierungsmethoden), am Ende der Eiszeit, wurden mit steigenden Temperaturen gewisse Hänge instabil. Für ein Sturzereignis prädestiniert sind schief stehende Sedimentpakete, die als regelrechte Rutschbahnen für überliegende Gesteine dienen können, wie sie in den Sedimenten des Helvetikums zu finden sind. Der **Flimser Bergsturz** – eigentlich muss man von einem **Bergschlipf** oder Rutsch sprechen, da keine Fallbewegung vorhanden war, sondern der Fels entlang einer tektonisch vorstrukturierten Ebene von ewa 15° abgeglitten ist – bewegte ein Volumen von geschätzten 12–15 km$^3$ Fels aus Malm- und Kreidekalken sowie Verrucano vom Flimserstein talwärts und blockierte das Vorderrheintal. Albert Heim hatte schon seinerzeit (1883) den Bergsturz beschrieben und das Volumen auf 15 km$^3$ geschätzt. Das Herkunftsgebiet ist von weitem gut erkennbar, eine knapp 3 km messende Lücke von Flims über den Segnespass auf 2627 m ü.M. hinüber zur Alp Nagens. Die Wucht dieser talwärts rauschenden Trümmermasse, zusammen mit freigepresstem Wasser aus dem wassergesättigten Umfeld, führte zu einem breiartigen Strom, der bis ins **Domleschg** (der unterste Teil des Hinterrheintals) reichte. In diesem Zusammenhang stehen die eigentümlichen Bonaduzer Schotter, die heute Kiesaufschlüsse ohne die typischen fluviatilen Merkmale bilden und den Rückschluss zulassen, dass es sich um ein einmaliges und plötzliches Ablagerungsereignis gehandelt haben muss.

*Panorama-Zusammensetzungen in der Ruinaulta. Links: Der Rhein hat sich durch die Lockermassen des Felsrutschmaterials ein neues Bett gefressen. Rechts: Die Station Versam der RhB im Versamer Tobel. Gut zu erkennen sind die lockeren Gesteinsmassen, die sich am rechten Bildrand befinden. Zwischen der Bahnlinie und dem Fluss wird dennoch emsig Landwirtschaft betrieben. Juni 2005.*

Bis sich der Rhein durch diese Masse gefressen hatte, verging viel Zeit. Ein See hatte sich aufgestaut. Er wird als Ilanzersee bezeichnet und wurde durch den Bergschlipf von einem natürlichen Damm von bis zu 400 m Höhe aufgestaut, sodass er 40 km weit in die Surselva reichte. Die Existenz des Ilanzersees hatte auch Albert Heim entdeckt, da sich deutliche **Deltasedimente** des Glenners nachweisen liessen, welche der Glenner beim Eintreten in den See durch die verminderte Fliessgeschwindigkeit und die damit abnehmende Transportkapazität abgelagert hatte. Dieser eindeutige Nachweis findet sich noch gut 70 m oberhalb der heutigen Talebene. So hoch wurde das Wasser aufgestaut. Schliesslich wurde der See durchbrochen, sodass es zu einer Flut kam und die mitgerissenen Sedimente weiter talwärts um Reichenau und Bonaduz abgelagert wurden. Der Einfluss ist aber bis in den **Bodensee** nachweisbar, in dem geschichtete Seesedimente zeitlich mit dem Flimser Ereignis zusammenfallen. Die Schlucht, welche der Rhein seitdem bis zu 600 m tief eingegraben hat, ist als **Ruinaulta** oder eben Rheinschlucht bekannt und wird im Inventar der schützenswerten Landschaften **BLN** aufgeführt. In ihr kann eine Vielzahl von geologischen, geografischen und biologischen Elementen beobachtet werden, die auch für die heutige Menschheit einen wichtigen Wert besitzen: Sie bieten Einblick in ein Ereignis, das durch die Aufstauung eines Sees und die Möglichkeit eines plötzlichen Dammbruches die gesamte talwärts liegende Infrastruktur und die dort lebenden Menschen gefährdet. Die Erkenntnisse, die das Flimser Ereignis vermittelt, sind daher für die Risikoabschätzung gegenwärtiger und künftiger Seeaufstauungen, wie sie z.B. im **Amu-Darya**-Tal in Tadschikistan zu finden sind, von grossem Wert.

**Delta:** Aufschüttungsebene an einer Flussmündung durch detritisches Sedimentmaterial, mit annähernd dreieckigem Grundriss, nach dem griechischen Buchstaben benannt. Eine Deltaküste entsteht an der Mündung von sedimentreichen Flüssen, die ins offene Meer hinauswachsen. Sie zählt zur Klasse der Flachküsten.

**BLN:** Bundesinventar der Landschaften und Naturdenkmäler von nationaler Bedeutung.

*Die Strasse von Ilanz über Versam nach Bonaduz folgt dem rechten Rheinufer und bietet einige dramatische Einblicke in die vergleichsweise junge Geschichte des Flimser Bergsturzes und die Schlucht, die der Rhein anschliessend geschaffen hat – die Ruinaulta. April / Juni 2005.*

Neben den Kalksedimenten (die heute sichtbaren, kahlen Aufschlüsse aus Malmbrekzie werden Ruinas genannt) vom Bergsturzereignis finden sich in der Ruinaulta glazial überprägte Gebiete, seltene Auenwälder mit noch selteneren Pionierpflanzen und Schmetterlingen, steile Flanken und tiefe Schluchtpassagen. Besonders augenfällig wird dies im **Versamer Tobel**, bedient von einer eigenen Bahnstation tief unten in der Schlucht und über eine schmale, sich dahinwindende Nebenstrasse im Wald mit dem Auto oder dem Fahrrad, am besten und individuellsten aber mit dem Motorrad zugänglich. Eine Kanuschule hat sich hier unten niedergelassen und neben der Bahnstation einen Zugang zum Wasser geschaffen, sodass man sich hautnah von der Erosionsfähigkeit des Rheins an seinem Bett überzeugen und an heissen Tagen seine Füsse im Wasser baumeln lassen kann. Generell ist es empfehlenswert, die Hauptroute zwischen Ilanz und Chur über Laax und Flims zu meiden und das (orografisch) rechte Rheinufer entlang zu fahren. Dazu muss die Hauptstrasse T19 verlassen werden: In Ilanz biegt man im Ortskern direkt hinter der Rheinbrücke nach links in Richtung Castrisch ab und folgt nun dem Rhein in die Rheinschlucht hinein. Die schmale, sich dahin schlängelnde Strasse mit unübersichtlichen Stellen in den Dörfern ist für Schwerverkehr ungeeignet und wird meist wenig befahren. Von der Landschaft bekommt man auf dem Motorrad oder Fahrrad dort am meisten mit. Kurz vor **Bonaduz** fährt man durch bizarre sedimentäre Formen aus dem Ablagerungsmaterial, gespickt mit kleinen Tunnels und Galerien. Es ist jedoch mit kleineren Steinschlägen und Steinen auf der Strasse zu rechnen, Motorradfahrer sollten etwas Vorsicht in den Kurven walten lassen. Wer die Prozesse aktiv miterleben möchte, begibt sich am besten am frühen Morgen eines warmen Spätfrühlingstages ins Gebiet und wartet, bis die Sonne über die Hügel kommt und die nackten Felshänge langsam zu erwärmen beginnt. Bald wird man Zeuge von sich lösenden Gesteinspartikeln werden, die mit einem unheimlichen Geräusch in der Morgenstille zu Tal rutschen.

Der beliebte Begriff „Little Swiss Grand Canyon", den die Ruinaulta erhalten hat, ist jedoch ziemlich irreführend, da sie geologisch respektive morphologisch überhaupt nichts mit einem Grand Canyon zu tun hat. Solche Canyons – beispielhaft sei der Grand Canyon des Colorado River in den USA angeführt – bestehen grundsätzlich aus Festgestein mit Altern von mehreren hundert Millionen Jahren und horizontaler Lagerung, in das sich der schon bestehende Fluss durch **Antezedenz** nach und nach kilometertief eingegraben hat, als das Gelände angehoben wurde. Im Gegensatz dazu zeichnet sich die Ruinaulta als **epigenetischer Prozess** aus, bei welchem der Rhein sich durch das Flimser Ereignis einen neuen Weg bahnen musste.

**Antezedenter Fluss:** Ein bereits vorhandener Fluss schneidet sich in ein Gebirge ein, das sich im Hebungsprozess befindet, und bildet dort ein Tal.
**Epigenetischer Fluss:** Überprägt das in den horizontalen Schichten gebildete Flussnetz auf die unteren gefalteten Schichten, passt sich aber nicht den neuen Bedingungen des Untergrunds an.

*Mäanderschlaufe des Vorderrheins etwa 1 km flussabwärts von der Station Versam. Gut zu sehen ist die Ablagerung von Kiesbänken in den Flussinnenkurven (Sedimentationshang) im Vergleich zur Erosion an den Aussenseiten (Prallhang). Juni 2005.*

Die Vorderrheinschlucht ist auch heute kein statisches Gebiet, denn noch immer wirken **dynamische Prozesse**, welche die Form und den Lebensraum der Ruinaulta verändern. Da der Rhein in diesem Bereich sich selbst überlassen ist, gibt es immer wieder periodische Hochwasser nach starken Niederschlägen oder während einer verstärkten Schneeschmelze. Dabei werden durch die Erosionskraft die Uferflanken und Mäander verändert und die **Flussauen** überflutet. Hier existiert eine spezifische Fauna und Flora, bevor sich das Wasser zurückzieht und sich die typischen **Kiesbänke** wieder ausbilden. Diesem natürlichen Prozess stehen allerdings die anthropogenen Einflüsse gegenüber, die sich bei ungenügender Sorgfalt zu einem **Nutzungskonflikt** mit bleibenden Schäden auswirken können. Dazu gehören die industrielle Nutzung durch den ökonomisch wertvollen Abbau von Kies sowie die Energiegewinnung durch Flusskraftwerke (→ Kapitel Nachhaltigkeit). Nicht vergessen werden darf aber auch eine touristische (Über-) Nutzung. Gerade Touristen von weit her reisen an den Vorderrhein, um sich mit Wildwasserfahrten im Kajak, Kanu oder Schlauchboot zu vergnügen. Alleine schon der Nutzungskonflikt zwischen Industrie und Tourismus manifestiert sich im Problem der **Restwassermengen**, welche die Kraftwerke unterhalb ihrer Position abfliessen lassen. Diese sind besonders in den touristisch stark genutzten Sommermonaten nicht ausreichend, um Riverrafting zu ermöglichen. Daneben ergibt sich aber eine Vielzahl anderer Kombinationen von Nutzungskonflikten. Um eine ausgewogene Balance für die Entwicklung und Gestaltung des Lebens- und Naturraumes zu gewährleisten, wurde die IG Ruinaulta gegründet[7]. Die Schlucht an sich ist nach wie vor ziemlich unzugänglich und alleine die Bahn hat das Monopol, direkte Einblicke für den bequemen Reisenden zu liefern – am besten ganz komfortabel im **Glacier-Express** der Rhätischen Bahn. Die Linienführung war vor dem Bau alles andere als unumstritten, und Albert Heim sprach sich bei den drei zur Diskussion stehenden Trassenvarianten für die Führung durch die Ruinaulta aus, da er richtig erkannt hatte, dass der Fluss sich im Prozess der Talverbreiterung befände und vergleichsweise leicht bautechnisch zu beherrschen sei.

Wer sich mit der Thematik in dieser Gegend weitergehend beschäftigen möchte, der schaut sich am besten auf der Terrasse von Flims und den **Flimserseen** um. Sehenswert sind besonders die durch die Schutt-Aufschüttung nach dem Bergsturz entstandenen Bergseen, u.a. die grösseren, Cauma und Cresta. Sie zeichnen sich dadurch aus, dass oberirdische Zu- und Abflüsse praktisch feh-

---

[7] www.igruinaulta.ch

len. Der Crestasee hat nur einen oberirdischen Abfluss. Der Caumasee weist oberirdisch weder Zu- noch Abfluss auf und zeigt eine grosse Seespiegelschwankung über den Jahresverlauf. Er ist der grösste unter allen Flimserseen und zählt zu den saubersten der Schweiz – die unterirdischen Zu- und Abflüsse sorgen für eine reinigende Filterwirkung. Die kleineren Flimserseen entleeren sich im Winter völlig und zeigen damit die extremste Wasserspiegelschwankung, die man sich vorstellen kann.

Ein historischer Bergsturz, der die Naturgefahren des noch immer instabilen Flimsersteins auch für den Menschen verdeutlichte, ereignete sich im Jahre 1939 in **Fidaz**, einem oberhalb von Flims gelegenen Dorf. Insgesamt 18 Menschen kamen ums Leben, als am 10. April in jenem Jahr in der Wand aus Malmkalk am Südrand des Flimsersteins unvorhersehbar ein katastrophales Ereignis mit geschätztem Volumen von 100'000 m$^3$ seinen Lauf nahm. Dies steht im Gegensatz zu den sonst üblichen Abgängen von kleineren Felsblöcken und Schneemassen zu Beginn des Frühlings.

Eine Besonderheit stellt die Typlandschaft der **Tomas** rund um Domat/Ems dar. Diese Hinterlassenschaften der Bergrutschmasse von Säsagit, die übersetzt nichts anderes als „Hügel" (lateinisch tumulus: Hügel) bedeuten, sehen auf den ersten Blick wie festes Gestein aus und gaben den Geologen des 19. Jahrhunderts zunächst Rätsel auf. Bei näherer Betrachtung erkennt man aber, dass es stark zertrümmertes, wenig verfestigtes und mit Kalkstaub durchsetztes Material ist, das eindeutig aus einem Bergsturz stammt und isoliert aus dem fluviatilen, ebenen Talboden aufragt.

Vermutlich war die Bergsturzmasse, die das Tal bedeckte, viel grösser und wurde vom Wasser erodiert, sodass nur noch die verstreuten und isolierten Tomas erhalten blieben. Auch wenn man es gerne glauben wollte, handelt es sich weder um kleine Vulkanhügel noch um glaziale Formen, wie es z.B. die zum Verwechseln ähnlichen Rundhöcker oder Drumlins sind. Die Tomas sind im Bundesinventar der Landschafts- und Naturdenkmäler (BLN) eingetragen und bestehen aus zwei Gruppen. Vier Hügel befinden sich bei Ils Aults im Südwesten von Domat/Ems, während ungefähr acht weitere im Dorfbild selbst integriert sind. Auf der Schweizerischen Landeskarte lassen sie sich sehr schön lokalisieren.

*Der Crestasee nahe Flims als idealer Ort und Refugium zur Abkühlung mitten im Wald an heissen Sommertagen. Juni 2005.*

*Panorama des Oberengadins von Muottas Muragl mit Blick auf die Oberengadiner Seenplatte und den Malojapass (mitte links). Oktober 2005.*

## Engadin

Das Engadin weckt zwiespältige Erinnerungen. Für die einen ist es das Ferienparadies schlechthin, ausgedehnte Wander- und Spazierwege im Sommer und endlos scheinende Skipisten und Langlaufloipen unter einer strahlenden Sonne im Winter, das den blassen, im Nebel versinkenden Flachländlern gerade recht kommt. Doch für die anderen sind es Isolation, Zurückgebliebenheit und Abgeschiedenheit, die beruflich wie privat wenige Perspektiven offen lassen und letztlich zur Abwanderung führen. Die Landwirtschaft und die Bergraumentwicklung müssen stark subventioniert werden, und heutzutage sind gut 50% der Bündner Bevölkerung in der einen oder anderen Sparte im Tourismus involviert (Stichwort **IHG**, das Bundesgesetz über die Investitionshilfe für Berggebiete). Trotzdem oder gerade deshalb halten sich die Traditionen, wie sie sich unter anderem auch in der Sprachenvielfalt und den Mentalitätsunterschieden der Täler manifestieren (siehe auch das Kapitel „Sprache und Raum"). Aufzuzählen sind die klassischen Events – wie man es wohl modern ausdrückt – wie die Schlitteda oder der Chalandamarz, die Jahrhunderte alt sind, ebenso wie die jüngeren Spektakel, die Abertausende von Zuschauern anziehen. Hier denke man an den Engadiner Skimarathon oder die Internationalen Pferderennen von St. Moritz, dem „White Turf", auf den schneebedeckten Oberflächen der Oberengadiner Seenplatte.

Das Engadin, unterteilt in das südliche Ober- und das nördliche Unterengadin, nimmt einen grossen Teil des grössten Schweizer Kantons ein, und natürlich beherbergt es auch den höchsten Berg des Kantons, den Piz Bernina, den einzigen Viertausender Graubündens und der Ostalpen. Er wird von manchen als der dominanteste Berg bezeichnet, aufgrund des berühmten „Biancogrates", der sich als Himmelsleiter bis zum Gipfel hinaufschwingt und zwar nicht den einzigen, sicher aber den herausforderndsten Aufstieg auf den Bernina darstellt.

*Panorama am Reschenpass. Januar 2005.*

## Zugänge ins Engadin

Auf direktem Weg aus dem Unterland ist das Engadin nur über zahlreiche Passverbindungen, die zum Teil schon seit alter Zeit existieren, erreichbar. Diese werden hier kurz vorgestellt und im Kapitel „Verkehr und Kleinräumigkeiten" detaillierter erläutert. Wer eine Aversion gegen Passfahrten haben sollte und ebenen Weges ins Engadin reisen möchte, dem bleibt nur der Weg durch den Arlbergtunnel und über das österreichische Inntal ins Unterengadin. Interessant ist dabei ein Abstecher ins Zollausschlussgebiet **Samnaun**, das als Teil-Exklave nur mit einer Identitätskarte / einem Pass auf dem Weg durch die Zollkontrolle in Martina erreichbar ist.

Wer aus dem Schweizer Mittelland ins Engadin reist, der wird meist den Weg über das Bündner Unterland wählen. Drei Varianten stehen dabei zur Verfügung: Der Weg über Klosters und den Wolfgangpass nach Davos eröffnet die Möglichkeit, aus dem Landwassertal den **Flüelapass** nach Susch ins Unterengadin zu wählen. Direkter und auch im Winter geöffnet – daher auch die Hauptverbindung ins Oberengadin, insbesondere für Wintersportler mit Ziel St. Moritz – ist der Julierpass via Thusis nach Silvaplana. Im Sommer besteht ferner die etwas abgelegenere, längere und romantischere Route über den **Albulapass** von Filisur nach La Punt. Aus dem italienischen Sprachraum führen zwei Übergänge ins Engadin: Von Chiavenna (deutsche Bezeichnung: Cleven) herkommend erreicht man die Schweizer Grenze in Castasegna und gelangt so ins Bergell. Von hier führt über eine Steilstufe mit 15 gewundenen Kehren der **Malojapass** auf die Passhöhe Maloja, die einem die weite Ebene des Oberengadins eröffnet. Wer aus dem Val Poschiavo anreist, macht

*Der Eingang zum Nationalpark am Ofenpass. Januar 2005.*

Bekanntschaft mit der **Berninaroute**, die in Pontresina ins Oberengadiner Haupttal einmündet. Die längste und umständlichste Variante, die aber sehr viel Raum für Überraschungen, Abenteuer und Sehenswürdigkeiten bereit hält, ist jene über den **Ofenpass** aus dem Münstertal nach Zernez. Dabei passiert man das → UNESCO-Welterbe in Müstair, das Kloster St. Johann. Das Münstertal selbst ist wiederum auf der anderen Seite mit Italien verbunden, entweder vom Reschenpass oder dem Vinschgau her kommend, oder – nach Bezwingung des Stilfserjochs und der Schweizer Rampe – dem Umbrailpass.

Wer sich bei der Anfahrt ins Unterengadin die Mühe macht, die Kantonsstrasse zwischen Susch und Scuol bei Giarsun zu verlassen und auf der kleinen Nebenstrasse einige hundert Höhenmeter zu überwinden, erreicht **Guarda** auf einer perfekt gelegenen **Sonnenterrasse** auf 1650 Meter Höhe. Alternativ reist man zu Fuss oder mit dem Fahrrad auf der neuen Radstrecke von Ftan oder Lavin an. Von seiner Lage rührt auch der Name des Ortes: Der prächtige Ausblick über das Tal und die Berge des Unterengadins sind es allemal wert, hierhin aufzusteigen. Umringt wird man von den **Unterengadiner Dolomiten**, einem sedimentären Kalkgestein aus der Triaszeit, mit einer Mächtigkeit von mehreren Kilometern. Dieser Dolomit ist ein **ozeanisches Sediment**, das ursprünglich Teil der afrikanischen Platte war und als so genanntes „**Ostalpin**" über die europäische Platte geschoben wurde. Diese ostalpinen Sedimente zeichnen sich vor allem dadurch aus, dass sie viel mächtiger sind als die bekannten Sedimente in und vor den Nordalpen (Helvetikum, wie z.B. das Albsteingebiet und das Mittelland). Aufgepasst übrigens all jene, die sich an ihren Chemie- oder Geologieunterricht in der Schule erinnern: Es ist zwar richtig, dass Kalkgestein ($CaCO_3$) unter dem Einfluss von verdünnter **Salzsäure** (HCl) zu entgasen beginnt (das so genannte „Brausen" des freigesetzten $CO_2$). Dolomit reagiert aufgrund seiner veränderten Kristallstruktur (Kalzium und Magnesium wechselweise eingebaut) im Gegensatz zu reinem Karbonatgestein nicht darauf und verleitet den voreiligen Beobachter, das Gestein nicht als Kalk zu klassifizieren!

Aufwändig versucht die 170 Seelen-Ortschaft am Fusse des Dreitausenders **Piz Buin**, das ursprüngliche Dorfbild zu erhalten. Aber die Traditionalität und die Ruhe, die das Dorf Guarda einem distanzierten Beobachter vermittelt, täuscht

*Hausfassade eines typischen Bündner Mehrzweckhauses mit Stallzugang und Sgraffito in Guarda. Januar 2005.*

über die versteckten **Probleme** der Abwanderung und der Beschäftigungssituation im Rahmen des Strukturwandels hinweg. Wer nicht im Gastgewerbe oder generell in der Tourismusbranche einen Arbeitsplatz findet oder ihn sich durch Selbständigkeit selbst organisiert, wird das Dorf fast zwangsläufig verlassen müssen. Eine eigene Schule hat Guarda nicht mehr. Umso stärker wird Guarda in der Sommersaison von Touristen überrannt, welche das unter **Denkmalschutz** stehende, harmonische Ortsbild des im Dreissigjährigen Krieg zerstörten Dorfes sehen wollen. 1990 wurde es als zweitschönstes Dorf Europas preisgekrönt, nachdem es schon 1975 den **Wakker-Preis** erhalten hatte. Die traditionellen Bauernhäuser mit ihrer Mehrzweckaufteilung (Stall im Untergeschoss, darüber Wohnung und Schlafräume und im rückwärtigen Teil die Scheune) sind reichhaltig mit **Sgraffito** verziert, dazu kommen die ladinischen Sinnsprüche und Lebensweisheiten. Nach einer ausgiebigen Besichtigungstour durch das Dorf, vorbei an engen Häuserschluchten und sanft plätschernden Dorfbrunnen, und für einen besseren Überblick über das Tal einige hundert Meter weit die Flanken des Piz Buins hinauf, hat man sich eine Ruhepause verdient. Diese verbringt man am Besten auf der Terrasse des sorgfältig gepflegten Hotel Meissers bei einer Tasse Kaffee und einem Stück Bündner Torte.

*Das Hotel Meisser verfügt über einen zauberhaften Eingang mitten im Terrassendorf Guarda GR (links). Der originale Engadiner Schlitten gehört im Winter vor jede Haustür (rechts). Januar 2005.*

*Ausblick über den Flüelapass in Richtung Landwassertal und Davos an einem strengen Winterabend an Silvester 2004.*

## Appenzellerland und Alpstein

Hier am **Vögelinsegg** auf 956 m ü.M. im Kanton Appenzell Ausserrhoden fand 1403 die erste Schlacht in den Appenzeller Freiheitskriegen statt, als die Appenzeller mit ihren Bündnispartnern die angreifenden Truppen des Abts von St.Gallen und seine Verbündeten erfolgreich zurückschlugen und – bei hunderten von Toten auf der Feindesseite – keine nennenswerten Verluste erlitten, ähnlich wie bei der darauf folgenden Schlacht zwei Jahre später am Stoss 1405. Ein Denkmal aus Marmor, das sich auf einem kleinen Felsvorsprung stolz erhebt, erinnert an den glorreichen und wichtigen Sieg, dessen 600-Jahr-Jubiläum von der Gemeinde Speicher vor wenigen Jahren zelebriert werden konnte. Man bezeichnet die Schlacht am Vögelinsegg auch als das „Morgarten der Appenzeller" in Anlehnung an die Schlacht der Eidgenossen am Morgarten in der → Innerschweiz. Die Kriegswirren gegen die äbtische Herrschaft und das Abgabensystem dauerten praktisch die ganze erste Hälfte des 15. Jahrhunderts an. 1513 erfolgt der langersehnte Beitritt vom (ganzen Kanton) Appenzell zur Eidgenossenschaft. Die Teilung in die zwei Halbstände (Halbkantone) Appenzell Innerrhoden – dem bevölke-

*Panoramablick über die denkwürdige Lokalität am Vögelinsegg AR im Herbst (oben) und im Winter (unten).*
*November / Dezember 2004.*

*Aussicht vom Fünfländerblick auf den Bodensee und das Rheindelta. Mai 2005.*

rungsmässig kleinsten Kanton der Schweiz – und Appenzell Ausserrhoden wurde 1597 aufgrund konfessioneller Gräben im Rahmen der Reformation vollzogen.

Ganz in der Nähe des Vögelinsegg befindet sich der Wenigerweiher, wie der → Bommer Weiher im Thurgau ein künstlicher Stauweiher, der 1821 von einem gewissen Michael Weniger in Übereinkunft mit dem Sankt Galler Stadtrat aufgestaut wurde. Die Steinach und der Steineggbach sollten die nötige **Wasserkraft** liefern, um die Maschinen verschiedener Gewerbe anzutreiben. Die Firma Weniger war Privatbesitzer der Stauanlage; Mitnutzer hatten ihr einen Pachtzins zu bezahlen. Bis Mitte des 20. Jahrhunderts wurde sie betrieben und in den 1990er Jahren saniert, um einen ausreichenden Hochwasser-Entlastungsschutz zu bieten. Seit 2003 im Besitz der St. Gallischen Naturwissenschaftlichen Gesellschaft, bietet der Wenigerweiher als Amphibienlaichgebiet nationaler Bedeutung mit einem Naturlehrpfad und einem Freilandlabor Abwechslung, aber natürlich auch einfach die Möglichkeit zum Verweilen.

Eine beliebte Wander- und Spazierroute ist jene vom Vögelinsegg über den Höhenweg Eggen, in jeweils etwas mehr als zwei Stunden nach St. Gallen oder zur Lustmühle. Vom Wenigerweiher aus hat man übrigens die einzigartige Möglichkeit, einen Fluss von der Quelle bis zur Mündung zu verfolgen: Die Steinach entspringt hier und mündet in den Bodensee. Natürlich sind die Berge des Appenzellerlandes ein genauso beliebtes Wander- und Kletterziel. So berühmte Gipfel wie der Säntis, der höchste Gipfel des **Alpstein**-Massivs – von der Schwägalp, die neben einer Schaukäserei ausserdem einen Naturpark mit Erlebniswegen und einen Geologie-Steinpark bietet, leicht mit der Luftseilbahn zu erreichen –, sowie beliebte Anlaufstellen wie das „Wildkirchli" unterhalb der Ebenalp bei Wasserauen finden sich im gebirgigeren Teil von Appenzell.

## Fünfländerblick

Der Begriff des Fünfländerblicks (Bild vorangehende Seite) geht auf vergangene Zeiten zurück, als die Länder noch selbständiger waren und offene Grenzen und freier Personenverkehr Kopfschütteln und Stirnrunzeln hervorgerufen hätten. Würde es dem Besucher nicht auf einer Tafel mitgeteilt, wäre es schwer, auf heutigen Landkarten die fünf Länder, die von diesem erhaben über dem Bodensee thronenden Posten aus sichtbar sind, herauszufinden. Es handelt sich nämlich um Baden, Württemberg, Bayern, Vorarlberg und die Schweiz. Lässt man den Blick über die nähere Umgebung schweifen, so fallen einem zahlreiche Häusergruppen und kleine Weiler auf: Im Norden und Osten an den Abhängen zum Bodensee Unterbilchen, Landegg und – etwas verborgen – Wienacht. Im Süden und Westen besonders die verstreut gruppierten Häuser von Grub, aber auch die Weiler Rossbüchel und Fürschwendi, während sich vor einem die kleine Agglomeration von Rorschach und Goldach am See ausbreitet.

Der Siedlungstyp einer Gegend spiegelt nicht nur die Tradition und Kultur der Einwanderer und Siedler wider, sondern sehr stark auch naturräumliche Elemente wie Geländeform, Klima und Boden, die wir unter Umweltbedingungen zusammenfassen. So ist das exponierte, hügelige Gelände in den erhöhten Molassegebieten am Alpennordrand, speziell im Appenzellischen und in den höheren Lagen des Kantons St. Gallen, für das siedlungsgeografische Element der **Streusiedlung**, mit Einzelhöfen oder Häusergruppen ohne klaren Ortskern, entscheidend. Die Graswirtschaft war gegenüber dem Ackerbau bevorzugt, sodass die Höfe einen gewissen Abstand zueinander entwickelten. Die wichtigen Funktionsbauten wie Kirche, Schule, Laden, Gasthöfe und die Gemeindeadministration wurden zentral im Tal angesiedelt, da sie für alle gleichermassen erreichbar sein mussten. Aus diesen Zentralkomplexen gingen dann die grösseren Orte der Region hervor, so der Hauptort Appenzell.

*Die typische Siedlungsform im Kanton Appenzell Innerrhoden ist die Streusiedlung (links). Der dominierende Berg des Alpsteinmassivs, gebildet aus den Kalksteinen eines Urmeeres voller Muscheln und anderer ozeanischer Lebewesen, ist der 2503 m hohe Säntis (rechts). Mai 2004.*

*Das Schloss Vaduz an einem regnerischen Maitag, umgeben von der dichten Vegetation des unter Naturschutz stehenden Fürstenwaldes. Mai 2005.*

## Liechtenstein

Liechtenstein ist mit 160 km$^2$ Fläche ein typischer Kleinstaat im Herzen von Europa. Er steht in enger Kooperation mit der Schweiz, auch wenn das Land aussenpolitisch gerne versucht, seine eigenen Wege zu gehen. So ist Liechtenstein schon 1990 der UNO beigetreten, 1992 dem Europäischen Wirtschaftsraum EWR. Dennoch gibt es keine Grenzkontrollen zwischen Liechtenstein und der Eidgenossenschaft, und die Währung ist auch hier der Schweizer Franken. Dies war allerdings nicht immer so. Die enge Verbindung existiert erst seit 1923 mit der Zoll- und Währungsunion, zuvor gab es einen ähnlichen Vertrag mit der österreichisch-ungarischen Doppelmonarchie. Seit dem EWR-Beitritt Liechtensteins erleichtern bilaterale Verträge die Beziehungen zwischen dem kleinen und dem grossen Staat.

Der Begriff der **Kleinstaatlichkeit** wurde erwähnt, und an dieser Stelle soll definiert werden, wodurch ein Kleinstaat charakterisiert ist – denn die Schweiz selbst erfüllt einige dieser Voraussetzungen. „Klein" ist ein relativer Begriff, so erfordert die Umreissung als Kleinstaat einige Abmachungen. Es ist naheliegend, einen Staat nach der Grösse seines Territoriums einzuteilen. Kleinstaaten in Europa zeichnen sich dadurch aus, dass sie eine geringe Landfläche bedecken und wenige Einwohner haben. Liechtenstein nimmt bezüglich Einwohnerzahl den 188., bezüglich Landesfläche den 189. Weltrang ein (die Schweiz kommt bei der Einwohnerzahl immerhin auf den 93., beim Territorium auf den 132. Rang, Fischer Weltalmanach 2006). Da viele Kleinstaaten zu klein sind, um alle politischen Funktionen wahrzunehmen (vor allem in der Aussenpolitik), stehen sie in einem Bündnis mit einem grösseren Land, dessen Landeswährung sie auch oft teilen. In diesem Sinne ist das Bündnis zwischen Liechtenstein und der Schweiz sehr effizient und typisch (man ver-

# REGIONEN

gleiche mit Monaco, San Marino, usw.). Zudem verfügen die meisten Kleinstaaten über keine eigene Landessprache und nur über geringe militärische Macht. Die wirtschaftliche Bedeutung ist nach Sektoren gesondert zu betrachten. Hier können Kleinstaaten – namentlich die Schweiz und Liechtenstein – besonders im Finanz- und anderen Dienstleistungssektoren punkten.

Von weitem schon erkennbar ist der hoch über Vaduz thronende, majestätische Wohnsitz der Fürstenfamilie (das Familienoberhaupt ist aufgrund der parlamentarischen Monarchie, die seit 1921 besteht, gleichzeitig Staatsoberhaupt) und würde gerne erkundet werden. Allerdings ist das **Schloss Vaduz** der Öffentlichkeit nicht zugänglich und kann nur von Aussen beim Befahren der drei Kehrkurven resp. von einem Parkplatz am fürstlichen Waldrand an der Strasse nach **Malbun** (dem Liechtensteiner Skimekka) begutachtet werden. Seit 1938 residiert die Fürstenfamilie hier und regiert über etwas mehr als 35'000 Einwohner (2004).

Die Bergwelt um Malbun bildet geologisch gesehen die Grenze zwischen dem höchsten tektonischen Element der Alpen, den ostalpinen Decken, und dem darunter liegenden Penninikum. Die Ostalpen machen hauptsächlich den deutsch-österreichischen Alpenraum aus, doch die Grenze zieht sich von Liechtenstein bis in das Bündnerland hinein, wo das Ostalpin das Penninikum überlagert. Im Rheintal trifft das Ostalpin im Bereich Liechtensteins auf die helvetischen Sedimente, die sich an manchen Orten durch ausserordentlichen Fossilreichtum auszeichnen. Dazwischen eingelagert sind vielfältige **Flysch-Serien**, die in Zusammenhang mit der Gebirgsauffaltung und der massiven Verkürzung des Gebietes durch den Schub des afrikanischen Kontinents von Süd nach Nord stehen.

*Die Rheinebene im Fürstentum Liechtenstein mit sanft ansteigenden Hügeln an den Rändern ist eine fruchtbare Gegend für Landwirtschaft, die schon seit jeher erfolgreich im Rheintal betrieben wird. Aus Westen drängen sich die Niederschlag bringenden Wolken an die Alpen und aus Süden weht bei Föhnlage ein warmer Wind ins Tal herab, der die Vegetationsperiode im Vergleich zu Gegenden ausserhalb des Rheintals verlängert. Mai 2005.*

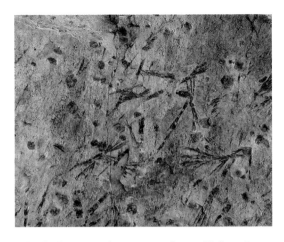

*Hornblenden-Garbenschiefer mit Granat (rot) an der alten Tremola-Strasse auf der Südrampe des Gotthardpasses. Mai 2003.*

## Die Zentralschweiz und die alten Eidgenossen

### *Zentralmassiv (Gotthard)*

Mit die wichtigsten Baueinheiten im Gebirgsbau der Schweizer Alpen sind die **Zentralmassive**. Es ist jener Teil des Kristallins, also des Grundgebirges, der ohne starke Metamorphose fast unverändert erhalten geblieben und nur wenig von seinem Ursprungsort verschoben worden ist. In der Zentralschweiz gibt es zwei solcher Zentralmassive: Das Gotthard- und das Aarmassiv. Dennoch stehen die Massive in einer dynamischen Wechselwirkung mit ihren Umweltbedingungen, denn neben der abtragend wirkenden Erosion werden sie kontinuierlich von internen Kräften weiterhin angehoben und haben so noch immer das steile Relief eines Hochgebirges. Auf dem Weg über den Gotthard von Andermatt nach Airolo durchquert man das Gotthard-Massiv und erlebt den Übergang von Paragneis zu Orthogneis und zum kompakten Granitkörper, um auf der Südrampe in der Valle Leventina (z.B. bei den → Castelli von Bellinzona) wieder die Paragneise anzutreffen.

Die nördliche Paragneiszone zeigt hauptsächlich Glimmerschiefer, mit verschiedenen weiteren Einlagerungen, die einen kompletten Zyklus der Plattentektonik nachzeichnen. In der zentralen Orthogneiszone war die Spannung am stärksten, sodass der Granit, welcher während der kaledonischen Gebirgsbildungsphase entstand, in einen streifigen Gneis überführt wurde. Das sieht man an Aufschlüssen in der Schöllenen-Schlucht. Glanzstück für jeden Liebhaber von Gesteinen ist jedoch die Tremola-Serie in der südlichen Paragneiszone. Hier findet man die wunderschön auskristallisierten **Hornblenden-Garbenschiefer** entlang der alten Tremola-Passstrasse. Hornblende ist ein dunkel gefärbtes, grünes bis schwarzes Mineral der Amphibolgruppe, das oft längliche und markante Formen ausbildet. In der Tremola tritt die Hornblende zusammen mit hellroten Granatmineralien (Almandin) auf, die eine viel homogenere, rundere Form („idiomorph") aufweisen.

# REGIONEN

## Rütli, Hohle Gasse und die Geschichte von Wilhelm Tell

Anhand des Schwurs auf dem Rütli, der die **drei Gründerkantone** Uri, Schwyz und Unterwalden 1291 zum ewigen Bunde gegen fremde Vögte und deren räumliche und monetäre Ansprüche zusammenschloss, lässt sich die politische Geschichte der Schweiz sehr gut mit der Geografie verbunden erklären. Die geografische Kleinräumigkeit hängt zwar stark von der **natürlichen Kammerung**, aber auch von der **politischen Entwicklung** des Landes ab. Die Eröffnung des Verkehrs über den Gotthard, die Eidgenossenschaft der dreizehn alten Orte bis ins 16. Jahrhundert und die konfessionelle Zersplitterung gehören ebenso dazu wie die Gründung des Schweizer Bundesstaates 1848. Heute gliedert man die Eidgenossenschaft in 26 souveräne Kantone, wobei sechs Kantone (AI und AR, BS und BL, OW und NW) so genannte Halbkantone sind. Diese verfügen im Ständerat nur je über ein Mandat und bei der Bestimmung des Ständemehrs nur über halbe Stimmkraft, d.h. neben dem Volksmehr wird eine Mehrheit aus total 23 Kantonen berechnet.

Die Schweizer Eidgenossenschaft unterteilt sich hinsichtlich der vertikalen Kompetenzverteilung in Kantone, Bezirke und Gemeinden. Die **politische Gemeinde** stellt den wichtigsten Begriff dar. Im Zuge von Finanzproblemen und Fusionen ist die Anzahl der politischen Gemeinden seit den 1990er Jahren auf unter 3000 stark zurückgegangen. In der Schweiz spricht man von einem föderalistischen und nicht von einem zentralistischen Staat, da Bund, Kantone und Gemeinden sich die Kompetenzen und die entsprechenden Aufgaben teilen. Neben diesen drei **Staatsebenen** unterscheidet man drei **Staatsgewalten**: Die Exekutive, die Legislative und die Judikative. Auf der Bundesebene sind dies die 7 Bundesräte, das Parlament und das Bundesgericht in Lausanne, aber entsprechende Gewaltentrennung existiert auf jeder Staatsebene. Daneben ist das stimmberechtigte Volk der **oberste Souverän** aufgrund der Möglichkeit, den letzten Entscheid in Referenden und Initiativen herbeizuführen. Weil das Volk aktiv im Staat direkt mitbestimmt, gilt die Schweiz auch als **halbdirekte Demokratie**.

*Die Schifflände unterhalb des Rütli. Von hier aus kann man den Weg der Schweiz rund um den Urnersee fortsetzen oder sich mit dem Schiff nach Brunnen oder auf die Tellsplatte zurück bringen lassen.*

*Panorama von der Rütliwiese auf den Urnersee. Ein Schiff hat gerade von der Schifflände des Rütli abgelegt und steuert Brunnen an. Im Hintergrund sind die Zacken beider Mythen deutlich als Landmarke zu erkennen. Juli 2005.*

Der **"Weg der Schweiz"** gilt als der Schweizerischste aller Wanderwege. Sieben Abschnitte plus eine dreistündige Zusatzschlaufe ins Isenthal führen vom Rütli um den Urnersee herum bis nach Brunnen. Der Wanderer durchläuft dabei fiktiv die 26 Schweizer Kantone, die als Gemeinschaftswerk den 35 km langen Weg zum 700-Jahr-Jubiläum der Schweizer Eidgenossenschaft erstellt haben. Begonnen mit Luzern und den Urkantonen, erhält jeder Kanton einen proportional zu seiner Einwohnerzahl stehenden Abschnitt, bis bei Brunnen mit dem Jura der jüngste Kanton erreicht wird. Der Wanderer startet beim Gasthaus Rütli nahe der noch immer symbolträchtigen Rütliwiese und steigt auf das 350 Meter höher liegende Aussichtsdorf Seelisberg gemächlich an. Diese Höhendifferenz verliert man im anschliessenden Abschnitt beim Abstieg nach Bauen wieder, jenem Dorf, das so isoliert am Westufer des Urnersees gegenüber der **Tellskapelle** liegt. Dieser Teil des Weges gibt noch einmal den Blick auf die zu Füssen liegende Rütliwiese frei, bevor man nach Süden vorankommt und über Isleten und das Wasserkraftwerk Bolzbach, das die Kraft des Wassers aus dem Staubecken Isenthal in Elektrizität umwandelt (installierte Leistung 11 MW), an den Südzipfel des Vierwaldstättersees mit Flüelen gelangt, wo sich der Besuch des → renaturierten Reussdeltas anbietet.

Eine wundervolle Aussicht über den See hat man auf den Wegpassagen entlang der alten Axenstrasse, jenem wichtigen Meilenstein helvetischen Strassenbaus im 19. Jh., auf dem Weg von Flüelen nach Norden. Man erreicht auf Höhe der Tellskapelle das grosse Glockenspiel, das zur vollen Stunde jeweils eine Auswahl von Melodien bereithält. Die heutige Tellskapelle, einige steile Treppenstufen zum Seeufer hinab, ist bereits die dritte an diesem Standort. Sie wurde 1880 fertiggestellt und zeigt in den vier Fresken den Rütlischwur, den Apfelschuss, den Tellsprung und des Landvogts Gesslers Tod. Genau hier soll der Na-

Sisikon, die „Riviera" am Vierwaldstättersee.
Juli 2005.

Das Denkmal der Schlacht am Morgarten anno 1315 (rechts). Überblick vom Denkmal auf den im März noch zugefrorenen Ägerisee (links). März 2005.

tionalheld sich während seiner Deportation mit einem Sprung auf die nach ihm benannte Tellsplatte vom Feindesschiff des Habsburgers während des Sturms – vermutlich einem noch heute berüchtigten Föhnsturm, der über das Gotthardmassiv ins Urnerland und weiter nach Norden blies – in Sicherheit gebracht haben, um ihn dann schliesslich in der **Hohlen Gasse** zu ermorden („*Durch diese hohle Gasse muss er kommen, es führt kein andrer Weg nach Küssnacht*").

Zurück zum Seeufer und an der Tellskapelle vorbei geht es über Sisikon (das die Tellskapelle im Ortswappen trägt) nach Brunnen, wo der Weg der Schweiz endet. Wer an den Ausgangspunkt der Wanderung am Westufer zurückgelangen möchte, benützt das Schiff von Brunnen zum Rütli und kann dabei die Würdigung von Friedrich Schiller sehen: Der **Schillerstein** genannte, ehemals gut 40 m hohe Felsen am Knick des Vierwaldstättersees zum Urnersees wurde 1859 im Andenken an den Schöpfer des Dramas um Wilhelm Tell von den Urkantonen mit einer Inschrift versehen und vor kurzem aufgrund Steinschlaggefahr um gut ein Drittel gekürzt.

Die Figur von Wilhelm Tell tritt der Sage nach noch einmal in der Schlacht von Morgarten 1315 auf, wo er in vorderster Front für die Eidgenossenschaft gegen die Herrschaft der Habsburger einen wichtigen Sieg erkämpfte. Der Weg zwischen dem Ufer des Ägerisees und dem Hang war damals schmal und schlammig und der See hatte eine grössere Ausdehnung. Verlandungsprozesse haben ihn seither kontinuierlich schrumpfen lassen. Die damals günstigen Umweltbedingungen für ein zweites Morgarten wären also verändert ...

### Berner Oberland

Neun Regionen haben sich zusammengeschlossen – so verzeichnet es der Situationsplan für das Berner Oberland, und jede einzelne kann etliche der typischen Ferienattraktionen vorzeigen: Hohe, majestätische Bergmassive, dominiert vom berühmten Dreigestirn Eiger – Mönch – Jungfrau, wechseln sich mit idyllischen grünen Talschaften ab; die Landschaft ist gesprenkelt von milchigblauen (Gletschereintrag) bis hin zu tiefblauen Seen und Bächen. Das Berner Oberland findet sich im Übergang von den mesozoischen Decken des Helvetikums zum zentralen Kristallin, das bei den wichtigsten Gipfeln oft auch über das Helvetikum geschoben wurde. So tragen die berühmten Berge eine „Kappe" aus kristallinem Grundgestein, Zeuge der alpinen Gebirgsbildungsphase und der Kraft der kontinentalen Kollision.

Viele sagen, dass die Schweiz kaum schöner sein kann als im Berner Oberland mit den Destinationen Saaneland, Simmental, Adelboden, Thunersee, Interlaken-Brienzersee, Meiringen-Hasliberg, dem Lötschberg, dem Lauterbrunnental und Grindelwald. Zu jenen, die um Worte rangen, das Alpenparadies treffend zu beschreiben, zählen auch berühmte Dichter wie Mark Twain oder Johann Wolfgang von Goethe.

### Die berühmtesten Wasserfälle der Schweiz

Wird das Wallis als Wasserspeicher der Schweiz bezeichnet, weil ein Grossteil des Gletschereises dort zu finden ist, so ist das **Berner Oberland** ein Paradies an fliessendem Wasser. Hier findet man so berühmte Wasserfälle wie die Giessbach-, die Trümmelbach- und die Staubbachfälle und – wenn man eine literaturgeschichtliche Perspektive einnimmt – auch so berüchtigte Wasserfälle wie die Reichenbachfälle. Die Rede ist natürlich von **Sherlock Holmes** respektive seinem geistigen Erfinder, Sir Arthur Conan Doyle. In **Reichenbach** bei Meiringen liess der britische Prototyp eines Krimiautors 1891 den finalen Kampf zwischen dem Meisterdetektiv und seinem Erzfeind Professor Moriarty mit dem Sturz der beiden über die Steilstufe der Fälle so tragisch enden. Obwohl Jahre später die Auferstehung von Holmes gefeiert wird und der angebliche Tod in neuem Licht erscheint, ist dies kein Hinderungsgrund, dass alljährlich Liebhaber des britischen Kriminalromans in Scharen zu den Reichenbachfällen fahren, um den 4. Mai als Todestag von Holmes zu feiern und seiner zu gedenken. Dass Holmes in Wirklichkeit gar nicht existiert und er nicht einmal im Roman wirklich gestorben ist, scheint die Anhänger nicht zu stören, das Spektakel in Kostümen lebendig nachzuspielen. Seit 1957, als der Sherlock-Holmes-Club vor Ort die „richtige Stelle" des Schlusskampfes festlegte, prangt ein weisser Stern auf der der Bergstation der Reichenbachfallbahn gegenüber liegenden Schluchtseite. Seit kurzem gibt es sogar ein Theaterstück, das Sherlock Holmes aufleben lässt: „Sherlock Holmes' Vermächtnis" ist ein Ereignis, das in einem Hotel in Meiringen mit dem Publikum nachspielen soll, was dem Meisterdetektiv sonst noch so alles passiert ist. Es ist ein fünfstündiges, abendfüllendes Programm, das als „gastronomisches Mitmachtheater" bezeichnet wird. Daneben gibt es in Meiringen auch ein Holmes-Museum[8] und das

---

[8] www.sherlockholmes.ch

weltweit einzigartige, nachgebildete Wohnzimmer von Holmes aus der Bakerstreet.

Hauptakteur in Doyle's „The final problem" ist und bleibt aber der **Rychenbach**, der das Wasser aus dem **Rosenlauital** in der höchsten Stufe über 120 m bei einer Breite von bis zu 40 m, je nach Abflussvolumen, ins Haslital stürzen lässt. Doyle selber beschreibt den Wasserfall als „... *ungeheure Schlucht, aus der Gischt aufwogt wie Rauch aus einem brennenden Haus. Die steile Klamm, in die das Wasser sich ergiesst, besteht aus kohlschwarzem, glitzerndem Fels und verengt sich zu einem brodelnden Loch unbestimmbarer Tiefe ...*".

Die Beziehung zwischen der britischen Oberschicht und den Schweizer Alpen lässt sich viel weiter ziehen: Oft wird behauptet, dass nur dank den Briten die Alpen überhaupt je diesen Ferien- und Erholcharakter erhalten haben. Als Berühmtheit unter allen Beteiligten dieser „Berghilfe" gilt Sir Ernest Cassel (→ Aletsch), der ab 1900 auf der Riederfurka die gleichnamige Villa erbauen liess und sich ab 1902 jeweils zur Sommerfrische hierher zurückzog, um seine angeschlagene Gesundheit zu kurieren. Seine Investitionen machten dabei nicht beim Bau des Herrenhauses Halt, sondern weitere Gebäude folgten ebenso wie ein aufwändig angelegter Wanderweg rund um das Riederhorn. Da Cassel seine Ferien nicht in Einsamkeit zu verbringen pflegte, sondern immer berühmte Persönlichkeiten von der Insel in die zentraleuropäische Alpenwelt einlud – unter ihnen Winston Churchill –, verbreitete sich das Bild der erholsamen und gesunden Alpenwelt bald in ganz Grossbritannien.

Nur wenige Autominuten westwärts, hoch über dem Brienzersee, befinden sich die insgesamt 14 Kaskaden der **Giessbachfälle**. Als Objekt 1511 des BLN stehen auch sie unter Naturschutz. Ihre Bekanntheit verdanken die Fälle hauptsächlich dem gleichnamigen Grandhotel[9], das ab seiner Eröffnung als „Palast Hotel" im Jahre 1875 zusammen mit dem Wasserfall als Hauptattraktion im Berner Oberland galt. 1879 folgte die Drahtseilbahn, die erste Europas, welche die Schiffstation Giessbach direkt mit dem Hotel verbindet. Exakt 100 Meter Höhenunterschied sind dabei zu bewältigen.

*Insgesamt 14 Sprungstufen überwindet der Giessbach auf dem Weg in den Brienzersee. Oktober 2005.*

---
[9] www.giessbach.ch

*Stahl- und Steinkonstruktion für die Brücke der Giessbachbahn. Oktober 2005.*

Sie wird heute von der Stiftung „Giessbach dem Schweizervolk" betrieben. Das Hotel brannte 1883 ab, wurde im darauf folgenden Jahr wieder eröffnet und neu mit **Elektrizität** ausgestattet, damals ein absolutes Novum. Der Strom wurde aus der eigenen Turbine gewonnen. Bis 1984 war das Kraftwerk weiterhin im Privatbesitz des Hotels, erst mit der Übernahme durch die Stiftung und nach Ablauf der Konzession 1999 gingen die Wasserfassung und die Druckleitung an die Gemeindebetriebe Brienz. Im Jahre 2004 wurde dem Hotel der Titel „historisches Hotel des Jahres" verliehen.

Die 100 Höhenmeter können statt mit der Bahn aber auch zu Fuss überwunden werden. Der Wanderpfad wechselt die Bachseite mehrmals und gibt verschiedenste Perspektiven auf die to-

senden Wassermassen frei, die sich den Weg in den Brienzersee bahnen. Kurz vor dem Hotel unterquert man dann die Brückenkonstruktion der Giessbachbahn.

Die nächsten sehenswerten Wasserfälle finden sich im Tal der **Lütschine**. Folgt man ihr von ihrem Delta in den Brienzersee bei Bönigen, gelangt man über Wilderswil (bekannt als Ausgangsbahnhof für die Destination Schynige Platte) ins Tal hinein. Bei Zweilütschinen vereinigen sich die schwarze Lütschine aus dem Lütschental mit dem bekannten Ferienort Grindelwald und die weisse Lütschine aus dem Lauterbrunnental. Die schwarze Lütschine hatte schon mehrfach auf sich aufmerksam gemacht, zuletzt im Jahre 2003, als ein **Gletscherabbruch** am Oberen Grindelwaldgletscher den Fluss zuerst staute und danach eine Serie hoher Wellen auslöste, welche die Evakuierung eines Campingplatzes sowie der Wanderwege nötig machte. Während kleinere Gletscherabbrüche nichts ungewöhnliches sind und während der wärmeren Jahreszeit regelmässig beobachtet werden können, sind die Abbrüche von grösseren Brocken unregelmässig und stellen eine Naturgefahr dar, vor der man sich in Acht nehmen sollte. Diese Gefahr nimmt vor allem

*Der nachts beleuchtete Staubbachfall hinter der Silhouette des verschlafenen Ortes Lauterbrunnen. Oktober 2005.*

dann zu, wenn sich – wie im Falle des Oberen Grindelwaldgletschers in den letzten Jahren geschehen – der Gletscher im Zuge eines forcierten Zungenschwunds in eine Steilstufe zurückzieht, wo die Gefahr eines Abbruches entsprechend stark zunimmt.

Durch den Steinschlagwald, dessen Name auf eine der Naturgefahren der Region hinweist, gelangt man von Zweilütschinen nach **Lauterbrunnen**. Das kleine Dorf wird dominiert von einem Bahnhof, der die privatverkehrfreien Hanglagen von Wengen und Mürren bedient, sowie von einem Wasserfall, der direkt auf die Ortschaft herabzufallen scheint. Dieser Eindruck wird verstärkt, wenn man sich die beleuchteten Kaskaden in der Nacht von einem Standpunkt ausserhalb Lauterbrunnens anschaut. Es ist der **Staubbachfall**, dessen Wasser aus dem Einzugsgebiet des Bietenhorns, einem Nachbarn des Schilthorns, stammt und über eine Steilstufe 300 m zu Tale stürzt.

Das Lauterbrunnental, ein durch die Einwirkung des erodierenden Gletschers typisch glazial ausgeformtes U-Tal mit abruptem Abfall der Steilstufe, zeichnet sich durch eine ausgeprägte **Thermik** aus. Diese ist Bestandteil des **Berg- und Talwindsystems**, das sich bei ruhigen Wetterlagen lokal ausbilden kann. Solche Lokalwinde werden durch topografisch bedingte Temperaturunterschiede erzeugt. Der Talwind bildet sich am frühen Morgen aus, wenn die höher gelegenen Flanken eher von der Sonne beschienen und erwärmt werden als der Talboden. Die aufsteigende Luft muss aus dem Tal nachgeliefert werden, was zum Hangauf- oder Talwind führt. Umgekehrt zeigt sich die Situation am Abend, wenn sich auf den Bergen die Luft rascher abkühlt als im Tal und daher kalte, schwere Luftmassen als Bergwind talwärts strömen. Diese thermischen Gegebenheiten führen im Lauterbrunnental dazu, dass die Gischt des Staubbachfalls oft weit verweht und versprüht wird, ein Umstand, dem der Wasserfall auch seinen Namen zu verdanken hat.

Diesem Lauterbrunnental folgen wir weiter, vorbei am Staubbach- und Spissbachfall entlang der weissen Lütschine. Wer nach Mürren oder

*Im Innern des Tunnel- und Gangsystems, das den Besuchern die Trümmelbachfälle im Lauterbrunnental erschliesst. Oktober 2005.*

Gimmelwald gelangen möchte, wird von hier aus die Luftseilbahn bemühen. So weit hinten im Tal liegt unser Ziel aber gar nicht. Es gilt, die unterirdischen Wasserfälle des **Trümmelbachs** zu besichtigen. Der Flurname befindet sich gleich gegenüber dem Weiler Gydisdorf, unübersehbar mit einem grossen Parkplatz und einer schön im Schatten unter einem grossen Baum angelegten Postautohaltestelle. Zu Fuss geht es in ein paar Minuten hin zur Felswand, wo sich der Aufstieg und der Eingang zur Schrägliftanlage befinden (11.–/4.– Eintritt). Aus einem Einzugsgebiet von 24 km² entwässert der Trümmelbach das Gletschergebiet des berühmten Dreigestirns Eiger, Mönch und Jungfrau, die sich im Osten des Lauterbrunnentals auftürmen. Hier ist in den Alpen ein mächtiger Höhenunterschied von über 3300 m auf kleiner horizontaler Distanz (ca. 5 km) zu finden.

Die **Trümmelbachfälle**, insgesamt zehn Wasserfälle im Innern der Bergwand aus Kalkfels der Jurazeit mit einem Alter von ca. 140 Mio. Jahren, gehören zum Geotopeninventar des Kantons Bern. Die Kalkfelsen wurden im Zuge der Alpenentstehung zusammengefaltet und sind heute Teil der Wildhorndecke, ein Teil des Deckensystems des Helvetikums. Die Wildhorndecke ist das dominierende Element dieser Alpengegend, bis hinauf zum Mönch. Erst nach Nordosten hin wird sie von der Axen- und Drusbergdecke abgelöst. Schon Ende des 19. Jahrhunderts wurden die Fälle der Öffentlichkeit über Brücken und Treppen zugänglich gemacht, doch spektakulär ist die Überwindung der ersten Steilstufe vor allem mit dem in den Berg gebauten, 45° Steigung aufweisenden Kabinenlift, der seit 1913 existiert und 100 Höhenmeter überwindet. 1983 ist er zum zweiten Mal modernisiert worden und weist nun Glaswände und ein Glasdach auf, sodass den Besuchern deutlich bewusst wird, wie sie in den Berg hinein fahren. Es erwartet sie eine stimmungsvolle, dezent ausgelegte Beleuchtung, welche das geheimnisvoll rauschende und spritzende Wasser, das über insgesamt 140 m Höhe stürzt, in Szene setzt. Die Existenz der Wasserfälle geht auf das Ende der Eiszeiten zurück. Sie sind im eigentlichen Sinne ein **Gletschertopf**, der nie verstopft wurde, sondern der sich bis zur Gletschersohle durchbohren konnte, wo das Wasser heute wieder ans Tageslicht des Lauterbrunnentals tritt.

*Im Innern der Trümmelbachfälle. Oktober 2005.*

## Das Glarnerland

Mit über 1300 km² ist der neue Geopark Sarganserland – Walensee – Glarnerland der grösste seiner Art und bietet ein vielfältiges Programm für jeden Geschmack im Bereich natur- und kulturhistorischer Geotope und Landschaften. Die **Glarner Hauptüberschiebung** ist ein Geotop von internationaler Bedeutung und zentraler Bestandteil des Geoparks, in dessen Herzen sie liegt. Hier zerbrachen sich die Grossen der Geologie die Köpfe, wie es sein könne, dass ältere Gesteine über jüngeren zu liegen kommen (siehe Einleitung „Die Entstehung der Alpen"). Eine klar erkennbare Linie, welche die Hauptüberschiebung anzeigt, kann über eine grosse Distanz von ingesamt 50 km verfolgt werden, vom Pizol bis nach Schwanden in West-Ost-Richtung und vom Weisstannental bis nach Flims in Nord-Süd-Richtung. Aufgrund der gebogenen Form der gesamten Überschiebungsfläche erreicht sie am Piz Segnas knapp 3000 m Höhe und taucht auf 570 m ü.M. bei **Sool** und im Weisstannental unter die Erdoberfläche, wo sie sich unsichtbar in Richtung Norden fortsetzt. In Sool findet sich die Lochsite, historischer Gesteinsaufschluss und Pilgerstätte der europäischen Geologen, an der die Funktionsweise der Glarner Hauptüberschiebung letztlich verstanden wurde: Von Süden her wurde ein Gesteinspaket aus 250 Mio. Jahre alten, paläozoischen Gesteinen (grünlicher bis rötlicher Verrucano) bis zu 45 km weit nach Norden verschoben, sodass es auf hellen, bräunlichen Flyschgesteinen zu liegen kam, die über 200 Millionen Jahre jünger und im Zusammenhang mit der Auffaltung der Alpen entstanden sind. Dazwischen findet sich der Lochsitenkalk, der so „**inkompetent**" war, dass er als eine Art Schmiermittel funktionierte, das die Verschiebung so grosser Massen über so weite Distanzen ermöglichte (es ist

**Kompetenz:** Die Fähigkeit von Gesteinen in einem Paket, gerichteten Druck (z.B. während der Alpenfaltung) fortzuleiten. Im Gegensatz dazu sind inkompetente Gesteine plastisch leichter verformbar.

*Gesteinsaufschluss an der Lochsite bei Sool GL. Hier liegt alter Verrucano (oben) über jungem (unten) geschieferten Flysch; getrennt vom so genannten Lochsitenkalk (helles Band knapp oberhalb der Mitte). Juni 2006.*

noch immer ein mechanisches Paradox, eine derart grosse Scherspannung auf ein Gestein auszuüben, ohne es dabei zu zerbrechen).

Besonders attraktiv zu erleben ist die Glarner Hauptüberschiebung bei einer Wanderung von Flims über den Segnespass ins Sernftal nach Elm. Die Tschingelhörner sind eine markante Gruppe von Bergspitzen im Bereich der Überschiebungslinie, mit dem **Martinsloch** als krönendem Highlight. Es kommt knapp unterhalb der nur Zentimeter dicken Linie des Lochsitenkalks zu liegen. Die Spitzen der Tschingelhörner bestehen aus dem Verrucano, die Gesteine um das Martinsloch aus subhelvetischen Gesteinen (vorwiegend Malmkalk sowie Flysch). Genau im Bereich des heutigen Martinslochs verläuft eine tektonische Bruchzone. Sie hat zwei Gesteinsblöcke gegeneinander in einer Aufschiebung versetzt und Karsterosion, eine häufig auftretende Form der Erosion in kalkigen Gesteinen, ermöglicht. Letztlich dadurch ist das berühmte Loch entstanden.

Durch die in Erinnerung an die Martinssage „Martinsloch" genannte Felslücke von 17 m Höhe und 19 m Breite scheint die Sonne (und auch der Mond) zweimal pro Jahr, nämlich Anfang Herbst (acht Tage nach dem astronomischen Herbstanfang) und Ende Winter (acht Tage vor dem astronomischen Frühlingsanfang) am frühen Morgen genau auf die Kirche von Elm. Der Sonnenstrahl wandert danach für einige Minuten als gigantische Sonnenuhr übers Tal, bevor die Sonne schliesslich über den Berggipfeln definitiv aufgeht.

Voraussetzung dafür, dass ein Himmelsobjekt durch das Martinsloch scheinen kann und von der Elmer Kirche aus gesehen wird, ist einerseits eine Deklination von -2.82°, dem richtigen Winkel der Erde zur Sonne. Um das entsprechende Datum zu finden, an dem ein solches Ereignis stattfindet, ist andererseits die **Präzession** der Erde zu beachten, das kontinuierliche Fortschreiten des Frühlingspunktes auf der Umlaufbahn um die Sonne mit einem Zyklus von 25'800 Jahren.

Aufgrund ihrer Bedeutung bereiteten 19 Gemeinden der Kantone St. Gallen, Graubünden und Glarus seit dem Jahr 2000 die Kandidatur der Glarner Hauptüberschiebung für das Label des **UNESCO Weltnaturerbes** vor. Drei Hauptgründe für die Aufnahme wurden vom Komitee angeführt: Die Glarner Hauptüberschiebung ist auch vom ungeschulten Auge aufgrund des starken Farbkontrastes leicht erkennbar, die geologische Struktur ist von aussergewöhnlich schöner Ausbildung und sie trug wesentlich zum Verständnis der Entstehung von Gebirgen bei. Dennoch erlitt das Projekt im Jahre 2005 durch eine negative Expertenempfehlung Schiffbruch – die Kandidatur wurde vorläufig ruhen gelassen. Eine internationale Untersuchung beurteilte daraufhin die Einzigartigkeit der Hauptüberschiebung, sodass die Kandidatur wieder aufgenommen werden kann. 30 Gebirge und Überschiebungen auf allen

**Präzession:** Periodische Rotationsbewegung der Erddrehachse um den Pol zur Ekliptik mit einer Periode von 25'800 Jahren. Die Erdachse beschreibt dabei die Figur eines doppelten Kegelmantels und zeigt als Funktion der Zeit in Richtung verschiedener Fixsterne. Klimatologisch bedeutsam ist die dadurch verursachte Verschiebung des Frühlingspunktes (Weihnachten bald im Sommer!).

*Blick vom Glarner Dorf Elm auf die Hauptüberschiebung an den Tschingelhörnern mit dunklem Verrucano über hellerem Flysch an einer markanten Trennlinie. Links über dem baumlosen Grat im Schatten ist das Martinsloch zu erkennen. Juni 2006.*

Kontinenten der Erde wurden begutachtet und verglichen, mit den Spitzenreitern Glarner Hauptüberschiebung, Moine Überschiebung (Schottland) und Keystone und Lewis Überschiebungen (Rocky Mountains) gemäss den oben genannten Hauptkriterien. Entsprechend dem überarbeiteten Terminplan soll das Nominationsdossier im Sommer 2006 vom neuen Bundesamt für Umwelt (BAFU) an die zuständige Kommission der UNESCO in Paris weitergeleitet und dort neu beurteilt werden.

Die **Linth** ist verbindender Fluss der Region. Sie entspringt zuhinterst im Linthal. Die junge Linth durchfliesst alsbald eine steile, imposante Schlucht, bevor sie bei Tierfehd in die Ebene gelangt – die Linthschlucht. Sie war lange Zeit gefährliches Hindernis für die Begeher des Kisten- und des Sandpasses, die wichtige Übergänge ins Bündnerland im Osten darstellten. Erstmals gab es 1457 eine Steinbogenbrücke zwischen den steilen Felswänden. Wer sich die Situation lieber erhaben und distanziert von oben anschauen möchte, der folge dem Fussweg hinauf zum Känzeli. Von dort aus bietet sich ein eindrucksvoller Blick hinab in die dunkle Schlucht, in der das frische und kühle Wasser der Linth rauscht.

Ganz in der Nähe befindet sich das Ausgleichsbecken des Kraftwerks Linth-Limmern, dessen wichtigstes Element der Stausee (92 Mio. m$^3$ Fassungsvermögen) auf dem Limmernboden ist. Geologisch bedeutsam ist das **Limmernfenster**, ein Einblick in die tiefere geologische Einheit der kristallinen Gesteine des Aarmassivs, das zum Grossteil vom Stausee überflutet wird und nur noch teilweise sichtbar bleibt. Es zeigt Aufschlüs-

> **Fenster:** Ein tektonisches Fenster ist ein Erosionsloch, in dem tiefere Baueinheiten einer Gesteinsabfolge sichtbar werden. Der Aufschluss ist völlig umgeben von der darüber liegenden Gesteinseinheit. Gegensatz: Klippe.

se von 350 Mio. Jahre alten paläozoischen Gneisen, umrahmt von den viel jüngeren mesozoischen Kalksedimenten. Die Kraftwerk Linth-Limmern AG mit 340 MW installierter Leistung wird zu 15% vom Kanton Glarus gehalten und zu 85% von den Nordostschweizerischen Kraftwerken NOK. Das Vorhandensein einer grossen Menge Wasserkraft und zahlreicher Wälder ermöglichte auch die frühe Ansiedlung verschiedener Industriebetriebe im Glarnerland und in der ganzen Geopark-Region. Die Schiefertafelfabrik in Elm (1898 gegründet), der Landesplattenberg von Engi mit dem Schieferabbau (seit 1565 als Produzent von Tischplatten, Schreibtafeln und Dachplatten urkundlich erwähnt) oder das Eisenbergwerk am Gonzen sind nur drei Beispiele **industrieller Tätigkeit**. Dass diese industriellen Aktivitäten nicht immer ohne Probleme abliefen, zeigen diverse tragische → Bergstürze sowie die wirtschaftlichen Schwierigkeiten, in denen sich die Gemeinden des Glarner Hinterlands momentan befinden.

## DIE STÄDTE

In der Welt von heute ist die Verstädterung einer der Hauptschwerpunkte der modernen geografischen Untersuchungen. Sie ist ein irreversibler Prozess im Zuge des globalen technologischen, industriellen und wirtschaftlichen Wandels. Dazu gehört das Wachstum von bestehenden Städten, aber auch die Verstädterung von ländlichen Räumen und die Entstehung von **Ballungszentren**. Mehr als die Hälfte der gesamten Weltbevölkerung lebt heute in Städten, in gewissen Ländern wie Australien sind es über 80%.

Mehrere Elemente sind für die Zentren praktisch aller Städte in den entwickelten Ländern charakteristisch. Oft ist es eine Mischung aus Altem und Neuem, wie den traditionsreichen Geschäften und neuen Boutiquen. Daran ersichtlich wird die innere Dynamik von Städten. Diese ist geprägt von Strukturen und Prozessen, die sich im Kontext der Geschichte einer Stadt herausgebildet haben. Städtische Strukturen variieren ganz erheblich, abhängig von der Kultur, in denen sie entstanden sind. Grundsätzlich unterschieden werden muss zwischen den Städten der Dritten Welt, die wöchentlich um insgesamt eine Million Menschen wachsen, da die ländliche Bevölkerung hier Arbeit, Nahrung und Anerkennung, kurz: eine Existenzgrundlage zu finden hofft. Diese Städte wachsen sehr viel schneller als ihr Entwicklungspotential, und infrastrukturelle Probleme häufen sich in diesen Mega-Citys an. In den Grossstädten der Industrienationen ist der zunehmende **Flächenbedarf** das Hauptproblem. Die Metropolen breiten sich rasant ins Umland aus und benötigen einen riesigen Hilfsapparat an Verkehrslösungen, Trink- und Abwassereinrichtungen, administrativer Organisation und Myriaden von weiteren Punkten. Und das schlimmste daran ist ihr Teufelskreis: Wird eine Stadt gut verwaltet, so ist sie attraktiv und wächst noch umso schneller. Der Wissenschaftler Lewis Mumford hat im Rahmen seiner Untersuchungen zur Stadtgeschichte schon 1961 festgestellt: „Einst war die Stadt das Symbol einer ganzen Welt. Heute ist die ganze Welt im Begriff, Stadt zu werden." Er forderte eine menschen- und ressourcengerechte städtische Raumplanung. Auch für die Schweizer Städte sollte in dieser Hinsicht die **nachhaltige Entwicklung** gelten: Eine natürliche Ressource muss so bewirtschaftet werden, dass sie von einer Generation nicht ausgebeutet wird, sondern auch den

**Nachhaltigkeit (sustainability):** Der Gedanke einer Balance von wirtschaftlichem Wachstum, ökologischen Auswirkungen und sozialer Gerechtigkeit. Der Begriff wurde erstmals in der Forstwirtschaft von Hans Carl von Carlowitz im 18. Jh. verwendet. In der Praxis bedeutet Nachhaltigkeit, die Einflüsse auf die Umwelt im Zuge von wirtschaftlichem Wachstum und Wandel so gering wie möglich zu halten und Kosten und Nutzen regional und auf alle Klassen der Gesellschaft gleichmässig zu verteilen. Eine nachhaltige Entwicklung zielt auf die derzeitigen Bedürfnisse, ohne sie indes so stark auf Ressourcenverbrauch auszurichten, dass die Lebensgrundlagen und Chancen der nachfolgenden Generationen nicht intakt blieben. Angestrebt wird eine Verbesserung der Lebensqualität, ohne die Ökosysteme zu überlasten. Zur Nachhaltigkeit gehört die verstärkte Nutzung von erneuerbaren Energien und recyclebaren Materialien.

nächsten Generationen ohne Einschränkung zur Verfügung steht. Denn gerade in den Grosstädten der industrialisierten Nationen ist die Verschwendung von Energie und Wasser riesig gross. Mehr dazu auch im Kapitel → Nachhaltigkeit.

In der Schweiz ist die Verstädterung im Zuge der Bevölkerungsentwicklung des letzten Jahrhunderts fortgeschritten. Die kulturellen und strukturellen Unterschiede sind aufgrund der unterschiedlichen Entwicklung in der Vergangenheit sichtbar ausgeprägt. Sie sind das Resultat von einer produktiveren Landwirtschaft bei geringeren Beschäftigungszahlen, der Industrialisierung und Tertiarisierung. All dies führt zu **Abwanderung** aus ländlichen Räumen wie dem Gotthardgebiet oder dem Bündnerland, zum Zuzug in den Einflussbereich von Städten und zur Bildung von Agglomerationen. Zusätzlich hat das veränderte **Familienbild** einen grossen Teil zur heutigen Stadtentwicklung beigetragen. Hier ist der Anteil an Einpersonenhaushalten am grössten, teilweise aufgrund verwitweter, alter Personen. Doch viel stärker ins Gewicht fallen so genannte Singles, die effektiv alleinstehend sind oder sich freiwillig für ein individuelles Wohnen entschieden haben. Während der Anteil an Familienhaushalten im Landesmittel bei 34% liegt, ist er in städtischen Gebieten deutlich geringer. Damit einher geht der eingangs erwähnte steigende **Flächenbedarf**, auch dadurch, dass der Wohnraum pro Person in den letzten Jahren deutlich zugenommen hat.

Heute leben laut Bundesamt für Statistik (BFS)[10] nach der Auswertung der neuesten Volkszählung im Jahre 2003 mehr als drei Viertel der Schweizer Bevölkerung in Agglomerationen, während es zehn Jahre zuvor nur knapp 69% und 1980 erst 62% gewesen waren. **Avenir Suisse**, die Innovationsfabrik der Schweizer Wirtschaft, skizziert für die Zukunft sechs grosse **Metropolitanräume**, die den Funktionen und Aufgaben der einzelnen Regionen gerecht und damit innerhalb eines organisatorischen Rahmens auch entsprechend entwickelt und gefördert werden sollen. Die Analyse basierte auf den sich täglich bewegenden Pendlerströmen in diese Regionen mit mindestens 0.5 Mio. Einwohnern und ist das Ergebnis der Diskussion um die Reform des Schweizer Föderalismus, der in Zeiten der Globalisierung und des internationalen Wettbewerbs vor einer grossen Herausforderung steht. Die sechs so gefundenen Metropolitangebiete sind Zürich, Basel, Bern, Genf, Lausanne und das Tessin. Wer heute in Baden oder Winterthur lebt, benützt in einer Vielzahl von Fällen die von Zürich bereitgestellte Infrastruktur. Wer in Epalinges oder in Ecublens wohnt, sagt, er sei aus Lausanne. Zug verfügt seit kurzem mit der Stadtbahn Zug über eine eigene S-Bahn, und die etablierten S-Bahnstrecken werden von Linien ergänzt, die das Land nicht mehr traditionell mit der Stadt verbinden, sondern die Agglomerationsgebiete um die Zentren herum bedienen.

Diesen Thematiken im Kontext der Geowissenschaften und den entsprechend spannenden und interessanten Ereignissen ist dieses Kapitel gewidmet. Dabei wird kein Anspruch auf Vollständigkeit aufgrund der Definition des Stadtbegriffs erhoben; zudem sind andere wichtige Schweizer Städte an anderer Stelle in diesem Buch besprochen.

[10] www.bfs.admin.ch

# DIE STÄDTE

## Zürich

Obwohl die Stadt Zürich nicht unbedingt aufgrund ihrer Lage und aufgrund ihres Gewichts als Finanz- und Bildungszentrum als die internationalste Stadt der Schweiz gilt, so ist sie mit einer Bevölkerung von ca. 1.1 Mio. die grösste Agglomeration der Schweiz. Genf und Basel folgen auf den Rängen mit weniger als der Hälfte der Einwohner im Einzugsgebiet ihrer Agglomerationen.

Auf den ersten Blick mag es nicht nahe liegend erscheinen, dass eine Stadt wie Zürich geologische Besonderheiten zu bieten hat. Gerade die Lage von Zürich an der **Endmoräne** am Fusse des Zürichsees hat aber dazu beigetragen, dass eine Fülle von Spezialitäten nur darauf wartet, erkundet zu werden. Schliesslich sind es die geologischen und geografischen Bedingungen, welche die Gründung und das anfängliche Wachstum einer Stadt ausmachen. Dazu zählen die Lage an einem See oder Fluss, der Schutz nach aussen durch Berghänge oder Hügel, das Vorhandensein von Rohstoffen sowie ein günstiges Klima. Für den Bau von **Gebäuden** ist eine Stadt stark auf das Angebot von natürlichen Rohstoffen, namentlich Bausteine, angewiesen. Die verwendeten Typen hängen stark von der Verfügbarkeit in der näheren Umgebung und von der aktuell vorherrschenden Baumode ab. Seit der Römerzeit wurde dafür Molassegestein (der Abtragungsschutt aus dem Tertiär, der durch Erosion der sich bildenden Alpen hier im Vorland abgelagert wurde) aus dem

*Zürichpanorama auf einer Limmatbrücke. Rechts der Bildmitte sind die Bäume des Lindenhofes zu sehen, einer glazialen Hinterlassenschaft aus der Eiszeit. Am rechten Bildrand das Coop-Provisorium über der Limmat. April 2005.*

*Das blaue Züritram der Linie 6 an der Haltestelle Central auf dem Weg zum Zoo auf dem Dolder. Juni 2003.*

93

Zürcher Obersee eingesetzt. Im Mittelalter setzte sich **granitischer Sandstein** durch, während die Renaissance ästhetische Kriterien forderte und die fortschreitende Technisierung grössere Transportdistanzen ermöglichte. Mit der Eröffnung des Gotthardtunnels (1. Juni 1882) konnten daher Steine aus der ganzen Schweiz verwendet werden.

Nicht zu vergessen ist aber auch die andere Richtung dieses „reaktiven Systems": Der Mensch verändert sich nicht nur mit seiner Umgebung und passt sich an sie an, sondern er verändert auch aktiv die Naturlandschaft, in der er lebt. Derartige Einblicke bieten sich am Besten bei einem kleinen Rundgang durch die Stadt, der beim **Hauptbahnhof** beginnt.

Bei der Erweiterung des Hauptbahnhofs im Untergrund wurde besonders auf die Ästhetik geachtet. Die Verwendung von Bausteinen aus aller Welt zeigt die Dominanz optischer Kriterien gegenüber den früheren Transportproblemen bei der „Shopville" genannten Einkaufspassage. Unterschiedliche Materialien wurden für die Wände und den Boden verwendet, was ein abwechslungsreiches, an den Wänden glänzendes und am Boden mattes Schwarz-Weiss-Muster ergibt. Der Boden besteht aus magmatischen Gesteinen: Schwarzem **Gabbro** aus Südafrika und weissem **Granit** aus Sardinien. Diese magmatischen Gesteine sind so genannte **Intrusiva** oder **Plutonite**, sie sind langsam im tiefen Untergrund ausgekühlt. Sie hatten viel Zeit für diesen Abkühlungsvorgang; darum konnten sich grössere Kristalle nebeneinander ausbilden, was bei beiden Materialien im Hauptbahnhof schön zu sehen ist. Die Wände wurden dagegen aus Sedimentgesteinen gebaut: Aus schwarzem **Kalkstein** aus Spanien und weissem **Marmor** – metamorphem Kalkstein – aus Italien.

**Granit:** Grobkörniges, saures Intrusivgestein, bestehend aus Quarz, Kalifeldspat, Plagioklas und Glimmer.
**Gabbro:** Dunkles, grobkristallines Gestein, überwiegend aus kalziumreichem Plagioklas und Pyroxen. Tiefengesteinsäquivalent des Basalts (Anorthitanteil > 50 %).
**Kalkstein:** Sediment, überwiegend aus Kalziumkarbonat $CaCO_3$.

*Gesteine im Hauptbahnhof Zürich. Oben: Schwarzer Kalkstein und weisser Marmor an den Wänden. Unten: Schwarzer Gabbro und weisser, grobkörniger Granit auf den Böden. Januar 2006.*

Gleich gegenüber dem Hauptbahnhof befindet sich das **Landesmuseum**. Es zeigt einen weiteren Baustein mit Kalkkomponente: Den **Kalktuff**. Wir werden ihm bei der Betrachtung von Karsterscheinungen wieder begegnen, denn Kalktuffe sind Ausfällungen aus kalkhaltigem Wasser (→ Tüfels Chilen). Es ist die umgekehrte Reaktion der Auflösung von Kalk durch $CO_2$ im Wasser: Wird das im Wasser gelöste $CO_2$ in die Atmosphäre freigesetzt, wird Kalk ausgeschieden, der sich langsam absetzt. Merkmal von Kalktuffen ist ihre **Porosität**, wie sie an der Fassade des Landesmuseums sehr gut beobachtet werden kann. Kalktuffe wurden aber auch bei der Kirche Enge oder der Liebfrauenkirche verwendet.

Ein wichtiger Aspekt der Erdwissenschaften in einer Stadt ist die **Wasserversorgung**. Wenn man eine einfache Rechnung im Kopf bezüglich Niederschlag pro Quadratmeter über dem Stadtgebiet, dem effektiven Abfluss ins Grundwasser und dem Wasserbedarf pro Einwohner macht und dies auf die Einwohnerdichte hochrechnet, dann wird einem klar, dass irgendwoher zusätzliches Wasser kommen muss. Sehr viel zusätzliches Wasser. In Zürich sind knapp 70% des Trinkwassers aufbereitetes Seewasser aus den Anlagen Lengg und Moos, dazu kommt Grundwasser aus dem Limmattal oder tief gefördertes Mineralwasser aus den porösen Ablagerungen der Molasse. Daneben gibt es ein zweites Leitungsnetz, das unabhängig vom ersten konzipiert ist und von

**Schotter:** Grobklastisches Lockersediment aus Bächen und Flüssen; eine Anhäufung von Geröllen und Kies einschliesslich Steinen und Blöcken.

Quellwasser gespeist wird. Dieses stammt aus der Umgebung der Stadt, hauptsächlich aus den mächtigen **Flussschottern** aus dem **Sihltal**. Sie werden von Niederschlagswasser, aber vor allem von Fluss- und Seewasserinfiltration gefüllt. Messungen haben ergeben, dass sich das Grundwasser mit 2 – 10 m pro Tag flussabwärts bewegt. Für den Fall der Fälle existieren so genannte Notbrunnen, die typischen Messingbrunnen, wie man sie auch auf dem **Lindenhof** sieht. Doch auch das Grundwasser ist nicht vor Verschmutzung gefeit. Die grössten Reserven befinden sich direkt unter den grossen **Industriearealen** der Stadt, die eine nicht zu unterschätzende Gefährdung darstellen. Der Einfluss des Menschen wird deutlich, wenn man sich die Ziegeleien der Stadt zu Beginn des 20. Jahrhunderts anschaut: Die **Verlandungssedimente** des sich nach der Eiszeit zurückziehenden Sees boten ideale Rohstoffe für die Ziegeleien. Sie wurden im grossen Stil abgebaut und die zurückbleibenden Fehlstellen einfach mit **Altlastenmaterial** aufgefüllt.

*Links: Bausteine am Landesmuseum mit Granit (Sockel), Kalk (grosse Bausteine rechts) und Kalktuff (braune Bausteine links). Rechts: Detail einer Kalktuffstruktur an der Kirche Enge. Januar 2006.*

*Notbrunnen auf dem Lindenhof. Januar 2006.*

Die Entwicklung einer Stadt verläuft in unterschiedlichen Etappen und in unterschiedliche Richtungen. Die Stadt Zürich identifizierte in den 1980er Jahren verschiedene Quartiere als Problemzonen und unterzog sie Entwicklungsförderungsprogrammen. Dazu gehört das gesamte Gebiet Zürich Nord rund um **Oerlikon**, als die Krise im Maschinenbau viele Werke zur Schliessung zwang. Die Bedeutung des seit 1934 eingemeindeten Oerlikons geht auf das Zeitalter der Industrialisierung zurück, als die **Maschinenindustrie**, Nachfolger der Textilindustrie, zum eigentlichen Antriebsmotor des Industriezeitalters in der Schweiz wurde und sich zahlreiche Betriebe an wichtigen Verkehrsknotenpunkten der neuen Eisenbahn ansiedelten. Das waren neben Baden und Winterthur (Sulzer) vor allem Oerlikon als Anschluss und Drehscheibe der Nordostbahn. Oerlikon durchlebte ein Stadium der raschen Entwicklung und Bevölkerungszunahme Mitte und Ende des 19. Jahrhunderts. Die Werkzeug- und Maschinenfabrik Oerlikon und die ABB gehörten zu den wichtigsten Grössen. Mit dem **Strukturwandel** in der Industrie, der Schliessung von Betrieben und der Abwanderung setzte ein drohender Bedeutungsverlust ein, dem die Stadtentwicklung bewusst mit der Schaffung eines Förderungsgebietes Ende des 20. Jahrhunderts zu begegnen versuchte, das unter dem Arbeitstitel Zentrum Zürich Nord bekannt wurde und kürzlich vom Zürcher Stadtrat **Neu-Oerlikon** getauft wurde. Der Name bezieht sich dabei auf die gut 60 ha grosse Zone des ehemaligen Industriegebietes nördlich des Bahnhofs Oerlikon. Eine Anzahl von Grossbaustellen der Stadt Zürich befindet sich hier, unter anderem für die Glatttalbahn in der Thurgauer Strasse.

Das Ziel des Baus einer **Glatttalbahn** ist es, die neuen Stadtquartiere des Mittleren Glatttals miteinander zu verknüpfen. Betrachtet man die Siedlungsentwicklung der letzten Jahrzehnte, ist deutlich zu erkennen, wie die verschiedenen Gemeinden langsam zu einer einzigen Stadt zusammenwachsen. Der Richtplan des Kantons Zürich sieht nun vor, dass sich die Besiedlung konzentriert nach innen entwickeln soll. Er unterscheidet elf **Zentrumsgebiete**, die sich dafür eignen. Drei dieser Gebiete liegen im Glatttal, das durch die Nähe zum Flughafen und zum Stadtzentrum Zürich besonders grosse Standortvorteile bietet. Gelöst werden müssen bei der konzertierten Entwicklung des Gebietes vor allem die Verkehrspro-

*Ein verwahrlostes Zürcher Industriequartier stellt eine Gefahr der Grundwasserverschmutzung durch Altlasten im Untergrund dar. Juni 2003.*

bleme auf der Strasse und der Schiene. Der Bau der Glatttalbahn als so genannter Verkehrs-**Mittelverteiler** wurde beschlossen, um die einzelnen Zentrumsgebiete untereinander zu vernetzen und zu vermeiden, dass die Fahrtenschlaufe für die Passagiere jeweils über die Stadt Zürich führt. So wird ausgehend vom Bahnhof Stettbach das Trassee über Wallisellen zum **Glattzentrum**, dem grössten Einkaufszentrum der Schweiz, nach Oerlikon und weiter zum Flughafen führen. Es wird eine ebenerdige Einmeterspur sein, die sich die Infrastruktur mit dem Tram der Stadt Zürich verträglich teilen kann. Die erste Etappe wird ab 2006 dem Verkehr übergeben, zwei weitere werden bis 2012 folgen.

Nun aber zurück zum Lindenhof, denn der Standort ist auch interessant bezüglich der **Geomorphologie** in und um Zürich: Das Gebiet um die Stadt wurde stark von den Eiszeiten geprägt. Es gab mehrere Hauptvorstösse und Rückzüge der Gletscher. Diese schliffen zuerst die Täler aus, lagerten bei ihrem Rückzug Moränenmaterial ab und Schmelzwasserflüsse erodierten die Glazialtäler schliesslich und vertieften sie. Die maximale Vereisung in der Schweiz fand während der so genannten Riss-Eiszeit statt. Sie prägte Endmoränen in und um Killwangen vor gut 22'500 Jahren. Die letzte Vereisung fand während der **Würmeiszeit** statt. Benannt sind diese Eiszeiten alle nach Donauzuflüssen, die den Eisstand im Württembergischen markierten.

Die Gletscher zogen sich in unregelmässigen Abständen und mit wiederkehrenden Vorstössen langsam zurück. Solche Vorstösse nennt man **Stadien** und benannt sind sie meist nach einer geografischen Lokalität. So gibt es das Rückzugsstadium von Zürich der Würmzeit. Zu dieser Zeit wurde vom Linthgletscher ein Endmoränenwall quer zum Tal zurückgelassen, dem wir den Zürich- und andere kleinere Seen (im Zürcher Oberland den Pfäffiker- und den Greifensee) verdanken. Sie wurden hinter den zurückgelassenen Endmoränen aufgestaut. Der Lindenhof ist nun das höchstgelegene Relikt der Endmoräne des Zürichstadiums links der Limmat. Übrigens findet sich auf dem Lindenhof auch das älteste Objekt, das aus granitischem Sandstein erstellt wurde: Es ist der römische Grabstein des Lucius Aelius Urbicus (zu finden am Rand des östlichen Treppenaufgangs).

Auf der gegenüberliegenden Seite bildet die **Hohe Promenade** das Ende des Moränenwalls, der aufgrund der starken Besiedlung und Überbauung dort aber weniger gut ersichtlich ist als auf dem Lindenhof. Da wir uns nun schon auf der Hangseite rechts der Limmat befinden, lassen sich die nächsten Aspekte am Besten am **ETH Hauptgebäude** betrachten, das nach der Klärung der Hochschulstandortfrage im neugegründeten Bundesstaate im Jahre 1855 als Eidgenössisches Polytechnikum von einem der berühmtesten und wichtigsten Architekten von 1858 bis 1864 erbaut wurde, nämlich **Gottfried Semper**. Im 19. Jahrhundert wurde **Berner Sandstein** in Zürich verbaut, neben dem ETH Hauptgebäude auch an der Kaserne, dem Pfauen und dem Römerhof. Allerdings sind solche Fassaden sehr verwitterungs-

*Brunnen aus Nerineenkalkstein (links) mit Detailaufnahme (rechts) am Zürcher Neumarkt. Januar 2006.*

anfällig und teuer in der Erhaltung. Die Aussenseite des ETH Hauptgebäudes musste schon 1920 komplett renoviert und die Fassade mit einem ähnlich grün schimmernden Kunststein verkleidet werden.

Gegenüber der ETH in der Karl-Schmid-Strasse findet man den Eingang zum Paläontologischen Institut der Universität Zürich. Die Skulpturen davor sind eine Fundgrube an Fossilien: Sie bestehen aus **Muschelkalkstein** und beherbergen fossilisierte Muschel-, Austern- und Schneckenfragmente. Aus grösserer Entfernung betrachtet sieht man sogar die typischen **Kreuzschichtungen**, die das Strömungsregime bei der Ablagerung und Bildung eines solchen Flachwassersediments anzeigen. Weitere Sedimentgesteine, die als Baustein Verwendung fanden, begegnen uns am Zürcher Neumarkt. Der Brunnen besteht aus **Nerineenkalk**, einem Kalkstein mit zahlreich fossilisierten Lagunenschnecken aus der Region von Solothurn. **Muschelkalksandsteine** waren zwar hauptsächlich Bausteine für die Brunnenbecken in Zürich, wurden später aber auch zur Verkleidung von Gebäude-Fassaden verwendet, wie am Gebäude der Nationalbank im Jahre 1922. Daneben existiert der Plattensandstein (aus Bäch SZ) als typisches Baumaterial für das Rathaus. Das Portal ist jedoch aus dunklem Kalkstein gebaut, dem so genannten Richterswiler **Marmor**. Dieses Gestein stammt höchstwahrscheinlich auch aus einem grossen Findlingsblock, da solcher Marmor in Richterswil ortsfremd ist.

Die Eiszeit hat auch ihre Spuren an den Gebäuden hinterlassen. Wie das, mag man sich fragen, das kann doch zeitlich überhaupt nicht stimmen?! Nun, die Gletscher der Eiszeit haben häufig grosse Gesteinsblöcke von weither transportiert und dort abgelagert, wo sie abgeschmolzen sind. Solche Gesteine sind geologisch fremd und geben Auskunft über ihren Herkunftsort. Daher nennt man sie auch **Erratiker** oder **Findlinge**. Sie waren ein beliebtes Baumaterial im historischen Zürich. Am ehesten findet man den Verrucano aus dem **Sernftal** im Glarnerland, vom Linthgletscher nach Zürich geschoben, z.B. an den Resten der Zürcher **Stadtmauer**, oder den **Geissturm-Findling** (nach: LEAD – Learning Earth's Dynamics[11]).

---

[11] www.lead.ethz.ch

*Central Zürich. Morgens und abends pulsiert hier das Leben zwischen Bahnhof und Limmat in Form von zur Polybahn eilenden Studenten und Kaffeetrinkern im Starbuck's, von Tram-, Velo- und Autobenutzern, die von der Verkehrspolizei öfter als selten entknäuelt werden müssen. Juni 2003.*

*Bern mit dem Bundeshaus und dem grossen, neu gestalteten Bundesplatz aus Valser Gneisplatten. Mai 2006.*

## Bern

Der Vorteil der geschützten Lage von Bern in einer der engen Aareschlaufen, von den **Zähringern** als Bollwerk zur Abschreckung und Absicherung des Reichs von Herzog Berchtold V. gegen die Bedrohung aus Westen 1191 gegründet, ist gleichzeitig auch eines der grössten Probleme, denn die Aare bricht immer wieder mit ungezähmter Kraft in die tief liegenden Quartiere in Bern ein und sorgt für meterhohe Überschwemmungen. Besonders hart wurde einmal mehr das berühmte Matte-Quartier durch das Hochwasser vom August 2005 getroffen. Zwischen der Aarstrasse und der Mattenenge ergoss sich die reissende Aare, statt in ihrem richtigen Bett zu bleiben. Mehrere hundert Personen mussten in zum Teil waghalsigen Rettungsaktionen mit Motorbooten oder Hubschraubern evakuiert werden. Knackpunkt der Überflutungen – die Aare lag mit einem Durchfluss von über 600 m³/s mehr als 200 m³/s über dem Schadensniveau – ist neben Veränderungen am Oberlauf der Aare und der gegebenen Niederschlags- und Abflusssituation vor allem das „**Schwellenmätteli**" auf der Höhe der Kirchenfeldbrücke. Es ist eines der grossen, aber häufig übersehenen historischen Bauwerke der Stadt Bern und existiert seit 1900. Die Schwelle hat als eigentliche Funktion die Regulierung des Aarewassers, was aber aus vielen Gründen in letzter Zeit vermehrt im Zuge von Extremereignissen verunmöglicht wurde: Einerseits ist das die Problematik des Schwemmholzes, das sich hier in den Verstrebungen verfangen und die Regulationsfähigkeit der Schwelle eingeschränkt oder ganz verhindert hat. Weiter ist es die Ablagerung von herantransportiertem Kies, die in den letzten Jahren stark zugenommen hat. Dieses Material wurde aufgrund der **Tiefenerosion** des Flussbettes der Aare zwischen Thun und Bern bis zur Berner Aareschlaufe transportiert. Diese Erosion ist eine Kombination aus der natürlich stattfindenden sowie der verstärkten Erosion aufgrund des Umstandes, dass sich ein kanalisierter Fluss über eine direktere Strecke bewegt und damit eine höhere Fliessgeschwindigkeit erreicht. Aus diesen Gründen wurde Anfang 2006 eine grosse Baustelle beim Schwellenmätteli installiert, die erreichen soll, den Hochwasserschutz deutlich zu verbessern. Insgesamt sollen 30'000 m³ Kies entnommen und an anderer Stelle in der Region wieder abgelagert werden.

Das **Schwemmholz** will man in Zukunft besser in den Griff bekommen, indem man im „Tych" genannten Kanal bei der Matte Holzleiteinrichtungen einbauen und Holzrückhaltesysteme verwenden will und darauf achtet, dass die Deposition von Kies den Abfluss nicht erschwert. Die Bedeutung des Tychs hängt mit dem aufkommenden Gewerbe zu Beginn der Industrialisierung zusammen. Namen wie Gerbern- und Wasserwerkgasse sowie der Mühleplatz zeugen heute noch davon.

Nach dem Umbau der Schwelle soll sich weniger Holz verfangen können. Langfristig sind auch grössere Massnahmen im Gespräch, wie Stollensysteme oder die Renaturierung der Aare mit einer nachhaltigen Uferaufweitung, die dem Fluss seinen natürlichen Platz wenigstens teilweise wieder zurückgeben soll. So soll im Bereich vom Weiher Elfenau bis zur russischen Botschaft das rechte Aareufer komplett umgestaltet werden, mit einem gut 300 Meter langen, naturnahen Seitenarm, der nicht in ein festes Korsett gezwungen wird, sondern sich sein eigenes Bett suchen soll.

Die geschichtsträchtige Gründung durch die Zähringer und die Erhaltung der historischen Altstadt in der natürlichen Schutzumgebung der Aare, die mit ihrer Schlaufe Sicherheit nach drei Seiten bot (als Schutz nach Westen wurde ein Wehrturm, der heutige Zytglogge-Turm, errichtet), führten 1983 dazu, dass die Altstadt von Bern ins **UNESCO Weltkulturerbe** aufgenommen wurde. Das kompakte Stadtbild ist besonders von Anhöhen oder aus der Luft prägnant erkennbar. Die geschwungene Form der Berner Altstadtgassen wird verglichen mit den Windungen der Aare, die nach dem Rückzug des Aaregletschers (der nördlich von Bern bald auf den Rhonegletscher traf) das Terrain modellierte und das gestufte Tal mit der nach Westen offenen Terrasse schuf, auf der sich Bern befindet. Noch bis 1848 konzentrierte sich die bauliche Tätigkeit auf das Gebiet innerhalb der Aareschlaufe. Erst mit dem Aufschwung nach der Wahl Berns als Sitz der Bundesregierung setzten rasch Bautätigkeiten auch

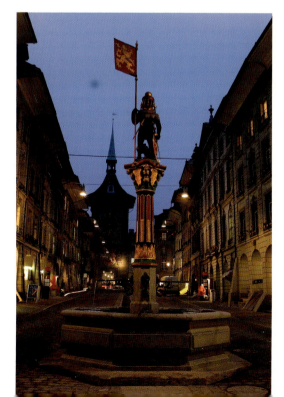

*Historischer Brunnen und Zytglogge-Turm in Bern. Februar 2006.*

*Erodierende Sandsteinfassade am Zytglogge in Bern. Februar 2006.*

in den Aussenquartieren ein, die durch die grossen Brücken über die Aare erschlossen wurden.

Interessant ist Bern bezüglich der verwendeten Materialien beim Bau der Altstadt. Da bis ins 15. Jahrhundert vor allem mit Holz gebaut wurde, sorgten wütende Brände immer wieder für Schutt und Asche. Erst mit dem Übergang zum Steinbau nach einem verheerenden Brand im Jahre 1405 konnte dieses Problem etwas in den Griff bekommen werden. 1421 wurde mit dem Bau des Münsters begonnen, und sukzessive folgten weitere grosse Sandsteinbauten. Das so geschaffene mittelalterliche Stadtbild in grünem Sandstein aus der Region von Bern ist auch heute noch praktisch unverändert zu besichtigen. Dafür sorgt unter anderem auch die **Bauordnung** der Stadt Bern, die festlegt, dass alle nach aussen gerichteten oder sichtbaren Fassaden der Altstadt „in Massivbauweise aus Berner Sandstein oder aus einem ähnlichen Sandstein zu erstellen" sind.

Diese als Berner Sandstein bekannte Varietät ist ein Vertreter der Oberen Meeresmolasse. Sie wurde also in einem untiefen Meer im Tertiär abgelagert, das von der Ur-Aare und der Ur-Emme gespeist wurde, ist zirka 20 Mio. Jahre alt und besteht hauptsächlich aus den Mineralien Quarz, Feldspat, Karbonat sowie Spuren von Glimmer und Ton. Sie wurde in lokalen Steinbrüchen abgebaut, so zum Beispiel am Gurten im Süden der Stadt und am Ostermundigenberg (beide Steinbrüche sind seit dem 15. Jahrhundert dokumentiert) oder in Krauchthal im Nordosten von Bern sowie bei Bolligen. Bei genauer Betrachtung mancher Sandsteinvertreter findet man heraus, dass die Region von Bern damals im Flachmeer im Gezeiteneinfluss gelegen haben muss. Kreuzschichtungen im Sandstein zeigen dem geneigten Beobachter an, wo sich Unterwasserrippeln und -dünen befunden haben. Die Aufschlüsse dieser Gesteine finden sich in einem leichten Bogen, parallel zum Alpenbogen, in einem ca. 5–15 km breiten Streifen vom Gurten über Bern und Krauchthal bis nordöstlich von Burgdorf. Da die Gesteine nach Südosten einfallen, werden sie im Nordwesten abgelöst von den älteren Gesteinen der Unteren Süsswassermolasse und im Südosten von der Oberen Süsswassermolasse. Der Vorteil des Berner Sandsteins von damals ist heute übrigens auch zugleich sein Nachteil: Seine schlechte Verfestigung liess ihn leicht bearbeiten, was ihn im 15. Jahrhundert zu einem beliebten Baustein machte. Er ist allerdings auch sehr verwitterungsanfällig, und dementsprechend gross ist der Renovationsaufwand an den Sandsteinfassaden der Gebäude.

Nach dem Aufschwung der Eisenbahn Ende des 19. Jahrhunderts bis zum 1. Weltkrieg dominieren einheimische Materialien bei wichtigen Bauten in den grossen Schweizer Städten. Die Wandelhalle des Schweizer Bundeshauses ist ein Musterbeispiel für die Verwendung von Steinen aus Schweizer Steinbrüchen. Hier trifft man insgesamt 32 verschiedene Gesteine an. Aber nicht nur als Schmuck- und Fassadenstein waren die Rohstoffe der Schweiz wichtig. Ganze Stadtkerne im Mittelland sind aus dem Material einheimischer Steinbrüche aufgebaut. Wie das Mittelalter den Aufschwung für den Abbau des Berner Sandsteins bedeutete und wie die Steine ab 1421 fürs Berner Münster geliefert wurden, kann man auf

DIE STÄDTE

dem Sandsteinlehrpfad in **Krauchthal** erfahren, beschrieben in Auf der Mauer und Jordan (2002).

Wer nach Bern kommt, kommt in die Bundeshauptstadt, und wer in die Bundeshauptstadt kommt, sollte sich auch das schon erwähnte Bundeshaus anschauen. Vor dem Bundeshaus findet man nun einen Platz, der seiner Aufgabe, Vorhof des Zentrums Schweizer Politik zu sein, endlich auch gerecht wird. Irgendwie ist es fast eine Reise nach Graubünden, denn das Rohmaterial stammt aus dem Valsertal: Insgesamt 3'600 Platten aus **Quarzit** mit den Massen 60 x 100 cm und einem Gesamtgewicht von rund 260 Tonnen wurden verlegt – und damit ist nun endlich auch der Bergkanton in Bern vertreten, denn die Gesteine, die im Bundeshaus verbaut sind, stammen aus allen möglichen Kantonen, nur nicht aus Graubünden! Alle Schweizer Kantone sind symbolisch im Wasserspiel vertreten, denn während der wärmeren Monate im Jahr steigen aus 26 Düsen auf dem Platz Wasserfontänen in die Höhe. Architekt Stephan Mundwiler hatte sich im Ideenwettbewerb, zur 700-Jahr-Feier der Schweizer Eidgenossenschaft lanciert, für die Gestaltung des Raumes vor dem Bundeshaus zusammen mit den Basler Gestaltern Stauffenegger und Stutz durchgesetzt; 2004 wurde der neugeschaffene Bundesplatz feierlich eröffnet.

*Der Bundesplatz mit dem Wasserspiel der 26 Wasserfontänen, welche die 26 Kantone symbolisieren. Mai 2006.*

*Die Stiftsbibliothek von St. Gallen. Mai 2006.*

## Sankt Gallen

Der Geograf blickt herrisch, weitschweifend und mit ausgestrecktem Arm durch den edlen Saal der Stiftsbibliothek auf sein ehemaliges Einflussgebiet. Tatsächlich ist der Einfluss auf die räumliche Entwicklung des Gebietes untrennbar mit den Geschicken des ehemaligen Klosters St. Gallen verknüpft, das im Zusammenhang mit der Kantonsgründung 1805 aufgelöst wurde. Ohne das Kloster gäbe es die Stadt wohl nicht, und es darf behauptet werden, die ganze Ostschweiz in dieser Form auch nicht. „Der Geograf" ist eine von insgesamt 20 **Putten**, die gut 30 cm hoch sind und über die einzelnen Bücherordnungen wachen. Er steht zusammen mit dem Bildhauer im Abschnitt P auf der linken, westlichen Seite der Stiftsbibliothek knapp unterhalb der Galerie. Die Geografie ist als aufstrebende Wissenschaft noch einmal verbildlicht: In einer der Kartuschen auf den Gewölbezwickeln, den so genannten **Camaïeugemälden**, die auf die verschiedenen Disziplinen der Benediktiner Bezug nehmen. Über Schrank NN findet man auf dem Bild einen mit Säulen dekorierten runden Raum, in dessen Zentrum ein Tisch steht, darauf ausgebreitet eine Landkarte, über die sich zwei Gelehrte beugen. Globus und Zirkel sind weitere bereit stehende Hilfsmittel.

Der Einfluss des Klosters auf die Region ist schwer abzuschätzen, aber sicher alles andere als gering. Nach den Anfängen des Gallus, Wandermönch irischer Herkunft, der sich zu Beginn des 7. Jahrhunderts im Tal der Steinach eine Zelle und kleine Kapelle baute, nahm die Bedeutung der Stätte laufend zu. Schon im 8. Jahrhundert erfolgte unter Priester Otmar der Ausbau zum Kloster, das bald erheblichen **Grundbesitz** in den umliegenden Gebieten sein Eigen nennen konnte (im Thurgau und Zürichgau bis weit hinein ins heutige Deutschland). Bücher galten schon damals als unentbehrlich, und die Lektüre wurde sorgfältig gepflegt. So wuchs auch der sprachliche Einfluss des Klosters im Goldenen Zeitalter bis ins 10. Jahrhundert. Der Benediktiner **Notker III.** („Teutonicus" oder „der Deutsche") gilt als einer der wichtigsten mittelalterlichen Sprachschöpfer und Übersetzer lateinischer Schriften ins Althochdeutsche. Die Bibliothek überdauerte manchen Schicksalsschlag, so den Ungarneinfall oder Feuersbrünste, praktisch unversehrt. Einem Niedergang bis ins 15. Jahrhundert mit den Appenzeller Kriegen und dem Verlust wichtiger Ländereien folgte die Erstarkung ab 1430 – eine Abfolge, die sich im 16. Jahrhundert mit der Reformation, der Erstürmung des Klosters 1529, der Rückkehr nach drei Jahren und dem anschliessenden Aufschwung wiederholte. Die nächste Blütezeit, in der die Stiftsbibliothek von St. Gallen zu einem geistigen Zentrum wurde, erfolgte im 17. und 18. Jahrhundert. Die Gründung der eigenen Klosterdruckerei 1633 ist nur ein Beispiel davon. Zehn Jahre dauerte der **Neubau** der Bibliothek, von der 1757 gefällten Entscheidung des Fürstabts zum Abriss der Bibliothek aus dem 16. Jh. und zum Neubau bis zur Fertigstellung der Arbeiten im Jahre 1767. Der Bau mit einer gediegenen Massivholzausstattung gilt als bedeutendes Werk des Spätbarocks in der Schweiz. Überreste der 1758 abgebrochenen Renaissance-Bibliothek finden sich heute im **Lapidarium**, das eine grossartige Sammlung von mittelalterlichen Architekturplastiken umfasst, angefangen bei karolingischen und

*Die Geografie. Gemälde auf den Gewölbezwickeln. Mai 2006.*

ottonischen Stücken des „Goldenen Zeitalters" bis hin zu Spolien des 15. bis 17. Jh. Das Lapidarium, von lateinisch lapis (Stein), befindet sich im barocken Keller des Westflügels der Klosteranlage. Dieser Keller wird von einem roh gemauerten Kreuzgewölbe überspannt, das für die Ausstellung weiss getüncht wurde. Die Nischen des Gewölbes beherbergen die Architekturplastiken, die Auskunft über die Baugeschichte des Klosters geben.

Die Geschichte des Klosterbezirks ging in einen neuen Abschnitt über, als 1803 der **Kanton St. Gallen** gegründet wurde. 1805 wurde die Abtei aufgehoben, und Teile der Räumlichkeiten dienten fortan als Sitz der Regierung. Die Stiftsbibliothek ging in den Besitz des katholischen Konfessionsteils über und ist heute Fachbibliothek für Mediävistik und Handschriftenkunde und natürlich eine Touristenattraktion für über 100'000 Besucher pro Jahr (7.–/5.– Eintritt inkl. Lapidarium, Montag bis Samstag 10–17 Uhr, Sonntag und Feiertage 10–16 Uhr).

Knapp 160'000 Bücher umfasst die Stiftsbibliothek, doch die wahren Schätze ruhen im

*Der Geograf. Mai 2006.*

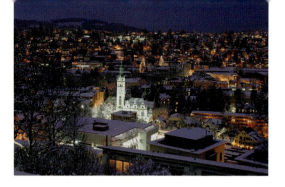

*Die Stadt Sankt Gallen ist in ein vorweihnachtliches Weiss gekleidet. Der Blick erfolgt von einem Standpunkt zwischen Notkersegg und den Drei Weiern nach Nordwesten. Dezember 2004.*

Manuskriptenkabinett, das sich an die Bibliothek anschliesst, aber nicht öffentlich zugänglich ist. Als Teil des Stiftsbezirks von St. Gallen steht sie seit 1983 unter dem Patronat des Weltkulturerbes der **UNESCO**, wodurch der internationale kulturhistorische Wert des Klosters St. Gallen verdeutlicht wird. Über die räumliche Bedeutung des Klosters St. Gallen nach aussen wurde schon berichtet. Die Geschlossenheit und Kompaktheit des Stiftsbezirks verdeutlicht aber auch die räumliche Bedeutung innerhalb der Stadt. Die naturräumliche Lage der Stadt St. Gallen und insbesondere des Klosters ist alles andere als offensichtlich. St. Gallen zeichnet sich durch ein eher kühles Klima aus, in einem engen Tal in der Ostschweiz auf gut 700 m ü.M. gelegen, von mehreren Wildbächen (Steinach, Goldach, Sitter) umschlossen und nicht auf Anhieb zur Stadtgründung prädestiniert. Das Kloster selbst war also der Keim zur Stadtwerdung von St. Gallen, das erst im 12. Jahrhundert das Marktrecht erhielt. Heute zählt die Kantonshauptstadt knapp 70'000 Einwohner.

Das Kloster ist am Südrand des Ost-West ausgerichteten Tales angesiedelt, am Fuss jenes Hanges, in den sich die **Steinach** hinein erodiert hat.

*Luftaufnahme des Klosterbezirks von Sankt Gallen mit Blickrichtung nach Südosten und dem Gallusplatz am rechten Bildrand. Dort im Westflügel des Klosterkomplexes ist auch die Stiftsbibliothek untergebracht. Mai 2005.*

Diese Randlage verleiht dem Stiftsbezirk noch heute seine Eigenheit und Abgeschlossenheit gegenüber der Altstadt, die sich in einem Halbkreis deutlich abgesetzt um das Kloster gruppiert. Die Zeughausgasse und die Moosbrugg- und die Gallusstrasse bilden die direkte Umgrenzung des Klosterareals, gefolgt von einem weiteren Kranz aus Multer- und Spisergasse in der Altstadt. Erst nach der Kantonsgründung und dem Abbruch der den Stiftsbezirk umfriedenden Mauer entstand diese Anordnung, zuvor war die Gallusstrasse nicht offen und auch die Marktgasse führte nicht direkt aufs Kloster zu.

Die Stadt konnte sich nur nach Norden erweitern, über den heutigen Marktplatz und den Bahnhof hinaus. Im Süden folgt eine erste Hügelkette mit Dreilinden und den heute so beliebten Drei Weieren sowie der eiszeitlichen Schmelzwasserrinne vom Notkersegg, welche Aufschlüsse von Nagelfluh der St. Galler Molasse zeigt und daher im **Geotopinventar** des Kantons St. Gallen als Objekt Nr. 305 auf Gemeindeboden der Stadt aufgelistet ist. Das Tobel der Steinach ist hingegen Objekt 304: Die Mühlenenschlucht durch die Obere Meeresmolasse (OMM), beobachtbar auch bei einer Fahrt mit der Mühleggbahn, seit 1893 bestehend und im Jahr 2004 komplett renoviert, oder bei einem Spaziergang durch die Schlucht. Diese Route ist einer von drei erstellten Spaziervorschlägen, die unter dem Motto „Natur findet Stadt" von der Stadt St. Gallen ausgeschildert und beschrieben sind.

*Zentrale Ansicht des Barocksaals mit der Stiftsbibliothek St. Gallen. Mai 2006.*

*Der Hafen von Genf mit der Mont-Blanc-Brücke (links) und dem Hafen sowie dem Jet d'Eau.*
*Ganz rechts ist als kleiner Felsen der Pierre du Niton zu sehen. Im linken Bildhintergrund die Anhöhen des französischen Jura. August 2005.*

## Genf

Die Geschichte der **Schweizer Kartografie** nimmt ihren Anfang im Hafen von **Genf**. Ein unscheinbarer Felsen ist der Ausgangspunkt aller Höhenmessungen für die Schweizer Landestopografie. Es ist ein Findling oder Erratiker, womit sich die Verbindung zwischen Kartografie und Glaziologie erschliesst. Nach dem Rückzug der eiszeitlichen Gletscher blieben nämlich zwei Findlinge direkt vor dem englischen Garten im heutigen Hafenbecken des Genfersees zurück. Das **Repère Pierre du Niton** am orografisch (= in Fliessrichtung gesehen) linken Ufer des Lac Léman existiert seit den Dufour- und Siegfriedkarten. Dieser als „Alter Horizont" bezeichnete Höhenwert betrug 376.86 Meter über dem mittleren Hafenpegel von Marseille. Für die moderne Landesvermessung im 20. Jahrhundert und die bekannten **Landeskarten** wurde die Höhe des Pierre du Niton über mehrere Pegel neu vermessen. Dieser neue Horizont beträgt 373.60 Meter und liegt damit also mehr als 3 Meter tiefer. Diesen Unterschied gilt es zum Beispiel zu beachten, wenn man alte und neue Karten zu Rate zieht. Wie relativ solche Höhenangaben also sind, zeigt sich auch am Brückenbau. Laufenburg ist eine Stadt, die über den Rhein zusammengewachsen ist. Beim Bau der neuen Rheinbrücke haben die Konstrukteure zwar daran gedacht, dass es Unterschiede in den Referenzwerten zwischen Deutschland und der Schweiz gibt: Das deutsche Referenzniveau für Normalnull ist die Nordsee, was eine Differenz von 27 cm zum Schweizer Mass ausmacht. Dummerweise wurde die Korrektur in die falsche Richtung ausgeführt, sodass bei der Anbindung der Brücke auf der deutschen Seite plötzlich 54 cm Unterschied auftraten, die nachträglich korrigiert werden mussten.

Der mit 4'634 m ü.M. höchste vermessene Punkt in der Schweiz ist nicht weit von Genf entfernt – es ist die Dufourspitze im Wallis. Zusammen mit dem Mont Blanc scheint sie an klaren

Tagen zum Greifen nahe, zu sehen zum Beispiel auf einem gemütlich schaukelnden Schiff im Hafen von Versoix. Dass der höchste Punkt des Kantons selbst künstlich ist – die Spitze der Wasserfontäne des bis zu 145 m hohen Jet d'Eau – mag da den Alpinismuspionier **Horace Benedict de Saussure** wenig trösten, denn der höchste natürliche Höhenmesspunkt ist eine magere Hügelkuppe an der Grenze zu Frankreich. Der Hausberg der Genfer liegt nämlich schon jenseits der französischen Grenze: Er heisst **Mont Salève**, der mit dem Grand Piton auf 1375 m kulminiert und nach einer Fahrt mit der seit 1932 bestehenden Luftseilbahn (oder einer ausgiebigen Wanderung) einen fantastischen Ausblick über die Genfer Bucht bietet. Der Name soll ursprünglich von Salebra stammen, was soviel bedeutet wie „schwieriger Zugang". Durch de Saussure wurde er berühmt und ging schon 1779 in eine Art Pionierliteratur der Geologie ein. Der Salève-Komplex ist eine Doppelfalte, ungefähr 35 mal 4 km gross, die zur Molasse des Mittellandes hin einfällt, selbige unterquert und im Jura wieder aufsteigt. Die Geschichte der Falte ist stark mit dem **Jura** verknüpft, da die Gesteine derselben Einheit angehören. Es sind Karbonatgesteine, bestehend aus $CaCO_3$, die vorwiegend in flachen Meeresbereichen gebildet wurden, als die afrikanische und die europäische Platte noch nicht miteinander kollidiert waren. Die ältesten, die man findet, datieren 150 Millionen Jahre zurück und enthalten oft Fossilien, die auf die Existenz eines alten Korallenriffs schliessen lassen. Es herrschte also in Genf zur damaligen Zeit ein Klima vor, das man heute eher mit dem Urlaub auf den Bahamas in Verbindung bringt. Korallenriffe, Verwerfungen und die Südwestflanke („Le Coin") sind Bestandteil von verschiedenen geologischen Lehrpfaden[12], die den Besuchern gratis nach vorgängiger Einschreibung bei der FEDRE (Fondation Européenne pour le Développement durable des Régions) die Umgebung näher bringen und im Jahr der Berge 2002 von dieser Organisation lanciert wurden.

Die jüngsten Gesteine sind vor ungefähr 40 Millionen Jahren entstanden. Durch die Verkürzung des Molassebeckens im Zuge der Alpenauffaltung ist wie der Jura auch der Salève entstanden und in jüngster Zeit mehrfach umgeformt worden. So war er in den Eiszeiten von Gletschern bedeckt, die seine Oberflächengestalt verändert haben. Es gibt nicht nur autochthone Gesteine en masse auf dem Salève, sondern auch erratische Blöcke aus dem Massiv des Mont Blancs, die von den Gletschern transportiert und hier abgelagert wurden. Sie unterscheiden sich auch in der Art des Gesteins und bestehen hauptsächlich aus Gneisen und Graniten. Während man auf dem Gipfel des Grand Salève noch zahlreiche dieser Erratiker aufspüren kann, sind die meisten (man geht von bis zu 800 Stück aus) vom Petit Salève verschwunden. Sie waren willkommenes **Baumaterial** für den Bau der Eisenbahn zwischen Annecy und Thonon im 19. Jahrhundert.

---

[12] www.saleveautrement.ch

## Luzern

Einen schönen Überblick über die Ausdehnung der Agglomeration Luzern bekommt man vom **Pilatus**, aber auch schon von einer der Anhöhen in der Nähe von Kriens. Rund um das Seebecken breitet sich dichte Besiedelung in alle Richtungen aus – ohne Unterbrechung nach Nordosten ins Mittelland, bis in die Region um Zug. Gäbe es nicht das natürliche Hindernis des Berges hinter Hergiswil, würde erst Stans im Südosten eine sichtbare Grenze bilden. Es sind dies die am schnellsten wachsenden Regionen innerhalb der **Agglomeration**, denn sie zeichnen sich für viele Bewohner, insbesondere Familien mit Kindern, durch Vorzüge aus, wie sie die Kernstadt selber nicht bieten kann, die aber trotzdem schnell erreichbar bleibt. Zu diesen Vorteilen gehören der Steuersatz, aber auch die Lage und die hohe Lebensqualität nahe am oder sogar im Grünen. Die Stadt Luzern zählt momentan gut 58'000 Einwohner, doch schon bald könnten es über 100'000 sein. Die **Fusionen** im Rahmen der Agglomerationspolitik könnten dazu führen, dass umliegende Gemeinden wie Littau oder Emmen zu Luzern gehören werden. Das wäre in der Innerschweizer Stadt am Vierwaldstättersee ein Novum, denn bisher kamen die in den letzten Jahrzehnten geplanten Eingemeindungen nicht zustande – im Gegensatz zu so vielen anderen Orten der Schweiz. Der Wind hat sich aber gedreht, auch Luzern steht im Zugzwang, eine gemeinsame Entwicklungspolitik im Grossraum der Stadt zu betreiben.

Wie die meisten Städte hat auch Luzern in den letzten Jahrzehnten einen demografischen Wandel durchgemacht. Heute sind es vor allem junge, kaufkräftige Leute ohne Kinder („Double Income, No Kids = DINKs"), welche die Innenstadt als attraktiven Lebens- und Wohnraum sehen. Im Kontrast dazu stehen einkommensschwache Personen und Familien, oft schlecht ausgebildet oder einer Minderheitengruppe entspringend. Sie leben meist in Randquartieren einer Stadt, wo die Mieten, aber häufig auch die Lebensqualität niedrig sind und sich eine Art Ghetto herausbildet. Ein solches Quartier ist das Gebiet um die Bern-/Baselstrasse in Luzern, das in Bezug auf die Ausländerquote die höchsten Werte bis gegen 60% aufweist. Ein Besuch dieses Quartiers ist eine kleine, bunte, räumliche Weltreise, während der Be-

*Abendpanorama der Stadt Luzern mit der wieder instandgesetzten Kapellbrücke, gesehen vom Rathaussteg. Juli 2005.*

such des Gletschergartens in der Stadt eine zeitliche Weltreise darstellt.

### Gletschergarten Luzern[13]

Das Mammut ist das Sinnbild jener Welt, die sich während der Phase der Eiszeiten über die Schweiz ausgebreitet hatte. Ein Grossteil des Landes war damals von einer mächtigen Schicht aus Gletschereis bedeckt – in Luzern war sie fast 1000 Meter dick. Die Geschichte des Schweizer Mittellandes und des Alpenraums kann anhand der hier vorkommenden geologischen Relikte erzählt und im Gletschergarten von Luzern „live" bestaunt werden (12.–/9.50.–/7.– Erw./AHV/Kinder). Als Gründer des Gletschergartens gilt Josef Wilhelm Amrein-Troller, der im November 1872 mit den Bauarbeiten für einen Weinkeller beschäftigt war, als er überraschenderweise auf die Hinterlassenschaften des Reussgletschers stiess: Aus dem grössten **Gletschertopf**, der es auf 9.5 m Tiefe und einen Durchmesser von 8 m bringt, barg man in Handarbeit einen 6 Tonnen schweren Findling. Solche Gletschertöpfe sind der Erosionswirkung des Wassers am Gletscheruntergrund zu verdanken. Aufgrund des hohen basalen Druckes floss das Wasser sehr rasch in Wirbeln über den Molassefels und bildete mit der Zeit immer grössere Strudel. Die mitgeführten Komponenten aus Sand und Kies erodierten das Gestein und höhlten es aus. **Gletscherschliffe** am Felsuntergrund sind Kratzspuren der dynamischen Gletscher, welche die Bewegungsrichtung des Eises anzeigen, das mit Geschwindigkeiten von Zentimetern bis Dezimetern pro Tag floss. Anhand der Kartierung der Gletscherschliffe lässt sich erstaunlich präzise rekonstruieren, wie und wo sich die Gletscher der Vergangenheit – hier der letzteiszeitliche Reussgletscher von Süden nach Norden – bewegt haben.

Amrein liess den Gletschergarten einrichten, nachdem die Bedeutung der eiszeitlichen Funde erkannt worden war, deren Erhaltung man für die Nachwelt anstrebte. Der Eintrittspreis beinhaltet heute auch den Zutritt zum modernen **Gletschermuseum**, in dem man sich die Entstehung von Gletschern anschauen kann. Zudem werden die anderen Aggregatzustände von „Eis" dem Besucher näher gebracht. Warum Wasser ein so besonderer Saft ist, wird ebenso vermittelt wie die markantesten Zahlen und Fakten aus Forschungsprojekten, die den Gletschern den Puls fühlen und ein gesamtheitliches Abbild der Gletscherwelt in den Schweizer Alpen vermitteln; Beobachtungen über den Klimawandel und dessen eindrucksvollsten Indikator, den Gletscherschwund, ergänzen die Themenbereiche. Zudem werden die wichtigsten Schweizer Gletscher in Schrift und Bild interaktiv auf Computerbildschirmen vorgestellt. Sie ermöglichen dem Besucher eine virtuelle Reise durch die Schweiz und ihre zwölf verbliebenen Gletscherkantone (Luzern gehört leider nicht dazu), bei der er – wenn er will – stundenlang verweilen kann. Eine virtuelle Reise der anderen Art ergibt der Blick auf das grosse **Relief der Zentralschweiz** von Franz Ludwig Pfyffer von Wyher, das in den Jahren 1762 bis 1786 entstand. Hier kann man anhand des ältesten erhaltenen Modells seine Kenntnisse über die Geografie der Zentralschweiz auffrischen und Pilatus und Rigi einmal aus bester Vogelperspektive hautnah erleben.

---

[13] www.gletschergarten.ch

*Der Gletschergarten Luzern. Erratischer Block aus Sandstein mit Nummuliten und Assilien vom Bürgenstock (links). Der grösste Gletschertopf (rechts) hat einen Durchmesser von 8 m und ist 9,5 m tief! Mai 2006.*

Daneben nimmt sich das Gebirgsrelief des Säntisgebiets von Albert Heim fast schon bescheiden aus.

Eine wieder andere, zehnmütige Zeitreise durchlebt man in der **Jahrmillionen-Show**, die abwechslungsweise in drei Sprachen die erdgeschichtlichen Veränderungen der letzten über 20 Millionen Jahre im Raum Luzern erzählt. Die Reise durch Tertiär und Quartär wird zunächst vom Mastodon begleitet, dem imposanten Tier jener Zeit, als Luzern „Palmbeach" war und sich dann über die Jahrmillionen hinweg vom Palmenstrand bis hin zum Kühlschrank verwandelte und das Mammut die Bühne betrat. Belegt sind die erdgeschichtlichen Etappen durch zahlreiche grosse und kleine Exponate aus einem schier unendlichen Fundus: Seesternspuren, versteinerte Muschelteppiche, radiometrisch auf 19 Millionen Jahre datierte Pecten (den Vorfahren der heutigen Jakobsmuscheln), versteinerte Palmblätter und eine riesige Mineralien-Sammlung und Gesteinsausstellung im Amrein-Haus. Dazu gesellt sich eine kleine Serie von erratischen Blöcken, die mit reichhaltigen Überraschungen aufwartet. Selten sieht man so schöne fossile Muscheln, Austern oder Nummuliten („Münzensteine") öffentlich zugänglich und hautnah wie in den Exponaten hier. Die Idee des **Aktualismus** der damaligen Bedingungen wird mit aktuellen Fotos aus Regionen der Erde, die heute diese Bedingungen aufweisen, aufgegriffen: Karibische Sandstrände oder arktische Eisberge sind Beispiele, welche die zwei typischen Zeiträume der Vergangenheit im Gebiet von Luzern abbilden.

Die Simulation von der Dynamik der Erde, von ihrem Klima und der Plattentektonik ist eine aufwändige Konstruktion in der Decke des Jahrmillionen-Show-Raumes, und links und rechts der Hauptleinwand sind detailgetreue Bildpanoramen der wichtigsten Hauptperioden der Luzerner Klimageschichte erstellt worden. Das Wandgemälde, das Luzern am Ende der letzten Eiszeit darstellt, geht auf **Albert Heim** zurück. Nach einer Ideenskizze von Amrein, die er anhand einer

# DIE STÄDTE

Panorama-Ansichtskarte angefertigt hatte, erstellte Professor Albert Heim, der als Berater der Institution Gletschergarten wirkte, eine wissenschaftlich exakte Vorlage. 1926 begann der Luzerner Kunstmaler **Ernst Hodel** mit seiner Studie, die er 1927 vollendete und die Eiszeit-Landschaft in einer beeindruckenden, sanften Abendbeleuchtung zeigt. Ebenso liebevoll und detailgetreu sind die 44 Markierungen gestaltet, die dem Besucher auf der Entdeckungsreise durch den Gletschergarten die Attraktionen aufzeigen. Sind die Exponate nämlich geologischen Alters und zeigen die Spuren der damaligen Umweltbedingungen, so sind auf nicht wenigen der Markierungen kleine Zeichnungen angebracht, die eine Landschaft zu genau jenen Bedingungen umreissen und doch genügend Raum für die Phantasie lassen, um in Gedanken diese Zeitreise weit zurück in die Vergangenheit zu unternehmen.

Viele Menschen, die in den Gletschergarten kommen, verirren sich eigentlich wegen des **Löwendenkmals** der Stadt Luzern hierher. Es gilt als eine der drei Hauptattraktionen des Kantonshauptorts, neben der Kapellbrücke und den Museggtürmen. Es ist „Der Treue und Tapferkeit der Schweizer" gewidmet, wie die Inschrift verkündet. Man erinnert sich an Daten der Französischen Revolution im Sommer 1792, als beim Sturm auf den Palais der Tuilerien die Soldaten der Schweizergarde von König Louis XVI. „mit grösster Tapferkeit kämpfend fielen". Der **Sandstein**, in den das Löwendenkmal gemeisselt wurde, zeigt eine der so genannten „Fazies", der Ablagerungsbedingungen, die nötig sind, damit dieser Sandstein entstehen konnte. Er entstand am Meeresstrand von „Palmbeach Luzern" und zeigt noch die Rippeln, die durch Gezeiten und Wellen den Sand strukturierten, bevor er versteinert und im Verlauf der Alpenfaltung um 50° schräggestellt wurde. Der Löwendenkmal-Sandstein diente ursprünglich als Steinbruch, der das Material für viele wichtige Gebäude der Stadt Luzern bereitstellte. Heute ist das Denkmal durch Verwitterung und Erosion gefährdet, was die Denkmalpfleger der ETH Zürich auf den Plan rief, den Leu zu bewahren.

*Das Löwendenkmal beim Gletschergarten Luzern. Mai 2006.*

*Basel. Panorama-Ausblick von der Pfalz des Basler Münsters auf den Rhein und Kleinbasel am nördlichen Ufer. Juni 2006.*

## Basel

Der Raum Basel ist schon seit über 2'000 Jahren besiedelt. Zahlreiche Römersiedlungen wie **Augusta Raurica** ganz in der Nähe sind bleibende Zeugen davon. Aus dem 1. Jahrhundert vor Christus findet man Siedlungen auf dem Hügel, auf dem heute das Münster (mehr dazu im Kapitel zum → Basler Erdbeben) hoch über dem Rhein thront. Als Basilea werden sie erstmals im Jahre 374 erwähnt und geraten fortan unter wechselnde Herrschaft – Römer, Alemannen und Franken. 740 wird die Stadt Bischofssitz. Im 14. Jahrhundert, als sich Basel aus der Machtstellung des Bischofs befreien kann und der Bischofsstab im Wappen fortan Baslerstab heisst und in schwarzer Farbe abgebildet wird, bricht das grösste Unheil in der Geschichte Basels los: Das Erdbeben von 1356. In den Chroniken und Büchern trifft man die Folgen dieses grössten Bebens von ganz Mitteleuropa ebenso häufig an wie bei einem Stadtrundgang heute. Das Erdbebenrisiko hat sich in der Neuzeit noch massiv verstärkt. Der Grund liegt in der industriellen Nutzung des Grossraums Basel mit seinen Rheinhäfen, den Chemie- und Pharmazieanlagen und der Petroindustrie. Das Vorhandensein gefährlicher Stoffe und das hohe finanzielle Schadenspotential würden im Ernstfall – bei einer Wiederholung des Ereignisses von 1356 – für Chaos und Kopfzerbrechen zunächst bei den Rettungskräften und dann bei den Versicherungen sorgen.

Einen Meilenstein für die Stadtentwicklung bildete der Brückenbau im Jahrhundert zuvor. Die **erste Rheinbrücke** aus dem Jahre 1225 ermöglichte die Besiedlung von Kleinbasel am rechten Rheinufer. Auch sie soll dem Erdbeben standgehalten haben, über mögliche Schäden ist nichts bekannt. Allerdings wurde die Brücke immer wieder durch **Hochwasser** beschädigt oder teils zerstört. Die Konstruktion zeigt aber, dass schon im 13. Jahrhundert viel über die Strömungseigenschaften des Wassers bekannt war. So waren die Steinpfeiler, die auf einem rechteckigen Grundkörper ruhten, stromauf- und abwärts asymmetrisch keilförmig abgeschlossen, sodass sich eine sechseckige Wabenform ergab, die dem Wasserstrom angepasst war. Stromaufwärts bildeten sich durch starke Wirbel Kolke aus, die den Brückenansatz zu unterspülen drohten. Aus diesem Grund wurden den Brückenpfeilern schwere Steine vorgelegt, um die Kolkbildung zu unterbinden (sehr informative und ausführliche Quelle: www.altbasel.ch).

Im 11. Jahrhundert wurde die Stadt erstmals durch den Bau einer Stadtmauer mit Türmen gesichert. Heute gibt es nur noch ganz vereinzelte Reste dieser ersten Stadtmauer. Die Existenz der zweiten Stadtummauerung ist ab dem Jahre 1206 bezeugt, gebaut wurde daran aber bis zum Erdbeben und noch darüber hinaus. Dominantes Bauwerk dieser Epoche ist das **Spalentor**, das laut Quellen im Erdbeben zwar beschädigt, aber nicht zerstört wurde und heute isolierter Überrest der alten Stadtmauer ist, welche die Spalenvorstadt schützte. Allerdings geht man davon aus, dass das Spalentor damals anders ausgesehen hat und nur im Kern dem heutigen Bau entspricht, der 1398 erstmals unter diesem Namen erwähnt wird. Eine Untersuchung der Denkmalpflege im Jahre 1920 ergab, dass gefundene Mauerrisse im Anlagenkern vom Erdbeben herrühren könnten. Am Turm, dessen Bauarbeiten am Ende des 14. Jahrhunderts abgeschlossen wurden, erkennt man als Bausteine Quader von rotem Sandstein vorzüglicher Qualität, u.a. aus Degerfelden, für die Basel berühmt ist. Das in den Grundzügen über 500jährige **Rote Rathaus** am Marktplatz ist nur ein Beispiel für die Verwendung der lokalen Bausteine. Das alte Gebäude, in dem die Ratsgeschäfte im 14. Jahrhundert geführt wurden, hielt dem Erdbeben nicht Stand – ob es direkt den Erdstössen zum Opfer fiel oder (wahrscheinlicher) durch den daraufhin wütenden Brand zerstört wurde, ist nicht ganz klar. Bis ins 19. Jahrhundert diente vor allem der Rhein als Transportweg – aus grösserer Distanz konnten die schweren Materialien erst mit dem Aufkommen der Eisenbahn und des Tunnelbaus transportiert werden. Zum Beispiel wurde der **Hauensteintunnel** als erster wichtiger Eisenbahntunnel der Schweiz ab 1858 befahren. Der bedeutende Geologe Amanz Gressly, dem ein eigener Brunnen in Bärschwil SO gewidmet ist, war als Berater beim Bau des Tunnels aktiv.

Das **Kloster St. Alban** war während des Erdbebens 1356 komplett zerstört worden, wohingegen die Kirche den Erdstössen und den sich anschliessenden Feuersbrünsten weitgehend getrotzt hatte. Das **St. Alban-Tor** befindet sich am südöstlichen Rand der Altstadt in der Nähe des Klosterkomplexes von St. Alban, etwas erhöht über dem Rheinknie. Es wurde offenbar erst nach dem Erdbeben im Zuge der Stadterweiterung als Turm erbaut und wird als Albanstor erstmals 1387 genannt. Verschieden alte Sandsteine können hier vorgefunden werden. Uns begegnet der Degerfelder Buntsandstein ebenso wieder wie die stark verwitterten Buckel von Sandsteinen aus dem Tertiär. Sie wurden auch im östlichen Teil der Stadtmauer im St. Alban-Tal verwendet, die aufgrund ihrer Funktion als Aussenmauer auch Letzimauer genannt wird.

*Das Spalentor (oben) als Erinnerung an die Zweite Stadtummauerung von Basel. Bausteine am St. Alban-Tor (unten). Juni 2006.*

*Ein erhöhter Standpunkt vor der Place Notre-Dame (Liebfrauenplatz, links) verschafft einen guten Überblick über die alten Häuser der Stadt Fribourg und die mächtig thronende Kathedrale St. Nicholas (oben).*
*Friedlich senkt sich die Nacht über die linksseitig in der Flussschleife der Saane gelegene und die Sprachgrenze markierende Altstadt von Fribourg (unten). August 2005.*

### Fribourg / Freiburg

Es ist unübersehbar, dass die Stadt an der Sprachgrenze einen starken Charme auf ihre Besucher ausübt. Seit dem Mittelalter ist Fribourg zweisprachig, als der Herzog Berchtold IV. von Zähringen die Stadt 1157 in einer grossen Schlaufe der **Saane** (franz. Sarine) gegründet hatte. Wenn man durch die engen Gassen der **Bourg** und der **Auge** flaniert, wird man dies vor allem an den zweisprachig beschrifteten Plätzen, Gassen und Strassen erkennen. Die französische Sprache ist zwar das dominierende Element der Stadt, doch nach einer langen Zeit der unvollständigen Gleichberechtigung der (weiter abnehmenden knappen Ein-Drittel- bis Ein-Viertel-) Minderheit wurde mit dem Anbringen der deutschen Strassennamen ein grosser, nicht unumstrittener Schritt vollzogen. Denn im 19. und 20. Jahrhundert war die Dominanz des Französischen gross und man wollte aus voller Überzeugung ein welscher Ort sein. Das Anbringen von deutschen Tafeln war verboten und dieses Verbot musste entsprechend häufig gegenüber Provokationen durchgesetzt werden. Erst nach viel Liebesmühe und einigen Vorstössen im Stadtparlament wurde eine Kommission zusammengestellt, die Nachforschungen nach den deutschen Namen anstellte. Diese thronen nun seit dem Sommer 1991 neben ihren französischen Partnern an leuchtend blauen Schildern in der Altstadt. Dabei ist bemerkenswert, dass die deutsche Beschriftung nicht eine blosse Übersetzung der französischen Namen darstellt, sondern historisch begründet ist. Dies zeigt sich daran, dass die **Grand-Rue** nicht die Grossgasse ist, sondern die **Reichengasse**. Diese nicht-literale Transformation stellt eine enorme historische

Bereicherung für die Stadt dar und erlaubt den Besuchern, facettenreiche Entdeckungen zu machen. So legt zum Beispiel die französische Bezeichnung „Rue d'Or" eine falsche Fährte zu Gold, denn die deutsche Variante Goltgasse zeigt, dass vielmehr der alte Begriff für Geröll die richtige Herkunft des Namens ist. Laut Professor Tremp vom Mediävistischen Institut der Universität Fribourg mussten vier Faktoren erfüllt sein, um einen deutschen Namen in Betracht ziehen zu können: Die Lokalisierung in der Altstadt innerhalb ihrer mittelalterlichen Befestigung, die Bezeugung der historischen Existenz des Namens, der kontinuierliche Gebrauch desselben bis in die heutige Zeit und schliesslich viertens, dass dieser Name auch im Alltag von der heutigen deutschsprachigen Bevölkerung verwendet wird.

Man findet somit direkt neben dem Rathausplatz (Place de l'Hôtel de Ville) die Reichengasse (Grand-Rue), den Liebfrauenplatz (Place de Notre-Dame), davon ausgehend die Murtengasse (Rue de Morat) oder die Hochzeitergasse (Rue des Epouses). Die alte Brunnengasse, wo sich ursprünglich die Weber angesiedelt hatten, ist die Rue de la Grand-Fontaine, der Kurzweg der Court-Chemin und dementsprechend viele Aspekte gibt es in den zum Ufer der Saane abfallenden Altstadt mit vielen Treppen zu entdecken. Belustigung ruft in der Altstadt offenbar hervor, wer die deutsche Balmgasse als direkte Übersetzung der Rue de la Palme versteht. In Wahrheit handelt es sich um eine geologische Bezeichnung aus dem Keltischen: Ein Balm ist ein Schutz und Obdach bietender Fels, und damit ist „Palme" keine korrekte Übernahme ins Französische.

Den besten Überblick über die Stadt gewinnt man von den grossen Saanebrücken aus, allen voran der Zähringerbrücke (Pont de Zaehringen) im Osten der Altstadt, oder beim Aufstieg zum Bahnhof und zu den neueren Gebäuden der Stadt auf der Route des Alpes. Deutlich sichtbar wird so die Spornlage der Altstadt auf einer plateauartigen Erhebung der Saane, die sich tief in die hier vorherrschenden Molasseschichten aus meist weichen **Sandsteinen** eingeschnitten hat. Die Altstadt, linksseitig eingebettet in der Mäanderschlaufe, setzt sich so von den neueren Stadtquartieren auf dem Plateau des gegenüberliegenden Flussufers ab.

*Die Zweisprachigkeit von Fribourg manifestiert sich nun auch seit kurzem offiziell in den doppelt verwendeten Strassennamen innerhalb der Altstadt von Fribourg. August 2005.*

*Panorama der Stadt Biel mit dem Zufluss der Schüss und des Nidau-Büren-Kanals in den Bielersee. April 2006.*

## Biel / Bienne

Folgt man dem Tal der Saane entlang der Sprachgrenze, dem berüchtigten Röstigraben, der allerdings auch eine Kultur- und Politikgrenze darzustellen scheint (die wissenschaftlich nie so ganz bestätigt werden kann) und verschiedenste Emotionen bei praktisch allen Schweizern hervorruft, so gelangt man über Murten / Morat ins Seeland und schliesslich entlang dem Westufer des Bielersees nach Biel. Im Vergleich zu Fribourg (der Autor berücksichtigt bei der erstgenannten Schreibweise hier jeweils die Majorität) war die Entwicklung in Biel genau umgekehrt. Sie ist mit gut 50'000 Einwohnern die grösste offiziell zweisprachige Stadt der Schweiz[14], wobei der Deutschanteil mit etwas mehr als 50% stärker vertreten ist als das Französische mit gut 30% und knapp 20% weiterer Sprachanteile. In Amtssprachen aufgeteilt, ergibt sich eine 60/40-Verteilung. Der Kanton Bern als solches ist seit der Reorganisation durch den Wiener Kongress der jüngste zweisprachige Kanton, obwohl das Französische mit der Loslösung des Kantons → Jura an Anteilen stark verloren hat. Bei einem Alltagsbesuch in der Stadt fällt dies nicht auf. Im Gegenteil scheint das deutschsprachig trainierte Ohr das Französische häufiger und mehr auf der Strasse aufzuschnappen, und in der Tat kann man beobachten, dass bei Gesprächen häufig von der einen in die andere Sprache gewechselt wird. Schilder und Ansagen sind konsequent zweisprachig.

Biel, 1220 durch Gründung des Fürstbischofs von Basel entstanden, lag seit jeher im Einfluss beider Sprachbereiche, doch betrug der Anteil der Frankophonen lange Zeit weniger als 10%. Bis nach 1850 galt Biel daher hauptsächlich als deutschsprachige Besiedlung. Erst mit dem Aufkommen der **Uhrenindustrie** und dem starken, von der Gemeinde unterstützten Zuzug von französischsprachigen Uhrmachern und Uhren-

---

[14] www.bilinguisme.ch

# DIE STÄDTE

arbeitern wuchs die frankophone Minderheit kontinuierlich. In einem Dekret wurde schliesslich die offizielle Zweisprachigkeit amtlich vom Kanton Bern 1952 festgelegt, und mit dem Aufkommen des Immersionsunterrichts an Gymnasien wurden in Biel 2001 erstmals deutsch-französische, zweisprachige Maturitätszeugnisse erteilt. Die Bevölkerung glaubt fest an die Vorteile des praktizierten Bilinguismus, mehr als drei Viertel befürworten ihn ohne Einschränkungen.

Die Altstadt von Biel liegt nicht am See, der häufig in frühen Jahrhunderten als gefährlich eingestuft und gemieden wurde. Sie wurde auf einem kleinen Hügel am Ausläufer der südlichsten Jurafalte, der Seekette, zwischen dem Bielersee und der **Klus der Schüss** angelegt. Die Kalksteine dieser Jurafalte sind an einigen Stellen, so bei der Talstation der Leubringen-Bahn, sichtbar. Und wer den Aufbau der Seekette genau studieren möchte, dem sei die Wanderung durch die Schlucht des → Taubenlochs ans Herz gelegt, die gleich ausserhalb von Biel beginnt und leicht zu durchwandern ist. Der Hügel der Altstadt selbst ist ein rezentes (Bildungen der Gegenwart oder bis zur heutigen Zeit) Produkt der Römerquelle, die ein Material aus mit Kalk gesättigtem Wasser abscheidet: Quelltuff. Auf dem Weg durch die Juraketten nimmt das unterirdische, kühle Wasser viel Kalk auf. Tritt es aber zu Tage und läuft der Schüss zu, so erwärmt es sich und erhält biogene Anteile. Da warmes, biogenes Wasser weniger Kohlendioxid aufnehmen kann, muss sich der Kalk nach und nach abscheiden, wenn er bei der Römerquelle austritt. So wurde durch diese Ausscheidung ein junger Hügel (< 5'000 Jahre) aus Kalktuff aufgebaut, der eine Mächtigkeit von bis zu 12.5 Metern erreicht.

Brunnen und Türme prägen das alte Stadtbild Biels. Das Zentrum stellt „der Ring" dar, in seiner Mitte der Vennerbrunnen. Ursprünglich aus Holz gebaut, wurde er im 16. Jahrhundert durch die Konstruktion eines Steinmetzes ersetzt. Die Figur auf dem Brunnen stellt den Kommandanten der Bieler Truppen im Mittelalter dar, den **Bannerträger**. Als die Stadtanlagen errichtet wurden, waren solche Brunnen der Lebensmittelpunkt der Gemeinschaft; sie spendeten Wasser zum Trinken und Waschen und waren ein gesellschaftlicher Treffpunkt. Ohne sie würde so mancher Platz leer und unvollständig wirken. Während diese Brunnen aus dem Stadtbild kaum wegzudenken sind, erging es manchen Stadttoren und ihren -türmen schlechter. Sie waren oft schwer in Stand zu halten oder unpraktisch bei Erweiterungen und verschwanden deshalb oft aus dem Stadtbild. Ähn-

*Der Rotschettenturm (links) und der Halbrundturm (rechts) gehören zu den ältesten Wahrzeichen der Stadt Biel. April 2006.*

lich auch in Biel, wo einige der ursprünglichen Türme nicht erhalten geblieben sind. Drei berühmte und bei einem Stadtrundgang leicht aufzufindende Türme stehen aber noch. Aufgrund ihrer Form und Konstruktion haben sie in Biel die Namen viereckiger Turm, Halbrundturm und Rotschettenturm (Tour de la Rochette) und sind alle aufgrund Kantonsratsbeschluss von 1910 im Inventar der Kunstaltertümer erhalten. Der letztgenannte Turm zeichnet sich durch seinen hölzernen Aufbau aus, der aus den 1840er Jahren stammt und kürzlich restauriert wurde. Damit einher ging auch die Aufnahme der zugehörigen Liegenschaften in das Inventar des Denkmalschutzes. Bei hellem Sonnenschein leuchten die massiven **Kalkquader** nun in neuem Glanz. Taucht man aus dem engen, dunklen und vielleicht auch etwas muffigen Römergässli, dem ehemaligen Stadtgraben, auf, ragt majestätisch und kurios zugleich der Halbrundturm, im 13. Jh. erbaut, vor dem Beobachter auf. Er fällt durch seine Farbteilung im oberen Bereich auf, die auf unterschiedliche Baumaterialien zurückzuführen ist. Während der untere Teil aus massiven Kalkblöcken erstellt ist, besteht der Aufbau aus Tuff.

# TYPLANDSCHAFTEN (NACH KANTONEN)

## Der Begriff der Typlandschaft

Nach der Vorstellung der Funktionsweise der Schweiz und ihrer Dreiteilung sowie der Präsentation der wichtigsten Regionen und Städte wenden wir uns nun interessanten kleinräumigeren Strukturen zu. Typlandschaften und Typlokalitäten sind eng begrenzte Gebiete, die sich durch spezielle geografische oder geologische Besonderheiten auszeichnen und faszinierende Einblicke in das Geschehen und den Lebensraum einer vergangenen Zeit unserer Erde ermöglichen. Nach Kantonen geordnet, soll dieses Kapitel Besonderheiten der verschiedensten erdgeschichtlichen Themen vorstellen und attraktive Ziele angeben. Es soll Anregung sein, mit dem thematisch vermittelten Wissen und den Eindrücken der Bilder weiteren solchen Stätten und Gebieten zu begegnen, da bei der Fülle der Schweizer Landschaft kein Anspruch auf Vollständigkeit erhoben werden kann.

Typlandschaften sind naturnah geprägte oder natürlich erhalten gebliebene, eng umgrenzte Landschaften, die für eine Landesgegend besonders kennzeichnende Oberflächenformen, kulturgeschichtliche Merkmale sowie für Flora und Fauna wichtige Lebensräume enthalten. Viele dieser Landschaften sind inventarisiert, so zum Beispiel im „**BLN**", dem Bundesinventar der Landschaften und Naturdenkmäler von nationaler Bedeutung, den Mooren nationaler oder internationaler Bedeutung sowie den in manchen Kantonen begonnenen oder schon weit fortgeschrittenen Geotopenführern. Die von der **UNESCO** unter Schutz gestellten Biosphärenreservate sind im Kapitel zur UNESCO beschrieben.

*Detailaufnahmen aus schweizerischen Typlandschaften.*

## Aargau

Der Aargau gilt als der Energiekanton der Schweiz. Drei der fünf Kernkraftwerke befinden sich hier (Beznau I und II und Leibstadt), und die grossen Flüsse wie Aare und Rhein liefern im Aargau Energie aus Flusskraftwerken (rund 3'000 GWh jährliche Produktion aus 25 Wasserkraftwerken). Nicht zuletzt sind im Wappen des Kantons auch drei Wellen enhalten – Symbol für den Wasser- und Energiereichtum? Dazu kommt die Nutzbarkeit moderner erneuerbarer Energieträger wie der Erdwärme, die sich im Aargau besonders gut nutzen lässt. Neben dem Kanton Basel ist hier der **Wärmefluss** am Grössten. Im Bereich der Nordschweiz erreicht man 90 – 100 mW/m², im Aargau maximal 120 mW/m². Dies zeigen auch die zahlreich vorhandenen, warmen Thermalquellen. Aufgezählt seien hier nur beispielhaft → Zurzach, Baden und Schinznach – die meistbesuchten Bäder des Mittellandes.

Woher kommt diese Erdwärme? 99% der Erde sind über 1000°C heiss. Diese Wärme ist ein Überbleibsel aus der Zeit der Erdentstehung vor rund 4.6 Milliarden Jahren (im Erdinnern) und Auswirkung von Radioaktivität in gewissen Gesteinsschichten nahe der Oberfläche (in der Erdkruste). In der vergleichsweise hauchdünnen Erdkruste (im Durchschnitt gerade mal 30 km mächtig, im Vergleich dazu der Erdradius 6'371 km) nimmt die Temperatur mit der Tiefe relativ rasch zu: Durchschnittlich sind es 30°C mit jedem Kilometer, den man in die Erde vordringt. Allerdings ist diese Temperaturzunahme abhängig von der geologischen Vergangenheit, und die Nordschweiz ist aufgrund ihrer tektonischen Bewegtheit etwas wärmer als die umliegenden Gebiete der Schweiz.

Unter dem Begriff **Geothermie** subsumierte Energieformen können zwar den momentanen Energiehunger der Schweizer Bevölkerung nicht stillen, doch ist ihr subsidiärer und nachhaltiger Einsatz ein geeigneter Ansatz, die Gesamtheit der eingesetzten Verfahren zur Energiebereitstellung zugunsten erneuerbarer und umweltfreundlicher Energieformen zu verschieben. Momentan werden in der Schweiz 30'000 Haushalte mit Erdwärmesonden beheizt[15]. Desweiteren ist der Aargau ein Landwirtschaftskanton, und die Landwirtschaft könnte dereinst auch zur Energiedeckung beitragen, besonders im Bereich der nachhaltig produzierten Treibstoffe. **Biodiesel** ist hier das Stichwort, der aus Pflanzenöl hergestellt wird und daher während der Verbrennung immer nur jenes $CO_2$ freisetzt, das beim Wachstum der Pflanzen aus der Atmosphäre gebunden wurde.

---

**Wärmefluss:** Der Wärmefluss q [Einheit Watt pro Quadratmeter] ist die Wärme Q [Einheit Joule] oder die kinetische Energie, die pro Zeiteinheit durch eine Einheitsfläche [m²] der Erdoberfläche austritt. Der Wärmefluss setzt sich zusammen aus der thermischen Leitfähigkeit [Watt bzw. Milliwatt pro Meter und Grad] und dem Temperaturgradienten [Grad pro Meter] und ergibt das so genannte Fourier-Gesetz. Bei gleicher durchschnittlicher Gesteins-Zusammensetzung in einem Gebiet ist der Wärmefluss vor allem abhängig vom Temperaturgradienten in der Erdkruste.

---

[15] www.geothermal-energy.ch

## Zurzach – Salz und Wasser

Flüsse zu queren stellte die Menschheit immer wieder vor grosse Herausforderungen. Nicht anders war es am Rhein, wo der Zusammenfluss mit der Aare bei Koblenz zwar der beliebteste Ort für eine Brücke gewesen wäre, das dortige Sumpfgebiet jedoch zur Suche nach einem anderen Standpunkt zwang. Die **Schotterterrassen** bei Zurzach schienen der geeignete Platz zu sein. Die Besiedlung des Raumes um Zurzach lässt sich bis auf die Stein-, Bronze- und Eisenzeit zurückführen. Während der letzteren Epoche siedelten die Kelten hier, die Zurzach auch den Namen gaben. Und der römische Einfluss aufgrund der strategischen Bedeutung der Rheinbrücke aus der Zeit, als Helvetien römische Provinz war, lässt sich noch an den Mauerresten der Verbindung beider Kastelle ablesen.

Heute ist Zurzach vor allem als Badeort bekannt. Um jedoch die eher zufällige Entdeckung der Thermalquellen zu verstehen, die von tausenden von Kurgästen jährlich genutzt werden und den Ort weit nach oben auf der Rangliste der bekannten und beliebten Gesundheitsoasen stemmten, muss in die Zeit der grossen Industrien zurückgeblättert werden. Die Geschichte ist untrennbar mit der Person von **Cornelius Vögeli** verknüpft, einem Aargauer Lokalpolitiker, der im Jahre 1856 vom Kanton die Konzession zur Bohrung nach Kohle und Salz erhalten hatte. Jahrzehntelang prospektierte er den Rhein entlang vergeblich nach Steinkohle, und erst die geophysikalischen Untersuchungen der NAGRA (im Zuge der Forschung nach einem geeigneten Standort zur Endlagerung radioaktiver Abfälle) über 100 Jahre später brachten ans Licht, dass Vögeli zwar nur knapp, aber halt eben doch vorbeigebohrt hatte.

Vögeli war unermüdlich. 1893 stiess er auf **Steinsalz**, das fortan die Entwicklung von Zurzach nachhaltig mitbestimmen sollte – der Pionier erlebte dies selber aber nicht mehr. Er starb 1911, ohne je selbstgefördertes Salz gesehen zu haben, da die Querelen mit der Konzessionserteilung für die Förderung erst nach seinem Tod beigelegt werden konnten. Weitere Probebohrungen in den Jahren 1913 und 1914 bestätigten den Fund einer knapp 20 m mächtigen Salzschicht in 330 m Tiefe. Diese geht auf das geologische Mittelalter der Erde zurück, auf das **Mesozoikum**. Dieses beginnt mit einer als Trias bezeichneten Periode, die man in drei Epochen – Buntsandstein, Muschelkalk und Keuper – unterteilt. Auf dem Grundgebirge aus Granit findet man in Zurzach Buntsandstein und Kalk als älteste Gesteinsformationen des Mesozoikums abgelagert, worauf sich eine Schicht aus Salzen anschliesst. Dieser Salzhorizont zeigt die Umweltbedingungen zur damaligen Zeit – vor gut 225 Mio. Jahren – an: Das Gebiet des Juras wurde periodisch von einem warmen Flachmeer überspült, das sich immer wieder zurückzog und weite flache Ebenen zurückliess, auf denen das salzhaltige Meerwasser in einem tropisch warmen Klima rasch verdun-

**Steinsalz:** Weiches, durchsichtiges oder helles Gestein mit Hauptbestandteil aus NaCl, das leicht wasserlöslich ist. Zur Förderung an die Oberfläche wird NaCl in Wasser aufgelöst und die entstehende Salz-Wasser-Lösung (Sole) unter Energieeinsatz an die Oberfläche gepumpt.

sten konnte. Zurück blieb eine Serie von so genannten **Evaporiten**, den mineralischen Verdunstungsrückständen des Wassers, von denen das so wichtige Kochsalz neben Anhydrit und Gips ein Bestandteil ist. Diese Bedingungen entsprechen ungefähr den heutigen klimatischen Begebenheiten am Südrand des Persischen Golfs, an dem sich ebenfalls grosse Evaporitserien bilden. An das Salz oben anschliessend findet man in Zurzach schliesslich den Muschelkalk, der eine Rückkehr in ein Meeresmilieu anzeigt, die Salzbildung beendete und gleichzeitig als schwer wasserdurchlässiges Gestein die Auflösung des Steinsalzes verhinderte und seine dauerhafte Speicherung sicherte, sodass es schliesslich entdeckt und ausgebeutet werden konnte.

1914 wurde zur Ausbeutung dieser 20 m mächtigen Salzlagerstätte die Schweizerische Sodafabrik AG gegründet, die heutige Solvay (Schweiz) AG. Weiterführende Bohrungen wurden begonnen und die Gewinnung von Salz schliesslich 1916 aufgenommen. Es stellte sich heraus, dass in verschiedenen Gesteinsschichten warme **Wasserströme** verliefen, die zufällig angebohrt wurden und an der Oberfläche reich sprudelnd zutage traten. Sie sollten die Grundlage der späteren Zurzacher Thermalbäder werden. Vorläufig gab jedoch das Salz den Ton an: Es wurde industriell gefördert und verarbeitet, denn nicht nur der Mensch selbst braucht für seinen Stoffwechsel eine tägliche Menge Salz, die durch Schweiss und Harn jeweils wieder ausgeschieden wird, pro Tag 5–6 g. Der grösste Abnehmer des Salzes war damals vor allem die **chemische Industrie** zur Herstellung von Soda und Natron, und nicht zuletzt melden auch die Strassenämter (Strassenmeistereien) zur Vermeidung von Eis- und Schneeglätte im Winter einen grossen Bedarf an Streusalz an.

Ende des 20. Jahrhunderts sind die Bohrtürme der Solvay AG in Zurzach stillgelegt worden. Die Förderung war zu unwirtschaftlich geworden, da der Salzgehalt der Sole abgenommen hatte, und zu gefährlich, da eine weitere Ausbeutung eine Absenkung des Bodens im Gebiet um Zurzach zur Folge gehabt hätte. Als Erinnerung an die Salzförderung sind die markant in die Landschaft ragenden, verbleibenden fünf Salzbohr-

*Die Salzbohrtürme bei Zurzach. Mai 2006.*

türme als Kulturgut zu erhalten. Jeder Gast, der vom Thermalwasser Zurzachs profitiert, möge hier den Ursprung und den Zusammenhang mit den warmen Quellwässern erkennen.

Die darbende Salzgewinnung und das Aufkommen der Nutzung von Wasser als Heilmethode führten nach dem 2. Weltkrieg dazu, dass die 1914 verworfene Idee der Thermalwasserförderung wieder ins Gespräch kam. Neue Bohrungen wurden organisiert, und 1955 wurde erstmals die Nachricht verbreitet, dass „die Quelle sprudelt!". Das Geschäft mit dem gesunden Wasser florierte, und schon 1964 wurde das schon von weitem sichtbare Turmhotel des Thermalbades Zurzach[16] gebaut. Heute ist Zurzach für seine renommierten Kliniken bekannt, und die 1955 und 1965 erstellten Quellbrunnen fördern zusammen 600 l/min, die für die Thermal- und Mineralwasserproduktion („Zurzacher") genützt werden. Sie zeichnen sich durch eine Temperatur von 38–40 °C und einen Mineralgehalt von bis zu 1 g/l aus, welchen das Wasser auf seinem Weg durch das granitische Grundgestein des Schwarzwaldes (wo es eintritt und anschliessend dem Einfallen nach Süden folgt) bis nach Zurzach aufnimmt.

## Brugg: Häuser- und Aareschlucht

Es ist zwar nur die kleine Schwester der berühmten → Aareschlucht in Meiringen im Berner Oberland, doch die Kombination von Geotop und Objekt 1018 im BLN, die Aareschlucht, mit den Häuserschluchten der Altstadt schafft eine einmalige Verbindung von Historischem und Natürlichem. Der Wanderweg, Teil des europäischen Fernwanderweges, verbindet auf der rechten Uferseite der Aare die dunklen Gassen und schlanken, alten Gebäude und die alte Brücke von Brugg sowie die Aareschlucht mit dem Naherholungsgebiet von Altenburg, in dem sich schattige Wälder, weiche Kieswege und die Aareläufe abwechseln. Alles liegt nahe beieinander und ist zu Fuss leicht erreichbar, mit einem Rundgang durch die alte Ortsmitte lässt sich gut ein kurzweiliger Feierabend oder ein halber Nachmittag verbringen. Entstanden ist die Aareschlucht an dieser Stelle als Durchbruch der Aare durch einen Felsriegel aus Malmkalken. Der enge, nur 15 m breite Durchgang war bis in die **Eiszeit** für die Aare versperrt, sie floss zuvor im parallelen Riniker Tal um den Bruggerberg herum.

Die Gletschervorstösse der Eiszeitperioden erlaubten eine vertiefte Erosion und die Ablage-

*Die Heilkräfte des Thermalwassers für den Menschen. September 2005.*

[16] www.badzurzach.ch

*Die Aare weitet sich bei Brugg nach der engen (15 m) Schlucht in den Malmkalken trichterartig auf die Niederterrassenschotter der Würmeiszeit aus. Standort ist die 1980 erbaute neue Casinobrücke. Aufnahme vom Mai 2006.*

*Schwarzer Turm, Brugg. Mai 2006.*

rung von Schottern in Terrassenform ähnlich wie beim → Rheinfall. Am Südfuss des Bruggerbergs am östlichen Ende der Stadt grub sich die Aare dann in die Niederterrassenschotter (Würmeiszeit) und in die Grenze aus Molasse und Malmkalken des Juras ein – der Fluss quert also die drei grossen Einheiten der Schweiz und ist somit zugleich Alpen-, Mittelland- und Jurafluss. Im Bereich der Malmkalke auf Höhe der Altstadt ist dementsprechend das Flussprofil verengt, sodass sich Stromschnellen gebildet haben, während am unteren Ausfluss in den Bereich der Schotter sich das Profil wieder aufweitet und die Aare sich beruhigt.

Pflicht ist ein Gang über die **alte Aarebrücke** beim schwarzen Turm, die 1577 erstmals in Stein erbaut, 1837 erhöht und 1925 komplett erneuert wurde. Schon seit der Römerzeit ist der Brückenübergang über die Aare bekannt. Die Brücke ist auch das Motiv, die Verbindung über die Aare mit den Türmen im Hintergrund, das im Wappen von Brugg abgebildet ist. Der schwarze Turm ist das älteste Bauwerk und zugleich Wahrzeichen des historischen Ortes mit Stadtrecht (1284 durch die Habsburger verliehen). Interessant ist er vom Aspekt der Bausteine. Der ältere Bereich des Turmes, der erstmals 1238 urkundlich erwähnt ist, besteht aus Muschelkalk, während der obere, spätmittelalterliche Bereich (1535) in grossen, groben Tuffblöcken gehalten ist. Der Übergang vom einen zum anderen Baustein ist in der Mitte, farblich deutlich abgesetzt, zu erkennen. Es ergibt sich eine Gesamthöhe des Bauwerks von 25.70 m, eine imposante Erscheinung, welche die Funktion als Brückenkopf und -befestigung unterstreicht. Heute wird der Turm nur noch als Gefängnis genutzt, doch brüten zahlreiche Mauersegler im Tuff. Beim Rundgang durch den Ort offenbaren sich weitere historische Gebäude, so ein Rundturm beim Kirchengemeindehaus, in dessen Matrix aus kleinen Sedimentgeröllen einzelne grosse Blöcke aus Tonschiefer und Kalken eingelassen sind.

Nicht weit ausserhalb von Brugg und doch mitten in der Agglomeration von immerhin gut 30'000 Einwohnern findet man eine grüne Oase in den eingangs erwähnten Niederterrassenschottern der Würmeiszeit. Es ist das wahre **Wasserschloss** der Schweiz: Der Zusammenfluss von Reuss, Limmat und Aare im Vogelsang, am Übergang vom Falten- zum Tafeljura. Eine kleine Brücke (insgesamt gibt es nicht weniger als 25 historische und aktuelle Flussübergänge im Gebiet des Wasserschlosses von Altenburg bis nach Stilli und hinauf nach Birmenstorf), die nur für Verkehr unter 3.5 Tonnen zugelassen ist, führt über die Aare und gibt den Blick auf die Stelle bei der Eisenbahnbrücke frei, wo die Reuss in die Aare mündet. Wendet man den Blick um 180°, so erkennt man gleich darauf jenen Bereich, wo der künstliche Kanal und die Limmat gleich dahinter in die Aare münden. Das ist Objekt 1019, seit 1989 vom Kanton Aargau im Rahmen des BLN geschützt (www.ag.ch/auenschutzpark), und seit 1998 ein Naturschutzgebiet von Pro Natura, das der in der Schweiz gefährdeten **Schwarzpappel** (Populus nigra) einen Lebensraum inmitten der Flussdynamik auf Sand- und Kiesablagerungen in einem lichten Uferbereich bietet. Die Grünflächen werden hier extensiv bewirtschaftet, so wie früher, als die Landwirtschaft noch nicht automatisiert und das Zeitalter des Mineraldüngers noch nicht angebrochen war. Da sowohl intensiv bewirtschaftete Räume als auch landwirtschaftlich komplett aufgegebene Bereiche keine guten Standorte für bestimmte Arten darstellen, ermöglicht nur die extensive Beweidung nach alter Tradition, u.a. mit Galloway-Rindern, Ziegen, Schafen und Wollschweinen, hier im Vogelsang die Besiedlung durch sie. Zahlreiche Anstrengungen wurden unternommen, um dem Gebiet seinen dynamischen Flusscharakter zum Teil wieder zurückzugeben. Dies geschah durch Entfernung von allzu rigorosen Uferverbauungen sowie die Wiederherstellung alter Seitenarme wie Geissenschachen, Auschachen und Windischer Schachen zwischen Brugg und der Mühle Lauffohr. Mit dem Zugeständnis, dem Fluss gegebenenfalls bei Hochwasser mehr Platz zu bieten, wurden auch die Erkenntnisse des modernen Hochwasserschutzes umgesetzt. So kann grösserer Schaden an bestehenden Siedlungen und Landwirtschafts- und Industriezonen vermieden werden. Bisher sind rund 86% der insgesamt gut 1'600 ha des Auenschutzparks im Aargau im **Nutzungsplan** gesichert und ein Grossteil der Massnahmen schon realisiert oder in der Planungsphase. Ein Besuch dürfte sich also ständig lohnen.

*Brücke über die Aare im Vogelsang, beim Zusammenfluss von Reuss, Limmat und Aare. Mai 2006.*

*Panoramablick vom Hohen Kasten über den Alpstein. Wie eine Auster die Perle umschliessen die Firste von Stauberen, Furgglen, Kreuzberge und Säntis den sich in der frühen Morgensonne spiegelnden Sämtisersee. Links (im Osten) fällt der Blick auf das Band des Rheins und rechts (Westen) in den Talkessel mit Appenzell. Juni 2006.*

## Appenzell (Innerrhoden und Ausserrhoden)

### *Geologischer Wanderweg Hoher Kasten*

Es ist heute bei weitem nicht mehr der einzige geologische Wanderweg der Schweiz, aber jener vom Hohen Kasten zur Saxer Lücke wurde im Sommer 1971 als erster erstellt (andere Beispiele: Geoweg Pilatus-Jochpass; Amden-Schänis; Monte San Giorgio; im Geoforum insgesamt 172 Einträge für „Geo-Wege" i.w.S.). Momentan wird er überarbeitet und auf den neuesten Stand gebracht. Er bietet für den alpinen Wanderer auf einer mehrstündigen Gebirgstour (ca. 6 h) eindrucksvolle Einblicke in den alpinen Gebirgsbau, in die Gesteine der helvetischen Decken des Alpsteins und in die erstaunlichen Kräfte, die bizarre Falten und Verwerfungen hervorgebracht haben. Albert Heim war schon immer vom Alpstein fasziniert und hatte sich in umfangreichen Publikationen ausführlich dem Thema gewidmet. Hinterlassen hat Heim auch ein grosses Säntis-Relief, das heute im → Gletschergarten Luzern zu besichtigen ist.

Der Alpstein wird aufgebaut von den **helvetischen Decken**, einem komplexen System aus Kalksteinen des Erdmittelalters, des Mesozoikums. Aufmerksame Beobachter entdecken diverse Fossilien von Muscheln und Austern in den Kalken und können daraus schliessen, dass der Ablagerungsraum des Helvetikums marin gewesen sein muss: Ein flaches Schelfmeer mit zahlreichen Lebewesen breitete sich weiter südlich vom heutigen Standort aus. Durch dessen schwankende Meerestiefen – Anzeichen der beginnenden Alpenfaltung – bildeten sich in geologischen Zeiträumen über 1000 m mächtige Schichten aus Kalzit und Dolomit. Der Alpstein bildet das oberste Element dieser helvetischen Decken und umfasst daher nur die jüngsten Gesteine aus der Kreidezeit und dem frühen Tertiär. Auf die Kreidekalke folgen **Flyschgesteine**, die eine Abfolge von sandigen und mergeligen Tonsedimenten darstellen, die während der alpinen Gebirgsbildung am Nordrand des sich verkürzenden Meeres den Auffaltungen vorgelagert wurden. Wurden die Gesteinsschichten schliesslich aus dem Meer gehoben, setzten Verwitterung und Erosion ein und

TYPLANDSCHAFTEN

begannen das sich auffaltende Gebirge abzutragen. Diese Sedimente wurden in der Schweiz als **Molasse** abgelagert. Die Molasseschichten wurden vom Schub aus Süden erfasst und am Alpennordrand markant steilgestellt, als die Decken bei der Alpenauffaltung weiter nach Norden verschoben wurden. Neben der Rigi in der Zentralschweiz ist auch der Kronberg hier im Appenzellischen ein gutes Beispiel dieser aus der Horizontalen ausgelenkten subalpinen Molasse.

Der **geologische Wanderweg** mit vierzehn Bildtafeln beginnt schon vor dem eigentlichen Marsch – nämlich in der Talstation (Übersichtstafel 1) und in der Kabine der Luftseilbahn von Brülisau auf den Hohen Kasten (LBHK, retour 28.–/ 14.–, einfach 20.–/10.–). Tafel 2 zeigt ein Blockschema der Ostschweizer Alpen, das den Aufbau von Falten und Schuppen am Beispiel von Hohem Kasten und Kamor illustriert, sowie ein geologisches Profil von Brülisau auf den Gipfel. Die LBHK befördert den Wanderer in weniger als zehn Minuten vom appenzellischen Brülisau 860 Höhenmeter hinauf auf den Gipfel des Hohen Kastens, vom Flysch der Voralpen in den sichtbar stark verwitterten Schrattenkalk. Der Hohe Kasten thront mit 1795 m ü.M. mächtig an der Ostflanke des Alpsteins und gibt den Blick bei gutem Wetter nicht nur übers Rheintal zu den österreichischen Alpen, sondern sogar bis zur Zugspitze hin frei. Auf dem Gipfel befinden sich Tafeln 3–5 und ein kleiner Alpengarten, welcher dereinst in 11 Einheiten die im Alpstein auffindbare Flora präsentiert.

Vom Hohen Kasten geht es etappenweise immer wieder auf und ab (Tafeln 6–9), immer hin zu älteren Gesteinen, über den Stauberenfirst nach Südwesten zur Stauberenchanzlen und weiter über den Furgglenfirst zur berühmten Saxer Lücke, bei der ein massiver Bruch (der so genannte Sax-Schwendi-Bruch, der sich von Norden nach Süden am Fälensee vorbei über die Saxer Lücke bis zu den Kreuzbergen erstreckt) die Blöcke gegeneinander verschoben hat. Der östliche Block mit der Stauberen und dem Hohen Kasten wurde dabei nach Norden versetzt. Dies ist unter anderem an den Faltenzügen ersichtlich, die über die beiden Blöcke hinweg miteinander korreliert werden können. Die korrespondierenden Falten sind auf dem östlichen Block jeweils nördlich ihres Pendants auf dem westlichen Block zu finden. Sie werden von Nordwest nach Südost nummeriert und enden mit der **Antiklinale VI**, die sich von der Saxer Lücke bis zum Hohen Kasten zieht und auf der sich der geologische Wanderweg

*Die Saxer Lücke mitten auf dem Sax-Schwende-Bruch. Im linken Drittel, gerade rechts der Saxer Lücke, die steilstehenden Schrattenkalk-Schichten der Kreuzberge. Es folgen der Sattel der Roslenalp und der Roslenfirst. Juni 2006.*

129

*Die Stauberenchanzlen. Juni 2006.*

befindet. Besonders markant zu erkennen ist sie beim Aufstieg zum Stauberenfirst, wo sich praktisch der gesamte Aufbau der Antiklinale erschliesst (Tafel 9), die sich hoch über dem Gasthaus wölbt und anschliessend steil nach Westen in die Tiefe kippt. Der Sax-Schwendi-Bruch zieht sich von der Saxer Lücke quer hinüber bis zum Bogartenfirst. Die Mulde im First heisst Alp Mans. Durch sie hindurch erhascht man auf dem Weg von der Stauberen zur Saxer Lücke einen kurzen Blick auf die Ebenalp und das Paralleltal mit dem Seealpsee (Tafel 10).

Bei der **Saxer Lücke** befinden sich Tafeln 13 und 14 der Route. Hier endet der geologische Wanderweg mit einem fantastischen Panorama auf die Falte der fast senkrecht stehenden Schichten aus Schrattenkalk an den Kreuzbergen, gefolgt von der Mulde der Roslenalp und der Falte des Roslenfirst. Das nächste Wanderziel ist die Mulde des Fälensees mit dem Restaurant Bollenwees. Für die Rückkehr nach Brülisau empfiehlt sich der Abstieg zum Fälensee und entlang der Alp Sämtis via Sämtisersee nach Brülisau. Man folgt am Besten der Westseite des Stifels, der den Fälensee aufgestaut hat. Hier kann Geologie auch ohne weitere Hilfen erlebt werden, zum Beispiel auf dem Weg zum Sämtisersee mit seinem stark terrassierten Zufluss oder bei einer Abkühlung am Ufer der Seen. Sowohl Fälensee als auch Sämtisersee haben keinen oberirdischen **Abfluss**. Das zeigt die Erosionsanfälligkeit von Kalkschichten (ähnlich wie im → Jura oder im → Muotathal). Durch die Kohlensäure, die sich aus dem $CO_2$ der Atmosphäre und dem Niederschlag bildet, löst sich Kalk chemisch leicht auf. Dies führt zu ausgedehnten unterirdischen Entwässerungssystemen, zu den typischen Karsterscheinungen wie Karren, Stromquellen und Einsturztrichtern sowie zu oberirdischem Wassermangel, welcher die Wildheit und Kargheit des an sich nicht so hohen Alpsteingebirges ausmacht. Die Karstthematik wurde zuvor schon mit Tafel 8 auf einem Aussichtspunkt auf den Sämtisersee angesprochen. Hier fliesst dieses Wasser unterirdisch ab, und zwar interessanterweise ins Rheintal, irgendwo unter dem Stauberenfirst hindurch, wie Färbversuche gezeigt haben. Die Durchflusszeiten sind dabei stark variabel, abhängig von Wasserstand und Jahreszeit hat man Zeiten von knapp 1 Tag bis über 13 Tage ermittelt.

Der Abstieg vom Sämtisersee mit seiner Terrassenlandschaft hinunter nach Brülisau erfordert noch gut 90 Minuten Marsch, während derer man sich mit den **Eiszeiten** im Alpstein beschäftigen kann. Im Tobel des Brüelbaches erkennen wir die Schmelzwasserrinne, welche das abschmelzende Eis des eiszeitlichen Gletschers in der Talmulde der Alp Sämtis ins Flachland beförderte. Wenn wir das Dichterdenkmal von Georg Baumberger in der Felswand rechts passieren, haben wir die Ebene schon fast, das Ziel aber noch nicht ganz erreicht: Gut eine Viertelstunde läuft man noch auf der Teerstrasse bis zum Dorfkern von Brülisau. Die Stahltrosse der LBHK, die uns am frühen Morgen auf den Berg transportiert haben, weisen uns den Weg.

TYPLANDSCHAFTEN

*Der streng klassizistische Dorfplatz von Heiden AR an einem späten Sommerabend kurz vor Sonnenuntergang. Juli 2005.*

## *Heiden*

Von den acht Gemeinden des Appenzeller Vorlandes ist Heiden, auf einer Geländeterrasse mit grossartigem Blick über den Bodensee auf 806 m ü.M. gelegen, das Zentrum. Ursprünglich zum Hofe Thal (SG) gehörend und Teil der Vogtei von Rheineck, erlangten die Appenzeller nach den Freiheitskriegen Einfluss über das Gebiet. Die Geschichte des Ortes ist jedoch v.a. unwiderruflich mit dem Brandereignis vom 7. September 1838 verknüpft, als bei einem heftigen **Föhnsturm** der ganze Dorfkern (mit Ausnahme eines einzigen Hauses) niederbrannte. 129 Häuser inklusive der Schule und der Kirche wurden vernichtet, die Schindeldächer wie Zunder entfacht. Die Ortschaft wurde in einer einzigartigen Konsequenz in wenigen Jahren wieder aufgebaut. Nirgendwo sonst in der Schweiz findet man einen vergleichbar streng nach dem Muster des **Klassizismus** aufgebauten Dorfplatz, in das sich jedes Haus inklusive Kirche und Rathaus stilistisch perfekt einfügt. Mit einem Blick auf den Ortsplan im kleinen Park mitten auf dem Dorfplatz oder auf die Landeskarte wird einem auch klar, dass die Strassen rund um den Platz rechtwinklig angelegt wurden. Ein striktes Baureglement löste die Probleme des Grundbesitzes und setzte eine feuersichere Bauweise durch, indem es massive Stein- oder kombinierte Stein-Riegelkonstruktionen (Fachwerk) vorschrieb.

Der Aufwand und der Zeitgeist machten sich schon wenige Jahrzehnte später bezahlt, als Heiden als **Kurort** so berühmt und beliebt wurde, dass es sogar direkte Eisenbahnverbindungen aus deutschen Grossstädten gab. Insbesondere das Schaffen von **Albrecht von Graefe**, einem berühmten Berliner Augenarzt und Begründer der selbständigen Disziplin Ophthalmologie, sowie von **Heinrich Frenkel**, einem Neurologen und Pionier der Rehabilitationsmedizin, sorgten für die Bekanntheit Heidens. Nach dem Einbruch durch die zwei Weltkriege spielt der Kur- und Gesundheitstourismus heute wieder eine grosse Rolle im Kanton und macht bis zu zehn Prozent der Arbeitsplätze aus. Unter Denkmalschutz gestellt ist das aus dem Jahr 1931 datierende Schwimmbad, eines der letzten seiner Epoche.

*Der Dorfbrunnen von Heiden AR. Juli 2005.*

# Bern

## *Das Rosenlauital*

Im Regionalkapitel zum Berner Oberland wurden die Reichenbachfälle und Sherlock Holmes schon erwähnt. Auch die britische Romanfigur beabsichtigte, den Berg hinauf an den Fällen vorbei ins Rosenlauital hinein zu wandern, um dessen ursprüngliche Schönheit und alpinen Charakter zu bewundern. Mit dem Privatverkehr ist es nur von der Haslitalseite her zu erreichen. Eine Abzweigung ausserhalb von Meiringen in Fahrtrichtung Innertkirchen weist den Weg. Er ist schmal, steil und stellenweise so unübersichtlich, dass der stündlich verkehrende Postbus, der Meiringen mit der Rosenlaui und der **Schwarzwaldalp** verbindet, sich mit dem guten alten Fanfarenklang cis – e – a vor Kehren und an Engstellen, welche die Vorbeifahrt verunmöglichen, ankündigt. „Wechseltöniges Dreiklanghorn" ist die offizielle Bezeichnung für die Hupe mit dieser berühmt gewordenen Tonfolge, deren Bezug zur Schweiz musikalischer und literarischer Art ist: Es sind die ersten drei Töne der Ouverture zu Wilhelm Tell von Gioachino Rossini.

Der Strassenbelag ist in sehr gutem Zustand, und glücklich schätzt sich der Motorradfahrer, der keine derartigen Platzsorgen wie die Bus- und Autofahrer kennt. Er kann unbeschwert das alpiner werdende Landschaftsbild geniessen, während er Kehre um Kehre aus dem Wald hinaus an Höhe gewinnt. Auf 1328 m ü.M. erreicht er Rosenlaui, das sich als kleinste Ortschaft der Schweiz versteht. Die **Gletscherschlucht Rosenlaui** (7.–/ 3.50 Eintritt) feierte im Jahr 2003 ihr 100jähriges Bestehen und ist auch heute noch spektakulär und sehenswert. Ein gut 500 m langer Weg führt vom Fuss der Schlucht in immer enger werdende Tunnels und Galerien hinein, vorbei am Gletscherwasser, das sich hier tosend über Jahrtausende hinweg in den Berg hinein erodiert hat. Der Weg muss gut instand gehalten werden, denn der Kalkfels des Helvetikums ist locker. Er wird regelmässig auf Stabilität und auf Steinschlag geprüft. Eine Felspartie wurde gar mit insgesamt 57 Ankern künstlich fixiert. Der Weg wurde von 1993 bis 2002 total erneuert, was ein logistisch heikles Unterfangen war. Zwar darf die Frage gestellt werden, ob Helikoptershuttles zur Restauration des Stegs nachhaltigen Tourismus ausmachen, doch dass im Kleinen Nachhaltigkeit praktiziert werden kann, machen die Betreiber der Gletscherschlucht vor: Seit kurzem werden die dunklen Stellen und Tunnels im Berg mit Solarenergie beleuchtet. Sie sind mit Bewegungssensoren ausgerüstet, sodass das Licht nur dann brennt, wenn jemand die Leuchthilfe auch zu schätzen weiss.

Weiter bergan geht der Weg an mit Spitznamen belegten, markanten Felsformationen wie dem „Elefanten" und der „Nase von de Gaulle" vorbei in den oberen Teil der Schlucht, der vor über hundert Jahren als erstes eröffnet wurde. Hier erreicht man den schönsten Abschnitt der Rosenlaui; besonders am späten Vormittag, wenn die Sonne durch die Lücken im Fels scheint und Licht- und Schattenspiele zaubert.

Ausserhalb der Rosenlaui geht es in Richtung Schwarzwaldalp weiter bergan. Auch hier sind, wie vielerorts, an den Rändern der Bergstrasse und in den Weiden die Spuren des grossen Un-

TYPLANDSCHAFTEN

*Der obere Teil der Gletscherschlucht Rosenlaui wird von der Herbstsonne mittags gerade noch beleuchtet. Oktober 2005.*

wetters vom August 2005 noch deutlich zu sehen. Die Brücke über den Rychenbach ist nur provisorisch repariert worden, tonnenweise Geröll liegt herum, das wohl so schnell nicht entfernt werden und als kleines Mahnmal an das Ereignis erinnern wird. Bis zur **Schwarzwaldalp** hinauf ist der Privatverkehr zugelassen, und ein grosser Parkplatz erzählt von regem Wandertreiben im Sommer. An frühmorgendlichen Herbsttagen hat man aber die ganze Schwarzwaldalp für sich. Majestätisch thront das Wetterhorn mit seinen nackten Felswänden über dem Kopf, und die Wächten des Hengsterengletschers sehen aus, als ob sie jede Minute abbrechen könnten. Wer die alpine Kulisse vollständig auskosten möchte, fährt mit dem Grindelwaldbus (8.60 / 4.30 einfach) in einer Viertelstunde auf die **Grosse Scheidegg**, von der aus sich der Blick über Grindelwald zum berühmten Dreigestirn Eiger, Mönch und Jungfrau erstreckt. Von den dreien fehlen allein dem Eiger dreissig Meter bis zum Viertausender.

Es ist nur etwas mehr als eine Stunde Fussmarsch von der Grossen Scheidegg zurück zur Schwarzwaldalp, auf oder neben der kleinen Strasse. Der Blick fällt auf das **Schwarzhorn**, das seinem Namen gerecht wird. Wir befinden uns nun in den kalkigen Sedimenten der Wildhorndecke im Abschnitt des Helvetikums. Ein Grossteil der helvetischen Decken ist während der Alpenfaltung als Abscherungshorizont mehrere Dutzend Kilometer nach Nordwesten verfrachtet worden. Nur am Nordrand des Aarmassivs sind sie **autochthon**, das heisst an Ort und Stelle geblieben und nicht verschoben worden. Das Paradebeispiel ist der Felssporn, durch den sich die Aare unten im Haslital gefressen hat.

### Die Aareschlucht

Die **Aareschlucht**[17] (7.– / 3.50 Eintritt, kombinierbar mit der Meiringen-Innertkirchen-Bahn (MIB) 9.–/5.– und kombinierbar mit einer Fahrt der Reichenbachfallbahn 12.– / 7.–) ist ein vergleichsweise leicht erreich- und begehbares Naturschauspiel, das im Bundesinventar der Landschaften und Naturdenkmäler von nationaler Bedeutung als BLN-Objekt 1512 „Aareschlucht Innertkirchen – Meiringen" aufgeführt ist. Der **autochthone** Felsriegel, der das Haslital auf seiner kompletten Breite absperrt, heisst **Kirchet** und weist ein kreidezeitliches Alter auf, teilweise existiert obendrauf eine Sandsteindecke tertiären Alters. Aufgrund der geringen Deformation fehlen grosse Klüfte und Verwerfungen weitgehend, und nur die mächtigen Schmelzwässer der Aare konnten nach der letzten Eiszeit die Schlucht so ausfräsen, wie man sie heute sieht. Die glaziale Bedeutung des Felsriegels wird nach einer Betrachtung der Gesteinsgrenzen plausibel: Schon bei Innertkirchen verlässt die Aare die kristallinen Gesteine des Aarmassivs (Gneise) und erreicht den Kalkmantel. Wäre also der Gesteinswechsel für die Entstehung des Kirchet verantwortlich, so müsste der Felsriegel sich schon bei Innertkirchen befinden. Begünstigend für die Bildung des Riegels waren die sanft nach Süden einfallenden Schichtlagen, die dem eiszeitlichen Aaregletscher wenig Angriffspunkte geboten haben. Ausserdem war so widerstandsfähig der Kirchet gegenüber der Erosion auch nicht: So gibt es neben der heute zugänglichen und leicht sichtbaren Aareschlucht noch mehrere „latente" Aareschluchten. Im Stadium der Eiszeiten und Zwischeneiszeiten mit ihren Warmperioden stiessen die Gletscher vor respektive zogen sich wieder zurück. Eine existierende Schlucht wurde dabei während des Gletschervorrückens überschliffen und mit Moränenmaterial aufgefüllt, beim Rückzug aber nicht immer von den Schmelzwässern wieder freigelegt. Stattdessen wurden neue Schluchten vom Wasser erodiert. Die heutige Aareschlucht ist die jüngste, während man von der Existenz von fünf weiteren, früheren Schluchten weiss.

Beginnen wir im Südosten den Spaziergang durch die Schlucht, beim Zugang auf Höhe der Strassenkehren vor Innertkirchen. In weiten Schlaufen geht es vom Eingang her auf 1 bis 2 m breiten Bretterplanken hinunter in die Schlucht, wo die Aare blassblau und ruhig dahin zieht. Nach dem lichten und breiten Beginn verengen sich die Felswände zusehends zur Finsteren Schlucht, in der man auf zahlreiche Erosionskessel trifft. Dahinter erreicht man die Stelle der **trockenen Lamm**, einer seit Jahrtausenden nicht mehr durchflossenen Seitenschlucht, die ursprünglich

> **Autochthon:** Ortsgetreues Gestein, das seit seiner Entstehung in einem Gebiet geblieben ist und nicht verschoben wurde. Gegenteil: allochton.

[17] www.aareschlucht.ch

TYPLANDSCHAFTEN

*Die Aareschlucht zwischen Meiringen und Innertkirchen BE mit dem Schraeybach, der als Wasserfall in die Aare mündet. Oktober 2005.*

einmal mit einer gewagten Brückenkonstruktion für Besucher zugänglich war. Die Hauptschlucht beschreibt im weiteren Verlauf eine grosse Kurve. Man trifft auf den als Wasserfall von hoch oben auf dem Felsen in die hier nun sehr breite Schlucht einmündenden Schraeybach. Die spektakulärsten Abschnitte folgen zum Schluss: Die grosse und die kleine Enge, wo sich die Felsen fast berühren. Rasche Tiefenerosion in diesem Abschnitt haben die Aare ihr Bett bis zu 12 m weit unter das Niveau des Besucherweges einschneiden lassen. Heute kann das Gefälle der Aare als ausgeglichen bezeichnet werden (0.43%). Dies führt in der Gegenwart zu vermehrter seitlicher Erosion. Der Spaziergang endet am Westausgang der Schlucht, bei Willigen, an der Sandey-Felsgrotte. Der Rückweg kann natürlich auf demselben Weg begangen werden. Als Alternative bietet sich die einstündige Wanderung über die Lammi oder die Rückfahrt mit der Bahn an. Die von der → KWO betriebene MIB verfügt über je eine Haltestelle am Eingang West und am Eingang Ost der Aareschlucht, die leicht zu Fuss zu erreichen sind.

Zusammen mit der Eröffnung der **Brünigbahn** wurde die Aareschlucht erstmals im Juli des Jahres 1888 der Öffentlichkeit mit Stegen und Planken zugänglich gemacht. Seit über hundert Jahren ist sie auch durchgängig auf ihrer vollen Länge von gut 1400 m begehbar, und schon seit 1912 existiert eine abendliche Beleuchtung (momentan kann man diese Beleuchtung im Juli und August jeweils Mittwoch und Freitag von 21 bis 23 Uhr selbst erleben). Mit einer durchschnittlichen Fliessgeschwindigkeit von 2 m/s benötigt das Wasser etwas mehr als 11 Minuten durch die Schlucht. Als Besucher sollte man sich deutlich mehr Zeit lassen, um die grossflächige Wirkungskraft des Wassers zu schätzen (blicken Sie ab und zu nach oben, an den bis zu 180 m hohen Wänden entlang, und suchen Sie das Tageslicht am oberen Ende der Schlucht!), aber auch kleine, filigrane Details zu entdecken. Die Kontrolle von Flusserosion, Fliessgeschwindigkeit und Überschwemmungen geht auf das Jahr 1866 zurück, also schon auf die Zeit vor Eröffnung der Aareschlucht. Nach „schrecklicher Wassergrösse und Überschwemmung des Thalbodens" in den Jahren 1831 und 1860 beschloss man die Korrektur der Aare auf einer Strecke von 12.75 km zwischen der Schlucht und dem schon früher künstlich tiefergelegten Brienzersee.

### Taubenlochschlucht

Gleich ausserhalb von Biel-Bözingen (Bözingen wurde 1917 eingemeindet) beginnt eine spektakuläre, aber einfache und kurze Wanderung durch die Klus der ersten Jurafalte, der Seekette. Es sind alte, so genannte antezedente Flüsse, die über die Kraft verfügten, ein neu aufragendes Gebirge zu durchschneiden. So geschehen auch im Jura: Während durch den Vorschub der Alpen und durch die Verkürzung des Mittellandes die Falten des Juras langsam aufzusteigen begannen, konnten diese bestehenden Flüsse durch Erosion mit der Hebung des Juras mithalten und ihn kontinuierlich durchschneiden. Die engen Schluchten, die dem Besucher oft wunderbar den gesamten Bau der Jurafalten offen legen, nennt man **Klusen**.

Im vorliegenden Fall ist es die **Schüss** (franz. Suze), die uns auf dem Weg von Bözingen (445 m

TYPLANDSCHAFTEN

*Wasserfall in der Taubenlochschlucht. April 2006.*

ü.M.) nach Frinvillier (516 m ü.M.) Einblick in die Kalkbänder und -schichten der Seekette ermöglicht. Beim Einstieg in die Schlucht rauscht der Fluss tosend in sein künstliches Korsett, das ihn meist unterirdisch durch seine ursprüngliche, aber überschwemmungsgefährdete Schwemmebene und die Stadt Biel zum See leitet. Anfangs Frühling ist die Wanderung durch die Schlucht am spektakulärsten und am stärksten zu empfehlen. Während Wanderungen in den Alpen aufgrund des Schnees noch nicht möglich sind, präsentiert sich das Mittelland schon in zartem Grün, und die Schneeschmelze im Jura liefert genügend Abfluss, damit die Schüss ihrem Namen bei hohem Wasserstand alle Ehre machen kann. Wer den kleinen Tunnel zum Einstieg in die Taubenlochschlucht hinter sich gebracht und an den Tunnelwänden einen ersten Eindruck der dicken Kalkbänder der Jurakalke bekommen hat, versteht bald sein eigenes Wort kaum mehr. Ungestüm offenbart die Suze jene Prozesse, die über Jahrtausende ihr Bett geformt und zahlreiche **Strudellöcher**, Felsvorsprünge und -nasen geschaffen haben. Diese Wasserkraft wird auch vom Menschen genutzt; die Industriebauten am Eingang der Schlucht zeugen davon, ebenso wie die Bauten eines **Kleinkraftwerks**, das die Energie der Schüss zur Stromproduktion ausnützt. Das mit dem „naturemade star"-Label ausgezeichnete und momentan in Revision befindliche Werk soll ab 2006 wieder ökologisch produzierten Strom ins Elektrizitätsnetz der Stadt einspeisen. Nach den letzten Kraftwerksbauten erreicht man das Ende der Schlucht. Man betrachte hier die breiten Sedimentbänder an Jurakalken und erinnere sich zurück: Am Eingang der Schlucht fielen sie steilgestellt gegen die Stadt Biel hin ein, während sie hier schon fast horizontal lagern.

*Steiler umbiegende Falten im Taubenloch. April 2006.*

137

*Der Wasserfall in Jaun mit dem Cantorama im Hintergrund rechts. Gut erkennbar auch die Stromleitungen, welche die produzierte Energie von den privaten Kraftwerken Jaun abgeben. Juli 2005.*

## Fribourg

### Jaunpass

Vom Simmental gelangt man aus dem Kanton Bern und dem Berner Oberland über den **Jaunpass** ins Greyerzerland. Der Pass ist zwar als Nebenstrasse verzeichnet, doch gut ausgebaut und die Passhöhe nur auf 1509 m ü.M. gelegen. Die oberste Talgemeinde auf der Westseite ist das noch deutschsprachige Jaun[18] am Rande der **Sprachgrenze**, der im Stadtkapitel von Fribourg über Biel schon nachgegangen wurde. Jaun gilt als höchstgelegenes Dorf der Gruyère und beherbergt das Cantorama, das Haus des Fribourger Gesangs. Es ist in der alten Kirche untergebracht, die Denkmalschutz geniesst und auf das 12. Jahrhundert zurückgeht. Direkt hinter der Kirche führt die Mühlebrücke über den Jaunbach (La Jogne) und zu einem Wasserfall, der seine Besonderheiten aufweist: Zum einen, weil das Wasser für die Stromgewinnung von den privaten Elektrizitätswerken Jaun gestaut wird. Sie sind im Mühlengebäude untergebracht, wo früher Korn gemahlen wurde. Zum anderen, weil das Wasser lange braucht, bis es hier ankommt: Es stammt aus dem Gros-Mont-Tal und benötigt aufgrund verschlungener unterirdischer Wege, die es verlangsamen und zurückhalten, bis zu 14 Tage, um sich hier als Wasserfall in den Jaunbach zu ergiessen. Angeblich soll Albert Heim im Jahre 1928 extra aus Zürich angereist sein, um diesem Sachverhalt mit Färbversuchen auf den Grund zu gehen. Das Gebiet der „préalpes fribourgeoises" ist Ausgangspunkt zahlreicher gemütlicher Wanderungen, für die seit neuestem auch eine eigene Wanderkarte erhältlich ist.

---

[18] www.jaun.ch

## Der Menhir von Essertes-Auboranges

Bekannt ist er unter dem Namen „Stein mit dem Eselsrücken", oder auf Französisch **„Pierre du dos à l'âne"**: Es ist der grösste **Megalith** der Schweiz und er ragt 5.6 Meter in die Höhe. Seine 25 Tonnen Gewicht sind eher unscheinbar, abseits der kleinen Ortschaft von **Essertes** VD in einer kleinen Senke. Eine Strassentafel weist jedoch gut den Weg. Seit prähistorischer Zeit gibt es ihn, doch neuerdings kommt ihm auch eine politische Funktion zu: Seit dem 19. Jahrhundert bildet er die Grenze zwischen den Kantonen Waadt und Freiburg. 1996 hat man ihn wieder in die Vertikale gerückt, da er bisher – seiner Bedeutung verkannt – auf respektive zu drei Vierteln sogar in der Erde gelegen hatte. Seine ursprüngliche Funktion ist nicht genau bekannt, er kann aus der Bronze- oder der Jungsteinzeit stammen. Die Wahrscheinlichkeit ist gross, dass es sich um einen Ort religiöser Verehrung oder Erinnerung handelt, wie es allgemein bei Megalithbauten der Fall ist.

Der geologische Ursprung ist glazialer Natur und natürlich viel älter: Es ist ein erratischer Block aus **grünem Sandstein**, der von den eiszeitlichen Gletschern abgelagert wurde. Im Kanton Freiburg und der Waadt stammen diese Blöcke aus Sandstein hauptsächlich aus dem Süden; sie wurden vom Rhonegletscher aus der Gegend von Zermatt und **Arolla** nach Norden, weit von ihrer genetischen Heimat im Gebirge des Wallis entfernt, transportiert.

Der Menhir „Pierre du dos à l'âne".
August 2005.

*Der Klöntalersee gilt als der Fjord der Schweiz, obwohl seine Genese nichts mit einem Fjord gemeinsam hat. Juli 2005*

## Glarus

### *Das Klöntal*

Schon Maler wie Jon Hackaert und Conrad Meyer hielten eines der grossartigsten Alpentäler der Schweizer Bergwelt für die Nachwelt fest. Zusammen mit weiteren Gemälden und Zeichnungen, die in den vergangenen Jahrhunderten von mehr oder weniger berühmten Besuchern dieser wunderschönen **fjordartigen Landschaft** erstellt wurden, und zeitgenössischen Fotografien im Wandel der Jahreszeiten bildeten sie eine Ausstellung über das Klöntal im Freulerpalast in Näfels. Das Klöntal ist das westlichste Glarner Seitental, das aus der Linthebene abzweigt. Begrenzt wird es vom mächtigen Massiv des **Glärnisch**. Steile Flanken sind charakteristisch und sorgen für eine dynamische Umwelt. Über 2000 m Höhenunterschied finden sich auf gerade mal 1750 m Horizontaldistanz!

Der Klöntalersee gefriert typischerweise im Winter für lange Zeit, da die Talflanken derart steil sind, dass das Sonnenlicht die Seeoberfläche nicht zu erreichen vermag, denn Bächistock und Glärnisch thronen hoch über dem See. Der Handel mit **Eisblöcken** war dementsprechend ein wichtiger Wirtschaftszweig im Tal, Brauereien und Getränkehändler liessen im 19. Jahrhundert zentnerschwere Blöcke, herausgesägt aus dem Eis des gefrorenen Klöntalersees, hinab ins Flachland transportieren. Wie ist der See entstanden? In der so genannten älteren Dryaszeit vor ca. 13'000 – 11'500 Jahren, nach einer Pflanze benannt, welche als empfindlicher Temperaturindikator einen ganzen Klimaabschnitt zum Ende der Eiszeit definiert, ging auf der Nordseite des Klöntals im Bereich der mesozoischen Seewer Kalke ein **Bergsturz** ins Tal, der ein Volumen von ungefähr 800 Mio. m$^3$ umfasste. Infolge von Gletscherschwund und Erwärmung des Gebiets waren die Felswände entlastet worden, und grosse Gesteinsmassen dieser **Helvetischen Decken**, die einmal in einem flachen Ozean zwischen Afrika und Europa abgelagert worden waren, lösten sich. Der Schuttkegel versperrte den Talausgang, worauf der Klöntalersee aufgestaut wurde. Bei genauer Beobachtung sieht man noch heute jene Kante im Gelände, die den alten Seespiegel markiert. Doch die Bergsturzmasse war stark anfällig gegenüber der Erosion und wurde rasch durchbrochen, sodass sich Murgänge bis nach Glarus hinab erstreckten und der Spiegel des Klöntalersees sich mehrfach bis auf ca. 824 m ü.M. absenkte. Heute ist der Klöntalersee künstlich gestaut und sein Wasser wird seit der Fertigstellung des Erddammes 1910 am Rhodannenberg zur Elektrizitätsgewinnung im Kraftwerk in Netstal genutzt. So erreicht der Seespiegel eine Höhe von 848 m ü.M. Ironie der Geschichte: Das Tal bekam erst 50 Jahre später elektrischen Strom, den es doch vor der eigenen Haustür produzierte!

*Rezente Erosion am Pragelpass. Juli 2005.*

Heute führt eine Strasse am nordwestlichen Seeufer entlang und schmiegt sich eng an die steil herabfallenden Felswände. Es gibt nur wenig Platz zwischen Fels und See. Das Südostufer des Sees ist kaum erschlossen, nur kleine Wege schlängeln sich am Ufer entlang. Das Tal beherbergt keine einzige Siedlung. Beim Zufluss des Chlön-Baches in den See, der beim Ausfluss dann Löntsch heisst, befindet sich nur ein Campingplatz, der es ermöglicht, hier im Tal auf gut 850 m ü.M. zu übernachten und am folgenden Morgen früh den Pragelpass – die einzige Passstrassenverbindung der Kantone Glarus und Schwyz – zu erklimmen, um die **Silberen** im Morgenlicht erglänzen zu sehen. Obwohl die Passhöhe auf nur 1550 m ü.M. gelegen ist, ist die enge und kleine Passstrasse alles andere als ein Klacks und kann es fahrtechnisch durchaus mit den grossen, höher in den Alpen gelegenen Schwestern aufnehmen. Auf der Glarner Seite wird beim Weiler Richisau die Maximalsteigung von 14% beim Aufstieg erreicht. Ein Blick zurück über die kleine Ebene offenbart noch einmal die wunderbare Lage des Klöntalersees weiter unten.

Die Strasse bergauf ist nur wenig gesichert, eng und mit verschlungenen Kurven inmitten von dichtem Grün ziemlich unübersichtlich. Wer mit dem Motorrad wochentags unterwegs ist, wird sich glücklich schätzen, zweispurige Fahrzeuge passieren an manchen Stellen wirklich nur sehr ungern. Zudem ist es anstrengend, sich auf dem Pragelpass nur der Strasse widmen zu können, denn die Natur hat einiges zu bieten (→ Karstgebiet Silberen / Pragelpass Kt. Schwyz). Am Wochenende ist die Passstrasse mit Motorfahrzeugen nicht durchgehend befahrbar, von Richisau gilt auf der Glarner Seite bis zur Kantonsgrenze ein **Fahrverbot** – aufgrund eines Streits zwischen den beiden Kantonen, die bis zur Bauphase der Passstrasse zurückreicht. Die Radler wird's freuen, denn ihnen gehört an sonnigen Wochenenden das Territorium, verlangt ihnen aber besonders beim Aufstieg von Hinterthal SZ bei den 18% Steigung manchen Schweisstropfen ab.

### Die Linthebene

200 Jahre ist es her, dass die Tagsatzung in Bern beschloss, der ständigen Hochwasserproblematik in der Linthebene ein Ende zu setzen. Es war die Zeit der Aufklärung. Der Mensch versuchte mit allen Methoden der damals stark aufstrebenden Wissenschaften, der Natur Einhalt zu gebieten. **Escher von der Linth** war der geistige und technische Vater des anspruchsvollen Werkes, das die Sumpfebene zwischen Walensee und Zürichsee zwischen 1807 und 1822 wieder bewohnbar machen sollte. Dies geschah über die Umleitung der Linth in den Walensee (Escherkanal), der fortan als Rückhaltebassin (ein so genanntes **Retentionsbecken**) fungierte, und einer Abflussverbindung (Linthkanal) zum Zürichsee. Denn vor der Erstellung des Linthkanals floss die Linth direkt aus dem Glarnerland in Richtung Zürichsee und vereinigte sich mit der Maag, dem Ausfluss aus dem Walensee, bei Ziegelbrücke. Geröll und Geschiebe aus dem Glarnerland wurden in der Ebene abgelagert, sodass der Walensee auf stetig höherem Niveau lag und die Strassen der angrenzenden Gemeinden zu überfluten drohte. Lange Zeit war die Linthebene das gefürchtetste **Malariagebiet** der Schweiz, mit Sümpfen und verlandenden Seen, die einst den grossen, zusammenhängenden Tuggener See gebildet hatten. Er war vor gut 2'000 Jahren noch Bestandteil des Zürichsees und hatte sich von diesem im Laufe eines Verlandungsprozesses abgetrennt. Noch im frühen Mittelalter waren Gemeinden wie Uznach, Reichenburg oder Schänis praktisch Seeanlieger.

Der Grund der Hochwasserproblematik und des fortschreitenden Verlandungsprozesses in der Region scheint neben den natürlichen Ursachen vor allem im Strukturwandel in der Forstwirtschaft zu liegen, denn zu dieser Zeit wurde Holz als grosse Geldquelle mit vielseitigem Verwendungszweck (Bau- und Heizmaterial sowie Rohmaterial für Manufakturen) angesehen und wurden Hänge rücksichtslos kahlgeschlagen. Diese Hänge, der stabilisierenden Bäume beraubt, lieferten das Ausgangsmaterial, das schliesslich die Linthebene zu verstopfen drohte, denn über das Linthdelta gelangte fortan Material in die Seen. Um diese Problematik zu lösen, strebte Hans Conrad Escher von der Linth die Umleitung des Flusses nach dem Vorbild der Kander bei Thun an, denn besonders das zerstörerische Hochwasser

*Der Linthkanal bei Giessen SG mit Blick ins Glarnerland kurz vor dem Eintritt in den Zürichsee. Hier soll auf einem 10 km langen Abschnitt zwischen Grynau und Bilten GL (der bis zur grossen Gemeindefusion noch untersten Glarner Gemeinde) der Kanal gemäss dem Projekt Linthwerk 3000 mit fortschrittlichen, modernen Massnahmen saniert werden. April 2005.*

von 1619 und Wiederholungen im 18. Jahrhundert waren der Bevölkerung in äusserst schlechter Erinnerung geblieben.

Mittlerweile ist der Kanal sanierungsbedürftig. Dies führte auch das **Pfingsthochwasser** 1999 dramatisch vor Augen, mit Pegelständen, die zum Teil 1.80 m über dem normalen Wert lagen. Im Jahre 2005 konnte man auf die Erfahrungen von damals zurückgreifen, und das Notfalldispositiv und 1400 Tonnen Kies konnten grossflächige Überschwemmungen und Schäden am Linthkanal verhindern. Dennoch: Unter dem Titel „Linthwerk 3000[19]" wird die Renovation und Erhaltung „eines der bedeutendsten Bauwerke der Schweiz" angestrebt. Mit diesem selbsterarbeiteten Projekt, das gegen die für sie zu weit reichenden Massnahmen des Hochwasserschutzprojekts „Linth 2000" antritt, nimmt die Linth-Escher-Stiftung auch am Swiss Mountain Water Award teil. Innovative Ansätze zur Verstärkung der Dämme, wie zum Beispiel eine neue Art von **Auflastfiltern** mit neuen Materialien, so genannten geschlammten Kiesen, die in einem Nylongewebe als eine Art Sandsack verbaut und als Bauelement betrachtet werden, sind die Motivation dazu. Wirtschaftlich interessant ist dies vor allem für die Randregion des Tals der jungen Linth, da die Kalkfabrik Netstal in das Unternehmen einbezogen wurde. Ferner zeigt der Name des Projekts, dass in grossen Zeiträumen des dritten Jahrtausends und damit auf einen weiten Horizont hinaus gedacht und geplant wird.

Besonders heikel ist allerdings das Konfliktpotential zwischen der Erhaltung dieses bauhistorischen Denkmals in seiner ursprünglichen Form und der Entschärfung der Hochwasserproblematik, der Erhaltung des wirtschaftlichen Potentials sowie den Renaturierungsmassnahmen, letztlich also zwischen den zahlreichen Interessengruppen. Die Aufweitung des Flusslaufs sowie die mögliche Schaffung von **Feucht- und Auengebieten** sind in gewissen Augen genau jene „Gefahren, denen Escher zu Leibe gerückt ist". Die Linthzeitung vom 8.6.2004 spricht von der Sicherstellung des Hochwasserschutzes bei minimalem Landbedarf – einer Problematik, die genau so aufgrund der sich widersprechenden Rahmenbedingungen nicht gelöst werden kann und im Kapitel Nachhaltigkeit weiter diskutiert wird.

Heute ist die Linthebene zwischen Weesen am Walensee und Schmerikon am Zürichsee ein touristisch stark genutztes Gebiet. Im flachen Terrain lässt sich gut Spazieren oder Fahrradfahren. In Zukunft könnte die Region für Naturfreunde aber vermehrt interessant werden, denn mit der Revision des Escher-Linth-Kanals sollen intensive Renaturierungs- und Ökologisierungsprojekte verbunden werden. Zudem bestehen schon extensiv bewirtschaftete Stellen, wie das Vogelreservat Kaltbrunner Riet. Und im Freulerpalast in **Näfels** wird eine Ausstellung über das 200jährige Bestehen des Linthwerks im Jahre 2007 öffentlich zugänglich sein.

---

[19] www.linth-escher.ch

*Die Ogna da Pardiala. August 2005.*

[20] www.regiun-surselva.ch

## Graubünden

### *Die Surselva*

Surselva: Über dem Wald. Das Bündner Tal, das die geografische Bezeichnung Surselva trägt (zu unterscheiden vom politischen Bezirk Surselva, der auch die Seitentäler Lumnezia, Safien und Medel umfasst und in 45 Gemeinden gut 25'000 Personen beheimatet[20]), zieht sich den Vorderrhein entlang, von Ilanz bis hinauf zum Oberalppass, und bietet eine Fülle von Besonderheiten, angefangen mit der Sprache. Hier spricht man eines der fünf romanischen Idiome, das **Sursilvan** (→ Sprache und Raum). Bündner Idol und Heimatdichter ist Giacun Hasper Muoth, dessen Denkmal aus grossen, Schutz vor den Bergen symbolisierenden Granitblöcken sich in der Surselver Gemeinde Brigels befindet. Ebenfalls auf Brigelser Gemeindeboden befindet sich der Fichtenurwald von **Scatlè**, dem höchstgelegenen Europas. Von Menschenhand aufgrund der Unzugänglichkeit, bedingt durch grosse Blöcke eines Felssturzes, nie bewirtschaftet, kommt er dem hohen Anspruch eines wahrhaftigen Urwalds nahe und steht seit 1909 vertraglich unter Schutz. Dazu gesellt sich in der Region der grösste historische Holzbrunnen der Schweiz, der Brunnen von **Valendas** auf der alten Route nach Ilanz durch die → Rheinschlucht. Das sanfte Geräusch von plätscherndem Wasser aus dem 5 x 10 m grossen Trog gehört einfach zu einer Berggemeinde. Als weiteres Highlight folgt die teilweise noch wilde und unverbaute Talauenlandschaft hinter dem Flussbett des Vorderrheins: Die **Ogna da Pardiala**. Der Begriff „Ogna" stammt vom romanischen Wort für Erle. Diese Erlen bilden einen Auenwald, der als Objekt Nr. 5 im Inventar der Auenlandschaften der Schweiz **internationaler Bedeutung** und als Objekt Nr. 35 nationaler Bedeutung inventarisiert und geschützt ist. Zwar überflutet der Rhein aufgrund von Kor-

## Kastanienernte in Soglio

Über die Besonderheiten der alpinen Landwirtschaft wurde schon bei der Einführung ins Alpenland gesprochen. An dieser Stelle gilt ergänzend anzumerken, dass der **Kastanie** immer ein besonderer Stellenwert bei der Ernährung der Bewohner in den Südalpen zukam. Es gibt sogar Rezeptsammlungen zum Kochen mit Kastanien.

Wenn der Geruch der Ernte im Flachland, die goldenen Farben der Lärche auf den Anhöhen und die klare, kühle Morgenluft den Herbst ankünden und die Sonne tagsüber noch angenehm wärmt, aber nicht mehr brennt, dann ist die richtige Zeit gekommen, um die bunt gefärbten Bergtäler zu durchstreifen. Die Bauern des **Val Bregaglia** nehmen zu dieser Zeit wieder ihre alte Tradition auf, die Edelkastanien zu ernten. Die Selven – die Kastanienhaine des Bergells – sind grosszügige Parkanlagen, mit grossen Abständen zwischen den Bäumen, die von goldenem Herbstlicht und Schatten umspielt werden. Die Abstände und der weitläufige Rasen sind nötig, damit die Kastanien genügend Wärme und Sonnenlicht bekommen. Hier oben im Bergell ist die oberste Höhenlage, in der die Marronisorte noch wachsen kann.

Auf einer lichtdurchfluteten Anhöhe über Castasegna, der untersten Ortschaft des Bergells, finden sich die Kastanienwälder Brentan und Plazza, mit 50 ha die grössten zusammenhängenden Selven der Schweiz. Die Familie Giovanoli steht schon den ganzen Nachmittag auf ihren Wiesen und geht der harten Arbeit der Kastanienernte nach. Wie die meisten Pächter lebt auch sie im höher gelegenen Dorf Soglio, 192 Einwohner, und bezahlt einen Pachtzins an die Gemeinde

rekturmassnahmen dieses 55 ha grosse Gebiet nicht mehr, doch der Valaterbach darf dies im Frühjahr jeweils noch tun. Dies ergibt eine kleine, aber noch immer typische Auenvegetation im Bereich zwischen den Ortschaften Rueun und Tavanasa entlang der Bahnlinie der RhB. Nicht nur die Flora ist ausserordentlich und erhaltenswert, dank ihr finden sich hier auch einige seltene Gäste aus dem Bereich der Vogel-, Insekten- und Amphibienwelt.

Castasegna. Diese Selven sind sorgfältig gepflegte Parzellen, die genau vermessen, mit Grenzsteinen versehen und im Grundbuch eingetragen sind. Dies steht im Gegensatz zum Tessin, wo die Kastanienhaine meistens Gemeindebesitz sind. In Brentan hat jeder Baum einen privaten Besitzer, der seine Geschichte genau kennt. Deshalb sind Touristen, die ohne zu fragen eifrig für die eigene Plastiktüte sammeln, nicht gerne gesehen.

Die Kastanienbäume hier sind bis zu 400 Jahre alt und können in einem guten Herbst im Maximum 100 kg Früchte hervorbringen. Die Früchte müssen innerhalb der Erntesaison, die in der Regel drei Wochen im Oktober dauert, in mehreren Etappen vom Boden aufgelesen werden. Das heisst, jeder Baum wird innerhalb dieser Periode drei- bis viermal bewirtschaftet. Begonnen wird mit den grössten Früchten. „Das macht auch viel mehr Spass bei der Ernte", meint die Mutter des Pächters Marco Giovanoli, die ebenfalls an der Erntearbeit beteiligt ist. Zuletzt bringt man dann die zu spät gefallenen Früchte ein, die aus Qualitätsgründen nicht mehr verwendet und deshalb verbrannt oder kompostiert werden.

Die Kastanien werden vielseitig verwendet. Was nicht wegen zu geringer Qualität aussortiert

*Giovanolis bei der Kastanienernte in Brentan. Oktober 2005.*

*Viele Hände helfen bei der Kastanenernte mit. Links das neu erfundene Kastaniensieb von Reno Giovanoli in Aktion. Oktober 2005.*

wird, aber dennoch für den Verkauf zu klein geraten ist, wird zu Silage verarbeitet und an die eigenen Kühen verfüttert. Die grossen, schönen Früchte gelangen in den Handel. Kaufen kann man die Kastanien entweder nass und ungedörrt, oder nach dem fünf bis sieben Wochen dauernden Dörrprozess in den Trockenhäusern, den so genannten **Cascine**. Hier werden die Kastanien konstant bei 38 – 40°C getrocknet. Dazu muss zweimal täglich mit Kastanienholz aus alten Bäumen eingefeuert werden. Das Feuer darf nur glühen und rauchen, aber auf keinen Fall brennen. Aus diesem Grund lagert das als Feuerholz deklarierte Kastanienholz zwei bis drei Jahre im Regen, der das Tannin auswäscht.

Die Giovanolis sind die einzigen Vollzeitbauern in der Gemeinde Soglio. Im Bergell als Randregion ist es schwer, sich mit der Landwirtschaft durchzuschlagen. Kastanienkulturen werden mit 15 Franken pro Baum subventioniert: Wenn man den Arbeits- und Investitionsaufwand berücksichtigt, ist dies zwar ein dankbarer, aber eben doch nur ein Tropfen auf den heissen Stein.

Die Familie setzt daher auf Diversifikation und Direktverkauf. Fleisch- und Milchprodukte werden ebenso wie die Kastanien direkt ab Hof angeboten und gelangen unter anderem an so renommierte Kunden wie das Hotel Waldhaus in Sils-Maria. Dort werden dann z.B. dampfende Gnocchi di castagne, Kastanienknöpfli, serviert. Hergestellt werden sie zu 1/3 aus dem süssen, schweren Kastanienmehl und zu 2/3 aus regulärem Weissmehl.

Ensat, Lüina, Marun und Vescuv. Klingende, exotische Namen. Sie bezeichnen die Sorten der Edelkastanien, die noch heute sorgfältig gelesen werden. Die Kastanienhaine sind nicht nach Sorten getrennt, sondern die Bäume wachsen einzeln und ungeordnet nebeneinander. Die Kastanienbauern sind dementsprechend erfahren, die einzelnen Sorten auseinander zu halten. Jede hat ihre Vorzüge und Nachteile und wird für spezifische Zwecke geerntet und verwendet. **Maronessa** heisst die Königin der Edelkastanien, die sehr grosse Früchte, fast kindsfaustgross, hervorbringt. Die Giovanolis besitzen nur einen einzigen

Baum dieser Sorte. Gleich daneben wachsen die Marun (Marroni), süsse Edelkastanien mit einem höheren Zuckergehalt, die deutlich kleiner sind und sich durch einen viereckigen „Nabel" (Hilum) auszeichnen. Am schwierigsten zu verwenden ist die Vescuv, die Bischofskastanie. In der Schale befinden sich oft drei kleine Früchte, was es schwieriger macht, die Kastanien zu rösten. Unproblematischer ist die Ensat, die unter der Schale eine ganze, grosse Frucht aufweist. Schon trägt Marco Giovanoli einen prall gefüllten Jutesack zur Cascina, deren Rauch für den Dörrprozess sich den ganzen Tag über verbreitet und deren charakteristischer Geruch über dem Dorf in der Luft gelegen hatte.

Kastanien im Verlaufe des **Strukturwandels**: Die Kastanie als Grundnahrungsmittel hat eine lange Tradition. Sie war die tägliche Mahlzeit der einfachen und armen Leute und speziell während der Weltkriege, als die Schweiz vermehrt auf einheimische Ressourcen angewiesen war, gut nachgefragt. Sie hat praktisch gleich viel Stärke wie Kartoffeln und Getreide, bewegt sich im Eiweissgehalt dazwischen und übertrifft beide deutlich im Zuckergehalt. Mit der verstärkten Vernetzung des Transportwesens und dem Strukturwandel durchliefen die Kastanienselven einen Prozess des Vergessens, der erst seit Ende der 1980er Jahre etwas aufgehalten wurde. Das „**Projekt Kastanienhain**" versucht im Sinne der Humanökologie, die alte Tradition der Kastanienbewirtschaftung am Leben zu erhalten. Dies ist nicht zuletzt auch kulturhistorisch wertvoll und nimmt eine der Aufgaben der Landwirtschaft für die Allgemeinheit wahr, alte Kulturen nicht zu vergessen. Letztlich zeigt der Kastanienanbau auch, dass das weit verbreitete Vorurteil, die Landwirtschaft zerstöre die Artenvielfalt, falsch ist. Gerade in Berggebieten erhöht eine Kulturlandschaft die Biodiversität. Fällt diese brach, nehmen Verwaldung und Verwilderung rasch zu, in der Schweiz momentan pro Jahr um gut 48 km$^2$ (NZZ 31.12.2005/1.1.2006), und viele in der Kulturlandschaft heimische Lebewesen finden ihren angestammten Lebensraum plötzlich nicht mehr vor.

Am Rande sei hier eine kleine Geschichte zur ewigen Bewegung unserer Erde erzählt. Es ist ein grundlegendes Gesetz, dass die Erde sich um ihre eigene Achse dreht. Der **Drehimpuls L** muss für die Erde erhalten werden. Somit ist die Rotationsgeschwindigkeit der Erde vom Abstand der Massenverteilung zum Erdmittelpunkt umgekehrt proportional abhängig – wie man das von einer Eiskunstläuferin kennt, die eine Pirouette beschreibt: Je näher die Masse um ihr Zentrum verteilt ist, desto schneller dreht sie sich. Genau dasselbe Phänomen gibt es (in sehr viel kleineren Dimensionen, aber dennoch messbar) auch im System Erde: Jeden Herbst verlieren die Laubbäume ihre Blätter, pro Baum doch immerhin einige Kilogramm Masse, die einige Meter näher zum Mittelpunkt der Erde transferiert werden. Addiert man dies über alle Bäume auf, so erhält man riesige Massentransfers, die bewirken, dass

> **Drehimpuls:** Der Drehimpuls einer rotierenden Bewegung ist physikalisch definiert aus dem Produkt von Trägheitsmoment und Winkelgeschwindigkeit, wobei sich das Trägheitsmoment aus Masse und Quadrat des Radius des Untersuchungsgegenstandes zusammensetzt:
> $$I = \sum m_i r_i^2 \text{ und } L = I \cdot \omega.$$

sich die Eigenrotation der Erde jeweils im Herbst (der Nordhalbkugel) beschleunigt und erst mit dem Spriessen neuer Blätter im Frühling verlangsamt. Ursache für diesen Effekt ist, dass die grösste Kontinentalfläche auf der Nordhalbkugel konzentriert ist und die ausgedehnten Laubwälder, speziell die borealen Wälder des Nordens, im Herbst mehr Masse abwerfen, als auf der Südhalbkugel zur selben Zeit ausspriesst.

Zudem befindet sich die Erde im Winter zur heutigen Zeit im Perihel, das heisst am sonnennächsten Punkt auf ihrer elliptischen Umlaufbahn. Dieses fundamentale Gesetz (das erste Kepler'sche Gesetz) der Elliptizität der Erdbewegung um die Sonne führt einerseits dazu, dass die Winter momentan etwas abgeschwächt werden. Andererseits wird durch die geringere Distanz zur Sonne die Erdumlaufgeschwindigkeit um die Sonne im Winterhalbjahr gegenüber dem Sommerhalbjahr beschleunigt und nimmt erst wieder ab, wenn sich die Erde zum Aphel, dem sonnenfernsten Punkt, hinbewegt. Wir Menschen nehmen diese periodische Beschleunigung des Lebens kaum wahr, doch zeigt dies, wie sensibel unser Planet auf kleinste Veränderungen reagieren kann.

In Castasegna begegnet man auch dem einzigen Zeugnis des geistigen Vaters des ETH-Gebäudes in Zürich, **Gottfried Semper**, auf der Alpensüdseite. Semper soll dem Zollinspektor Agostino Garbald hier an der schweizerisch-italienischen Grenze ein standesgemässes Haus bauen, das 1862 von ihm entworfen worden und erst 1864 bezugsfertig ist (Semper hat es selber nie zu Gesicht bekommen). Das im Stil eines italienischen Landhauses gehaltene Gebäude wird unter dem Namen **Villa Garbald**[21] bekannt und wird auch als Schwesterbau zur ebenfalls von Semper erbauten Sternwarte in Zürich bezeichnet. Mitte des 20. Jahrhunderts steht es lange leer, bis erst 1997 sich die Fondazione Garbald wirklich um den einstigen Stiftungszweck bemüht und sich für das Sempergebäude einzusetzen beginnt: Die ganze Familie Garbald war sehr wissenschaftlich interessiert, besonders an den Naturwissenschaften. Daher verfügten die Kinder von Agostino Garbald, eines davon der Fotograf Andrea Garbald (mit dessen Fotografien auch das Buch „Grenzland Bergell" von Bauer und Frischknecht illustriert worden ist), dass im Andenken an die Eltern die Villa ein Zentrum für Kunst, Wissenschaft und Forschung werden solle. Zusammen mit dem Engagement der ETH Zürich wurde die Villa schliesslich restauriert und ein Neubau im Garten angefügt. Bei diesen Restaurationsarbeiten kamen auch die ursprünglichen Decken- und Wandbemalungen wieder zum Vorschein. Seit 2004 wird das Grundstück von der ETH als Seminarzentrum respektive „Denklabor" genutzt.

*Die Bischofskastanie Vescuv. Oktober 2005.*

[21] www.garbald.ch

*Panoramen auf Maloja und den Silser See, vom Castello Belvedere aus gesehen. Oktober 2005.*

## *Die Gletschertöpfe von Maloja*

Der Malojapass gehört zu den von alten Kräften geschaffenen Passlandschaften der Schweiz, deren Geschichte hier erzählt wird. Aus der letzten Eiszeit stammen die so genannten **Transfluenzen**, die Übertiefungen von Sätteln durch die grossen Gletscher. Hier hat der Gletscher Rundhöckerlandschaften auf 1800 m ü.M. hinterlassen, eine glaziale Erosion des kristallinen Granit- und Gneisuntergrunds mit der typischen U-Form des Engadins und den Seenlandschaften mit dem Lej da San Murezzan, da Champfér, da Silvaplana und dem Lej da Segl. An dessen Westufer bildet das Dorf Maloja das Ende des Engadins. Die Seen sind infolge der glazialen Überprägung, vermutlich aus Toteis, entstanden und bildeten ursprünglich einen einzigen See. In dieser steilen Topografie liefern die hohen Erosionsraten viel Sedimentationseintrag in die Seen, deren Zuflüsse markante, typisch geformte **Deltas** bilden und die Seen langsam aber sicher auffüllen. Ein schönes Beispiel ist noch heute an der Ostseite des Silser Sees mit der kleinen Siedlung Isola zu sehen. Speziell ist zudem die Steilstufe ins Val Bregaglia mit gut 400 m Höhenunterschied bis nach Casaccia. Der Malojapass bildet also keinen eigentlichen Abschluss des Engadins, sondern fällt abrupt hinunter ins Bergell, was im Engadin starke klimatische Auswirkungen (Einfluss aus dem Süden: u.a. die „Malojaschlange") ergibt, sodass man das Oberengadin klimatisch schon dem Alpensüdhang zuordnet. Diese Feststellung hat schon Albert Heim im 19. Jahrhundert gemacht.

Die **Gletschertöpfe** von Maloja gehören zu den berühmtesten der Schweiz, dennoch sind sie

---

**Transfluenz:** Typische Talform, von eiszeitlichen Gletschern überschliffen, die Passlandschaften erniedrigten. Transfluenzen findet man z.B. am Grimselpass oder am Malojapass hinunter ins Bergell.
**Diffluenz:** Aufspaltung von Gletscherflüssen während der Eiszeiten an Talgabelungen, z.B. des Rheingletschers bei Sargans. Ergeben komplexe Eisstrommuster.
**Konfluenz:** Vereinigungen von benachbarten Gletscherflüssen während der Eiszeiten. Konfluenzen findet man bei Ziegelbrücke (Zusammenfluss des Rhein- und des Linthgletschers) sowie am Zusammenfluss von Aare- und Rhone-Gletscher.

nicht einfach zu finden. Von der Kantonsstrasse her sind sie nicht ausgeschildert, nur das Castello Belvedere wird hinter der Post ausgewiesen. Doch hier hinauf steigt man auch zu den „Marmitte dei giganti", den Riesenkochtöpfen, wie die Gletschertöpfe hier genannt werden, die Mitte des 19. Jahrhunderts entdeckt und Schritt für Schritt freigelegt wurden. Sie wurden gebildet, als zum Ende der letzten Eiszeit die sich zurückziehenden Gletscher, insbesondere der Fornogletscher, Schmelzwässer lieferten. Diese waren mit Schutt und Geröll aller Grössen angefüllt. Trafen diese Suspensionen, die durch ein Netz aus Eisspalten gereist waren, auf den Felsuntergrund, wurde dieser heftigst erodiert. Das Resultat sind die zum Teil über zehn Meter tiefen Gletschertöpfe.

Im **Castello Belvedere** findet sich in den unteren Stockwerken Platz für temporäre Ausstellungen, während im Turmzimmer eine Dauerausstellung untergebracht ist, die umfassend und fächerübergreifend die Geschichte des Malojagebiets erzählt. Begonnen wird mit dem ausgehenden Erdaltertum, dem Paläozoikum, als vor gut 300 Millionen Jahren der kristalline Gesteinsuntergrund gebildet wurde: Gneise aus der Kollision der Kontinentalplatten zum Superkontinenten Pangäa einerseits, andererseits intrusive Granite wie z.B. der Juliergranit aus der Gegend des Piz Güglia und des Julierpasses. Es folgt das Erdmittelalter, das Mesozoikum, als Pangäa infolge einer generellen Bewegungsumkehr wieder in einzelne Platten auseinanderbrach. Zwischen den Kontinenten Afrika und Europa wurden vor ungefähr 160 Millionen Jahren im Tethys-Meer neue Sedimente abgelagert, die sich heute noch an vielen Stellen über dem Kristallin befinden. Ozeanische Anteile des afrikanischen Kontinents bilden heute das so genannte **Ostalpin**, das am höchsten gebaute Element der Schweizer Alpen. Eine kleine Gesteinssammlung in der Ausstellung erlaubt dem Besucher, sich die Unterschiede genauer zu betrachten und die einzelnen Gesteine aus der Nähe auf ihre Zusammensetzung und optisch sichtbaren Besonderheiten hin zu untersuchen.

Desweiteren gibt es den **Bergeller Granit**, ein junges Intrusivgestein tertiären Alters (30 Millionen Jahre). Der Magmakörper hat die unterschiedlichen Gesteinslagen durchschlagen und findet sich nun im Bergell an der Oberfläche. Durch die Hitze der auskristallisierenden Magmen wurde auch das kalte Nebengestein verändert. Diesen Vorgang bezeichnet man als Kontaktmetamorphose; sie sticht vor allem im Bereich des Val Malenco hervor. Die Bergeller Intrusion hängt zusammen mit den Bewegungen an der **insubrischen Linie**, der Trennlinie zwischen den Gesteinen der Alpen und der Südalpen, also jenem Bereich der Alpen, der aus Gesteinen des afrikanischen Kontinents aufgebaut ist und südlich der insubrischen Linie liegt.

Doch mit den gesteinsbildenden Vorgängen sind die dynamischen Prozesse der Landschaftsgestaltung nicht abgeschlossen. Die Einflüsse von Hydrosphäre, Atmosphäre und Biosphäre inklusive des Menschen (Anthroposphäre) wirken ständig auf die Erdoberfläche ein und verändern sie kontinuierlich. Dabei können die Prozesse langsamer und dauerhafter Natur sein, oder aber katastrophale, alles umwälzende Ereignisse wie Lawinen, Erdrutsche, Murgänge usw. darstellen.

Ein erdgeschichtliches Archiv bilden die Torfmoore. Deren Pollenanalyse kann die Vorgänge der letzten gut 11'000 Jahre, während derer das Engadin hauptsächlich mit der Lärche und der Arve bewaldet war, detailliert auflösen.

Zuletzt wird in der Ausstellung die rezente Erdgeschichte hoch auflösend dargestellt: Ein Bohrkern, der 1997 aus dem Lej da San Murezzan geholt wurde, bildet die Sedimentationsgeschichte der letzten 100 Jahre ab und zeigt in zeitlich fein aufgelösten Details die beginnende Überdüngung der Engadiner Gewässer aufgrund der Phosphate in den Waschmitteln ab 1900, oder auch so einschneidende Ereignisse wie die Hochwasser aus den 1950er Jahren oder von 1987. Die Lagen aus einem Bohrkern eines alpinen Süsswassersees enthalten Informationen ähnlich jenen der Jahrringe eines Baumes: Sie zeigen die vollständige Geschichte in jährlicher Abfolge an. Die einzelnen, abwechselnd hellen (Sommer) und dunklen (Winter) Ablagerungen nennt man **Warven**. Sie setzen sich aus jahreszeitlich unterschiedlichen Sedimenteinträgen zusammen. Im Sommer herrscht helles Material aus Gletschererosion vor, während im Winter organisches Material abstirbt und auf den Seeboden absinkt.

> **Warve:** Dünne, klastische Sedimentlage, die nach oben von grob zu fein und von hell nach dunkel übergeht. Warven kamen in Schmelzwasserseen vor den Gletschern zur Ablagerung und repräsentierten jeweils eine Jahreslage, wobei die hellere sandige Lage im Sommer, die dunklere tonige im Winter abgelagert wurde. Heute bezeichnet man auch die Jahresschichtung in Karbonatseen (z.B. Zürichsee) als Warven.

## Gletschergarten Cavaglia

Als kleine Bahnstation an der Bernina-Südrampe zwischen Poschiavo und der Alp Grüm existiert der Flurname **Cavaglia** auf der Landeskarte. Über die Passstrasse ist Cavaglia nicht zu erreichen, aber dem Bahnreisenden auf der langen Strecke vom Val Poschiavo auf die Bernina Passhöhe bietet es sich fast an, eine Stunde oder zwei Aufenthalt einzulegen. Selbst eine kleine, provisorisch eingerichtete Bar gibt es hier, die den Touristen verpflegt. Danach ist ein kurzer Marsch entlang dem Bahntrassee bis zur Wegkreuzung angebracht, von wo aus ein kleiner Saumpfad eine Anhöhe hinauf abzweigt, der mit einem Wegweiser zum Gletschergarten versehen ist. Es ist eine sorgfältig und aufwändig herausgeputzte, ganz neue Anlage, die neben Gletschertöpfen ein Biotop und dazu eine sagenhafte Aussicht auf das Val Poschiavo einerseits und nach einer 180°-Drehung auf den Piz Palü andererseits bietet. Entstanden sind die Gletschertöpfe als Erosionsformen am Untergrund des Gletschers während der Eiszeiten. Unter dem Gletscher abfliessendes Schmelzwasser steht unter hohem Druck und kann eine Menge an Gletscherabrieb und Geröll mitschleppen, welche diese bemerkenswerte Erosionsarbeit geleistet haben, die heute jedermann sehen und nachvollziehen kann.

Geologisch ist das Gebiet vor allem dadurch interessant, dass wir uns hier im Bereich des afrikanischen Kontinents bewegen. Die **ostalpinen Decken** – wie erwähnt, die am höchsten aufgestapelten Bauelemente der Alpen – sind Bestandteil des afrikanischen Kontinents, der in diesen Bereichen gut 100 km auf den europäischen überschoben wurde. Das Ostalpin besteht hier aus Sedimentschichten, die in Ostbünden im Bereich von Bernina-Poschiavo an die penninischen Decken grenzen. Man zählt diese Sedimente zur Err-Bernina-Decke des Unterostalpins. Markant ist die tektonische Grenzlinie in SW-NE-Richtung, die das Engadiner Tal axial ausrichtet, die Gesteine in der Horizontalen und Vertikalen massiv gegeneinander verschoben und das Entwässerungssystem hin zur Donau verlegt hat. Unter den Sedimentschichten befindet sich ein mächtiger Kristallinkern. Diese Kombination führt zu einer ausserordentlichen Gesteinsvielfalt innerhalb der Berninadecke. Dementsprechend findet man an Aufschlüssen und im Gletschergeröll Granite, Gneise, Ein- und Zweiglimmerschiefer sowie Serpentinite mit ihrer hervorstechenden, grünen Farbe, die sich speckig anfühlen und vom aufmerksamen Wanderer in der Region am Bernina leicht entdeckt werden können.

*Die Ebene von Cavaglia mit dem Palü-Bach. Der Wildbach oberhalb des Palü-Stausees kann während Sommergewittern grosse Geschiebemengen transportieren, die das Öffnen der Schütze in der Staumauer bedingen. Die Ablagerungen finden sich dann natürlicherweise in der Ebene von Cavaglia. Oktober 2005.*

*Panoramablick aus einem Gletschertor hinaus auf das Vorfeld mit dem Schmelzwasserbach. Morteratsch-Gletscher, Oktober 2005.*

## Gletscherlehrpfad Morteratsch

Direkt bei der Station Morteratsch der RhB-Berninastrecke beginnt ein **Lehrpfad**, welcher zur Entdeckung eines Gletschers einlädt und eine beispielhafte Gletscherlandschaft beschreibt und erklärt. Zwar hat sich auch der Morteratschgletscher seit seinem Höchststand während der Kleinen Eiszeit Mitte des 19. Jahrhunderts um über 2 Kilometer zurückgezogen, doch gehört er immer noch zu den leicht erreichbaren, bilderbuchartig ausgeprägten Gletschern der Schweiz. Die Gemeinde Pontresina hat in Zusammenarbeit mit den Glaziologen der Universität Zürich ein ausführliches Begleitbuch sowie eine kleine Broschüre herausgegeben. An dieser Stelle sei deshalb nur eine kurze Übersicht gegeben.

**15 Haltepunkte** erläutern dem Beobachter auf dem Weg von der Bahnstation zur Gletscherzunge die Umwelt. 5 weitere Stationen sind auf dem Pfad zur auf 2495 m gelegenen Bovalhütte positioniert. Diese Routenvariante bietet eine herrliche Übersicht über den Gletscher. Alle 20 Haltepunkte sind im Gelände mit den entsprechenden, mit dem Buch übereinstimmenden Nummern markiert, wobei zu bemerken ist, dass nicht (mehr) alle 20 Stationen auf dem Weg zu finden sind und deshalb Ausschau nach den nächsten Tafeln gehalten werden sollte.

Die Haltepunkte 1 und 2 befassen sich mit der eiszeitlichen Vergangenheit des Morteratschgebietes. Am Ende der letzten, der so genannten Würm-Eiszeit, zogen sich die Gletscher wieder in die Alpen zurück. Dies geschah aber nicht kontinuierlich, sondern in einzelnen Stadien, während derer die Gletscher infolge einer Abkühlung der Atmosphäre immer wieder deutlich vorstiessen. Man spricht vom **Stadium** von Pontresina vor ungefähr 12'000 Jahren, als der Morteratschgletscher nochmals bis auf die Höhe der Ortschaft vorgestossen war. Entsprechende Moränenwälle, Lockerschutt, der sich deutlich von den Felswänden abhebt, können hoch über dem Talboden entdeckt werden. In der Talmündung findet man an beiden Hängen jüngere Moränensysteme. Das sind die Zeugen der Kleinen Eiszeit, als der Morteratschgletscher um 1860 nochmals bis fast zum Haltepunkt 2 vorgestossen war. Die Beschreibung der Moränen im Gelände erlaubt eine präzise

TYPLANDSCHAFTEN

Kartierung der Gletscherhochstände und somit Abschätzungen über Vergletscherungen der Region respektive der ganzen Schweiz und über das entsprechend dazugehörende Klima. Gletscher sind sensible Klimaarchive, die der Wissenschaft viele Erkenntnisse liefern können!

**Messungen** an der Gletscherzunge werden seit 1878 betrieben. Am Beginn des Weges zur Gletscherzunge ist der Ausgangspunkt der Messung mit einer Tafel markiert, und sukzessive in Abständen von Dekaden kann der Gletscherschwund im Rahmen der Klimaveränderung „erwandert" werden. So kann man sich anschaulich vergegenwärtigen, wie dramatisch ein Gletscher auf den relativ geringen Temperaturanstieg von durchschnittlich 0.5 bis 0.7°C reagiert.

Auf dem Weg begleiten uns – im Herbst goldgelb verfärbt und sich langsam auf dem Boden sammelnd – die feinen Nadeln der Lärchen, sowie die kleineren, immergrünen Arven. Beide Baumarten haben lokal im Engadin einen hohen Nutzwert, unter anderem auch zur Holzverarbeitung (natürlich darf im Morteratschgebiet kein Holz geschlagen werden!). Diese Bäume bilden die offensichtliche, sich aber nur langsam in einem Gletschervorfeld ansiedelnde Vegetation. Viel subtiler und daher nicht so leicht zu erkennen sind hingegen die vielen Pionierpflanzen, die sich rasch nach der Freigabe eines Geländes durch den Gletscher ansiedeln und es in Beschlag nehmen. Haltepunkte 5, 7 und 11 künden von diesen Pflanzengesellschaften, die sich im Vorfeld eines Gletschers ansiedeln können.

Von der Geologie und der Geomorphologie des Geländes erzählen die Haltepunkte 8 und 9. Sie listen detailliert auf, wie der Gletscher aufgrund seines Gewichts, des Schmelzwassers und der darin mitgeführten Partikel den Untergrund bearbeiten, erodieren und darauf seine Spuren

*Rundhöcker am Wegrand des Lehrpfades. Oktober 2005.*

*Licht- und Farbenspiel im Inneren des Morteratsch-Gletschertores. Oktober 2005.*

hinterlassen kann. Diese glaziale Überprägung lässt Rückschlüsse auf Fliessrichtung und -geschwindigkeit, Grösse und Materialtransport zu. Sehr schön am Wegrand zu sehen sind verschiedene **Rundhöcker** und erratische Blöcke.

Schliesslich erreichen wir die Gletscherzunge und das **Gletschertor** (Haltepunkt 15). Mittlerweile ist das Gletschertor sogar zu einem Gletschertunnel geworden, da sich die Zunge infolge Abschmelzens weiter von den Talflanken zurückgezogen hat und der Gletscherbach den Gletscher leicht seitlich verlässt. Dies ermöglichte es, dass das Gletschertor auf zwei Seiten schmolz und mittlerweile praktisch neben dem Gletscher liegt. Das Schmelzwasser sucht sich neue Ausflüsse, und bald wird sich ein neues Gletschertor an einer anderen Stelle bilden, während das alte abschmelzen oder infolge Instabilität zusammenbrechen wird. Dementsprechend ist generell immer grosse **Vorsicht** in der Nähe eines Gletschertores angebracht! Plötzliche Ausbrüche von Gletscherwasser gehören zu den Naturgewalten, die in glazialen Gebieten eine Gefahr für den Menschen und seine Infrastruktur darstellen.

### *Klimalehrpfad Muottas Muragl – Alp Languard*

Rund um Pontresina werden die natürlichen Prozesse besonders stark durch die Klimaveränderung beeinflusst. Wurde das Dorf anfänglich noch durch Gletschervorstösse bedroht, so sind es heute vielmehr auftauender Permafrost, instabile Hänge, Murgänge und Lawinen; Kernpunkte, die

> **Rundhöcker:** Sanft abfallende, stromlinienförmige Hügel mit deutlich flacherer Luv- und steilerer Lee-Seite. Obwohl topografisch identisch mit einem Drumlin, ist die Genese sehr unterschiedlich. Ein Rundhöcker ist ein Erosionsprodukt, geformt durch subglazialen Abtrag mittels Abrasion, Anfrieren des Gletschers am Untergrund und Herausreissen von Gesteinsfragmenten.

Sorgen bereiten und gegen die sich die Gemeinde schützen muss. Pontresina ist hinsichtlich Vorkehrungen vor Naturgefahren eine Pioniergemeinde. Die entsprechenden Schutzbauten sind in der Umgebung gut zu erkennen. Der **Lawinenschutzdamm Giandains** sticht gegen den Hang des Schafbergs hervor. Mit dem Gletscher- und dem Klimalehrpfad hat Pontresina gleich zwei lehrreiche und unterhaltsame Wanderwege zu bieten. Und eine Wanderung ins Val Roseg, ein verkehrsfreies, knapp 10 km langes Tal mit dem Ende am Tschiervagletscher, offenbart die Hochwasserschutzbemühungen im Bachbett der Uva da Roseg.

Die Mehrheit der Touristen beendet ihre Wanderung ins Val Roseg am Hotel Roseg auf 1999 m ü.M. Doch wer wirklich in eine Pionierlandschaft der sich zurückziehenden Gletscher vordringen möchte, sollte die Mühe auf sich nehmen, bis zum namenlosen See vorzudringen, der sich direkt vor dem Roseggletscher gebildet hat. Es ist noch nicht lange her, dass sich Tschierva- (aus Osten) und Roseggletscher (aus Süden) vereinigten und gemeinsam das Rosegtal ausschliffen. Mittlerweile sind beide Gletscher weit in die Hänge zurückgeschmolzen. Der Tschiervagletscher hat dabei hohe **Ufermoränen** hinterlassen, die den Schmelzwasser-Abfluss des Roseggletschers gestaut und einen See aufgefüllt haben – dessen möglicher Ausbruch stellt eine weitere natürliche Bedrohung im Zeichen des Klimawandels dar, und in der Tat gab es schon Ausbrüche, die zu Überschwemmungen geführt haben. Am Ende des Sees kalbt der Roseggletscher manchmal spektakulär. Selbst im Spätherbst treiben noch Eisschollen durch den See und spiegeln die Sonne, die gerade noch über die höchsten Gipfel Rätiens zu steigen vermag: Den Horizont bilden hier vereint Piz Roseg, Scerscen und Bernina.

Der erste Klimaweg Europas wurde in Pontresina im Jahre 1998 eröffnet. Er verbindet Muottas Muragl über den Weg zur Segantini-Hütte mit der Alp Languard und bietet interessante Lehrtafeln, insgesamt 15 an der Zahl, die unregelmässig entlang der 9 Kilometer langen Wanderung an jenen Punkten aufgestellt sind, wo sich die erklärten Phänomene direkt beobachten lassen. Gespickt sind die Tafeln mit Fotos aus vergangenen Zeiten. Der direkte Vergleich offenbart dem Beobachter die teils drastischen Veränderungen in der Alpenwelt in einem geologisch unverhältnismässig kurzen Zeitraum. Die 15 Tafeln be-

*Namenloser Gletschersee, aufgestaut durch die Ufermoränen des Tschiervagletschers. Oktober 2005.*

*Links: Die Segantini-Hütte im weichen Abendlicht, gestreut von aufziehendem Nebel der „Maloja-Schlange". Die Malojaschlange ist eine typische Erscheinung des südlich geprägten Klimas des Engadin: Durch den offen abfallenden Malojapass können Luftmassen (ohne Überwindung einer Bergkuppe) direkt bis ins Engadin aufsteigen und kondensieren. Hinter der Hütte befindet sich ein Posten des Klimalehrpfades. Am rechten Bildrand sind die mächtigen Lawinenverbauungen am Schafberg erkennbar, welche die gefährdete Gemeinde Pontresina schützen sollen.*
*Rechts: Der Blockgletscher von Muragl auf 2700 m Höhe ist Mitte Oktober schon leicht von einer Schneeschicht überzuckert. Dadurch kommt seine Morphologie besonders gut zur Geltung. Interessant der Vergleich, wenn man den Blockgletscher in grauer Farbe – ohne Schneeschicht – im Sommer besucht. Er ist auch ein Posten des Klimalehrpfades. Oktober 2005.*

schreiben die Anpassung der Bewohner an den Alpenraum und die ständige, sich beschleunigende Dynamik aufgrund der Topografie (Erosion) und des Klimawandels (auftauender Permafrost), dessen natürliche und anthropogene Ursachen untersucht werden. Sie erklären aber auch die Funktionsweise des Treibhauseffekts und dessen Verstärkung durch die Handlungen des Menschen sowie die dadurch möglichen Veränderungen und Konsequenzen. Sie stellen schliesslich – ganz wichtig – all die Verknüpfungen zwischen Treibhauseffekt, zusätzlicher Erwärmung, auftauendem Permafrost, Verlagerung der Schneedecke und Veränderung des Wasserhaushaltes und damit der Vegetation her. Zu den besonders gut beobachtbaren Phänomenen entlang des Klimalehrpfades zählt der **Blockgletscher Muragl**, der sich an den Nordhang des Piz Muragl im gleichnamigen Tal kurz vor dem kleinen, gleichnamigen See anschmiegt und sich besonders nach leichtem Schneefall besonders gut von seiner Umgebung abhebt. Wer sowohl diese Form als auch den kleinen, mystisch dunkel schimmernden See aus einer erhöhten Perspektive sehen will, dem sei der Umweg über den Höhenweg von Muottas Muragl in Richtung Fuorcla Muragl und der anschliessende Abstieg ins Tal zurück zum Klimaweg empfohlen.

*Abend auf der Segantini-Hütte, in der Mitte des Klimalehrpfades von Muottas Muragl zur Alp Languard. Der Sonnenuntergang hinter dem Piz Julier schickt die letzten Strahlen zur Berninagruppe, während aus dem Tal der Nebel heraufkriecht. Gut zu erkennen der Piz Bernina rechts mit dem Biancograt. Oktober 2005.*

*Die Kalkfelswand des Creux-du-Van ist von Le Soliat aus leicht erreichbar. Juli 2005.*

## Neuchâtel

### Der Creux-du-Van

Man kann ihn zu Fuss erkämpfen oder auch recht bequem bis zur **Ferme du Soliat** auf 1382 m ü.M. hinauffahren. Wer sich für Letzteres entscheidet, durchquert von Neuchâtel her das **Val de Travers** bis nach Couvet und zweigt dort auf eine kleine Nebenstrasse ab, die rasch an Höhe gewinnt und einen prächtigen Ausblick auf das kleine Juradorf gewährt. An mehreren Abzweigungen heisst es, sich für die richtige Variante zu entscheiden und etwas Entdeckergeist zu besitzen, um auf der immer schlechter und schmaler werdenden Strasse bis zum Ziel zu gelangen. Die Mühe ist es jedenfalls wert, und eine Erfrischung (oder auch eine mögliche Übernachtung) bietet der Alpbetrieb auf der Jurahöhe ebenfalls.

Von hier aus gilt es nur noch wenige Höhenmeter zu Fuss zu bewältigen, um eine der grössten geologischen Attraktionen des Neuenburger Jura zu bestaunen. Der **Creux-du-Van** legt den Aufbau des **Faltenjuras** bloss und bietet Einblick in die Schichtabfolgen der Malmepoche des Jura und der Kreide. (Hier gilt es wiederum zu bedenken, dass der Begriff Jura sowohl eine geografische Orts- als auch eine geologische Altersbezeichnung ist und daher eine **Typlokalität** darstellt.) Die 160 m steil abfallende, praktisch senkrechte und gebogene Wand bildet eine harte Bank aus Malmkalk[22], welche der Erosion besser als weiches Gestein – wie die darunter liegenden Mergel – widerstehen kann. Es ist eine einzigartige Grossstruktur, in die man hier hineinblickt: Die **Antiklinale** der Montagne de Boudry – Creux-du-Van, die von der Universität Neuchâtel seismisch untersucht wurde. Die Antiklinale taucht anschliessend in die **Areuseschlucht** ab, wo jura- und kreidezeitliche Gesteine anstehen, und setzt sich dann gegen den Solmont nach Norden hin

> **Antiklinale:** Bezeichnung mit stratigrafischer Bedeutung innerhalb einer Falte: Eine Antiform, in der sich das jüngste Gestein oben und das älteste unten befindet, d.h. die ältesten Schichten liegen im Kern der Falte, die Jüngungsrichtung erfolgt normal nach oben.

---

[22] www.unine.ch

TYPLANDSCHAFTEN

fort. Der Zusammenschub solcher Falten steht in engem Zusammenhang mit der Alpenbildung, als durch die fortschreitende Kollision der afrikanischen mit der europäischen Platte der Platz immer enger wurde und infolge der tektonischen Kräfte gegen Ende der alpinen Orogenphase schliesslich auch das Gebiet des heutigen Juras verkürzt und aufgefaltet wurde. Oft brach das Gestein entlang von Verwerfungen. Anhand der ebenfalls verfalteten, jüngsten Ablagerungen der Molasse im Känozoikum wird klar, dass der Jura erst gegen Ende der Alpenfaltung in Mitleidenschaft gezogen wurde. Man spricht von Altern von 8 – 10 Mio. Jahren.

Die **Entstehung** des Creux-du-Van stellt man sich so vor: Entlang einer dieser Verwerfungen im Jura entstand durch Erosion eine Kerbe, die sich nach und nach in der entstandenen Schlucht fortsetzte. In der Glazialzeit reichte der Rhonegletscher – man spricht als Ableger auch vom Creux-du-Van-Gletscher – bis hierhin. Er hatte sowohl die Fähigkeit, das Geröllmaterial abzutransportieren, als auch selber erodierend tätig zu sein. Nach dem Gletscherrückzug musste sich die Areuse ein neues Bett suchen, destabilisierte die Flanken des Felsenzirkus und gab dem Creux-du-Van seine grosse Form.

Neben der Geologie bietet er auch ein interessantes **Mikroklima**. Auf der Karte findet man eine Quelle mit der Bezeichnung „**Fontaine froide**" am Fusse des Felsenzirkus. Da der Name Programm ist, liefert sie der Umgebung nur sehr kaltes Wasser, das die Temperatur der Umgebung reduziert und das Wachstum verlangsamt. Dementsprechend kann man beobachten, dass an den entsprechenden Stellen die Vegetation geringer und von kleinerem Wuchs ist. Man geht sogar davon aus, dass in diesem Gebiet **Permafrost** herrscht, der Untergrund im Boden also das ganze Jahr über gefroren ist. Ferner kann man mit einigem Glück auch Wildtiere wie zum Beispiel Steinböcke (am besten abends!) beobachten.

*Trockensteinmauern in der Gegend des Creux-du-Van. Bei der Anfahrt von Couvet lassen sie sich zahlreich beobachten. Juli 2005.*

161

### Die Areuse-Schlucht

Neben dem Creux-du-Van gilt im Val de Travers vor allem die **Schlucht der Areuse** als Naturschauspiel, das es unbedingt auf Schusters Rappen zu besichtigen gilt. Die Schlucht ist von zwei Seiten her gut zugänglich, sowohl von **Noiraigue** („schwarzes Wasser") als auch von **Boudry** her. Die gesamte Distanz ist in gut drei Stunden zu bewältigen. Allerdings gibt es auch die Möglichkeit, ein privates Fahrzeug in der Nähe des Kraftwerks von Moyats bei Champ-du-Moulin abzustellen und den Weg in die Schlucht so abzukürzen. Das Highlight der Schlucht sind die Wasserfälle bei „Saut de Brot" und die alte Steinbogenbrücke. Hier ist der Übergang der natürlichen zur künstlich gefassten und vom Menschen kontrollierten Areuse markant.

Der hintere Teil der Schlucht ist noch ursprünglich und der Areuse selbst überlassen. Allerdings braucht man nur wenige Meter flussabwärts zu gehen, um zu erkennen, ab welcher Stelle das Flüsschen künstlich geführt wird: Man bemerkt Uferverbauungen und künstliche Schwellen, grosse industrielle Gebäude und Wasserfassungen. Ingesamt gibt es mehrere Kraftwerke, die Elektrizität aus **Wasserkraft** produzieren und zugleich für die beiden in der Nähe gelegenen Städte Neuchâtel und → La Chaux-de-Fonds einen Teil des benötigten **Trinkwassers** pumpen.

Die Areuse folgt einer Verwerfung, die in der grossen Antiklinalstruktur besteht. An den Felswänden in der Schlucht kann man verschiedene morphologische Elemente erkennen, die auf diese Bruchzone hinweisen. Sie zeigen, dass die Erdkruste an der Oberfläche in der Vergangenheit sichtbare Wunden davongetragen hat. Verursacht wurden sie durch die Spannungen, welche die Plattenkollision aufgebaut hatte und die sich schliesslich in Erdbeben geäussert hat. Geblieben sind heute Striationen, gut erkennbare Streifenmuster, die auf die Verschiebung hindeuten, die hier stattgefunden hat. **Strukturgeologen** erkennen an den Mustern, dass es sich um eine so genannte **dextrale Verschiebung** handelt, die Blöcke also rechtssinnig zueinander verschoben wurden. Um besser zu verstehen, was denn jetzt gegenüber wem in einem solchen Fall nach rechts verschoben wurde, stelle man sich zwei Personen vor, die sich auf beiden Seiten der Verwerfung gegenüberstehen. Man spricht von einer **dextralen Verschiebung**, wenn die eine Person die andere relativ zu sich selber nach rechts bewegen sieht. Umgekehrt handelt es sich um eine **sinistrale Bewegung**, wenn die Personen sich zueinander nach links verschieben.

*Die berühmte Steinbrücke in der Mitte der Areuse-Schlucht. Juli 2005.*

TYPLANDSCHAFTEN

*Kontrast zwischen der natürlichen Areuse (oben links und rechts, in der Verwerfungszone) und der künstlich geführten Areuse (unten links) nur wenige hundert Meter hinter der eigentlichen Schlucht. Der Grund liegt in der industriellen Nutzung des Wassers durch die Usine des Moyats der Stadt La Chaux-de-Fonds (unten rechts), wo das Areuse-Wasser aus- und wieder eingeleitet wird. Juli 2005.*

Auch industriell hat die Geologie der Gegend um das Val de Travers in der Vergangenheit eine wichtige Funktion übernommen. Wer sich unter die Erde wagt, kann am Dorfausgang von Travers in „La Presta" die unterirdischen **Asphaltminen** besuchen. Anfangs des 18. Jahrhunderts hatte man damit begonnen, **bitumenhaltige Kalke** im Untertagebau zu fördern, um daraus **Asphalt** zu gewinnen.

Mehrere Millionen Tonnen wurden insgesamt in den Betriebsjahren von 1712 bis 1986 abgebaut, nachdem ein griechischer Arzt im Jahre 1711 die Vorkommen im Val de Travers entdeckt hatte. Im Tagebau wurde der Asphalt ein Jahrhundert lang ausgebeutet, bevor erste Stollen gegraben wurden. Der **Untertagebau** war bis 1986 in Betrieb, bevor die Mine aufgrund mangelnden Profits stillgelegt und in ein Schaubergwerk umgewandelt wurde. So kann von jedermann unter kundiger Führung ein kleiner Teil der über 100 km langen, scheinbar wie ein Labyrinth angelegten Stollen sowie die Geschichten rund um die Mineure entdeckt werden. Die Entrichtung von 14.–/ 11.– / 8.50 Franken Eintritt und ausreichend warme Kleidung für die konstante Temperatur von 8°C im Inneren sind Voraussetzung für die Besichtigung[23].

**Asphalt:** Wasserdichter, natürlich auftretender Rohstoff oder künstlich hergestellte Mischung aus Kalkstein und Bitumen, die eine weitreichende Bedeutung im Strassenbau als Strassenbelag und in der Abdichtung von Flachdächern und Schiffsrümpfen erlangt hat. Die Ausgangslage für natürlichen Asphalt ist Erdöl, das durch Sauerstoffaufnahme umgewandelt wird. Als Beispiel grosser natürlicher Vorkommen gilt neben dem Val de Travers in der Schweiz der Asphaltsee in Trinidad (Karibik).

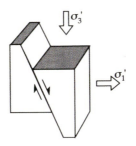
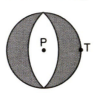

**Abschiebung**

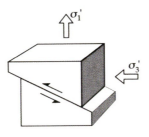
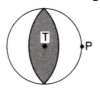

**Überschiebung**

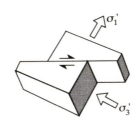
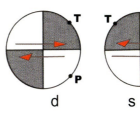

**Blattverschiebung**

d   s

*Die drei Haupttypen von Verwerfungen und ihre Darstellungsmöglichkeiten in einem Stereonetz.*
*Die linke Spalte zeigt die Orientierungen jeder Verwerfungsebene und die Hauptspannungsrichtungen.*
*Die rechte Spalte zeigt die Herdlösungen und die Orientierung der Kompressions- (P) und Dilatationsachsen (T). Im letzten Fall kann man zwischen rechtssinniger (dextral, d) und linkssinniger (sinistral, s) Verschiebung unterscheiden (modifiziert nach Lowrie 1997).*

---

[23] www.gout-region.ch

*Panorama in der Reissbrett-Stadt La Chaux-de-Fonds beim Bahnhof. Juli 2005.*

## La Chaux-de-Fonds

Die Stadt La Chaux-de-Fonds bietet eines der speziellsten Ortsbilder der ganzen Schweiz – am Spektakulärsten zu sehen aus der Vogelperspektive. Wie mit dem Lineal gezogen reihen sich die Strassenzüge und Häuserzeilen auf der erstaunlichen Höhenlage von 1000 m ü.M. aneinander. Querstrassen sind jeweils senkrecht zu den Hauptstrassen angeordnet, sodass sich ein geometrisches Bild ergibt.

Wer nun annimmt, dass der Bezirkshauptort im Jura des Kantons Neuenburg mit knapp 40'000 Einwohnern auf dem **Reissbrett** geplant wurde, hat Recht. Es ist eine in einem strengen Planquadratmuster wieder aufgebaute Stadt, die nach einem verheerenden Brand im Jahre 1794 entstand. Ausgehend von der Südwest-Nordost ausgerichteten Avenue Léopold Robert verlaufen ein gutes Dutzend weiterer Strassenzüge parallel zur Avenue, während kleinere und kürzere Strassen diese rechtwinklig schneiden und in Richtung Nordwesten in den Jura ansteigen. Die wichtigen historischen Bauten in der Stadt entstanden direkt nach dem Brand zu Beginn des 19. Jahrhunderts und sind im Jugendstil gehalten. Für die Einzigartigkeit der Gebäude und des Stadtbildes erhielt La Chaux-de-Fonds 1994 den **Wakkerpreis**.

Als Anziehungspunkt in der alten Uhrenmetropole hat sich auch das internationale Uhrenmuseum herausgebildet. Das **Musée International d'Horlogerie**[24] (MIH, 15.–/12.50/10.–) gehört zu den Besten, die es auf der Welt zu besichtigen gibt, mit 3'000 ausgestellten von insgesamt ca. 10'000 Uhren im Besitz des Museums. Ab 1902 wurden gesammelte Schulungsobjekte der umliegenden Uhrenschulen erstmals der Öffentlichkeit präsentiert. So hatte sich mit der Zeit einiges an Lehrmaterial angesammelt. Während der Uhrenkrise in den 70er und 80er Jahren, als die Abwanderung in La Chaux-de-Fonds fast unerträgliche Ausmasse annahm, konnte man wichtige und seltene Stücke hier im MIH für die Nachwelt erhalten.

---

[24] www.mih.ch

# Nidwalden

## *Die Glasi Hergiswil*

Die Glashütte am Vierwaldstättersee zeigt sehr imposant den Umgang mit unterschiedlichen Rohstoffen zu unterschiedlichen Zeiten. Einerseits geht es um den Import des Glasrohstoffs: Sand. Der hochwertige **Quarzsand** ($SiO_2$) wird heute aus Deutschland oder Dänemark importiert. Um ihn zu Glas verarbeiten zu können, ist und war schon immer eine grosse Menge **Energie** nötig. Dies hat dazu geführt, dass der ursprüngliche und traditionsbehaftete Standort einer Glasbläserei in Flühli im Entlebuch, seit 1723 in Betrieb, aufgegeben werden musste, da nicht mehr genügend Wald als Holzlieferant zur Verfügung stand, um diese Energie in einem Mass zu liefern, das die Bewohner der Region tolerieren konnten. Der Betreiber musste einen neuen Standort suchen, an dem seine Anlage akzeptiert werden würde. Seit 1817 existiert daher die Glasi der **Gebrüder Siegwart** in Hergiswil zwischen Luzern und Stans am linken Ufer des Vierwaldstättersees. Die Rohstoffe Sand und Energie liessen sich genau so einfach anliefern, wie die fertig produzierten, zerbrechlichen Gläser wieder in alle Welt verschifft werden konnten. Geheizt wird heute hier übrigens mit Gas. Das Museum steht allen Besuchern offen (freier Eintritt) und offenbart die Geschichte der Glaserei in einem automatisch geführten Rundgang mit dem passenden Namen „**Vom Feuer geformt**". Bild und Ton der 1996 mit dem Europäischen Museumspreis geehrten Ausstellung entführen den Besucher in die Anfangszeit, in die Standortsuche, in die Jahre des Aufschwungs

*Die Geschichte des Glases am Beispiel der Glasbläserei wird in der Glasi Hergiswil an vielen Stationen erzählt; von den alten Ägyptern über das Mittelalter in Italien (oben) und Flühli LU im Entlebuch bis zur rekonstruierten Produktionshalle in Hergiswil NW (unten). August 2005.*

durch den Krieg und die drohende Schliessung der Glasi Hergiswil im Jahre 1975. Am Anfang taucht das sterile, sauber geformte Glas aus dem Dunkel auf. Später wird die Geschichte des Glases an sich erzählt. Dieser schönen Einleitung folgt die Geschichte der Direktoren, der Arbeiter und des Umfeldes der Glasi. Der Besucher wird dazu mit Hell-Dunkel-Übergängen in die passenden Räume geleitet, von der Buchhaltung in einem staubigen Büro bis zur Theke, die jene Grenze markiert, an welcher die Lohntüte am Zahltag übergeben wurde und die vom einfachen Arbeitnehmer nicht überschritten werden durfte. Mit dem drohenden Untergang der Glasi tritt der Name von **Roberto Niederer** ins Bild, der die Arbeit mit dem Glas von der puren Fabrikation in eine Kunst überführte. Das „Gedächtnis" der Glasi Hergiswil ist schliesslich das **Glasarchiv**. Je ein Stück der gesamten Produktionsvielfalt wird hier aufbewahrt und ausgestellt. Man kann sich ein Bild über die Evolution des Gebrauchs- und Kunstprodukts Glas machen oder einfach die Vielfalt der Exponate bestaunen. Vielleicht entdeckt man auch jenes spezielle Stück, das eigens für die Rigi-Bahnen erstellt wurde: Ein Weinglas, das genau um jene 25° abgewinkelt wurde, mit denen die Bahnen auf die Rigi steigen. Denn laut „GlasiZytig" gibt es nichts genussminderenderes als einen schräg im Glas schwappenden Wein.

## Obwalden

Der kleine Halbkanton mit dem Sarner See bietet schon aufgrund seiner Lage im Herzen der Schweiz und der Alpen eine Fülle von interessanten und schönen Stellen. Als Geheimtipp sei hier beispielsweise das Westufer des Sarner Sees zwischen Giswil und Oberwilen verraten, mit dem grossen und dem kleinen **Steinibach**, die zwischen diesen beiden Ortschaften nach Starkniederschlägen als Wildbäche ihr Geröll jeweils deponieren und verschieben und anschliessend in den See münden. Das Gebiet um Langis wird als Bestandteil des UNESCO → Biosphärenreservat Entlebuch vorgestellt. Zu beiden Seiten des Sees finden sich heimelige Täler, die zum Lang- und Abfahrtslauf einladen und im Sommer ein Wanderparadies mit geologischer Komponente bieten. Eines dieser Paradiese ist das **Melchtal**. Im Winter beliebtes und von der Stöckalp leicht erreichbares Skigebiet für die Obwaldner, wird es im Sommer zur Entdeckungsreise für Wanderer und erdwissenschaftlich Interessierte. Über insgesamt 70 km Distanz, führt hier der **Geologische Wanderweg** von Obwalden vorbei, vom Jochpass bis zum Pilatus. Er klärt über das grossflächige und erst ansatzweise erforschte Karstgebiet – das drittgrösste der Schweiz – im Bereich der Kalksteine und seine sicht- (Karren, Dolinen) und unsichtbaren Merkmale (ausgedehnte Höhlensysteme) auf. Diese Höhlen sind von besonderem Interesse für Erdwissenschaftler, da sie aufgrund ihrer klimatischen Bedingungen die dynamischen Einflüsse von aussen über lange Zeit aufzeichnen. Einzelne Ausschnitte des Geoweges sind als leicht begehbare Wanderungen zusammengefasst, so zum Beispiel ein gut zweistündiger Marsch von Trübsee nach Stand, begleitet von entsprechenden Informationstafeln, welche die Gesteins- und Bergwelt anschaulich und einfach erklären.

# Schaffhausen

## *Der Rheinfall*

Der Rheinfall ist zwar bei weitem nicht der höchste oder spektakulärste Wasserfall der Schweiz, aber mit 1.5 Mio. Besucher pro Jahr sicher der am meisten besuchte und auch derjenige mit der grössten Wasserführung. Bei mittlerem Durchfluss tosen 700 m$^3$ Wasser pro Sekunde über die 23 m hohe Steilstufe aus **Malmkalk**. Es stellt sich die Frage, wie lange der Rheinfall an dieser Stelle schon existiert. Grundsätzlich kann man diese Frage mit „gar nicht" beantworten, denn ein Wasserfall erodiert sich immer rückläufig in sein Bett ein. Im Fall der berühmtesten Wasserfälle der Welt, der beiden Niagara Falls an der Grenze zwischen den USA und Kanada, betrug die Erosionsrate immerhin durchschnittlich ein Meter pro Jahr, bevor eine künstliche Wasserregulierung in Kraft gesetzt wurde, um die Abtragung zu reduzieren. Doch der Vergleich zwischen Amerika und der Schweiz an der Kantonsgrenze zwischen Schaffhausen (rechtes Rheinufer) und Zürich (linkes Rheinufer) zeigt gerade ein umgekehrtes Bild: In der Schweiz sind die Besucherzahlen stark rückläufig, dafür ist der Rheinfall selbst geologisch praktisch stationär. Verschiedene Massnahmen sollen die Entwicklung der Besucherzahlen wieder umkehren, doch eine Kandidatur für das **UNESCO**-Label scheint wenig Erfolg zu versprechen. Der neu erstelle Besucherpavillon dürfte hier nur ein Tropfen auf den heissen Stein sein, um die Besucherzahlen wieder anschwellen zu lassen.

Der **Rhein** fliesst auf dem Weg aus dem Bodensee entlang der deutsch-schweizerischen Grenze bis nach Basel an der Trennlinie von Jurakalken und dem Molassebecken des Mittellandes. Dieses entstand bei der Alpenfaltung im Tertiär aus dem Abtragungsschutt der Gesteine und unterteilt sich – wie schon beschrieben – in vier Perioden mit abwechselndem Meeres- und Festlandseinfluss. In dieser Zeit änderte sich das Gewässernetz der Schweiz ständig. Am Ende der Alpenfaltung, die auch die Jurafaltung in der Nordwestschweiz auslöste, wechselte die Entwässerungsrichtung nochmals auf Osten. Dies führt auch dazu, dass von West nach Ost immer jüngere Molasseschichten an der Oberfläche anzutreffen sind. Auf dem **Randen** findet man Jurakalke in 900 m Höhe – das heisst, insgesamt wurde das Gebiet einmal um gut einen Kilometer aus

*Boot und Schwan auf dem Rhein. September 2005.*

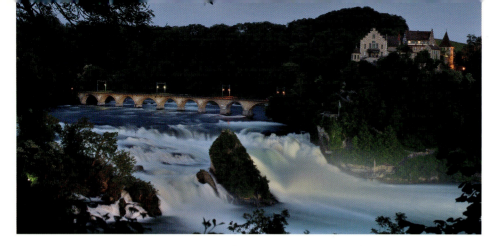

*Rheinfall und Schloss Laufen im Abendlicht von Neuhausen aus gesehen. Juni 2006.*

*Der Rheinfall bei Schaffhausen, gesehen aus der Luft. September 2005.*

dem flachen Meer in die Höhe gehoben! Die bewegte Geschichte macht deutlich, dass vom heutigen Rhein noch weit und breit nichts zu sehen war. In dieser Zeit beginnen die Temperaturen deutlich abzunehmen – die **Eiszeiten** schicken ihre Vorboten. Der Rhein fliesst erst seither, dem Beginn des Quartärs vor zwei Mio. Jahren, nach Nordwesten ab und änderte seinen Weg im Laufe der Eiszeiten mehrmals, als **Gletschervorstösse** die Landschaft immer wieder umformten. Während der Fluss bis zur Risseiszeit nach Westen lief, änderte er seinen Lauf nach diesem Ereignis bei Schaffhausen auf südliche Richtung und lagerte eine Menge Flussschotter ab. Doch mit der Würmeiszeit erfolgte eine weitere Ablenkung, die den Rhein auf erosionsresistiven Malmkalken fliessen liess. Er erreichte schliesslich die Schotter der Risseiszeit, die sich viel leichter erodieren lassen – dort entstand vor ca. 15'000 Jahren, zu Beginn des **Postglazials**, der Rheinfall an der Kante vom harten zum weichen Gestein, mit den so genannten „Torpfosten" Neuhausen und dem Schloss Laufen, zwischen denen sich der Rhein durchzwängen muss. Da diese Kante sehr hart ist, verändert sich die Position des Rheinfalls im Vergleich zu anderen Wasserfällen jedoch nur wenig. Die Höhe des Rheinfalls hat aber mit dem Lauf der Zeit zugenommen: Als der Rhein damals wieder auf sein zugeschüttetes, altes Schotterbett traf, konnte er dieses viel rascher erodieren als die Kalke. Der Unterlauf holte sich so einen Vorsprung gegenüber dem **epigenetischen Oberlauf** und es bildete sich die heute 23 m hohe Schwelle. Verstärkt wird dieser Umstand dadurch, dass der Rhein, aus dem Bodensee ausfliessend, sehr geschiebearm ist und dementsprechend kaum zu erodieren vermag. Unterhalb des Rheinfalls, auf seinem alten Schotterbett, ist mehr Geröll vorhanden, das transportierbar ist und demnach erosiv wirken kann. Bei der Betrachtung des Erosionsbudgets ist aber auch der **Talweg** oder das Gefälle zu berücksichtigen: Dieses ist bis zum Flusskraftwerk Eglisau ausgeglichen und kann nicht weiter verändert werden. Dies alles führt zur Stabilität und **Stationarität** des Rheinfalls, wie wir ihn heute kennen. Zusammengetragen hatte diese Informationen erstmals Albert Heim im Jahre 1931.

Das markante **Rheinknie** bei der Tössmündung und der folgende Sander im Rafzerfeld bis nach Eglisau sind ebenso Schöpfungen der Würmeiszeit. Hier zeichnet neben der Schwelle aus Jurakalken, die auch den Rheinfall bedingt, die Ur-Töss verantwortlich. Während der Würmeiszeit flossen vereinzelt Schmelzwässer ins Tösstal hinüber und erodierten eine Schmelzwasserrinne, für die sich der Rhein schliesslich als einfacheren Abfluss bei der Wiedererwärmung entschied.

TYPLANDSCHAFTEN

## Schwyz

### *Das Muotathal*

Um das Muotathal und seine Einwohner ranken sich viele Geschichten. Während viele der Phantasie entsprungen sind, gibt es dennoch sehr Reales zu besichtigen. Unter anderem eröffnet der Pragelpass auf der Seite des Kantons Schwyz den Zugang zu einer beeindruckenden Vielfalt von geografischen und geologischen Phänomenen, angefangen mit dem 1875 entdeckten **Hölloch** kurz nach dem Abzweig im Hauptort Muotathal, dem grössten Höhlensystem der Schweiz und nach einem russischen Höhlensystem das zweitgrösste Europas. Es wird seit über hundert Jahren erforscht und birgt noch immer zahllose offene Fragen und Geheimnisse. 190 km Verbindungswege sind bisher erkundet. Der Durchgang zum Silberensystem, der zwar aufgrund von Färbversuchen des Wassers bewiesen ist, wurde aber bisher noch nicht gefunden.

Steigt man über die zwei engen Kehren den Pragelpass weiter bergan, tritt man bald in den dunklen **Bödmeren Fichtenurwald** ein. Es ist der grösste naturbelassene, streng vor jeglicher menschlichen Bewirtschaftung geschützte Wald im gesamten Gebiet der Alpen. Er bedeckt gut 600 ha und ist Teil des „silvanen Karstes", dem Baumkarst, der eine Fläche von 12 km² einnimmt. Der Wald weist eine Kernzone von 70 ha auf, die zum Waldreservat erklärt wurde. Die Bödmeren steckt voller Überraschungen, mit umgestürzten, verrottenden Stämmen („Schlagvegetation") in einem Gewimmel von Farnen, die das gesamte Licht hier, tief im Wald drin und fernab der Strasse, eigentümlich gelb-grün verfärben. Das Gebiet war 1982 von Föhnstürmen, 1990 vom Wintersturm „Viviane" und dann 1999 nochmals von „Lothar" heimgesucht worden, deren Auswirkungen vor allem an der Obergrenze, auf ca. 1600 m, noch gut sichtbar sind. Korrosionsformen finden sich auch hier, im silvanen Karst. Dazu gehören unter anderem **Ponoren**: Schlucklöcher, in denen das oberirdisch fliessende Wasser in den Untergrund verschwindet. Das Wasser aus diesem Gebiet findet man im hinteren Hölloch wieder auf. Ein Wald leistet einen erheblichen Beitrag zur Korrosionsfähigkeit eines Gebietes, da im Waldkarst aufgrund der organischen Zersetzung im Boden der $CO_2$-Gehalt erheblich höher ist und daher mehr Kalk aufgelöst werden kann. Dementsprechend tief und

*Der Drusberg, Namenspate für die charakteristische Drusbergdecke, vom Pragelpass her gesehen. Juli 2005.*

TYPLANDSCHAFTEN

*Blick von der Furggele auf den Glattalpsee nach Westen (links) und auf den Lauchboden mit der Schwemmebene und glazialen Ablagerungen bizarren Ausmasses nach Osten (rechts). Juli 2005.*

zahlreich sind die Karren, Ponoren und Löcher, was dem Wanderer abseits der markierten Wege schnell ein Bein stellen (und brechen!) kann.

Eigentlich kann man sich gar nicht satt sehen, doch genauso empfehlenswert wie die Bödmeren selbst ist das Gebiet etwas weiter Richtung Passhöhe. Rund ums **Roggenstöckli** findet man eine Ansammlung von Karsterscheinungen, die das grösste Karstgebiet Mitteleuropas prägen, von der markanten, praktisch vegetationslosen **Silberen** auf 2319 m bis hinüber zur **Glattalp** auf 1852 m Höhe. Das ganze Gebiet ist im BLN als Objekt 1601 „Silberen" inventarisiert und bedeckt eine Fläche von insgesamt 623 km², wovon rund 260 km² effektiv verkarstet sind.

Bei der Umrundung des Roggenstöcklis kurz vor der Pragelpasshöhe kann man die verschiedenen Karsterscheinungen hautnah erleben, angefangen mit **Dolinen**, die sich als markante Einsenkungen gleich neben der Oberen Roggenlochhütte zeigen. Der Zugang erfolgt am besten beim Unteren Roggenloch, wo auch Parkmöglichkeiten bestehen. Am Hang, den man zum zuerst parallel zur Passstrasse verlaufenden Wanderweg aufsteigt, haben sich Ansammlungen von **Alpenrosen** an den Kalk gekrallt. Verlässt man die Obere Roggenlochhütte bergan und umrundet das Roggenstöckli im Uhrzeigersinn, erkennt man an der Südflanke gut die zwei verschiedenen geologischen Formationen, welche den Hügel aufbauen: Den Weg entlang findet man im Liegenden die hellgrauen, stark korrodierten **Schrattenkalke**, die der Silberendecke zugeordnet werden. Mit seiner hohen Reinheit von 93 – 98% $CaCO_3$ zeigt er starke Verkarstung, wie der Name „Schratten", alemannisch für Karren, schon andeutet. Darüber kann man einen scharfen Kontakt erkennen, wo die Schrattenkalke von dunklen Schichten stark geschieferten **Mergels** im Hangenden abgelöst werden. Es ist ein Teil der Bächistockdecke, die hierhin verschoben wurde. Die **Tektonik** des Gebietes ist ziemlich komplex, doch den Hauptanteil bilden die Drusbergdecke im Norden und die Axendecke im Süden.

Wer sich einen mühsamen Aufstieg ins Gebiet ersparen will, kann heute einfach die in den Jahren 1997/1998 neu erbaute Luftseilbahn vom Sahli, ganz hinten im Muotathal, auf die Glattalp benutzen. Sie wird vom EBS als Materialseilbahn betrieben, befördert aber auch bis zu 8 Personen in gut sieben Minuten hinauf zum unterirdisch entwässernden Glattalpsee (14.– / 7.– Bergfahrt; 19.– / 9.– retour). Auch hier haben die Gletscher eine Rolle gespielt, denn der See liegt in einer glazial vertieften Wanne, in die er sich nach dem Abschmelzen der Gletscher einfüllen konnte. Wer genügend Energie in den Beinen hat, dem steht nun der ganze Tag zur Erkundung des Karstgebietes zur Verfügung. Es wird hervorgerufen durch den so genannten Quintnerkalk, der das gesamte Kalkplateau der Karrenalp aufbaut und eine gute, grobe **Bänderung** zeigt. Über den Pfaff ins Charetalptal und weiter über das Rätschtal ist die Silberen in einem Tagesmarsch gut zu erreichen. Eine attraktive Rundwanderung stellt der Aufstieg entlang des Glattalpsees hinauf zur Furggele auf knapp 2400 m dar. Von hier blickt man nach Westen hinunter auf den Glattalpsee, den man hinter sich gelassen hat. Der Blick nach Osten offenbart einem das wunderbare **Alluvium** des **Lauchbodens**, einer kleinen Schwemmebene auf 2000 m, die anschliessend den Blick auf Braunwald hinunter freigibt.

Der Abstieg zum Lauchboden von der Furggele ist je nach Zustand der Altschneefelder etwas beschwerlich, doch der Blick auf die Schwemmebene mit ihrer glazialen Hinterlassenschaft und anschliessend die Aussicht auf Braunwald und die Felszähne „**Tüfels Chilchli**" sind die Mühe allemal wert. An diesem Punkt ist die grösste Anstrengung überstanden, zurück geht es über das langgezogene Charetalptal, das weitgehend eben verläuft und zwei Hütten hat, die zur Pause und zur Verkostung von Alpkäse einladen: Zuerst die Erigsmatthütte und anschliessend die Charetalphütte in einem kargen Umfeld von riesigen Karrenfeldern, gesprenkelt von vereinzelt wachsenden Büscheln Wollgras – der Name ist hier definitiv Programm. Um zur Bergstation der Luftseilbahn auf die Glattalp zurückzukehren und gegebenenfalls die Kabine anzufordern, ist zum Abschluss noch der **Pfaff** zu bewältigen – je gut 150 m Höhenunterschied hinauf und wieder hinunter.

*Panorama vom Vorfeld der Lauchboden-Alluvion mit den bizarren grossen Findlingen, die hier in unmittelbarer Nähe abgelagert wurden. Juli 2005.*

TYPLANDSCHAFTEN

*An der Westflanke des Roggenstöcklis am Pragelpass finden sich steil stehende Wandkarren als Zeichen der fortgeschrittenen Karsterosion. In den Rillen wachsen Alpenrosen (oben links). Rundkarren prägen das Bild der Pragelpasshöhe (oben rechts). Das Roggenstöckli mit dem Kontakt zwischen Schrattenkalk (grau, unten) und geschieferten Mergelschichten (unten links). Sonnenuntergang am Kopf der Silberen mit ihrer gut zu erkennenden, nackten Oberfläche. Aufnahmestandort ist der obere Rand des Bödmeren Urwaldes, der noch Sturmschäden von „Viviane" zeigt (oben rechts). Juli 2005.*

*Staumauer des Wägitalersees mit zahlreichen Kunstbauten und dem Motorboot-Fuhrpark. April 2005.*

## Wägital

Das wohl bekannteste Dorf unter Wasser befindet sich ausserhalb der Schweiz, es kratzt sozusagen nur die Grenzregion von Graubünden an. Die Rede ist von **Alt-Graun** auf dem Reschenpass, das im Zuge des steigenden Elektrizitätsbedarfs nach den Weltkriegen einem Staudammprojekt weichen musste und kurzerhand überflutet wurde. Als Mahnmal für die nicht reibungslos und in nicht vollständigem gegenseitigem Einvernehmen vollzogene Räumung sowie als Touristenattraktion ragt der Turm der Kirche noch aus dem Wasser heraus.

Doch auch innerhalb der Schweiz gibt es ähnliche Vorkommnisse. Im **Wägital** wurde mit dem Bau eines Wasserkraftwerks die Landschaft nachhaltig verändert und umgeprägt. Die Wasserkraft war in der Schweiz der Impulsgeber zur Industrialisierung. Spinnereibetriebe ganz am Anfang des 19. Jahrhunderts markieren diesen Beginn, und die zunehmende Mechanisierung und Technisierung der Arbeit liess die Schweiz Mitte des 19. Jahrhunderts zum am stärksten industrialisierten Land Europas aufsteigen. Dabei spielten abgelegene Talschaften eine dominierende Rolle aufgrund der Tatsache, dass die mit Wasserkraft gewonnene Energie, sei sie mechanisch (Wasserräder) oder elektrisch (nach der Erfindung der Turbine), noch nicht speicher- oder transportierbar war und sich die Unternehmungen am Ort der Energieerzeugung ansiedeln mussten. So gab es auch im Wägital Pläne, die Kraft des Wassers industriell zu nutzen. 1921 wurde die AG Kraftwerk Wägital von den Elektrizitätswerken der Stadt Zürich (EWZ) und den Nordostschweizerischen

Kraftwerken (NOK) gegründet. Schon ab dem Jahr 1922 begann man mit dem Bau der Staumauer, und nach der Fertigstellung 1924 wurde mit der Stauung der **Wägitaler Aa** zum See begonnen und die Elektrizitätsproduktion aufgenommen. Die Räumung des Dorfes Alt-Innerthal war Bedingung, und einige Gebäude sowie die Pfarrkirche wurden kurzerhand gesprengt. 168 Bauern sollen aus Innerthal abgewandert sein. Der Geschichte der Umsiedlung von mindestens zwölf Familien wird unter anderem auch im Roman „Kilchenstock" von Emil Zopfi Gehör geschenkt, denn wenige Jahre später wurden solche Umsiedlungen im Glarnerland aufgrund des drohenden Bergsturzes angewendet. Auch hier im Wägital musste die Bevölkerung nachgeben, um den Stromhunger der aufkommenden Städte zu stillen, namentlich jenen von Zürich. Heute ist Neu-Innerthal das einzige Dorf im Wägital oberhalb des Talriegels und der 111 m hohen Staumauer, am Fusse des künstlichen Sees, um den sich eine knapp 13 km lange schmale Strasse zieht, die vor allem auf der Westseite nur schlecht ausgebaut ist und eher den Fussgänger als den Autofahrer

*Der Kirchturm des im Stausee versenkten Dorfes Alt-Graun (IT) ragt als Mahnmal aus den Fluten heraus und zieht zahlreiche Urlauber auf dem Reschenpass an. August 2001.*

*Panorama über den Wägitaler See nach Süden mit den Kreidekalken der Fluebrig-Kette dominant im Hintergrund. April 2005.*

erfreut – meist liegt sie ruhig und verlassen da und erlaubt eine ungestörte Aussicht auf die Berge, die das Glarnerland und den Klöntalersee vom Wägital trennen. Viele Wandermöglichkeiten führen aus dem Tal in Richtung Pragelpass, zur Silberen hinauf in die schroffen Kalkgesteine des Helvetikums oder hinüber zum Klöntalersee, doch wer vom Wasser angezogen wird, kann auch Angel- oder **Tauchsport** betreiben. Künstlich ausgesetzte Regenbogenforellen lassen sich erfischen, und das „Hundloch", eine Quelle knapp oberhalb des Sees, ist für Taucher ein beliebter Tauchplatz und doch knapp 30 m tief.

Vor- und Nachteile müssen bei jedem Grossprojekt sorgfältig gegeneinander abgewogen werden, denn das Kraftwerk im Wägital brachte auch neue Möglichkeiten und Impulse ins Tal. Namentlich Arbeitskräfte, doch auch gegenüber geologischen Gefahren und der Entwicklung der Infrastruktur zeigten sich die Kraftwerksbetreiber aufgeschlossen. Instabile Hänge verursachten schon immer mal kleinere, mal grössere und folgenschwere Hangrutschungen, so in den Jahren 1969 und 1996. Die Wiederherstellung und den Ausbau der Strasse trug das Kraftwerk Wägital immer mit namhaften Beiträgen mit und verhalf so dem Tal zu neuen Impulsen, ferner wurde auch der Anschluss an die Innerschweiz über den Pass **Sattelegg** beschleunigt. Die Elektrifizierung der Baustelle hatte des Weiteren dazu geführt, dass die Dörfer Vorder- und Innerthal erstmals mit Strom versorgt wurden. Schliesslich kann nicht verborgen bleiben, dass die Umsiedlung von Innerthal auch positive Aspekte beinhaltet. Ähnlich wie in → Heiden AR nach dem Brand ergab sich hier mit der Neukonstruktion eines Dorfes nach der Stauung zum See von Grund auf die Möglichkeit, eine **architektonische Einheit** zu schaffen, beherrscht von der Gebäudegruppe mit Kirche, Schul- und Pfarrhaus. Dennoch ist der Wägitalersee nicht der erste See, den es im Tal gegeben hat. Grosse Landschaftswandlungen setzten nach den Eiszeiten ein, und im Spätglazial wurden die Schmelzwässer der Gletscher am Talausgang gestaut, sodass sich im Bereich von Innerthal ein kleiner See gebildet hatte, der während des Postglazials kontinuierlich verlandete und Ton- und Moorböden hinterliess.

*Granatperidotit der Alpe Arami. April 2002.*

## Tessin

### *Granatperidotit der Alpe Arami*

Das **Südtessin** ist derjenige Ort, an dem während der Alpenfaltung die beiden Platten, die afrikanische und die europäische, aufeinander stiessen. Bei einem derartigen Kräftemessen muss zwangsläufig immer diejenige Platte verlieren, die eine grössere Dichte besitzt und darum leichter zu **subduzieren**, also unter die andere zu schieben ist. Im vorliegenden Fall war dies die europäische Platte, die unter die afrikanische geschoben wurde, denn sie enthielt mehr Anteil am alten **Tethys-Ozean**. Ozeanische Krustenanteile haben eine höhere spezifische Dichte als kontinentale und werden deshalb eher subduziert. Schliesslich prallten jene Anteile von nördlicher und südlicher Platte aufeinander, die beide dieselbe Dichte aus Kontinentalmasse enthielten: Diese leichteren kontinentalen Gesteine konnten nicht subduziert werden, sondern stiessen voll aufeinander. Damit begann die Hauptphase der **Alpenauffaltung**. Die nördliche Platte musste mehr von dieser Spannung aufnehmen, darum sind die Gesteine nördlich der Trennlinie am stärksten verfaltet und der Metamorphose unterlegen.

Diese Trennlinie nennt man **Insubrische Linie**. Im Tessin befindet sich die **Magadinoebene** zwischen Bellinzona und Locarno direkt nördlich davon. Beobachtet man die Grossstrukturen der Umgebung, lässt sich sehr schön feststellen, wie die Gesteinsschichten der Berge im Süden nur flach einfallen, während die Gesteinsschichten im Norden fast senkrecht abtauchen. Diese stark beanspruchten Gesteine lassen sich auf der **Alpe**

**Arami** antreffen, einem Ort, der zusammen mit dem Cima di Gagnone im **GeotopenInventar** geführt wird. Es sind Gesteine des oberen Erdmantels, die hier an der Oberfläche exponiert sind. Sie stammen aus einer Tiefe von ungefähr 100 Kilometern, bestehen aus **Peridotit** (grünlich, da mit viel Olivin) und enthalten Einschlüsse von **Granat**. Auf der Alpe Arami sind diese Granatkristalle blutrot, ein Umstand, der dem reichen Anteil an Magnesium zu verdanken ist; diese Modifikation des Granats nennt man **Pyrop**. Die Alpe Arami machte vor einigen Jahren mit diesen Gesteinen Schlagzeilen, als eine amerikanische Forschergruppe geglaubt hatte nachweisen zu können, dass die Gesteine sogar ursprünglich aus einer Tiefe von mindestens 400 km stammen müssten und demnach die tiefsten je an der Oberfläche gefundenen Steine darstellten; eine These, die später allerdings widerlegt wurde.

**Peridotit:** Ein grobkristallines, ultrabasisches Tiefengestein, bestehend im Wesentlichen aus Olivin mit geringen Gehalten an Pyroxen, Amphibol, Plagioklas, Granat, Spinell und Glimmer.

*Das Val Blenio TI verfügt über eine hervorragende und leicht zugängliche Geomorphologie. Oktober 2003.*

### Das Val Blenio

Wer bei der Rückkehr aus dem Süden das Valle Leventina und die Gotthardröhre schon zur Genüge kennt, sollte einmal einen Abstecher durch das von vielen Naturkräften geformte Val Blenio machen. Bevor es zum Valle Sta. Maria und wenig befahrenen Lukmanierpass hinauf geht, kann man in Olivone rechts abzweigen. Über eine sich in vielen Serpentinen windende Nebenstrasse geht es hinauf zum **Lago di Luzzone**.

Der aufmerksame Reisende wird mit Erstaunen feststellen, dass es zwei Strassenkonstruktionen bei der Staumauer gibt. Die eine fuhrt über die Dammkrone das linke Ufer des Sees entlang, die andere durch einen ampelgesteuerten, einspurigen Tunnel durch den Damm bis zum Val di Carassino. Um diese Doppelspurigkeit erklären zu können, muss man in der Geschichte der Staumauer etwas zurückblättern. Man stellt fest, dass die Luzzone-Staumauer ursprünglich 208 Meter mass und nun 17 m höher ist. Damit ist sie mit 225 m die dritthöchste Talsperre der Schweiz, nur überflügelt von Grande Dixence und Mauvoisin. Die vollständige Liste ist unter www.swissdams.ch abrufbar. Mit der Aufstockung zur neuen Höhe, 1994 vom BUWAL fürs Tessin bewilligt, hat sie die Staumauer von Contra, welche die →Verzasca zum Lago di Vogorno aufstaut, vom dritten Platz verdrängt. Gleichzeitig hat die Luzzone-Staumauer auch einen Weltrekord inne: Es ist die längste künstliche Kletterroute. So kommt es, dass eine der beiden Strassen durch die Staumauer und weiter ins Val di Carassino führt, ebenfalls durch einen dunklen und feuchten Stollen – der den Abenteurer und Entdecker im Menschen regelrecht herausfordert –, während die andere die Mauerkrone entlang läuft und anschliessend dem See in Richtung **Piz Terri** folgt. Die Staumauer ist vom Typ her eine Bogenmauer, die elegant und einfach durch ihre Krümmung ihr Gewicht und die Kraft des Stausees auf die Talflanken überträgt.

*Luzzone-Staumauer mit Piz Terri im Hintergrund (links). Zwei Strassen führen über die Luzzone-Staumauer: Eine auf der alten Mauerkrone durch einen Tunnel und die zweite auf der neuen Mauerkrone (rechts). An der unterschiedlichen Verwitterung der Gesteine ist der aufgestockte Teil gut zu erkennen. Oktober 2003.*

## Das Val Verzasca

Wer von Locarno zum Val Verzasca hinauf fährt, hat eine Entscheidung zu treffen: Möchte man sich den Staudamm von **Contra**, der die Verzasca auf einer Länge von 5.5 km zum **Lago di Vogorno** aufstaut, direkt selber anschauen und die 380 m auf der Krone ablaufen, die einen beeindruckenden Ausblick in die Magadinoebene bietet, oder möchte man die alte Strasse, am rechten Ufer gelegen, nach **Mergoscia** hinauf in Angriff nehmen, um hoch über dem Geschehen thronend auf den Stausee hinab zu blicken? Er wurde 1965 erbaut und forderte sein Opfer in Form des Weilers Tropino, dessen Ruinen bei sehr niedrigem Wasserstand noch aus dem See ragen können.

Der direkte Weg ins **Val Verzasca** ist sicher der häufiger gewählte. Hinter der Ortschaft Gordola steigt die Strasse steil an und lässt bald den Staudamm in den Blick rücken. Auf der Staumauer ist Bungee Jumping eine Attraktion, doch es gilt nicht nur die Gravitationskräfte auf den eigenen Körper zu betrachten: Wer sich genau umschaut, wird einige spektakulär verfaltete Gesteinsstrukturen um den See herum erkennen. Nahe der Staumauer gibt es eine spitz zulaufende **Antiklinale**, die Zeuge einer enormen Kompression des Gebietes ist. Tatsächlich ist der Bau eines Staudammes in einem solchen Gebiet eine nicht zu unterschätzende Herausforderung und Verantwortung für Geologen, da alle betroffenen Seitentäler direkt auf einer **Störungszone** liegen. In der Vergangenheit löste die Füllung des Stausees selbst **Erdbeben** bis zu einer Magnitude von 3 aus. Die Masse des Wassers, die über dem Untergrund lastete, wirkte als Fluid und konnte bestehende Spannungen im Gestein ruckartig lösen.

Weniger bekannt als der Weg zur Staumauer ist der Aufstieg nach **Mergoscia** auf der rechten Talseite. Neben der neuen Strasse, die durch einige Tunnel führt, existiert noch der alte Weg, der Wanderern und Fahrradfahrern offen steht, für den Motorverkehr aber gesperrt ist. Der Weg ins 680 m ü.M. gelegene Dorf ist zwar aus eigenen Kräften ziemlich anstrengend, doch lohnt sich diese Mühe doppelt, denn im kleinen Dorf gibt es kaum Parkmöglichkeiten für Privatwagen, und von der Aussicht bekommt man in den Tunnels auch nicht viel mit. Diese Probleme haben natürlich weder Motor- noch andere Radfahrer. Über den Lago di Vogorno hinweg bietet sich dem Velofahrer aber ein prächtiger Ausblick hinunter ins Tal zum Lago Maggiore.

*Antiklinale Faltenstrukturen am Verzasca-Stausee im Tessin. April 2002.*

*Die schmalen Gassen von Locarno und Ascona laden zum Flanieren an lauen Frühlings- und Sommerabenden ein (links). Lavertezzo bei der Gola Verzasca (Mitte) ist Ausgangspunkt für die Wanderungen entlang der Verzasca mit ihren beispielhaften Aufschlüssen im Flussbett (rechts), das magmatischen Orthogneis und sedimentären Paragneis nebeneinander zeigt.
Oktober 2003.*

## Lavertezzo

Ein kleines, heimeliges Dörfchen im **Verzascatal** ist Ausgangspunkt dieser kleinen Wanderung entlang des Flüsschens Verzasca: **Lavertezzo**. Malerisch wölbt sich die **Ponte dei Salti** mit ihren zwei Bögen über das nackte Tal aus **Gneis**, das sich der Fluss geschaffen hat. Oft wechselnde Wasserstände machen diesen Ort spannend und geben viel Einsicht in die Vergangenheit der Gesteine.

**Orthogneis** ist ein Gestein, das durch Metamorphose aus einem kristallinem Gestein, Granit, hervorgegangen ist. Direkt daneben findet sich **Paragneis**. In diesem Fall haben Sedimente eine Metamorphose durchlaufen und wurden zu Gneis umgewandelt. Der Orthogneis kann durch seine

> **Gneis:** Ein grobkörniges, im Zuge einer Regionalmetamorphose entstandenes Gestein mit Lagen parallel orientierter Mineralien (Glimmer oder Amphibole). Orthogneise sind aus sauren bis intermediären Magmatiten entstanden, Paragneise aus metamorphen Sedimentgesteinen.

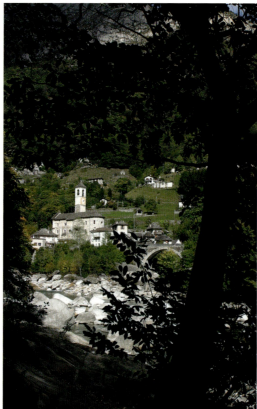

TYPLANDSCHAFTEN

helle Farbe und die regelmässigere Struktur vom Paragneis unterschieden werden. Dieser ist dunkler und weist eine rötlichbraune Oxidation auf. Oft zeigt sich noch die **Bänderung** der ursprünglichen Sedimente. In Lavertezzo findet man eine scharfe Kontaktzone, bei der flussabwärts gesehen der Paragneis rechts und der Orthogneis links zu erkennen ist.

Durchzogen werden diese Gesteine von weissen **Gängen**: Es sind **Quarzausfällungen**, die in Risse eindrangen, die durch die Beanspruchung des Gesteins entstanden waren. Eine **relative Altersbestimmung** ist in solchen Fällen leicht vorzunehmen: Es gilt die Grundregel, dass immer Älteres von Neuerem durchschnitten wird. Weiter unterscheiden kann man gefaltete und ungefaltete Gänge, die dementsprechend vor oder nach der dazugehörenden Einwirkung entstanden sind. Mit diesen einfachen Methoden lassen sich ganz grundlegend schon die einzelnen Ereignisse sortieren und in die richtige Reihenfolge bringen, die uns in verschiedenen Kapiteln die Entstehungsprozesse dieses Abschnitts der Alpen erzählen. **Boudins** erzählen die Geschichte von Streckung und Stauchung eines Gebiets. Boudinierte Blöcke eines Gesteinsganges sind aufgrund ihres härteren Verhaltens gegenüber ihrer Umgebung bei einer Streckung zerbrochen, auseinandergerissen und in eine Serie länglicher Blöcke aufgereiht worden.

*Gesteinsdetail nahe dem Flussbett der Verzasca in Lavertezzo. Zu erkennen sind an dieser Stelle zahlreiche Boudins. Das sind Gesteinskörper, die kompetenter waren als ihre Umgebung und infolge Streckung segmentiert wurden. So wird ein Gesteinsgang in eine Serie gestreckter, regelmässig aufgereihter Blöcke zerbrochen (links). April 2002. Stromschnellen der Verzasca im Bereich von Lavertezzo (rechts). Oktober 2003.*

### Entdeckungspfade in Gandria

Sanft schmiegt sich die Ortschaft **Gandria** an die grün bewachsenen Hänge am Nordufer des Lago di Lugano. Es ist die letzte Ortschaft vor der italienischen Grenze. Erkundet wird sie zwangsläufig zu Fuss, da der Autoverkehr kurz nach der Abzweigung von der Kantonsstrasse durch eine Schranke gestoppt wird. Näher heran kommt man nur mit dem Schiff vom See her (zum Beispiel vom eidgenössischen Zollmuseum auf der anderen Seeseite, das ausschliesslich mit dem Schiff zu erreichen ist) – oder eben per pedes. Das ist generell empfehlenswert, da das Dorf Ausgangspunkt verschiedener Lehrpfade ist. Der **Olivenweg** (Sentiero dell'olivo) führt in die Gebiete der antiken Olivenhaine, wo mittlerweile junge Bäume neu angepflanzt worden sind. Unterwegs informieren Tafeln über die Geschichte des Olivenbaums und die Verarbeitung der Früchte. Sie erzählen von der weltweiten Bedeutung des Ölbaums und seiner Verbreitung im Mittelmeerraum, erklären die Unterschiede der verschiedenen Olivenölsorten und vieles mehr rund um den gesunden und kostbaren Naturrohstoff. Wer der Nummerierung der 18 Tafeln folgt, beginnt an der Kantonsstrasse in Gandria, durchquert das Seedorf und folgt anschliessend dem Weg nach Castagnola. Ferner kann man den im BLN-Inventar unter der Nummer 1812 sowie in den Ortsbildern nationaler Bedeutung eingetragenen Lehrpfad **Gandria e dintorni** abschreiten. Es ist ein naturkundlich archäologischer Weg in und um Gandria, der an 15 Posten auf die entsprechenden Merkmale der Natur- und Dorfgeschichte hinweist. Getrennt wird das Dorf von Lugano durch den Monte Brè, mit gut 900 m sind das über 600 m Höhenunterschied, wenn man ihn von der Schiffslände in Gandria aus bezwingen möchte.

*Der Kirchturm von Gandria TI (links) und die verschiedenen Lehrpfade, die durch das Dorf führen (Mitte). Spiel mit Licht und Schatten in Gandria (rechts). Juli 2005.*

TYPLANDSCHAFTEN

## Thurgau

### *Thurmäander und Renaturierungsprojekte*

Von der Thur bezieht nicht nur der Kanton Thurgau seinen Namen, sondern der Fluss, der zweitgrösste der Nordostschweiz nach dem Rhein, bildet mit dem Thurtal auch eine wichtige Siedlungs- und Landwirtschaftszone, die in den vergangenen zwei Jahrhunderten durch die Eingriffe des Menschen grundlegend umgestaltet worden ist. Der Fluss hat von seiner Quelle im Toggenburg bis zur Mündung in den Rhein zwischen Ellikon und Flaach eine Länge von gut 125 km und überwindet dabei eine Differenz von ca. 1150 Höhenmetern. Die Thur gilt auf ihrer ganzen Länge als „Problemfluss" oder „Wildbach", das heisst, dass kein **Retentionsbecken** für ausgleichende Wasserpegel sorgen kann, wie dies der Bodensee beim Rhein oder der Walensee bei der Linth ist. Dieser Umstand machte den Menschen im Einzugsgebiet der Thur (je nach Quelle ist dieses 1695 bis 1750 km² gross) während der Phasen der Intensivierung der Landwirtschaft und der zunehmenden Industrialisierung Kopfzerbrechen.

Dementsprechend war es dem Menschen ein Anliegen, die Natur gemäss den damaligen, neuen Erkenntnissen der Technik und Naturwissenschaft in den Griff zu bekommen. Dies hatte zur Folge, dass von den insgesamt 1600 km an Fliessgewässern im Kanton Thurgau 17% vollständig eingedolt und unter die Erde verbannt, weitere 19% stark beeinträchtigt, 30% wenig beeinträchtigt und nur 34% naturnah sind – Letzteres betrifft meistens ausschliesslich die Oberläufe.

Ende des 19. Jahrhunderts wurde die Thur erstmals in grossem Stil in ein künstliches Korsett gezwungen, das den Abfluss beschleunigte und Platz für die ausgedehnten Landwirtschaftsflächen in der Thurebene, beispielsweise zwischen Weinfelden und Frauenfeld, schuf. Das abgesenkte und begradigte, teils sich über Kilometer schnurgerade erstreckende Flussbett, flankiert von Dämmen, war aber noch immer ein Sicherheitsrisiko. Zahlreiche Überschwemmungen und Dammbrüche im Verlauf des 20. Jahrhunderts waren die Folge. Nach den verheerenden Schäden der Hochwasserereignisse von 1977 und 1978 wurde das **Thurprojekt** „TRP79" ausgearbeitet, das im Thurgau eine weitere, die so genannte

*Kiesbänke der renaturierten Thur zwischen Altikon und Neunforn. Mai 2006.*

zweite Thurkorrektion vorsah. Die Kantone St. Gallen und Zürich, ebenfalls Anlieger der Thur, zogen nach. Damals konzentrierte man sich allerdings noch hauptsächlich auf die „harten" Massnahmen: Auf die Eindämmungen und Verbauungen. Erst nach dem Jahrtausendwechsel wurden die Weichen gestellt, um eine naturnahe und nachhaltige Entwicklung der Thur in Angriff zu nehmen. Neue Hochwasserberechnungen aufgrund erwarteter und berechneter Klima- und Niederschlagsveränderungen (das so genannte **„Hundertjährliche"**, also das einmal in 100 Jahren wahrscheinlich stattfindende Höchstereignis) zeigten den benötigten Flussraum auf. An diesem mangelt es aufgrund von Bauten innerhalb des gefährdeten Gebietes sowie aufgrund der Tatsache, dass Geschiebe- und Sedimentablagerungen die Thurvorländer stetig anwachsen und dem Fluss weniger Platz lassen.

Das Grundsatzpapier „Konzept 2002" des Kantons Thurgau, das nach langer Zeit endlich aus dem TRP79 entstanden ist, sieht vor, die drei Leitsätze **Hochwasserschutz**, **Ökologie** und **Landnutzung** in einem verträglichen Konzept zu vereinen. Dies ist ein nicht immer einfacher Balanceakt, denn auf den ersten Blick scheinen sich die Schwerpunkte des Hochwasserschutzes (Schutz für Menschen und von Kulturland) und der Ökologie (Flussdynamik aufgrund von Auengebieten und befreiteren Flussbetten) gegenseitig auszuschliessen und zu widersprechen. Hier kommt allerdings die extensive Nutzung des Flussraumes ins Spiel. Letztlich kann ein Hochwasserschutz nur gewährleistet werden, wenn dem Fluss wieder mehr Platz zur Verfügung steht, was Einschränkungen für die Landwirtschaftsnutzung bedeutet. Natürliche Überläufe und neue Aufweitungen des Flusslaufes tragen dem Rechnung. Die Voraussetzung ist eine Umstellung im landwirtschaftlichen Denken sowie griffige Massnahmen zum Landtausch respektive zum Realersatz, doch profitiert die Landschaft enorm. Artenvielfalt sowohl in Flora als auch Fauna nehmen merklich zu, und das Gebiet erhält auch einen besseren Status als Naherholungsgebiet. Beispielhaft zu nennen sind die Spazier- und Wanderwege entlang der weiten Schlaufen der **Thurmäander** bei Dätwil nahe Andelfingen ZH und entlang der Kiesbänke bei Neunforn TG. Innerhalb der Dammbegrenzungen,

*Spitz auslaufende Kiesbank der Thur zwischen Altikon und Neunforn. Mai 2006.*

die zwar nach wie vor die äusseren Grenzen des Flussraums vorgeben, kann sich der Fluss nun ein Stück seiner alten Freiheit zurückerobern. Sich verändernde Gerinne mit wandernden Kiesbänken, Platz für neue Vegetation und unterschiedliche Strömungsgeschwindigkeiten des Wassers sind sichtbare unter vielen Merkmalen. Besonders deutlich zu erkennen ist dies auf einem kurzen Spaziergang von der Thurbrücke bei Altikon (ZH) flussabwärts. Wer von der Anhöhe aus Niederneunforn in die Thurebene hinabgefahren ist, wird sie vermutlich schon von weit her gesehen haben: Die markanten Kiesbänke in der Mitte der Thur, die dem Gewässer neue Fliesswege sowie der Pflanzen- und Tierwelt Lebens- und Nisträume bieten. So hat erstmals seit über 150 Jahren der **Flussregenpfeifer** hier an der Thur wieder erfolgreich gebrütet. Sie sollten auf keinen Fall zum Baden betreten werden, doch kann man die Kiesbänke gut von den Wegen auf den Dämmen links und rechts, die sich noch immer schnurgerade über viele Kilometer hinziehen, erkennen.

Erfreulicherweise machen die Renaturierungsprojekte der Thur nicht an der Kantonsgrenze halt. Eine interkantonale Arbeitsgruppe setzte sich mit den Problemen der und den Zielen für die Thur auseinander. Die Zürcher Renaturierung der Thur zog sich über 17 Jahre und viele Kilometer von Alten (ZH) bis zur Thurgauer Kantonsgrenze hin. Gerade wird der letzte bauliche Abschnitt bis zur Mündung der Thur in den Rhein, der vom Rheinfall bis zur Thurmündung hier die alten Terrassenschotter seines eigenen Laufs erodiert, fertiggestellt. Die **Thurauen**, das grösste Auengebiet nationaler Bedeutung der Schweiz (433 ha), werden dadurch eine markante Aufwertung erfahren und einen Teil ihres früheren Artenreichtums zurück erhalten. Zudem wird die Aufweitung des Flusslaufs auch die Hochwassergefahr an der Mündung in den Rhein mindern. Bis die Thur der Landschaft wieder ihren völlig natürlichen Charakter zurückgegeben haben wird, werden zwar rund 25 Jahre vergehen. Doch die Natur erobert sich ihren Platz zurück, und der Prozess, wie **Mäander** mit Prall- und Gleithängen, Kiesbänke und Flussverzweigungen mit Stromschnellen und **Kolken** wieder entstehen, wird spannend zu beobachten sein, so wie die Zeugen der alten Mäander vor der Thurkorrektion, die Röhrichte und die Feuchtwiesenvegetation auf den verlandeten Armen der toten Thur.

**Mäander:** Die Fliessrinne eines Gewässers verläuft in bogenförmigen Schlingen, wenn das Gefälle gering ist. Der Gleithang bildet die Innenseite des Flussmäanders, hier bilden sich Uferbänke, da aufgrund der reduzierten Flussgeschwindigkeit Sedimentation möglich ist. Auf der Aussenseite, dem Prallhang, muss das Wasser schneller fliessen und erodiert aus diesem Grund. Dies führt zu einer seitlichen Verlagerung.

**Kolk:** Erosionskessel im Strömungsverlauf am Boden eines Gewässers mit erhöhter Fliessgeschwindigkeit.

### Die Parkanlage vom Arenenberg[25]

Parkanlagen als Kulturlandschaft übernehmen eine ähnliche Aufgabe wie Bereiche der Landwirtschaft. Sie pflegen und erhalten Kulturland, verändern die Biodiversität (im positiven wie manchmal auch im negativen Sinne) und schützen vor Verwilderung und Brachfallen.

Die Geschichte des Schlosses Arenenberg geht weit vor das 19. Jahrhundert zurück, denn schon die Römer und die Adelsgeschlechter sowie Geistliche der Umgebung wussten die Lage und den Wert des Arenenbergs zu schätzen. Nach der Entdeckung der Natur als vorzüglichem Erholungsraum durch den Genfer Jean Jacques Rousseau, der somit einen Kontrapunkt zur klassischen Vorstellung von Descartes markierte, war es erstrebenswert, bei seinem Haus in der Stadt einen Garten oder vorzugsweise einen Park zu gestalten. Doch seine Berühmtheit verdankt der Arenenberg Königin Hortense, Stieftochter von Napoleon I. und Mutter von Napoleon III. Sie verliebte sich in das Gelände am Untersee und liess es in eine grosszügige Parkanlage umgestalten (wenn sie nicht gerade selbst Hand anlegte!), gefördert vom fruchtbaren Untergrund am Hang des Seerückens und den Ausläufern der **Molasse** des Mittellandes. Bei gutem Wetter schweift der Blick über die ebenso für Fruchtbarkeit bekannte Insel Reichenau bis hinauf zu den **Vulkanhängen** des Hegaus nahe Singen. Geprägt wurde die Parkanlage vom Vorbild in Frankreich, doch die neue Heimat befand sich ab 1817 hier im Thurgau, nachdem Hortense nach dem Wiener Kongress 1815 ins Exil verbannt worden war. Gärten nach französischem, italienischem und englischem Vorbild blühten und gediehen das ganze 19. Jahrhundert hindurch, aber durch die Schenkung des Geländes an den Kanton Thurgau und durch die Einrichtung einer **landwirtschaftlichen Schule** im Jahre 1906 setzte eine Umgestaltung ein. Nur die obere Parkanlage wurde nun als interessant angesehen, die untere Hälfte wurde dem Wildwuchs überlassen oder landwirtschaftlich genutzt. Zudem wurden gewisse Bereiche als Deponie für den Bauschutt der Landwirtschaftsschule genutzt und zerstörten so das Terrain. Viele ursprüngliche Elemente, wie zum Beispiel der Englische Garten, gingen verloren, doch bis heute finden sich einzelne Gehölze und Bäume, die in Königin Hortenses Zeit zurückreichen.

Gut 12 ha umfasst das Gelände, das nun, kurz vor dem Vergessen, wieder hergerichtet werden soll. Die damalige Krönung des gartenbaulichen Kunststücks war die **Eremitage**, eine beeindruckende Lichtung, die eines der Zentren der ganzen Parkanlage bildete. Sie war an einem Abhang gelegen, der sie nach gelegentlichen Erdrutschen, zusammen mit dem Abbruchmaterial eines Teils des Schlosses, bedeckt. Diese Ereignisse veränderten die Topografie nachhaltig. Heute kann man nachweisen, dass hier zwei Springbrunnen installiert waren und es eine Grotte gab, die eventuell sogar eine Tropfsteinhöhle war. Nicht zu vergessen natürlich der eigentliche Eremitage-Bau. Archäologische Ausgrabungen und wissenschaftliche Vorabklärungen wurden während der Jahre 2004 und 2005 getätigt, um Aufwand und Schwierigkeiten der Rekonstruktion abzuschätzen. Die Evaluation ergab, dass es sich bei der Parkanlage des Arenenbergs um ein bedeutendes Garten-

---

[25] www.napoleonpark.ch

denkmal handelt, das der Restauration würdig ist. Diese soll über verschiedene Etappen ablaufen, in denen die Parkwege wiedererstellt und die Substanz restauriert oder erneuert werden sollen. Dazu gehören auch interessante erdwissenschaftliche Aspekte wie zum Beispiel die vermutete **Grotte aus Tuffstein** im Bereich der Eremitage, die für das Verständnis der Konzeption der Gesamtanlage wichtig sind, oder die von Prinz Louis Napoléon angelegte, neue Strasse als direkter Zugang zum Schloss. Diese „Route à Ermatingen" diente als Ersatz für die alte Promenade auf den Arenenberg, die von der Hauptstrasse Konstanz – Schaffhausen abzweigt und sich in engen Serpentinen den Berg hinaufschlängelt. Die Route à Ermatingen querte jedoch die Schlucht mit Wildbach und Wasserfall auf einer Brücke und erlaubte so einen viel angenehmeren und direkteren Zugang zum Gelände.

Obwohl hohe finanzielle Anforderungen an den Kanton gestellt sind, soll das Zwei-Millionen-Projekt nun durch die **Stiftung Napoleon III.** ab 2006 intensiv angegangen werden. Die Motivation liegt vor allem in der Kombination aus Kultur- und Naturtourismus, der auch im Bodenseeraum einen Aufschwung erlebt und mit Destinationen wie den Inseln Reichenau und Mainau zwar ähnliche Kombinationen bietet. Diese sind aber aus kommerziellem Interesse entstanden und nicht so geschichtsträchtig. Die Anlagen des Arenenbergs machten Schule, und entlang des Untersees entstanden zahlreiche Nachahmungen des Parkes. Autor D. Gügel spricht sogar davon, den Begriff „Côte Napoléon" einzuführen.

Schloss und Teile der Anlage können in den Sommermonaten täglich und in den Wintermonaten täglich ausser Montag besucht werden (10.– / 8.– / 5.– Eintritt).

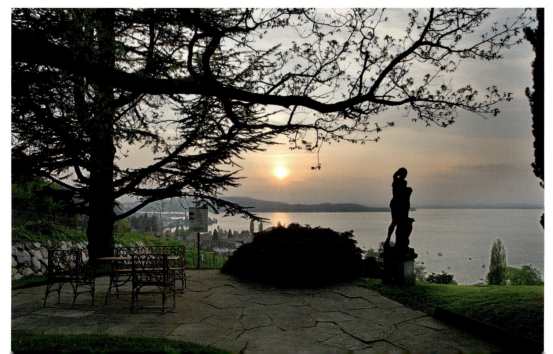

*Parkanlage auf dem Arenenberg mit Blick auf den Untersee. Mai 2006.*

*Findlingsgarten Schwaderloh an der Autobahn A7. März 2005.*

## Findlingsgarten Schwaderloh

Je nach Aufschrift der wechselnden Anzeige der Geschwindigkeit brausen die Autobahnbenutzer mit 100 bis 120 km/h hier am Geotop Nr. 94 des Kantons Thurgau vorbei und bekommen von den Endprodukten der um Grössenordnungen langsameren, aber umso nachhaltigeren glazialen Prozesse, die genau an dieser Stelle gewirkt haben, gar nichts mit. Die Rede ist von den **Findlingen**, die beim Bau des Autobahnabschnitts der heutigen A7 zwischen Kreuzlingen und Frauenfeld hier bei Schwaderloh entdeckt und erhalten wurden. Der Findlingsgarten, der mit den gefundenen Erratikern von 1990 bis 1992 sorgfältig zusammengestellt wurde, ist für die Autofahrer unsichtbar an einer Brücke, welche die Autobahn überquert, positioniert. Erreichen kann ihn, wer von Kreuzlingen-Bernrain herkommend nicht die Autobahnauffahrt Kreuzlingen-Süd benützt, sondern im Kreisel geradeaus Richtung Schwaderloh fährt und bei **Neuwilen** nach rechts auf die kleine Landstrasse abzweigt, die an besagter Brücke die Autobahn in Richtung Tägerwilen quert. Links und rechts der Fahrbahn findet man zu beiden Seiten der Brücke in der Nähe des Schützenhauses total 45 Exponate, welche die Geschichte der verschiedenen Eisströme nachzeichnen, die sich letztlich zum **Rheingletscher** vereinigt haben.

Diese Eisströme hatten einen weiten Einzugsbereich, der verschiedene Zonen der Schweizer Geologie umfasst. Dementsprechend vielfältig ist die Sammlung an Gesteinen, die der Besucher hier vorfindet. Ihnen gemeinsam ist nur, dass sie vom Rheingletscher während des Eiszeitalters hierher in den Bodenseeraum verfrachtet wurden. Die Petrografie ist jedoch stark variabel und erklärt die Geologie ihres Herkunftsgebietes. Dieses kann so naheliegend sein wie das Appenzeller Vorderland oder der Raum St. Gallen, die mit **Kalksandsteinen** der verschiedenen Molassestadien vertreten sind, oder aus so grossen Distanzen stammen wie die verschiedenfarbigen **Granite** aus dem Hinterrheintal.

Nicht minder bemerkenswert sind die nackten Zahlen des bewegten Materials beim Bau der Autobahn mit 830'000 m$^3$ bis zum Anschluss Müllheim innerhalb von drei Jahren. Total wird im Thurgau vom Menschen ein Volumen von 500'000 m$^3$ pro Jahr umgelagert – die rund 50fache Menge der natürlichen Abtragsrate.

*Abendstimmung im Findlingsgarten mit Exponat Nr. 4, einem bunten Verrucano, im Vordergrund. Februar 2006.*

# Uri

## *Die Renaturierung des Reussdeltas bei Flüelen*

Bis 1850 floss die **Reuss** als mäandrierender Fluss weitgehend ungestört in ihr Delta am Urnersee ein. Schwankende Wasserstände bedingten eine Hochwasserproblematik, und die Ebene zwischen Amsteg und **Flüelen** war landwirtschaftlich nicht nutzbar. So entschloss man sich damals zur Kanalisierung des Flusses, um dem zunehmenden Landbedarf der Bevölkerung bezüglich Besiedelung und Nahrungsproduktion nachzukommen. Im 19. Jahrhundert wurde aufgrund der grossen Nachfrage auch im Reussdelta am **Urnersee** mit dem Kiesabbau begonnen. Die Folge waren steile, sich bis zu 200 m weit zurückverlagernde Ufer und eine anhaltende Erosion, die durch den Nordwind am Urnersee noch verstärkt wurde. Es war offensichtlich, dass es so nicht weitergehen konnte. Spätestens 1979, mit der anstehenden Erneuerung der Konzession für den Kiesabbau, wurden neue Anforderungen an Ökologie und Wirtschaft gestellt. 1985 sagte das Urner Stimmvolk schliesslich ja zum Projekt Reussdelta, und so konnte eine vom Kanton kontrollierte, naturnahe Entwicklung in der Reussebene erfolgen.

Als zu Beginn dieses Jahrtausends die Nationalstrasse A4 ausgebaut wurde und Flüelen eine Tunnelumfahrung erhielt, begann man mit der Renaturierung des Reussdeltas mithilfe des Ausbruchmaterials von über 700'000 Tonnen. Momentan werden die Flachwassergebiete im Rahmen des Projektes „**Seeschüttung**" zusätzlich erweitert. Wer schon immer mal wissen wollte, wo

*Reussdelta mit Blick Richtung Schächental. Juli 2005.*

das ganze Gesteinsmaterial aus dem Gotthard-Basistunnel hintransportiert wird, kann hier nun fündig werden. Schicht für Schicht werden 1.8 Mio. Tonnen von zwei speziellen Schüttschiffen aus in den Urnersee geschüttet, um das Gebiet wieder in einen Zustand zurück zu versetzen, der seinem natürlichen Ursprung möglichst nahe kommt, der aber nie wieder genau erreicht werden kann. Für die anfallenden Kosten kommen die jeweiligen Bauherren auf. Insgesamt entstehen sechs Inseln im Reussdelta zwischen Flüelen und Seedorf; drei davon stehen den Menschen zur Erholung und für Badevergnügungen zur Verfügung – das sind die Lorelei-Inseln. Die anderen drei, Neptun-Inseln genannt, dienen der Tierwelt, unter anderem als Rastplatz für viele Zugvögel. Die Zonen hinter den Inseln sind ausserdem ideale Laichplätze für Amphibien und Fische.

Wer den **Weg der Schweiz** vom Rütli her einschlägt und am Südufer des Vierwaldstättersees zwischen Seedorf und Flüelen ankommt, findet sich auch im Naturschutzgebiet des Reussdeltas wieder. Ein Aussichtsturm aus Holz verschafft den nötigen Überblick, die geschützte Bucht vor den Inseln sorgt für ein ruhiges Bad, und das weitläufige Gelände lädt zur Erkundung der Artenvielfalt ein. Anschliessend kann man sich in einem neueröffneten, dezent in die Umgebung eingepassten Seerestaurant stärken. Rasch erkennt man den Wert des Naturschutzgebietes als Naherholungszone für die ansässige Bevölkerung.

Für die Zukunft gibt es weitere Projekte, die im Zusammenhang mit Tunnelbauten und dem Renaturierungsprojekt in der Reussebene stehen: Der Ausbau der Axenstrasse ist noch immer nicht vollständig abgeschlossen, es wartet die Umfahrung von Sisikon, durch das sich der Verkehr bisher noch immer quält. Sie soll als erste Etappe bis 2015 mit einem 4.4 km langen Tunnel realisiert werden und das Dorf vom Verkehr mit Spitzen von über 10'000 Fahrzeugen pro Tag entlasten. Das Ausbruchmaterial könnte auch hier für die Erweiterung des Reussdeltas verwendet werden. Anschliessend würde die Fortsetzung bis Brunnen in einem zweiten Tunnel erfolgen. Sind die beiden Tunnel dereinst – man spricht von 2022 – fertiggestellt, soll die alte Axenstrasse durchgehend für den Langsamverkehr attraktiv gestaltet werden und Radfahrern sowie Fussgängern dienen – Ausschnitte sind auf dem → Weg der Schweiz schon realisiert.

*Die Renaturierung des Reussdeltas bei Flüelen. Juli 2005.*

# Wallis

## *Das Mattertal*

Die Gemeinde **Randa**[26] ist die drittoberste Ortschaft im Mattertal auf 1400 m ü.M. Ihr Name geht auf den Flurnamen „Rand" (Grenze) zurück. Heute ist Randa ein beschauliches Dorf mit gemässigtem Sommer- und Wintertourismus und Beschäftigung ausschliesslich im sekundären und tertiären Wirtschaftssektor. Trotz seiner scheinbar ruhigen Lage wird es von allen Seiten durch **Naturkatastrophen** bedroht. Das Jahr 1991 ging als Katastrophenjahr in die Annalen ein. Auf der Westseite des Tals donnerte im April und Mai von der **Weisshornflanke** ein riesiger **Felssturz** herab, der die Strassen- und Bahnverbindung nach Zermatt unterbrach und eine Ferienhaussiedlung sowie zahlreiche Landwirtschaftsgebäude zerstörte. Der Sturz von insgesamt 30 Millionen m$^3$ Gestein erfolgte in mehreren Schüben, was die Reichweite des Schuttkegels begrenzte und den Dorfkern glücklicherweise verschonte. Weil das Bachbett der **Matter Vispa** blockiert war und sich das Wasser zu stauen begann, mussten Pumpen eingesetzt werden, deren Funktion schliesslich durch anhaltende Niederschläge behindert wurde. Die Folge war eine **Überschwemmung** der tiefergelegenen Dorfteile im Juni 1991.

Schon seit 1979 war im Bereich des Bergsturzgebietes beobachtet worden, dass sich **Steinschlag** und **Blocksturz** (der Unterschied zwischen den beiden Begriffen liegt in der Materialgrösse) häuften. Es wird vermutet, dass diese Häufung mit einer Erwärmung der Atmosphäre in Zusammenhang steht: Der Bereich des **Permafrostes** hat sich kontinuierlich in grössere Höhen verschoben. Vormals gefrorene Spalten im stark zerklüfteten Gestein, die aufgrund des Fehlens von fliessendem Wasser stabilisierend wirkten, begannen aufzutauen. Das Wasser begann wieder zu zirkulieren und baute einen Druck auf, der das Gestein verstärkt aufsprengen konnte. Diese Schwächung führte letztlich zum Bergsturzereignis von Randa, das im Rahmen des nationalen Forschungsprojektes NFP 31 „Klimaänderungen und Naturkatastrophen" detailliert untersucht wurde.

Die Experten am Bundesamt für Wasser und Geologie (BWG) betrachten diese Gefahren unter den Gesichtspunkten von **Gefährdung** (Hazard) und **Risiko** (Risk), wobei Ersteres die Wahrscheinlichkeit für das Eintreten eines entsprechenden Umweltereignisses und Letzteres den Schaden für

*Der Bergsturz von Randa aus dem Jahre 1991 ist auch im März 2005 noch überdeutlich zu erkennen.*

---

[26] www.randa.ch
Einheimische legen Wert darauf, dass die zweite Silbe des Dorfnamens zu betonen ist.

den Menschen und die Infrastruktur beinhaltet. Das Risiko für Umweltgefahren wie Bergstürze, Erdbeben oder Überschwemmungen ist dabei das Produkt aus der spezifischen Gefährdung eines Ortes und der Verletzlichkeit der betroffenen Elemente. In Randa konnte der Erfolg moderner **Überwachung** unter Beweis gestellt werden, als nach dem unerwarteten Bergsturz vom 18. April (20 Mio. m$^3$) hochpräzise Messgeräte installiert wurden und so das Folgeereignis vom 9. Mai (10 Mio. m$^3$) vorausgesagt werden konnte. Dies steht ganz im Gegensatz zu anderen berühmten Bergstürzen in der Schweiz; allen voran das Paradebeispiel von → Goldau (SZ) mit über 400 Todesopfern im Jahre 1806 oder der → Bergsturz von Elm 1881.

Neben den Überschwemmungen durch die Aufstauung der Matter Vispa sind auch **Murgänge** Ereignisse mit relativ geringer Wiederkehrperiode. Das Dorf selber ist zwar nur mässig gefährdet, da der Dorfbach ein tief in einen alten Schuttkegel eingetieftes Bett besitzt. Auf dem 54.5 km$^2$ grossen Gemeindegebiet gibt es jedoch noch drei weitere Schuttkegel, die Murganggefährdung besitzen. Eine weitere Gefahr für Randa geht von **Lawinen** und **Eisabbrüchen** aus. Besonders erwähnenswert ist der **Bisgletscher**, der in der Vergangenheit mit gefährlichen Staublawinen auf sich aufmerksam gemacht hat. Alleine in diesem Jahrhundert ist die Bahnverbindung bei sechs dieser Prozesse unterbrochen worden. Ende März 2005 stand ein **Eissturz** bevor, der von Glaziologen und der Sektion für Naturgefahren des Wallis kritisch beobachtet wurde, seit sich die Veränderungen an der Weisshornflanke angekündigt hatten. In der Geschichte der Gemeinde Randa gibt es mindestens 11 Ereignisse, welche Dutzende Todesopfer gefordert und das Dorf nicht nur durch Primärschäden – das herabstürzende Eis –, sondern auch durch Sekundärschäden – z.B. die Druckwellen – in Mitleidenschaft gezogen haben. Wie in den meisten Fällen der Vorhersage von Naturgefahren kam auch hier das **Raum-Zeit-Problem** zum Tragen: Eine zeitliche Vorhersage kann ziemlich präzise erfolgen, wenn ein grosses Vorhersagegebiet zur Verfügung steht. Umgekehrt gibt es einen grösseren Unsicherheitsbereich in der Zeit für eine präzise räumliche Vorhersage. Im vorliegenden Fall war die Gefahr rechtzeitig erkannt worden, doch ein präzises Datum für den Abbruch konnte man nicht angeben. Insgesamt stürzten Ende März in zwei Schüben 460'000 m$^3$ Eis zu Tal, ohne die Gemeinde direkt zu betreffen.

Bemerkenswert an der Gemeinde Randa ist ferner der bediente Bahnhof an der Linie der MGB (Matterhorn-Gotthard-Bahn) von Brig nach Zermatt. Somit liegt die Anziehungskraft nicht nur im riesigen und modern ausgebauten Skigebiet von Zermatt, sondern auch in der einfachen Erreichbarkeit mit öffentlichen Verkehrsmitteln, da der Privatverkehr generell und spätestens in Täsch auf Pendelzüge nach Zermatt umsteigen muss; mit dem Auto ist Zermatt für Touristen und Feriengäste nicht erreichbar. Die Lage des Dorfes, der Bergsturzkegel und die Auswirkungen auf die Talebene und deren Infrastruktur sind übrigens vom Zug aus am besten zu erkennen.

TYPLANDSCHAFTEN

## Die alpine Krustenwurzel am Beispiel des Matterhorns

**Zermatt** wird dominiert vom wohl berühmtesten Berg der Schweiz, dem 4478 m hohen **Matterhorn**, das von den Einheimischen liebevoll nur „**Horu**" genannt wird. Während Touristen aus aller Welt vielfach nur aus diesem Grund das Dorf am Fuss des mächtigen Viertausenders aufsuchen, studieren die französischsprachigen unter ihnen die Frage: „**Le Cervin, est-il Africain?**". Das ist der Titel eines populären Buches von Michel Marthaler, das die Entstehung der Alpen während der Erdgeschichte ansprechend erzählt und reich bebildert aufzeigt, dass die Gesteine des Matterhorns ihren Ursprung in der afrikanischen Platte haben.

Das Skigebiet von Zermatt verbindet die Schweiz direkt mit Italien, für einen entsprechenden Aufpreis kann so ein Tagespass einen Ausflug nach **Cervinia** im französischsprachigen Valtournenche in Italien ermöglichen. Die Dreisprachigkeit der Region manifestiert sich auch im Namen des Berges. Matterhorn auf deutsch, **Mont Cervin** auf französisch und **Monte Cervino** auf italienisch. Das Gebiet ist eine ausgeprägte Wetterscheide, und oft staut sich an den Viertausendern der Umgebung die **Föhnmauer**.

Genauso wie das Wetter stauen sich auch häufig die Bergsteiger, um die Herausforderung des „Horu" auf sich zu nehmen. Die Erstbesteigung fand nach mehreren Fehlversuchen erst am

*Einfahrt des im Winter einmal täglich von Zermatt nach St. Moritz fahrenden Glacier-Express' in der Station Stalden VS (rechts). Der Stockalperpalast als dominierendes Gebäude und Reminiszenz an die Bedeutung von Brig zu den Anfangszeiten der Simplonüberquerung (links). März 2005.*

*Das Panoramabild vom Stockhorn (3532 m ü.M.) zeigt, wie sich die Föhnmauer an den Viertausendern rund ums Matterhorn zu stauen beginnt. März 2005.*

14. Juli 1865 ihren erfolgreichen Abschluss durch **E. Whymper** und den Führer M. Croz, nicht aber der Abstieg, bei dem vier Männer den Tod fanden. Zu ihnen gesellen sich mittlerweile ungezählte weitere Opfer, die das Matterhorn einforderte.

Berühmt sind die Spiegelungen des Matterhorns in einem der zahlreichen proglazialen Seen am Gornergrat oder unterhalb des Rothorns. Wenn man das auf dem Kopf stehende Spiegelbild des Horus etwas näher betrachtet, könnte man auf die Frage zu sprechen kommen, wie denn die Alpen, die bis zu 4634 m hoch aufragen, überhaupt von der Erdkruste getragen werden können. Die Antwort auf diese Frage liefert das Stichwort **Isostasie**. Es geht dabei darum, das von Archimedes – einem der grössten Mathematiker aller Zeiten – angeblich in der Badewanne entdeckte Prinzip des hydrostatischen Auftriebs auf die Erde anzuwenden. In diesem Sinne sehen wir tatsächlich jeweils nur die Spitze des (Eis-)Berges, denn der grösste Teil der kontinentalen Krustenmasse befindet sich nicht auf, sondern in der Erde. Entdeckt wurde dies erstmals bei gravimetrischen Messungen. Als die Schwerebeschleunigung der Erde im 18. Jahrhundert präzise vermessen wer-

> **Isostasie:** Vorgang, durch den Krustenbereiche aufsteigen oder absinken, bis sich die Masse im hydrostatischen Schwimmgleichgewicht befindet, ausgeglichen durch die Mächtigkeit der darunter liegenden Kruste. Kontinente und Gebirge müssen durch tiefe Krustenwurzeln ausgeglichen werden. Das Prinzip von Airy besagt, dass unterschiedliches Herausragen unterschiedlich tiefes Eindringen der Gebirgswurzel bei konstanter Dichte bewirkt („Eisbergprinzip"), während Pratt eine unterschiedliche Dichte, aber konstanten Tiefgang postulierte. Neben diesen lokalen Kompensationen postulierte Vening-Meinesz eine regionale Kompensation.

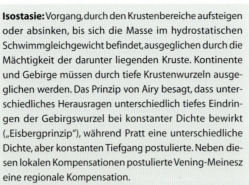

*Sonnenaufgang am Matterhorn. September 2005.*

TYPLANDSCHAFTEN

den konnte, stellten verschiedentlich Forscher – u.a. George Everest, der englische Geodät, dessen Namen heute der höchste Berg der Welt trägt – fest, dass die Anziehung, die von den Instrumenten gemessen wurde, signifikant kleiner war, als sie sein sollte. Man fand schliesslich heraus, dass dies einem **Massendefizit** zuzuschreiben war: In jenen Tiefen, wo sich auf der topografisch flachen Erde schon der Übergang von der kontinentalen Erdkruste zum Erdmantel befindet (ca. 30 km), taucht unter Gebirgen die Erdkruste deutlich tiefer ab (bis zu 60 km). Da die Erdkruste eine markant geringere Dichte gegenüber dem Erdmantel aufweist, entsteht durch diese fehlende Masse unter den Bergen der Auftrieb, der die Berge in die Höhe ragen lässt. Die Kompensation einer topografischen Last durch weniger dichte Untergrundstrukturen wird seither als Isostasie bezeichnet. Die Kompensation von Überlasten ist über längere Zeiträume **dynamisch**, wie die Hebung von Teilen Skandinaviens zeigt: Als die Gletscher gegen Ende der letzten Eiszeit dort langsam abschmolzen, war die Krustenwurzel zu gross geworden für das neue, leichter gewordene Gelände ohne die Eis- und Schneemassen. Es muss sich nun also heben, um in ein isostatisches Gleichgewicht zu gelangen. Mit den modernen geodätischen Messgeräten sind solche Veränderungen präzise nachzumessen.

*Panorama mit Matterhorn und Riffelsee. September 2005.*

*Das Matterhorn spiegelt sich im Riffelsee. Dass die Gebirgswurzel unter den Alpen einer 1:1-Spiegelung entspräche, stimmt allerdings bei weitem nicht: Geophysikalische Messungen zeigten, dass die Gebirgswurzel ein Vielfaches der Gebirgshöhe ausmacht, um die Masse der aufragenden Berge zu kompensieren, ein Phänomen, das als Isostasie bezeichnet wird. September 2005.*

## Die rezente Geschichte von Findelen- und Gornergletscher

Das spätsommerliche oder herbstliche Gebiet um den **Gornergrat** herum bietet eine Vielzahl von Möglichkeiten, die Dynamik der jungen und jüngsten Erdgeschichte kennenzulernen. Ein imposantes Beispiel sind die Wallmoränen des **Findelengletschers**, die den Höchststand der kleinen Eiszeit markieren, und die kleinen Seen an seinem Fusse. Wer sich den Aufstieg von Zermatt aus sparen möchte, benutzt am besten die unterirdische Standseilbahn aufs Sunnegga Paradise. Von dort gilt es nur, die Steilstufe zum Blauherd zu überwinden. Die Anstrengung wird belohnt mit einem grossartigen Ausblick, unter anderem auf die unter einem magisch aufblitzenden Wasserflächen von Mosjesee, Leisee und Grindjisee. Beim Abstieg wird es genügend Möglichkeiten geben, sie näher zu betrachten, doch das Ziel des Aufstiegs ist die rechte Seitenmoräne des Findelengletschers. Vorbei am **Stellisee** hinauf zur Fluhalp steigt der Weg gemütlich und kontinuierlich an und eröffnet kurz nach Passieren des Restaurants Fluhalp den Blick auf einen jungen alluvialen Talboden, der sich zwischen der Seitenmoräne, die sich hier als gigantischer Wall auftürmt, und den Felspartien des Abhanges des Rothorns gebildet hat. Ein winziges Bächlein mäandriert durch den im Herbst schon goldbraun verfärbten Almboden. Nach wenigen Schritten ist der Moment gekommen, auf den Pfad abzuzweigen, der auf den höchsten Stellen der Moräne wieder zurück zum „5-Seenweg" führt. Ein Blick über die Moräne in den Gletscher hinein offenbart die dynamischen Prozesse, die sich hier abspielen. Es sei deshalb auch Vorsicht angebracht, denn Moränen sind chronisch instabile Bereiche. Die stark erodierten und talartig vertieften Flanken, die überall abfallen, zeugen davon. Das **Gletschertor** befindet sich heute an einer Stelle, an welcher der Gletscher vor wenigen Jahren noch voll entwickelt war und erst mehrere hundert Meter weiter unten endete. Wer noch eine alte Landeskarte besitzt, kann direkt selber auf der Karte vergleichen, wie weit sich der Gletscher heute zurückgezogen hat.

Grindjisee und Grünsee kann man auf dem „5-Seenweg" beim Abstieg einen Besuch abstatten. Bei klarer und ruhiger Witterung ist beim Grindjisee oft die Chance am grössten, das Matterhorn wie in einem natürlichen Spiegel doppelt sehen zu können.

Eine ähnlich rezente Gletschergeschichte kann man zwischen dem Riffelberg und der Mittelstation der Luftseilbahn Furi erleben. Diese beiden Punkte verbindet der Gletschergartenweg. Das erklärte Ziel und Highlight ist der 1966 entdeckte und seit dem Jahr 1974 der Öffentlich-

*Spiegelungen im Grindjisee. September 2005.*

TYPLANDSCHAFTEN

keit zugänglich gemachte Gletschergarten **Dossen** im Tal der Gornera. Die Erosionskraft des Gornergletschers hat hier eine beeindruckende Vielzahl von Gletschertöpfen geschaffen: drei bis vier Meter tief hinabreichende rundliche Vertiefungen. Aufgrund ihrer Entstehung werden sie auch als Strudellöcher bezeichnet. Schmelzwasser aus dem Gletscher hat zusammen mit der mitgeführten Erosionsfracht – die Menge hängt von der Kompetenz des Baches oder Flusses ab – wie grobes Schleifpapier gewirkt und sich in einer Strudelbewegung fortwährend ins hier relativ weiche Gestein eingetieft.

Der Ursprung dieses weichen Gesteins liegt im **Mesozoikum**, als die Gesteine des oberen Teils des Matterhorns vor der Alpenfaltung noch in Afrika lagerten und von Europa durch ein Urmeer – die **Tethys** – getrennt wurden. Damals war die plattentektonische Bewegung dem heutigen Sinne noch entgegengesetzt: Divergente Plattenbewegungen bedeutet, dass sich die Lithosphärenplatten auseinander bewegten und am Meeresboden neue Lithosphäre entstand. Es herrschte eine untermeerische vulkanische Aktivität vor, die zum Ausfluss von so genannter **Kissenlava** führte. Diese einzelnen Lavakissen kann man noch heute an der Oberfläche am Weg zwischen dem Gletschergarten und der Station Furi entdecken. Im Zuge der Kollision zwischen Afrika und Europa wurde Jahrmillionen später grosser Druck auf die Gesteine ausgeübt, was zur Metamorphose der Laven führte: **Serpentinite** und Talkschiefer sind grüne und weisse, häufig glänzende, sich seifig anfühlende Umwandlungsgesteine, die sehr weich sind (man kann sie leicht mit dem Fingernagel einritzen, ein Merkmal der Mohs'schen Härteskala zur Charakterisierung von Mineralien). Sie bilden sich aus Gesteinen wie Peridotit, die durch den Druck eine Metamorphose durchliefen: die **Serpentinisierung**. Im Zuge der Alpenfaltung im Tertiär wurden diese Gesteine an die Oberfläche der Erde gehoben. Während kristalline Gesteine von Afrika und Europa die Spitzen der Berge aufbauen, findet man in den Talzonen die Überreste des Tethys-Meeres. Dem Gletscher konnten solche Serpentinite und Talkgesteine wenig entgegensetzen. So wurden sie in ver-

**Kissenlava (Pillow Lava):** Besondere Form von Lavaergüssen unter Wasserbedeckung, wobei zahlreiche kleine Lavazungen die abgekühlte Kruste durchbrechen und dann erstarren. Dies führt zu einer wulst- bis kissenartigen Gesteinsabfolge.

*Serpentinit (oben); Gletschermühlen im Gletschergarten Dossen (unten). September 2005.*

gleichsweise kurzer Zeit erodiert, als sich der Gornergletscher langsam zurückzog und das Schmelzwasser seine Arbeit aufnahm. Die Entstehung geht auf die letzten Phasen der Vergletscherung zurück. Die heute sichtbare Landschaft wurde in der geologischen Jungzeit, dem **Quartär** geformt, das maximal 2 Millionen Jahre zurückreicht. Die Erosionskraft von Wasser und Eis hat in dieser Zeit das Landschaftsbild zurechtgeschliffen und immer wieder verändert. Das Klima hat sich erst in den letzten 10'000 Jahren soweit verändert, dass sich Menschen im Tal von Zermatt ansiedeln konnten. In diese Zeit fällt auch die Entstehung der Gletschertöpfe von Dossen. Ihre Bildungszeit war für geologische Abläufe extrem kurz. In unterirdischen Stollen wurde festgestellt, dass schon innerhalb weniger Jahre Vertiefungen von bis zu 1 Meter erodiert werden können.

**Talk** war zudem ein gefragter **Rohstoff**, der hier in der Gegend abgebaut wurde. Auch im Gletschergarten findet man Spuren des kommerziellen Abbaus von Talk, der als Rohstoff häufig Speck- oder Giltstein genannt wird und aufgrund seiner einfachen Bearbeitung sehr beliebt war. Ein solcher Giltsteinbruch kann hier betreten werden. Als Wanderung vom Gletschergarten bis zur Riffelalp ist eine Beschreibung in Auf der Maur und Jordan (2002) zu finden. Wer sich den Gletschergarten Dossen vor Ort anschaut, wird auch wieder mit dem Matterhorn aus Afrika ein Wiedersehen feiern: Die Infotafeln wurden mit Informationen und Illustrationen von Marthaler (2002) angereichert.

### *Das Tulpendorf Grengiols*

Kein Vermarktungsprodukt, aber dennoch eine endemische Kuriosität, die mit dem Erfolg des Safrandorfes Mund ideell stark in Verbindung steht, ist die **Grengjer Tulpe**. Es ist die einzige endemische Tulpenart in der Schweiz. Von der einheimischen Bevölkerung als unbedeutend erachtet, fristete sie ein Schattendasein, bis sie nach dem Zweiten Weltkrieg entdeckt wurde.

Gelb und rot blühen sie, die seltenen Tulpen, genau in den Farben des Dorfwappens von Grengiols[27]. Fast eine halbe Stunde strengen Fussmarschs dauert es, herauf vom Bahnhof durch das verschlafene Dorf zum Sportplatz im Oberdorf, wo ganz klein und scheu ein Schildchen den Weg „Zur Tulpe" weist. Nur hier auf der **Chalberweid**, auf der Südseite des Rotten – so der im Goms gebräuchliche deutsche Name der Rhone – gibt es die Grengjer Tulpe, am Schattenhang der Walliser Berge, dominiert vom Bättlihorn. Ihre alte Geschichte ist unbekannt; wie sie bis zu ihrer of-

---

**Tulipa grengiolensis:** Eine endemische Wildtulpenart, die ausschliesslich im Walliser Dorf Grengiols vorkommt. Es ist eine 30 – 65 cm hohe Pflanze, welche sich über Nebenzwiebeln fortpflanzt und als Begleitflora von kultivierten Winterroggenäckern und benachbarten Trockenwiesen auftritt. Mit dem landwirtschaftlichen Wandel und dem Niedergang des Winterroggenanbaus schwand auch der Bestand der Tulpe. Die Erhaltung wird nun von der Grengjer Tulpenzunft gesichert. Es existieren zwei Formen. *Omnino-lutea Thommen* zeichnet sich durch reingelbe Blüten und Staubfäden aus, während die seltenere *rubro-variegata Thommen* rotberandete, spitze Blätter aufweist. Die rote blüht in der Regel knapp eine Woche vor der gelben Variante; die Blütezeit ist – sehr witterungsabhängig – jeweils ab Mitte Mai zu erwarten.

---

[27] www.grengiols.ch

fiziellen Entdeckung 1946 durch Eduard Thommen bestand, wird wohl nie mehr vollständig herausgefunden werden können. Der Basler Botaniker hatte gehört, dass es im Wallis verschiedene **Wildtulpenarten** gibt, die er genauer untersuchen wollte. So reiste er nach dem 2. Weltkrieg gen Süden, auf der Suche nach neuen Standorten der Tulpenart „Tulipa australis", der Südtulpe. Von ihr war bekannt, dass sie in Törbel wachse. 1945 erreichte Thommen das Dorf Grengiols, jedoch zum falschen Zeitpunkt: Er war viel zu früh für die Tulpenblüte und fand daher keine dieser Blumen. Erst als er ein Jahr später zur Blütezeit zurückkehrte und die Pflanzen eingehend untersuchte, stellte er fest, dass es sich nicht um die Art „australis" handelte, sondern um eine völlig neue, ihm unbekannte. Er taufte sie auf den Namen Tulipa grengiolensis.

In der Bedeutung des Namens Grengiols könnte die Vergangenheit der Tulpe gesucht werden. Der Name des Ortes stammt vom lateinischen Wort „granum" für Korn ab, und in der Gegend gab es viele **Kornspeicher**. Man befindet sich an einer alten, auf die Römer zurückreichenden Handelsroute übers Binntal und den Albrun-Pass hinüber ins heutige Italien. Noch heute heisst ein Dorfteil „zu den Speichern". Eine Hypothese lautet demnach, dass die Tulpe zusammen mit dem Roggen auf diesem Weg ins Wallis nach Grengiols gelangte. Die Tulpensamen könnten eine Verunreinigung, eine Art „Unkraut" im Saatgut gewesen sein. Ein anderer Ansatz besagt, dass Tulpensamen zu einer Zeit, als Insektizide noch völlig unbekannt waren, ganz gezielt dem Roggen beigemischt wurden, um Ungeziefer fernzuhalten. Die Bewohner des Dorfes sagen, dass es die Tulpe schon immer hier gegeben hat, doch „immer" ist ein relativer Begriff. Erst seit dem 16. Jahrhundert kennt man Tulpen, als sie aus der Türkei über Wien nach Deutschland und schliesslich nach Holland, England und Italien gelangten. Beide Thesen werden allerdings schwer jemals schlüssig zu beweisen sein. So verbleibt etwas Geheimnisvolles um die Tulpe.

Heute steht die Tulipa grengiolensis auf der **roten Liste**, lange Zeit war sie vom Aussterben stark bedroht, bis man Rettungsmassnahmen eingeleitet hat. Wie konnte es dazu kommen? Die Bauern, welche die Felder auf der Kalberweid bewirtschaftet haben, sahen keinen besonderen Nutzen in der Tulpe, liessen sie teils einfach wachsen, rissen die Zwiebeln teils aber auch ganz gezielt aus und warfen sie in die Ackerfurchen – wo sie vereinzelt überlebt haben. Die Tulpe gehört

*Tulipa grengiolensis der Form omnino-lutea Thommen (links) und der Form rubro-variegata Thommen (rechts). Mai 2006.*

zur so genannten Begleitflora und tritt nach wie vor nur zusammen mit den Roggenäckern auf. Als der Roggenanbau für viele Bauern uninteressant wurde, verlor die Tulpe nach und nach ihren Lebensraum. Oberhalb des Bahnhofs, wo die rote Variante „rubro-variegata" verbreitet war, wurde eine Serie von Chalets gebaut, und andere Äcker sind einfach brachgefallen oder wurden zur Grasweide. Im Dorf hatte die Tulpe keinen besonderen Stellenwert; man nützte sie allenfalls zur Dekoration an Fronleichnams-Prozessionen.

1988 gab **Pro Natura** den Auftrag, eine Erhebung zur Anzahl der verbliebenen Exemplare durchzuführen. Schnell wurde erkannt, dass die Tulpe ohne Gegenmassnahmen rasch verschwinden würde. Pro Natura konnte schliesslich vier Parzellen mit Roggenäckern von den Eigentümern erwerben, doch war Eigeninitiative aus dem Dorf nötig, diese auch zu bewirtschaften. So formierte sich, vom Erfolg der Zunft im wenige Kilometer entfernten Safrandorf Mund beflügelt, die Tulpenzunft, die seit Oktober 1996 die Geschicke der Grengjer Tulpe in die Hand nimmt. Im Dorf wird das Potential der Tulpe aber noch immer verkannt. Die Leute, die in Grengiols vereinzelt noch von der Landwirtschaft leben, erhielten zwar Subventionen für die Bewirtschaftung der Roggenäcker. Doch die ist finanziell uninteressant, da es den Betrag-pro-Fläche auch für die Matten gibt, und Mähen „sei eine weniger schweisstreibende Angelegenheit".

Tourismus existiert im Dorf praktisch nicht, obwohl die Bekanntheit der Tulpe in der „Üsserschwiiz" deutlich höher ist als im Wallis oder in Grengiols selbst. Den sanften Tourismus könnte man hier noch besser und gezielter ausschöpfen – ein Ziel, das auch der Landschaftspark Binntal verfolgt. Grengiols ist neben Ernen und Binn die dritte Gemeinde, die an diesem Pilotprojekt beteiligt ist, mit dem die Anlieger am Binntal ihre touristischen Vorteile besser nutzen möchten. Die Grengjer Tulpe ist dabei ein Schwerpunkt. Geplant ist ein Lehrpfad rund um die Chalberweid, der das Biotop, die Tulpe, die Geschichte des Dorfes und der Bewirtschaftung des heute geschützten Gebietes näher bringt. 2007 soll das Projekt zur Ausführung gelangen.

*Die Chalberweid ob Grengiols in voller Blüte. Mai 2006.*

## Zugänge zum Wallis

Erreicht und verlassen wird das Wallis – vor allem im Winter – über die Autoverladestationen Goppenstein (durch den **Lötschberg** nach Kandersteg BE) oder Oberwald (durch den **Furkatunnel** nach Realp UR). Für Motorradfahrer stehen für die Durchquerung des Lötschbergs sogar spezielle, ehemalige „grüne" Intercitywagen zur Verfügung, in die man direkt mit dem Motorrad hineinfahren kann. Man findet eine Sitzgelegenheit und die Möglichkeit vor, das Motorrad vor dem Umfallen zu sichern. Wer hingegen den Furka-Basistunnel wählt, kommt einmal mehr mit der Matterhorn-Gotthard-Bahn in Berührung, die einen ins reizvolle **Urserental** befördert. Weiter geht es auf der Gotthardroute durch die **Schöllenenschlucht** nach Altdorf, oder über den Oberalp in die **Surselva** nach Graubünden. Wer auch hier den Autoverlad gewählt hat, wird in Sedrun den Zug verlassen können, aber auch Autofahrer sind eingeladen, eine Rast einzulegen. Der Ort hat in letzter Zeit für Schlagzeilen gesorgt, als er sich für eine Haltestelle im Gotthardtunnel und eine direkte Verbindung in die Bündner Bergwelt eingesetzt hat: Die so genannte **Visiun Porta Alpina**. Das Ziel ist der wirtschaftliche Aufschwung der Randregion und der unmittelbare Anschluss ans europäische Hochgeschwindigkeitsnetz des 21. Jahrhunderts. Erfolgen soll dies mit Hilfe eines unterirdischen Bahnhofs im Gotthard-Basistunnel sowie mit einem senkrechten System von Aufzügen bis hinauf nach Sedrun. Der grosse Vorteil für die Wirtschaft der Surselva ist die rasche Erreichbarkeit der Skigebiete für Wintersportler aus dem Unterland. Mehr zu dieser Thematik im Kapitel „Verkehr".

*Blick vom Oberalppass auf die drei Gemeinden des Urserentals: Im Vordergrund Andermatt, dahinter Hospental, und am Fusse der Furka Realp. Oktober 2003.*

*Urwaldstimmung im Vallon de Van oberhalb Vernayaz, unterhalb des Lac de Salanfe. August 2005 (links).*
*Nahe Vernayaz findet sich die Cascade de la Pissevache, ein grosser Wasserfall über eine Stufe von 110 Metern. August 2005 (rechts).*

### Die Umgebung von Martigny

Die Region um den **Lac de Salanfe** ist Zeuge einer alten Gebirgsbildungsphase: Die variskische Orogenese, in der Romandie als hercynisch bezeichnet, fand im Paläozoikum vor ca. 350 bis 260 Mio. Jahren statt. In dieser Zeit sah die Paläogeografie, die Lage der Kontinente, komplett anders aus als heute. Diese alten Kontinente drifteten aufeinander zu und vereinigten sich in einer grossen Kollision schliesslich zum Superkontinenten **Pangäa**, der vor 250 Mio. Jahren voll ausgebildet war. Das hinterliess ein Gebirge, das sich heute auf verschiedenen Kontinenten wiederfindet (Amerika: Appalachen, Westafrika; Westeuropa: Iberische Halbinsel, Massif Central) und zusammengesetzt und aneinandergereiht eine Länge von über 8'000 km ergeben würde. Heute sind diese Gesteine in der Region des Salanfe, die sich im Aiguilles-Rouges-Massiv befindet, wieder offen sichtbar. Sie bilden das so genannte externe Kristallin des Alpenbogens und bestehen grösstenteils aus Gneisen. Beim Aufstieg von Van-d'En-Haut zur Staumauer des Lac de Salanfe sind sie besonders gut aufgeschlossen. Es sind grösstenteils Paragneise im Aiguilles Rouges anzutreffen, entstanden durch die Transformation von Sedimentgesteinen unter erhöhtem Druck und hoher Temperatur (im Gegensatz zu Orthogneis, der aus Graniten umgewandelt wurde). Im Verlauf des Mesozoikums begann Pangäa auseinander zu brechen. Zwischen den einzelnen Schollen bildete sich ein flaches, tropisches Meer aus, in dem neu entstandene Sedimente abgelagert wurden. In diese Zeit fallen die in dieser Gegend anzutreffenden **Dinosaurierspuren**: Die grossen Echsen spazierten an einem Sandstrand entlang und hinterliessen Abdrücke, die zum Teil fossiliert wurden und der Nachwelt erhalten geblieben sind. Die berühmtesten sind jene von → Vieux-Emosson. Ein weiteres metamorphes Gestein, das in der Region des Lac de Salanfe anzutreffen ist, ist der Marmor, ein Umwandlungsgestein von Kalken.

Im Haupttal der Rhone, ausserhalb Martignys und der Abzweigung hinauf nach Salanfe, mündet der Trient-Fluss in einer spektakulären Schlucht, der **Gorge du Trient**, die ähnlich wie die Berner → Aareschlucht dem Publikum gegen eine

# TYPLANDSCHAFTEN

Eintrittsgebühr (7.–/ 5.–) in den Sommermonaten (Mitte Mai bis Anfang Oktober) zugänglich gemacht wird. Hier erwarten einen beinahe senkrechte Felswände, in die sich der Trient seit der letzten Vergletscherung markant erodiert hat. Gratis zu besichtigen ist der Ausfluss aus dem Salanfe, der in einer Steilstufe kurz vor Vernayaz als **Cascade de la Pissevache** mündet und über 110 Meter in die Tiefe stürzt – der grosse Wasserfall ist ein kleines Wahrzeichen des französischsprachigen Wallis und unübersehbar bei der Anfahrt über die Landstrasse, vom Genfersee herkommend.

## Das Arolla-Tal

Das Val d'Arolla zweigt ganz hinten im Val d'Hérens in der Ortschaft **Les Haudères** ab, nachdem man die bekannteren Dorfnamen wie Euseigne und Evolène lange hinter sich gelassen hat. Man befindet sich schon auf über 1400 m Höhe, und doch ist die Reise noch lange nicht zu Ende. Gleich hinter Les Haudères überwindet die Strasse in engen Kehren eine Steilstufe und folgt dann praktisch der gleichen Höhe über viele Kilometer zum Punkt 2006 m ü.M. Wer in den Weiler **Arolla** selbst hinein möchte, zweigt rechts ab; die Strasse kann geradeaus noch offiziell bis zur Kote 2008 m ü.M. befahren werden. Der **Mont Collon** ist seit wenigen Minuten ins Blickfeld gelangt und thront mächtig über dem **Arollagletscher**. Auf einem breiten Schotterweg ist das Gletschervorfeld des **Bas Glacier d'Arolla** leicht in einer guten halben Stunde Fussmarsch zu erreichen. Während das Tal noch im tiefen Schatten liegt, steigt die Sonne langsam hinter dem Massiv des Dent Blanche auf und beleuchtet die Spitze des Mont Collon. Bis die Sonne den Gletscher erreicht, wird noch einige Zeit vergehen. Er erstreckt sich auf einer Fläche von 0.5 km$^2$ in einem Höhenbereich von 2450 – 2150 m ü.M. mit einer Länge von 1.5 km.

Auch der Arolla-Gletscher hat ein gewisses Gefährdungspotential, da grundsätzlich alle Gletscher ein Schadensereignis auslösen können. Allerdings gilt das Schadenspotential des Bas d'Arolla als gering, da höchstens der Fahrweg und die Brücke sowie die Wasserfassung für das Kraftwerk in Mitleidenschaft gezogen werden können. Aus letztgenanntem Grund wird der Gletscher auch vom Kraftwerk überwacht. Im Sommer 1974 wird ein kleines Hochwasserereignis vermeldet,

*Rezente Erdpyramiden zeigen die Entstehung der Pyramiden von Euseigne. Verantwortlich sind die grösseren Gesteinsblöcke, die auf der Moräne auflagern und somit die Erosion des lockeren Materials direkt darunter verhindern. August 2005.*

*Seite rechts: Der Mont Collon und der Arolla-Gletscher am Ende des gleichnamigen Tales am frühen Morgen (oben) und der Ausblick aus dem Gletschervorfeld heraus hinab ins Tal (unten). August 2005.*

*Les Haudères am Ende des Val d'Hérens mit dem von der Morgensonne angestrahlten, 4357 m hohen Dent Blanche im Hintergrund. August 2005.*

das vermutlich durch einen **Wassertaschenausbruch** ausgelöst worden war und keine Schäden hinterliess. Dennoch sind die Gletscher von Arolla gut untersucht, nicht nur der Bas Glacier d'Arolla, sondern besonders der Haut Glacier d'Arolla[28], sein grosser Bruder.

Der Bas Glacier d'Arolla ist ein schönes Beispiel für die Dynamik des Gletscherausflusses und der Erosions- und Sedimentationstätigkeit im Bereich der Endmoräne. An der linken Talseite gibt es beispielsweise kleine pyramidenartige Hügel, die denjenigen von → Euseigne gleichen. Es sind rezente Erscheinungsformen, welche uns zeigen, wie die Pyramiden von Euseigne entstanden sind: Grössere Blöcke und Findlinge auf der Moräne sind genügend erosionsfest, um auch die darunter liegende, unverfestigte Moräne vor den Einflüssen von Wind und Wetter zu schützen. Daher wird dieser Teil der Moräne langsamer als seine Umgebung erodiert und bleibt bald als pyramidenartige Erhebung stehen.

In viel kürzeren Zeiträumen verändert das Bachbett, das dem Gletscher vorgelagert ist, seine Form. Solche proglazialen Schmelzwasserabflüsse sind sehr aktiv, denn die Sedimentablagerung und die gebildeten Kanäle im Bachbett ändern sich schnell. Eine fotografische Überwachung aus der Höhe zur Zeit von flutartigen Abflüssen in den Sommern 1986 und 1987 zeigte den Wissenschaftlern, wie rasch sich das Erscheinungsbild eines proglazialen Baches verändern kann. Innerhalb des 30 – 40 m breiten Talzuges an der Zunge des Gletschers wird das Wasser, abhängig von der Abflussmenge, in verschiedenen, wechselnden Kanälen abgeführt, die sich von einem Hauptkanal in kleinere Abflussrinnen verzweigen und sich wieder vereinen, und die rasch ihre Form und Position verändern können. Ein solches Gewässer wird als „**verzopft**" bezeichnet und ist ein typisches Merkmal proglazialer Gebiete.

> **Verzopfter Fluss (verwilderter Fluss):** Fluss, der sich in zahlreiche Arme aufspaltet, die sich wieder vereinigen. Dadurch entsteht ein Bündel breiter, flacher Rinnen, die bei Hochwasser überflutete Kies- und Sandbänke sowie trockene Inseln umschliessen.

[28] www.arolla.ethz.ch

### Saillon und der mittelalterliche Kräutergarten

So unscheinbar das kleine Burgstädtchen mit dem Mandelbaum im Wappen auf dem Felssporn zwischen Martigny und Sion im Wallis auch sein mag, hat es doch eine erstaunliche Vielfalt zu bieten[29]. Seit 1983 gibt es in der Ebene ein als Heilbad anerkanntes Thermalbad, das 34°C warmes Wasser in drei Aussen- und einem Innenbecken und darüber hinaus Wellnessangebote bereithält. Die **Thermen** sind mindestens seit 1815 überliefert, doch glaubt man, dass bereits die Römer die Quellen genutzt haben. An den Hügel schmiegen sich neben einer Vielzahl Rebstöcken das mittelalterliche Städtchen mit seiner Burgruine und dem Turm, der von jedermann bestiegen werden kann, um die Aussicht über das Unterwallis zu geniessen. Die Befestigungsanlage stammt aus dem 13. Jahrhundert und wurde auf Geheiss der **Savoyer** erbaut. Der Turm selbst ist 19 Meter hoch und – so die Geschichte des Ortes – soll noch heute den Besuchern einen Schauern über den Rücken jagen, wenn sie das Liebesdrama des schönsten Mädchens von Saillon hören. Der Auserwählte war der Erzfeind des Bischofs von Sion, wurde vor der Hochzeit verraten und hingerichtet. Das Mädchen wählte aus Liebeskummer den Freitod und sprang vom Turm hinaus in die Tiefe. Man sagt, dass noch heute an mondlosen Nächten sein Geist durch den Turm spukt und sein Klagelied vorträgt.

Ein wahres Meisterwerk, das es nicht zu verpassen gilt, ist der mittelalterliche Kräutergarten der Katherinen-Kirche, die am Rand des alten Dorfkerns auf dem Felsen der Porte du Scex do-

minierend thront und 1740 erbaut wurde. Hier begegnen wir auch wieder dem Mandelbaum mit seinen Blüten. Die lateinisch als **hortus amoenus**, als lieblicher Garten der Sinne bezeichnete Anlage ist eine Reminiszenz an die Ess- und Pflegegewohnheiten der Bewohner der mittelalterlichen Schweiz, als Errungenschaften der neuen Welt wie Tomaten, Kartoffeln oder Mais noch unbekannt waren, und an die mittelalterliche Vergangenheit des Ortes. Der Kirchgarten ist in thematische, rechteckige Beete eingeteilt. Eine Tafel erklärt jeweils die Grundlagen des Themas und die Bedeutung und de Funktion der wichtigsten Pflanzen zwischen dem 10. und 15. Jahrhundert. Diese sind jeweils einzeln beschriftet im Beet zu finden. Allerdings erfüllt der Garten nicht nur eine sinnliche Aufgabe für den verweilenden Besucher, sondern er ist auch ein Hort alter Kulturpflanzen der Region, die es zu bewahren gilt. Dazu gehören die **vergessenen Früchte** wie die Mispel, die man nur überreif nach dem ersten Frost im November essen darf, der Granatapfel als Symbol der Fruchtbarkeit und die Mandel zur Erfrischung oder Kosmetik. Hingegen war die heute so belieb-

---

[29] www.saillon.ch

*Der mittelalterliche Kräutergarten vor der Kirche Ste-Catherine von Saillon VS. August 2005.*

te und teuer verkaufte Frucht des Wallis, die Aprikose, ein suspektes Gewächs! Der mittelalterliche **Gemüsegarten** wartete auch vor der Entdeckung Amerikas mit einer grossen Diversität auf, zum Beispiel mit gut einem Dutzend Getreide- und Hülsenfruchtsorten als Grundnahrungsmittel. Anspruchslos bezüglich Standort waren Dinkel (Spelz), Hirse und Gerste. Lauch und Kohl waren die gängigsten Gemüse, doch zählt man insgesamt deren 50. Zum Überwintern mussten alle Arten von Karotten herhalten, aber auch vergessene Sorten wie die Gelbdolde, auch Smyrnenkraut genannt („maceron"), und die Zuckerwurz („chervis").

Faszinierend waren schon immer die **toxischen Pflanzen**, die als Heilmittel und Talisman eingesetzt wurden oder für Rituale herhalten mussten. Viele davon wachsen auf heimischen Alpweiden, wie der blaue Eisenhut, der auch für Pfeilgift verwendet wurde. Generell gilt bei allen damals wie heute verwendeten Pflanzen die Weisheit von **Paracelsus**: „Alle Ding' sind Gift und nichts ohn' Gift; allein die Dosis macht, das ein Ding kein Gift ist". Für die weiblichen Besucher gibt es die Sektion „**Pflanzen für die Frau**", welche die Damen für ihre persönlichen Bedürfnisse und ihre Pflege einsetzten. Das Highlight folgt zum Schluss, wenn man – wie vorgesehen – den Kräutergarten im Uhrzeigersinn abschreitet: Die **einheimischen Pflanzen** des Wallis. Die geografische Lage, die komplette Abfolge der Höhenstufen, die Vielzahl der Bodenarten und nicht zuletzt das spezielle Klima (im Wallis fällt weniger Regen als am Mittelmeer und knapp ein Drittel des Niederschlags des Tessins!) tragen alle das ihre dazu bei, dass mehr als 2500 Arten im Wallis bekannt sind, die seit der letzten Eiszeit aus anderen Räumen hierher gekommen sind. Viele existieren an ihren ursprünglichen Standorten nicht mehr und sind heute im Wallis endemisch. Dazu gehören die Walliser Flockenblume (Centaurée du Valais, die als potentiell gefährdet gilt und auf der Roten Liste steht), aber auch Steppenpflanzen, die nur hier in der Trockenheit der Walliser Anhöhen gedeihen können, z.B. Euphorbiengewächse wie die Steppenwolfsmilch.

*Menzingen ZG. Die berühmte Glaziallandschaft manifestiert sich vor allem durch die Drumlins. April 2005.*

## Zug

### Moränenlandschaft um Menzingen

Oft tauchen sie als erstes aus dem Nebel auf, dessen Obergrenze häufig im Gebiet der Glaziallandschaft zwischen den Flüssen Lorze und Sihl liegt: Die Rede ist von den Drumlins, den stromlinienförmigen Hügeln, die hier nicht so zahlreich wie im → Zürcher Oberland, dafür aber prominenter geformt und platziert sind. Ins BLN wurde die Landschaft im Jahre 1993 aufgenommen (Objekt Nr. 1307), während sie vom Kanton Zug schon fünf Jahre früher unter Schutz gestellt wurde. Zwischen Menzingen, Neuheim und Schwand sind besonders viele Phänomene der Eiszeit und der Kraft der Gletscher zu beobachten. Das sind in erster Linie die stromlinienförmig durch den Gletscher aufgebauten Drumlinhügel, doch zusätzlich finden sich Moränenwälle, Findlinge, Toteisseen und Schmelzwasserrinnen. Das Ergebnis ist eine vielfältige Landschaft, die auf kleinem Raum viel Attraktives bietet. Doch der Reihe nach.

Um die 60 **Drumlins** sind im Gebiet kartiert worden, Zeugen der komplexen Fliessgeschichte im Bereich der Konfluenz von Linth- und Reussgletscher. Dass hier die Gletscherbewegung nicht so gleichmässig in eine Richtung erfolgt ist, kann man an Lage und Ausrichtung der Drumlinhügel erkennen, die nicht so einheitlich eingeregelt sind wie im oberen Glatttal des Zürcher Oberlands.

Die **Endmoränenwälle** sind Zeugen der Transportkapazität des Gletschers. Sie sind aus den inhomogenen Komponenten des glazial transportierten Schuttmaterials aufgebaut und wurden an den jeweiligen Maximalständen des Gletschers während den unterschiedlichen Perioden ihres Vorrückens und anschliessenden Rückzugs abgelagert. Zu finden sind sie zum Beispiel entlang der Linie Finstersee – Schwandegg – Menzingen oder von Bostadel über Wilen nach Schwand.

An **Findlingen**, den erratischen Blöcken, die auf dem Eis vom Gletscher transportiert und schliesslich deponiert wurden, erhält man Aufschluss über die ehemalige Herkunft des Gletschereises. Im Bereich von Menzingen findet man so noch heute Gesteine aus dem Gotthardgebiet, wo der Reussgletscher seinen Ursprung hatte, sowie solche aus dem Glarner Hinterland: Der rötliche **Verrucano** ist das Leitgestein, das auf den Linthgletscher hinweist. Aufgrund seiner Farbe wird er häufig auch als roter Ackerstein, oder aufgrund seiner Herkunft aus dem Sernftal als Sernifit bezeichnet. Findlingsgärten der Region, wie z.B. auf dem Gubel, erzählen diesen Abschnitt der Gletschergeschichte übersichtlich.

**Toteisseen**, meist rundliche kleine Seen, sind ebenfalls Zeugen der Eiszeit. Vom sich zurückziehenden Gletscher isolierte Eisblöcke, oft vor dem Abschmelzen über längere Zeit geschützt, drückten eine Senke in den Untergrund, in der sich in späteren Zeiten Wasser sammeln konnte. Noch heute existierende Toteisseen sind z.B. der Wilersee nahe dem Weiler Finstersee, der durch seine regelmässige Form mit einer maximalen Tiefe von 20.8 m in der Mitte des Sees beeindruckt. Es ist der kleinste der Zuger Seen, wird aber vom Zuger Amt für Gewässerschutz regelmässig auf seine Wasserqualität hin untersucht. Probleme bereitet der Eintrag von Phosphor aus dem Einzugsgebiet, der See ist sanierungsbedürftig (Gewässerbericht des Kantons Zug, 2004). Viele andere Toteisseen sind jedoch seit der letzten Eiszeit verlandet. Ihre ehemalige Existenz wird aber noch evident anhand der Morphologie des Geländes. So genannte Toteislöcher können zahlreich im Gebiet entdeckt werden, und die vielen Moore in der Gegend sind Naturschutzgebiet und Bestandteil der **Moore nationaler Bedeutung**. Als Beispiel seien Egelsee, Chälenmoor, Chlausechappeli, Tännlimoos / Hintercher und Neugrundmoor auf dem Gemeindegebiet von Menzingen erwähnt.

**Schmelzwasserrinnen** sind die seitlichen Abflüsse von Schmelzwasser aus dem glazial aufgefüllten Haupttal. Oft haben sie sich tief eingeschnitten und kupieren das Gelände markant. Folgt man den Höhenlinien einer Karte des Gebietes, erkennt man solche Rinnen entlang der Strasse von Menzingen nach Edlibach und von Schwand nach Neuheim. Mit all diesen Indikationen lässt sich die geologische Geschichte dieses grossartigen Gebiets im Kanton Zug zur Eiszeit rekonstruieren.

**Verrucano:** Meist roter Ackerstein aus dem Glarnerland, welcher aufgrund seiner Farbe typisch seiner Herkunft zugeordnet werden kann. Häufig wird er als erratischer Block in fremden Gebieten gefunden und dient daher als Leitgestein für die eiszeitlichen Bewegungen des Linthgletschers.

*Blick auf Menzingen ZG mit dem langgestreckten Drumlinhügel. April 2005.*

*Ein heisser Sommertag endet mit einem spektakulären Sonnenuntergang am Ufer des Hüttwilersees. Mai 2005.*

## Zürich

### *Toteisseen und Riegelhäuser*

Einen Teil einer **glazialen Typlandschaft** wie aus dem Bilderbuch stellt das Gebiet um die Nussbaumer Seen im Seebachtal dar. Beim Rückzug der Gletscher nach ihren letzten Vorstössen liessen diese ihre Endmoränen zurück und gestalteten eine ausgeprägte Zungenbeckenlandschaft, welche im BLN-Inventar auf Position 1403 geführt wird: *„Glaziallandschaft zwischen Thur und Rhein mit Nussbaumer Seen ZH und Andelfinger Seenplatte"*. Da am Ende der Eiszeit stadienweise mehrere solcher Vorstösse und Rückzüge stattfanden, finden sich verschieden weit reichende Endmoränen und Gletscherzungen. Das Gebiet um Hüttwilen (TG) zeigt dies ganz charakteristisch, mit einer **Endmoräne** des Rheingletschers im Bereich von Unterstammheim (ZH) und einer zwischen Uerschhausen und Nussbaumen. Sanft darin eingebettet finden sich in der Senke vor den Endmoränen drei kleine Seen, die ebenfalls zum Ausklang der letzten Eiszeit geschaffen wurden: Nussbaumer See, Hüttwiler See und Hasensee ergeben zusammen die Nussbaumer Seen. Es sind dies so genannte **Toteisseen**, entstanden durch spät abschmelzende, grosse Eismassen des Zürich-Stadiums, die deutliche Vertiefungen im Sediment hinterlassen haben. Nachfolgendes Schmelzwasser füllte diese Löcher auf und es bildeten sich Seen, die aufgrund des wasserundurchlässigen Untergrundes erhalten blieben. Die Existenz solcher auch **Sölle** genannten Toteisseen wird flankiert von den uns schon bekannten erratischen Blöcken, den Findlingen, welche die Gletscher aus ihrem Ursprungsgebiet mitgebracht und hier hinterlassen haben. Deren Herkunft war übrigens lange umstritten und es ranken sich viele wilde Geschichten um die alten Koryphäen der Geologie wie z.B. Albert Heim und Hans Conrad Escher von der Linth, die verschiedenste (falsche) Theorien aufgestellt haben. Die darunter liegende **Geologie** besteht aus quartären Schichtserien, welche die Felsoberfläche respektive die alten

Rinnensysteme vorzeichnen. Die Landschaft zwischen Thur und Rhein ist v.a. mit verschiedenen Moränen und Alluvionen bedeckt. So fand man bei geophysikalischen Untersuchungen zwischen der Thur- und der Rheintalrinne auch eine Rinne im Seebach-/Stammertal, durchsetzt von höheren Felslagen der Molasse. Diese besteht grundsätzlich aus Gesteinen der Oberen Süsswassermolasse. Glimmerreiche Sandsteine sind die typischen Vertreter, die in einem Süsswassermilieu, ausserhalb des sich nun wieder zurückziehenden Meeres abgelagert wurden. Man datiert sie auf ca. 15 – 16 Mio. Jahre, da sie noch vor dem **Hegau-Vulkanismus** gebildet wurden, der einen markanten absoluten Zeithorizont darstellt. Das Alter der Rinnen war bisher schwer zu bestimmen, es wird jedoch auf jüngstes Tertiär bis maximal mittlere Eiszeit geschätzt. Anschliessend wurden die Rinnen mit Moränenmaterial und Seesedimenten gefüllt. Die Seesedimente zeigen deutlich die Ausdehnung der Seenplatte an, als während eines Hochstands der Eiszeit Moränen im Bereich von Ossingen und Nussbaumen zu einem Wall aufgehäuft wurden, der die Schmelzwässer staute. So bildete sich der **Weininger See**, der vermutlich in Richtung Diessenhofen entwässert wurde und dicke Seeablagerungen von mehreren 10 m Mächtigkeit hinterlassen hat. Erst mit dem Rückzug der Gletscher änderte sich die Entwässerungsrichtung. Der Ossinger Riegel wurde durchbrochen, und fortan bildete sich das Thurtal als hauptsächliche Schmelzwasserrinne aus. Als Relikte findet man so genannte Ittinger Schotter, glaziale Ablagerungen der letzten Kaltphase im Gletschervorfeld, nur im Seebachtal. Im Thurtal wurden sie von den Schmelzwässern wegerodiert. Die Nussbaumer Seenplatte selbst bildete sich erst nach der letzten Vorstossphase der Gletscher nach Ausklingen der Eiszeit während des Zürich-Stadiums.

Man erblickt die Seen das erste Mal, wenn man von Frauenfeld her kommend auf dem Trassee der Regionalstrasse nach Diessenhofen den Dorfausgang von Hüttwilen passiert. Linkerhand breitet sich vor einem die Seenlandschaft in einer kleinen Senke aus, man selber ist noch erhaben über dem Geschehen und biegt links ab, um dann zu Fuss die Seen aufzusuchen. Die drei Seen

*Unterstammheim. Juni 2005.*

waren ursprünglich miteinander verbunden. Natürliche und anthropologische Einflüsse veränderten aber die Landschaft nachhaltig: Einerseits gab es normale **Verlandungsprozesse**, die den Wasserspiegel absenkten. Andererseits benötigten die Menschen in der Region im letzten Jahrhundert mehr landwirtschaftlich nutzbare Fläche und senkten den Seespiegel künstlich um 1.5 m ab. Die Melioration erfolgte in den Jahren 1943/44, als zusätzliches Moorland in fruchtbaren Kulturboden überführt wurde. Zurück blieben die drei sichtbaren Wasserflächen, heute von der lokalen Bevölkerung zum Baden, Grillen und Sonnenbaden genutzt. Übrigens werden die Parkplätze rund um die Seen im Sommer schnell vergeben. Wer die etwas schwierige Anbindung des öffentlichen Verkehrs nicht ausprobieren möchte, ist demnach am besten mit zwei Rädern bedient: Für nahe in der Umgebung Wohnende ist das Fahrrad mit Picknickkorb die erste Wahl, ansonsten lässt sich auch ein Motorrad klar einfacher parken als ein vierrädriges Gefährt.

Für die Zukunft gibt es Pläne zur **Renaturierung** der von der Melioration betroffenen Stellen. Der Wunsch ist gross, den Seespiegel der Seenplatte wieder anzuheben, die Moore in der Gegend auszuweiten und die naturnahe Qualität des Gebiets zu erhöhen. Die Seen waren auch Untersuchungsgegenstand von Diplomarbeiten, die Wege in die Zukunft aufzeigen. Sie machen klar, dass eine Renaturierung fast zwangsläufig nötig wird, auch im Sinne der Landwirtschaft. Denn in den gut 60 Jahren, die seit der Melioration vergangen sind, ist das Gelände um gut 1.5 m abgesackt und hat damit fast wieder den Seespiegel erreicht. Die Gewässerqualität ist schlecht, da Phosphateinträge zur Eutrophierung geführt haben. Kurzum: Die Typlandschaft des Tals ist bedroht und deshalb sollten Anstrengungen unternommen werden, sie zu erhalten! Die bestehenden naturnahen Elemente wie gewisse Wälder und die Biberpopulation sollten geschützt werden. Die verbauten Kanäle sollten renaturiert und **Pufferzonen** zwischen dem landwirtschaftlich bewirtschafteten Raum und dem Gebiet der Seen eingerichtet werden. Diese könnten um 30 – 50 cm aufgestaut werden. Damit eine nachhaltige Bewirtschaftung der Flächen möglich ist, stellt sich allerdings die Frage der Regelung mit der Landwirtschaft. Denkbar sind das Aufkaufen von Land oder die Vereinbarung von Bewirtschaftungsverträgen. In der Theorie sind somit eine Vielzahl von Renaturierungsmassnahmen denkbar, doch Politik und gesellschaftliche und wirtschaftliche Akzeptanz werden die Rahmenbedingungen setzen. Um die ökologische Vielfalt dennoch zu sichern, wurde 1994 die Stiftung Seebachtal gegründet. Sie setzt sich für die Renaturierungsprojekte ein und erreichte bisher z.B. schon die Errichtung einer Bewässerungskorporation, um das Problem der Wasserqualität und -entnahme in den Griff zu bekommen.

*Landwirtschaft um die Nussbaumer Seenplatte. Juni 2005.*

TYPLANDSCHAFTEN

Dabei wird leicht übersehen, dass die Landschaft im Inventar der Naturdenkmäler von nationaler Bedeutung steht – einerseits ihrer geologischen, doch auch ihrer kulturellen Bedeutung wegen: Die Stammertal genannte Region, die von der aufstrebenden Landwirtschaft nach der Melioration des Tales profitiert hat, verfügt mit dem Dorf Stammheim über eines der schönsten Dorfbilder in **Riegelbauweise** der gesamten Schweiz. Sie verfügt über zahlreiche geschützte Objekte an Riegelbauten, wie diese spezielle Fachwerkkonstruktion der Nordostschweiz heisst. Hervorzuheben ist neben der Ortschaft Stammheim (ZH) aber auch **Marthalen**[30] (ZH) in der Nähe von Winterthur, mit einem sehr kompakten Ortsbild in Riegelbauweise. Mit stärkerer Unterteilung des Fachwerks ist der Riegelbau eine Fortführung der Ständerbauweise, die es ermöglichte, auch lokal vorhandenes Holz zum Bau zu verwenden. Dieser Typ von Hausbau ist in der Region bis ins Mittelalter nachweisbar. Aus logistischen Gründen musste hier das in der nächsten Umgebung vorhandene Material zum Bau verwendet werden. Neben dem Holz für das Gerüst zog man vor allem **Bollensteine** heran, mit denen das Gefach ausgefüllt und verkleidet wurden. Eines der letzten Gebäude mit Bollensteinen zwischen den einzelnen Riegeln ist die alte Mühle in Marthalen.

In späteren Zeiten wurden das Gefach mit Lehm aufgefüllt und – im Zeichen der Moderne – die Riegelbalken verputzt, sodass sie nach und nach vermehrt aus dem Dorfbild zu verschwinden begannen. Der rot gestrichene Riegel – die rote Farbe stammt aus dem Eisenoxid von roter Ockerfarbe – ist übrigens ein Zeichen des 19. Jahrhunderts, während früher auch graue und grüne Farbtönungen bevorzugt wurden.

**Bollensteine:** Grosse, gerundete Geröllsteine und grobe Flusskiese, die aus Moränenmaterial in den Flussgerinnen abgelagert worden sind.

*Der Dorfplatz von Marthalen. Juni 2005.*

*Bollensteine in der alten Mühle, Marthalen. Mai 2006.*

[30] www.marthalen.ch

*Drumlin im Naturschutzgebiet Frecht bei Oberhof nahe Betzholz im Zürcher Oberland, im Hintergrund die Glarner Alpen. April 2006.*

*Sumpfdotterblume in den Mooren im Zürcher Oberland. April 2006.*

## Drumlinlandschaft im Zürcher Oberland

Im Gegensatz zu den Rundhöckern, denen wir schon im Kanton Graubünden begegnet sind, ist ein Drumlin eine **Sedimentations**- und keine Erosionsform. Es sind Sedimente, die von Gletscherfronten überfahren wurden und unterhalb des Gletschers zur Ablagerung kamen („subglaziale Akkumulation"). Ein Drumlinhügel besteht aus glazialem Lockermaterial, hauptsächlich Moränenmaterial, aber auch aus fluviatilen Materialien wie Schotter und Kies. Er zeichnet sich aus durch eine **steile Luv**- und eine flache Leeseite. Das heisst, die dem Gletscher entgegengerichtete Flanke ist steiler als jene in Fliessrichtung des Gletschers. Dies ist eine recht präzise Hilfestellung bei der Rekonstruktion der **Bewegungsrichtungen** der Gletscher, zumal Drumlins eher selten einzeln, sondern meistens in regelrechten Schwärmen auftreten. Im Zürcher Oberland hat man rund 170 dieser besonderen Hügel gezählt, die wie Kompassnadeln in einem Magnetfeld eingeregelt erscheinen, wenn man sie von einem erhöhten Standpunkt aus betrachtet. Eine gute Aussicht hat man auf dem Weg zum **Bachtel** auf den Anhöhen bei Wernetshausen hinter Hinwil.

Die Drumlinlandschaft im **Zürcher Oberland** im Dreieck Hinwil, Gossau und Pfäffikon ist Bestandteil des BLN und als Objekt Nr. 1401 seit 1977 inventarisiert. Sie ist eine Hinterlassenschaft des Linth-Rhein-Gletschers aus den Eiszeiten und dehnt sich auf einer Fläche von über 9 km$^2$ als Schutzgebiet aus, wovon 1.2 km$^2$ als eigentliche Kernzone definiert sind. Diese ist unverbaut erhalten geblieben, während das Gebiet in Richtung Uster und Bubikon stärker industriell und landwirtschaftlich genutzt und dementsprechend durch die Hand des Menschen verändert wurde. Bei einer Begehung vor Ort erkennt man manche dieser Drumlins leicht und auf Anhieb, während es bei weiteren etwas mehr Vorstellungsvermögen und auch Geschichtsverständnis der Region Zürcher Oberland benötigt – manche der Drumlins sind bewaldet, andere bebaut und vereinzelt werden sie sogar an ihren Südhängen für Rebbau genutzt. Besonders eindrücklich zu erkennen sind der Büel und der Zimmberg um Ottikon sowie „Gossau Berg" mit der von weither sichtbaren Kirche, die selber auf einem Drumlin errichtet ist. In Richtung Nordwesten – der Fliessrichtung des Linthgletschers – endet die Drumlinlandschaft zu den zwei Gewässern Greifen- und Pfäffikersee hin. Deren Nordenden sind geprägt von **Endmoränenbögen** der letzten Eiszeitstadien, die dazu beitrugen, die Seen in der Nacheiszeit aufzustauen. Die beiden Gewässer waren ursprünglich wie das gesamte Moorgebiet markant grösser, doch die natürliche Verlandung und künstliche Regulationsprozesse liessen sie schrumpfen.

Bedeutsam für den Naturschutz sind ferner die Senkenlagen zwischen den bis zu 30 m hohen Drumlins. Hier konnte sich eine einzigartige **Moorlandschaft** entwickeln, die aus diesem Grund zu den Mooren nationaler Bedeutung zählt. Seltene Tiere und Pflanzen geben sich auf kleinem Raum ein Stelldichein, das nur der Entdeckung durch interessierte Besucher auf den zahlreichen Spazier- und Wanderwegen harrt. Auf Schritt und Tritt entdeckt man in den Feuchtwiesen noch die Spuren der Vergangenheit. Dazu gehört auch der häufig raubbauartig betriebene **Torfgewinn** bis zu Beginn des 20. Jahrhunderts, der Rodung und nachhaltige Veränderungen im Wasserhaushalt, mit dem Einsetzen der Landwirtschaft aber auch eine Umgestaltung zur Kulturlandschaft nach sich zog. Ein guter Einstieg für die Beobachtungen ist das Moor Ambitzgi im Unterwetziker Wald zwischen Brüschweid und Bönler. Der Begriff „Drumlin" selbst stammt ursprünglich aus dem Irischen „droim" und bedeutet Rücken / Höhenrücken.

*Sanft geschwungener Drumlin am Pfäffikersee zwischen Ruetschberg und Ottenhusen. April 2006.*

Tüfels Chilen ist nur wenige Wanderminuten von der Ortschaft Kollbrunn ZH entfernt. Juli 2005.

## Tüfels Chilen

Das **Bäntal** ist ein unscheinbares kleines Seitental des Tösstals, das in Kollbrunn in Richtung Schwandenberg abzweigt. Der Bänbach hat sich tief eingeschnitten, und schon wenige Schritte ausserhalb des Dorfes verschwindet der Wanderweg rechts neben der Strasse in einer ziemlich engen und tiefen Schlucht. Selbst an schönen Wochentagen während der Sommerferien kann man sich hier, so unweit der städtischen Agglomerationen, weitab der Zivilisation fühlen; und die Pflanzenwelt, umschwirrt von Schmetterlingen, trägt das ihrige dazu bei. Der Wegweiser zeigt kurze Zeit später steil rechts hinauf, zu den Moränenablagerungen des Tössberglandes. Dort treten Quellen aus, deren Wasser in der Folge an Kalzium übersättigt wird. Das Ergebnis sind die bizarren Kalktuffablagerungen von **Tüfels Chilen**. Es ist eine Station des Wasserlehrpfades **Töss 91**, der von Kyburg bis nach Bauma führt und auf 47 Tafeln über knapp 20 km die Tössregion aus hydrologischer Perspektive dem Reisenden näher bringt.

Generell findet man Tufflager in der Molasse am unteren Teil oder am Fuss von leicht geneigten Hängen. Meistens sind die Vorkommen nicht sehr gross und heute vielfach schon aufgrund des Abbaus komplett verschwunden. Eine sehr geschätzte Varietät von Kalktuff ist der kompakte **Travertin**, der sich besonders als Fassadenverkleidung (nicht nur in der Schweiz) einen Namen gemacht hat.

Die Kalkgleichung, die hier gegenüber den Karstformationen in umgekehrter Richtung abläuft, womit aus kohlesäurehaltigem Wasser $CO_2$ freigesetzt und Kalk, $CaCO_3$, gebildet wird, gelangt in ein Gleichgewicht, dessen Position von der Umgebung abhängt. Die hier wachsenden Moose und Farne sind Pflanzen, die viel $CO_2$ aus ihrer Umwelt aufnehmen. Dieser Eigenschaft sind wir schon im → Bödmeren Urwald begegnet. Entfernt man also $CO_2$ aus der Gleichung, so wird dieses von den Ausgangsmaterialien nachgebildet, und in stöchiometrischem Verhältnis auch das Karbonat. So kommt es, dass an dieser Stelle reichlich **Kalktuff** produziert wird und zusammen mit den Pflanzen und dem lockeren Untergrund ein fragiles, poröses Baumaterial bildet. An dieser Stelle muss leider darauf hingewiesen werden, dass es sehr instabil ist und sich nicht zum Herumklettern eignet, auch wenn es auf den ersten Blick einladend erscheint. Es beschleunigt nicht nur die anthropogen bedingte Erosion, sondern ist auch für den Menschen gefährlich. Immerhin geht es 60 m steil ins Tal hinab! Es sind ausserdem die grössten Tuffsteinablagerungen des Kantons Zürich und als solche erhaltenswert. Die typische **Treppenform** existiert seit dem 17. Jahrhundert, als der Kalktuff noch kommerziell abgebaut wurde. Es war ein bevorzugtes Baumaterial für Kirchen und öffentliche Bauten (siehe Zürcher Stadtexkursion). Der Nordturm der Stadtkirche in **Winterthur** besteht im oberen Teil aus Bäntaler Kalktuff.

Die Tüfels Chilen bietet auch einen Einblick in frühere föderalistische Querelen. Die Stadt Winterthur erwarb den Steinbruch im Jahre 1722. Offenbar lief das Geschäft so gut, dass die Obrigkeit in Zürich neidisch nach Winterthur blickte und vier Jahre später gerichtlich beschloss, dass der Steinabbau zu den staatlichen Regalien gehöre und deshalb der Kauf durch die Stadt Winterthur unzulässig sei.

## Üetliberg – Felsenegg

Auf dieser Entdeckungstour spüren wir dem Planetenweg, der Molasse und dem Felssturz an der Falätsche nach. Schon von der Stadt aus ist der Zürcher Hausberg als dominierender Hügelkamm auf der linken Seite des Zürichseeufers gut zu erkennen. Er ist Bestandteil und westlicher Ausläufer der **Albiskette** und wird aus Sedimenten der Oberen Süsswassermolasse (OSM) aufgebaut. Verwitterung und Erosion bildeten zudem den für die Zürcher Ziegeleien abbaubaren Üetliberglehm, der an seinen Abhängen auftritt. Wie stark die Erosion der Talböden war, zeigt der Vergleich des Niveaus der Molasse auf dem Üetliberg auf gut 720 m verglichen mit der Lage der heutigen Endmoränen in der Stadt Zürich auf maximal 400 m ü.M.: Das entspricht einer **Tiefenerosion** von mindestens 300 m! Erstmals untersucht wurde die Geologie der Üetlibergregion durch die Eschers: Hans Conrad Escher von der Linth, berühmt geworden durch seine Linthkorrektion, zeichnete das Panorama vom Üetliberg gegen die Alpen, während sein Sohn sich mit der Zusammensetzung der Gesteine, insbesondere des Nagelfluhs, beschäftigte.

Der **Uto Kulm** des Üetlibergs ist eine der Hauptdestinationen der Touristen aus aller Welt, welche die Stadt Zürich für kurze Zeit besuchen. Erreichbar ist er perfekt einfach mit der Sihltal-Zürich-Üetlibergbahn (SZU), die als S10 vom Zürcher Hauptbahnhof aus in 20 Minuten zur Endstation nahe dem Gipfel fährt. Oft hat man hier oben das Glück, nur wenige Minuten ausserhalb der Stadt dem gefürchteten Hochnebel in den Wintermonaten entfliehen zu können. „Üetliberg hell" heisst es dann im grauen Zürich unten. Der Wanderweg vom Uto Kulm hinüber zur Bergstation der Luftseilbahn Felsenegg ist ein eigentlicher Höhenweg, der einfach zu begehen ist, nur wenig Höhendifferenz, aber dafür einige interessante Merkmale und Wegstellen aufweist. Hier befindet sich der **Planetenweg Üetliberg**, der dem Wanderer auf dem Weg zum Wegpunkt Buchenegg unser Sonnensystem mit all seinen Vertretern näher bringt. Der klassischen Definition zufolge drehen sich neun Planeten auf einer elliptischen Bahn um die Sonne unseres Systems. Die vier **inneren** oder terrestrischen Planeten sind Merkur, Venus, Erde und Mars, dazu gesellen sich die vier **äusseren**, aus riesigen Gashüllen bestehenden Planeten Jupiter, Saturn, Uranus und Neptun. Pluto und seinen neuentdeckten Nachban Charon zählt man als Aussenseiter-Doppelplaneten. Wer Schwierigkeiten hat, sich die Reihenfolge der Planeten, ausgehend von der Sonne, zu merken, dem sei folgender **Merkspruch** mit den Anfangsbuchstaben der jeweiligen Planeten nahe gelegt: *„Mein Vater erklärt mir jeden Sonntag unsere neun Planeten."*

Die irdischen Planeten, wie der Name schon besagt, verfügen über Eigenschaften, die denen der Erde ziemlich ähnlich sind. Die vier Planeten sind alle vergleichsweise klein, haben eine hohe Dichte und eine feste Oberfläche. Die grossen Planeten befinden sich alle deutlich weiter von der Sonne entfernt als die inneren erdähnlichen und besitzen keine klar umrissene Oberfläche. Sie haben stattdessen eine Gashülle, die bei Jupiter und Saturn vorwiegend aus Wasserstoff und Helium besteht. Heute geht man davon aus, dass sich das

Universum gemäss der Urknall-Theorie vor mehr als 12 Milliarden Jahren durch eine „kosmische Explosion" gebildet hat. Zuvor war die gesamte Masse in einem unendlich dichten Punkt konzentriert gewesen. Anschliessend begann das Universum zu expandieren und bildete Galaxien und Sterne, darunter unser heutiges Sonnensystem. Dies entstand aus einer Wolke aus Gas und Staub aus den vorhandenen Elementen, hauptsächlich Wasserstoff und Helium, noch heute Hauptbestandteile der Sonne. Für die weitere Bildung des Sonnensystems ist hauptsächlich die Gravitation verantwortlich. Durch den Einfluss der Schwerkraft bildeten sich rotierende **Akkretionsscheiben**, in denen sich in hierarchischen Schritten verschiedene Elemente aneinander lagerten. Es bildete sich eine Proto-Sonne, die aufgrund der Materialkompression eine grosse Dichte und eine hohe Temperatur erreichte: Die Bedingungen für die Kernfusion von Wasserstoff in Helium waren geschaffen. Doch nicht alle Materie konnte sich in der Proto-Sonne konzentrieren. Aus dem sie umgebenden Sonnennebel bildeten sich Planetesimale und durch die Kollision von mehreren Planetesimalen entstanden Planeten. Flüchtigere Elemente wie Wasserstoff und Helium sammelten sich weiter weg vom Ursprung, während die schwereren wie z.B. die Metalle Nickel und Eisen (aus denen unser Erdkern hauptsächlich besteht) näher beim Ausgangspunkt blieben. So entstand vor ungefähr 4.56 Milliarden Jahren unser Planetensystem, in dem sich durch Abkühlung und Kollisionen die verschiedenen Materialien trafen und grössere Planetenkörper bildeten. Zahlreiche Planeten (wie auch unser Mond) zeigen noch heute die charakteristischen Krater, die auf Meteoriteneinschläge hinweisen. Theoretische Berechnungen zeigen, dass sich diese Ereignisse in einem vergleichbar kurzen Zeitraum von ca. 100 Millionen Jahren abgespielt haben.

Nach dem Planetenabschnitt nähert sich der Weg dem schwindelerregenden Ausblick über den **Erosionstrichter** der Falätsche, mit ca. 8 ha dem grössten bekannten im Mittelland. Es ist der Gesteinsaufschluss, der den besten Blick in die komplette Zusammensetzung der Oberen Süsswassermolasse erlaubt und rund 200 m mächtig ist. Obwohl wir uns hier im nicht gerade bergigen Mittelland befinden, ist dieser instabile Steilhang nicht zu unterschätzen. Schon mancher Wanderer im Hang der Falätsche musste in einer aufwändigen und spektakulären Rettungsaktion aus einer misslichen Lage befreit werden. Erst im Herbst 2003 wurde die Rettungsflugwacht aufgeboten, um ein Ehepaar – angeblich eine lokale Berühmtheit – aus der Falätsche mit der Seilwinde zu bergen. Zudem kommt es immer wieder zu kleineren Felsstürzen, was das Klettern im Erosionstrichter nicht empfehlenswert macht. Nach gut anderthalb bis zwei Stunden Wanderzeit erreicht man schliesslich die **Felsenegg** mit dem markanten Telekommunikationsturm, dem Restaurant und der Bergstation der einzigen Luftseilbahn des Kantons Zürich, seit 1954 in Betrieb, welche die Wanderer in wenigen Minuten hinunter nach Adliswil transportiert und dabei 307 m Höhenunterschied überwindet. Mit der S-Bahn-Linie 4 ist man dann schnell wieder in der Stadt am Ausgangspunkt der Wanderung angelangt.

*Das UNESCO-Welterbe Kloster St. Johann in Müstair GR. Juli 2006.*

# DAS UNESCO-WELTERBE

*Der Schwandalpweiher oberhalb Flühli im Entlebuch wird heute für Kneipp-Kuren genützt. Juli 2005*

Trotz ihrer Kleinräumigkeit verfügt die Schweiz über acht Stätten, die im Inventar des UNESCO-Welterbes aufgeführt sind. Zu ihnen gehören die vier Kulturgüter Stiftsbibliothek und gesamter Stiftsbezirks in Sankt Gallen, das Kloster St. Johann in Müstair im Münstertal, die Altstadt der Bundeshauptstadt Bern und die drei Castelli von Bellinzona. Dazu gesellen sich die zwei Weltnaturerbe Jungfrau-Aletsch-Bietschhorn und Monte San Giorgio sowie die beiden Biosphärenreservate, das Entlebuch in der Innerschweiz und der Nationalpark in Graubünden. Nachdem im Städtekapitel bereits die UNESCO-Stätten Bern und St. Gallen ganzheitlich vorgestellt wurden, folgen in diesem Kapitel geowissenschaftlich interessante Aspekte der verbleibenden sechs des Schweizer Inventars.

## Biosphärenreservat Entlebuch

Das Entlebuch bildet als Haupttal zwischen Luzern und Bern seit jeher eine wichtige Verkehrsverbindung. Dennoch steht seine Naturschönheit ausser Frage: Es bietet auf einer Fläche von 395 km$^2$ Besonderheiten von internationaler Bedeutung[31]. Aus diesem Grund wurde es von der UNESCO im Jahre 2001 zum Schweizer Biosphärenreservat ernannt. Gut die Hälfte des gesamten Gebiets wird von land- und alpwirtschaftlicher

[31] www.unesco.ch

Nutzfläche eingenommen. Die 17'000 Bewohner des Entlebuchs beanspruchen nur knapp 2% der Fläche als Siedlungsgebiet.

Wirtschaftlich kann dieses Gütesiegel als Motor dienen, um dem Ungunstraum aus wirtschaftlichen Problemen wie Abwanderung, Arbeitsplatzmangel und ungünstigen Standortbedingungen für Industrie und Wirtschaft herauszuhelfen. Aus diesem Grund wurde ein Regionalmanagement Biosphärenreservat Entlebuch geschaffen, das kreative Ideen im Rahmen der sanften und nachhaltigen Regionalentwicklung umsetzen und die Identität der Region stärken will. Dazu gehört auch der Einbezug der lokalen Bevölkerung. Unter dem Namen „Älpler-Rendezvous" werden mehrtägige Wanderungen angeboten, die Mittagsrasten und Übernachtungen auf einheimischen Bauernhöfen und Alphütten einschliessen.

Das Entlebuch bietet eine einzigartige Kulturlandschaft, die bedrohten Tierarten wie dem Luchs, dem Auerhuhn oder dem Steinadler ein Refugium bietet und sich auch durch geologische Besonderheiten auszeichnet. Unter anderem ist das Gebiet der **Schrattenfluh** nahe Sörenberg neben der Silberen SZ eines der grössten Karstgebiete der Schweiz. Es ist Typlokalität für den **Schrattenkalk**, der unter diesem Namen in der ganzen Schweiz verbreitet ist. Die Schrattenfluh bietet alle Eigenheiten des Oberflächenkarstes (Exokarst), aber auch der Untergrundkalkphänomene (Endokarst). Beispielsweise wird das Gebiet zum Grossteil unterirdisch bis hin zum Thunersee entwässert und verfügt über verschiedene Höhlensysteme wie z.B. die Schrattenhöhlen.

Am ehesten zugänglich für den Reisenden ist jedoch das System von Moorlandschaften. Sie bedecken mit über 100 km$^2$ mehr als 25% der Gesamtfläche des Biosphärenreservats und lassen sich auf weitschweifenden Wanderungen ausgiebig erkunden. Das Gemeindegebiet von **Flühli LU** kommt sogar auf 60% unter Schutz gestellte Fläche und bietet eine gute Ausgangslage zur Erkundung der Region. An der Panoramastrasse gelegen, die hinter Schüpfheim nach Sörenberg und anschliessend über den Glaubenbüelenpass nach Giswil abzweigt, kann man nach Westen in das Gebiet des **Hilferenpasses** vordringen. Hier trifft man wieder auf den **Flysch**, die Bezeichnung für eine bestimmte Abfolge von sandigen, mergeligen und tonigen Sedimenten aus **Turbiditen**, die entlang eines wachsenden Gebirges in einem Ozean abgelagert wurden. Er prägt die dünn besiedelte, wilde Moorlandschaft der Hilferen mit Moorweiden und Streuwiesen und original erhaltenen Bauernhäusern aus dem 18. bis 19. Jahrhundert, wie sie nur im Entlebuch zu finden sind. Auf dem Weg hinunter in die zweite beteiligte Gemeinde der Moorlandschaft Hilferen gelangt man ins Hochmoor **Tällenmoos**, einem Flurnamen, der von der Bergföhre (der einheimische Begriff lautet Dähle) abstammt.

---

**Turbidit:** Klastisches Sediment, das von einem Trübestrom abgelagert wurde und das bei weit gestreuten Korngrössen und mässiger Sortierung in typischer Weise eine gradierte Schichtung zeigt. Die Partikel werden durch die Abnahme der Leistung eines Trübestromes anhand ihrer hydrodynamischen Eigenschaften sortiert und zeigen eine BOUMA-Standardabfolge.

Nach Osten hin liegt das Gebiet der Moorlandschaft **Klein Entlen**. Es umfasst die Bergahorne auf der Alp Äschi und der Alp Äschischwand sowie den **Schwandalpweiher**. Dieser war zu Beginn des 20. Jahrhunderts als Stauweiher zur Energiegewinnung für ein Kleinkraftwerk sowie für die Sägerei Siegwart angelegt worden. Als dieser Betrieb schloss, verlor der Weiher seine Funktion und wurde neu zur Kneipp-Hydrotherapie, einer der fünf Kneipp-Säulen, genutzt. Die Kneipp-Anlage wurde 2003, also im UNO-Jahr des Wassers, aus Weisstannenholz und Naturstein erbaut. In einer ruhigen Umgebung kann man sich hier nach dem wärmenden Aufstieg aus dem Dorf gemäss den goldenen Kneipp-Regeln abkühlen und pflegen.

Nach Osten hin schliesst der **Glaubenberg OW** die Moorlandschaft des Entlebuch ab. Es handelt sich um grossflächige Hochmoore mit ausserordentlich reicher Biodiversität. Dennoch ist das Gebiet auch touristisch genutzt. Wer sich hier im Winter aufhält, sollte unbedingt das Langlaufparadies **Langis OW** besuchen, wo man sich fernab jeder Strasse auf ausgedehnten Loipen in der Moorlandschaft austoben kann, besonders am Ende des Winters, wenn die Landschaft langsam wieder zum Leben erwacht. Das Restaurant Langis mit seinem grossen Parkplatz ist ein beliebter Treffpunkt für Motorradfahrer, die hier am Ende des Sommers und im Herbst in Scharen einfallen, um der Grossstadt oder dem schon in den Talebenen liegenden Nebel zu entfliehen. Immer wieder gibt es hier auch organisierte Töff-Anlässe, die ein grosses Publikum anlocken. Doch nur wenige Schritte ins Moor, und man wandert alleine.

*Die Hochmoorlandschaft von Langis OW glänzt durch ausserordentliche Biodiversität (Perlmutterfalter, Kleiner Heufalter, Breitblättriges Wollgras). Juli 2005.*

*Alpenhornklee im Biosphärenreservat. Juli 2005.*

*Karikatur von Swen.ch. Mit freundlicher Genehmigung von Silvan Wegmann.*

## Biosphärenreservat Nationalpark

### *Der Bär kehrt zurück*

In **S-charl** im Unterengadin gibt es eine permanente Ausstellung im **Museum Schmelzra**[32], die den Braunbären (*Ursus arctos*) zum Thema hat und 1999 mit dem Prix Media ausgezeichnet wurde. Sie kann für 5.– / 3.– Franken jeweils am Nachmittag ausser Samstag und Montag von 14 – 17 Uhr besucht werden. Das Schwergewicht der Präsentation ist speziell auf Kinder ausgelegt, die sich dereinst in der nahen Zukunft – so hofft man – mit einem heimischen Bären in der Schweiz wieder auseinandersetzen werden und wollen. Diese Zeit ist vielleicht gar nicht mehr so weit weg. Nachdem 1904 am Piz Pisoc im **Val S-charl** der letzte heimische Schweizer Braunbär erschossen wurde, gab es ziemlich genau ein Jahrhundert lang keine Bären in der Schweiz, obwohl bis in die 1920er Jahre sehr vereinzelt noch Sichtungen von fremden Tieren gemeldet worden sind. In den Jahrhunderten davor war der Bär in der gesamten Schweiz heimisch. Mit zunehmender Besiedelung begann sich im Mittelland eine erste Verbreitungslücke aufzutun, die mit der systematischen Jagd auf den Bären immer grösser wurde. Im 19. Jahrhundert war die Population schon derart geschrumpft, dass sich ihr Vorkommen allein auf die Bündner Alpen beschränkte.

Im Juli 2005 konnte erstmals wieder ein Bär beobachtet werden. Auf dem Gebiet des Schweizerischen Nationalparks wurden in der letzten Juliwoche wiederholt Spuren eines Bären gefunden, und schliesslich wurde das Tier selbst auch gesichtet. Lange Zeit hat es Mutmassungen und

Fragen über seine Herkunft gegeben, doch Mitte August 2005 war dann klar, dass das männliche Tier der Nachkomme der slowenischen Bärenmutter Jurka ist, die 2001 zur Verstärkung der dortigen Bärenpopulation ins **Trentino** gebracht wurde. Im italienischen Nationalpark Adamello-Brenta, der knapp 50 km Luftlinie vom Schweizer Nationalpark entfernt liegt, gab es während des gesamten 20. Jahrhunderts eine kleine, heimische Alpenbärenpopulation, die allerdings mit der Zeit schrumpfte. In den 1980er Jahren schloss man aufgrund der gefundenen Spuren auf nur drei verbliebende Jungtiere. Aus diesem Grund wurden Bären aus Slowenien im Trentino ausgesetzt, um die dortige Population zu verstärken. Mittels **DNS-Analysen** wurde festgestellt, dass das in der Schweiz beobachtete Tier ein Nachkomme dieser angesiedelten Bären ist. Für männliche Bären ist es normal, sich ab einem gewissen Alter als Pionier in ein neues Gebiet vorzuwagen, da sie von den ausgewachsenen männlichen Bären vertrie-

---

[32] www.scuol.ch

ben werden. Der Bär hat eine angeborene Neugier und besitzt eine aussergewöhnliche Lernfähigkeit. Die Erfahrungen, die er in jungen Jahren respektive während des Heranwachsens bei seiner Mutter macht, ist für die Entwicklung eines Jungtieres entscheidend. Dementsprechend prägte das bekanntermassen neugierige, wenig scheue Verhalten der Mutter Jurka auch den Jungbären.

Die **biologische Tragfähigkeit** einer Bärenpopulation in der Schweiz ist laut Fachleuten kein Problem. Bären leben in viel kargeren Gebieten als Graubünden. Das Unterengadin und das Münstertal mit dem Schweizerischen Nationalpark bieten Bären genügend Nahrung, Überwinterungsmöglichkeiten und Freiraum aufgrund der dünnen Besiedelung. Auch das Strassennetz, das häufig das Wanderverhalten von Bären stark beschneidet (ganz besonders z.B. die Brennerautobahn), stellt in Graubünden kaum ein Problem dar. Die **gesellschaftliche Akzeptanz** des Bären ist hingegen eine ganz andere, schwerwiegende Frage. Im Münstertal scheint diese heute wieder vorhanden zu sein. Das war nicht immer so. Die fortschreitende Entwicklung in der Landwirtschaft Ende des 19. Jahrhunderts, die Bevölkerungszunahme und die Besiedlung früher abgelegener Gebiete führte zu Konflikten mit dem natürlichen Lebensraum des Bären. Da dieser ein **Omnivor** ist (Allesfresser), kommt es vor, dass er ab und zu ein Schaf oder eine Kuh reisst. Es ist unter anderem eine Frage der Vergütung der angerichteten Schäden, ob ein Bär in einem Gebiet akzeptiert wird oder nicht. In der Regel ernährt er sich jedoch zu 75% von pflanzlicher Nahrung, vor allem Früchten, Beeren und Nüssen. Daneben stehen Insekten als Eiweissquelle auf dem Speisezettel. Interessant ist, dass ein Bär energetisch nie im Gleichgewicht steht: Während der Winterruhe nimmt er ab und im Sommer und Herbst frisst er sich dann wiederum den Winterspeck an (KORA, 1999[33]).

Noch muss man beim Bären aus dem Münstertal von einem Einzelfall ausgehen. Weder ist klar, ob er sich hier niederlassen wird, noch, ob weitere Bären nachziehen werden. Ein Bär hat einen grossen, vom verfügbaren Nahrungsangebot abhängenden Aktionsradius und wird immer wieder ein gewisses Gebiet für ein anderes verlassen, er verhält sich **nicht-territorial**. Bis sich im Nationalpark wieder eine robuste Bärenpopulation etabliert haben wird, kann es noch Jahrzehnte dauern. Dass die **Wiederansiedlung** des Bären jedoch gute Chancen hat, zeigt ein Blick über die Grenzen hinaus, denn neben dem Trentino in Italien sind auch in gewissen Gebieten Österreichs Bären wieder heimisch. Das Münstertal bereitet sich jedenfalls jetzt schon darauf vor und freut sich über den tierischen Zuwachs. Der Bär war in den letzten Tagen und Wochen für die Region eine gute Reklame – zum Teil zu gut, wie gewisse Annäherungen von unvorsichtigen Touristen bezeugen. Ein Bär ist zwar nicht an sich gefährlich, doch sollten gewisse **Verhaltensregeln** beachtet und dem Bären **Respekt** entgegen gebracht werden. Immerhin kann ein ausgewachsenes, männliches Tier auf bis zu 350 kg Körpergewicht kommen – und wenn es will, kurzfristig bis zu 50 km/h schnell laufen. Der WWF sah den Bären eine Zeit lang sogar als König der Tiere.

---
[33] www.kora.unibe.ch

## Das Kloster St. Johann in Müstair im Münstertal

Das Münstertal bietet eine Vielzahl von interessanten kulturellen und natürlichen Schätzen. Der Nationalpark, welcher der Region im Sommer bis zu einem Viertel der Wertschöpfung im Bereich Tourismus beschert, ist nahe, und weiteren Aufschwung könnte die Grenzregion durch das geplante Biosphärenreservat Val Müstair[34] erhalten. Das wären dann zusammen mit dem Kloster in Müstair gleich drei UNESCO-Labels auf kleinstem Raum. Das Kloster St. Johann ist – wenn man das geologische Alter der Gesteine betrachtet – natürlich bei weitem nicht das älteste der UNESCO-Welterbestätten in der Schweiz, denn Jungfrau, Aletsch und Bietschhorn haben ein Vielfaches des Alters vorzuweisen, aber es ist das älteste anthropogene Kulturgut in der Inventarliste der UNESCO in der Schweiz, 775 auf Geheiss Karls des Grossen vom Bischof von Chur errichtet. Bei einem Rundgang durch das Kloster (eine Führung ist sehr empfehlenswert!) wird man dennoch erstaunt feststellen, wie viele erdwissenschaftliche Aspekte das Areal neben seinen berühmten karolingischen und romanischen Wandmalereien zu bieten hat. Gerade hier wird die Interdisziplinarität dieser Fachrichtung evident, wie ein Museumsrundgang offenbart.

Die erdwissenschaftliche Bedeutung beim Bau von Mauerwerk ergibt sich aus Verfügbarkeit und Verwendung der **Ressourcen**. Rohstoffe mussten in der Umgebung verfügbar sein, da noch nicht so ausgeklügelte Transportwege wie heute bestanden und die Kapazität viel geringer war. Ferner sollte der Rohstoff dem Zweck der Mauer entsprechen. Als unbearbeitetes Rohmaterial gab es so genannte Lesesteine, sorgfältig aufgereihte Blöcke, von Faustgrösse bis 50 cm, die sich ineinander verkeilen – eine einfache und oft verwendete Technik, die sich als besonders stabil gegenüber **Erdbeben** herausstellte. Solche Naturereignisse suchen auch heute noch das Val Müstair heim, mit speziell erwähnenswerten Erdbeben vom 29.12. bis Silvester 1999, als das Münstertal von Beben in Bormio (mit maximaler Magnitude $M_w = 4.9$) heftig erschüttert wurde. Solche Erderschütterungen stellen eine Gefahr für die Kunstschätze des Klosters dar, da die Haftung der Fresken durch Erdbeben reduziert wird und sie dadurch beschädigt werden können!

Weiter bearbeitete man die Rohstoffe zu Bruch- und Hausteinen oder verwendete sogar Ziegel. Der Baustoff Rauwacke, ein Karbonatgestein aus Kalzit oder Dolomit, das durch Auslaugungsprozesse stark porös geworden ist, wurde für die Säulen und den Turm des Klosters gemacht und stammt aus dem **Rom**, dem Talfluss des Val Müstair. Hier gab es das Material in genügenden Mengen und musste daher nicht über weite Distanzen transportiert werden. Dennoch

> **Ressourcen:** Nachgewiesene und bisher nicht nachgewiesene Lagerstätten von Mineralien, Kohle, Erdöl oder Erdgas, die gegenwärtig oder zukünftig verfügbar sein werden. Sie umfassen die ökonomisch abbaubaren Reserven sowie die heute wirtschaftlich oder technisch nicht gewinnbaren Lagerstätten.
>
> **Reserven:** Lagerstätten von Mineralien, Kohle, Erdöl oder Erdgas, von denen bekannt ist, dass sie mit vorhandenen technischen Verfahren gewinnbringend abgebaut werden können.

---

[34] www.biosfera.ch

spielte der Zeitgeist eine grosse Rolle (vgl. Stadtexkursion Zürich), und die technischen und monetären Grenzen wurden, wenn immer möglich, ausgereizt, um ein gewünschtes Material herbeizuschaffen. Weiteres leicht zu beschaffendes Baumaterial war der **Marmor**, der in den karolingischen Marmorskulpturen der Chorschranken verbaut wurde. Er stammt aus den Steinbrüchen jenseits der heutigen Landesgrenze, aus Laas im Vinschgau.

Der **Verputz** von Mauern gilt als wichtiger Schutzmechanismus und wird daher auch oft mit der Haut des Menschen verglichen, die seinen Körper schützt. Genau so schützt ein guter Verputz seine Mauer und trägt zu deren Erhalt und Widerstandsfähigkeit bei. Er spiegelt oft die Zeichen seiner Entstehungszeit wider, da sich Materialzusammensetzung, Auftragsweise und Verzierung im Laufe der Geschichte immer wieder geändert haben. Diese genauere Betrachtung ist eine pure erdwissenschaftliche Spielwiese: Die Beschaffenheit von **Verputz** und **Mörtel** hängt ab von ihren Bestandteilen. Die beiden Begriffe werden unterschieden nach Funktion und Mischung der Zutaten: Mörtel ist ein Bindemittel für Steine respektive Ausgangsmaterial für die Herstellung von Mauern, während Verputz ihre Abdeckung bezeichnet. Sie bestehen aus **Wasser, Bindemitteln** (Zement, Gips, Kalk oder Lehm), **Füllstoffen** (meist Sand, aber auch Kies oder Lehm) sowie weiteren **Zusätzen**, die unter anderem auch vulkanisches Gestein (beliebt ist Tuff) enthalten können. Kalk war im Verlauf der Geschichte das bedeutendste Bindemittel. Ausgangsmaterial waren die verbreitet in der Natur vorkommenden Kalksteine, die in einem Holzofen gebrannt werden mussten. Unter anderem geht dabei der Wasseranteil verloren, was zu einem erheblichen Gewichtsverlust führt. Zurück bleibt **gebrannter Kalk**: Kalziumoxid $CaO$. Daraus konnten weitere

*Kirche und erste Buntglasfenster aus dem Kloster St. Johann in Müstair.*
*Im unteren Bild zu erkennen sind die karolingischen und romanischen Fresken der Nordapsis (linkes Bilddrittel) sowie jene der Südapsis (rechtes Bilddrittel) mit der Stuckstatue Karls des Grossen. Man wird einen Farb- resp. Materialunterschied zwischen dem Oberteil der Statue und dem Unterkörper feststellen: Nach einer Beschädigung wurde Rauwacke als lokaler Baustein zur Reparatur eingesetzt. Er findet sich wieder an Säulen und Fassaden. Oktober 2005.*

Bindemittel produziert werden, unter anderem gelöschter Kalk, der entsteht, wenn die Kalziumoxidblöcke mit Wasser übergossen wurden.

Bei der Herstellung des Verputzes folgt nun das Sieben. Die Art des Siebvorganges liefert unterschiedliche Korngrössen, die chemische Zusammensetzung der Materialien die Farbe des Endprodukts. Sind die gewünschten Materialien bereitgestellt, werden sie zu einem homogenen Brei vermischt. Die Masse ist nun bereit für den Auftrag auf die zu deckende Fläche. Für die Archäologie interessant sind die ausgetrockneten Reste, die man bei Grabungen finden kann, oder Spuren von Arbeitern oder Tieren, die über die noch feuchte, aufgetragene Verputzmasse gelaufen sind. Im Kloster St. Johann wurde ein grosser Teil der Privatsammlung von Prof. Oskar Emmenegger gezeigt, langjähriger Restaurator des Klosters. Diese Sammlung erstreckt sich über einen Zeitraum von mehr als 9'000 Jahren. Das Schwergewicht lag natürlich bei den im Kloster anzutreffenden Maueroberflächen und Böden. An den Hoffassaden findet man Verputze aus verschiedenen Jahrhunderten, die ältesten Reste aus dem 8. Jahrhundert.

Der **Plantaturm** (benannt nach der Äbtissin Angelina von Planta) ist einer der ältesten Burgtürme Europas; er erfüllte noch im Spätmittelalter seine Funktion für bischöfliche Dienstleute. 1499 brannte er beim Klosterbrand aus und ging anschliessend in Konventsbesitz über. Er wurde so umgebaut, dass er alle Funktionen eines Klosters erfüllte und damit eine Art „Kloster im Kloster" darstellt. Das Turmholz wurde **dendrochronologisch** vor 10 Jahren neu bestimmt. Interessanterweise fand man heraus, dass es nicht (wie irrtümlich angenommen) aus dem 15. Jahrhundert stammt, sondern viel älter ist und auf 960 datiert werden konnte. Ausserdem fand man seltene Fenstergläser in allen Farbvarianten aus der Zeit Karls des Grossen. Chemische Untersuchungen ermöglichen es, einzelne Rohmaterialien als aus Palästina stammend auf den Fluss genau zu bestimmen. Sie sind Rohstoff für mitunter die ersten Buntgläser in Europa, die hier in Müstair in dünne Scheiben gegossen wurden.

---

Unter **Dendrochronologie** versteht man die wissenschaftliche Analyse von Jahresringen der Bäume. Dabei wird eine Bohrprobe aus dem Holz entnommen und auf die Breiten der Jahrringe analysiert, sodass sich das Alter des Holzes (Fälldatum) auf ein halbes Jahr genau bestimmen lässt.

*Die Burgen von Bellinzona: Montebello und Castelgrande. Sasso Corbaro befindet sich in erhöhter Lage ausserhalb des rechten Bildrands. Mai 2006.*

## Die Burgen von Bellinzona

Drei Burgen prägen das Ortsbild von Bellinzona, die „Tre Castelli". Sie sind die letzten noch existierenden Zeugen mittelalterlicher Militärarchitektur des gesamten Alpenraums und wurden deshalb im Jahre 1998 von der Kommission ins UNESCO-Welterbe aufgenommen. Aufgrund der strategisch wichtigen Lage von Bellinzona an den unteren Enden der grossen Täler der Leventina und des Misox, die damals wie heute zu den Haupt-Passübergängen der Schweiz (Gotthard und San Bernardino ebenso wie Nufenen und Lukmanier) führen, aufgrund der gut überschaubaren Lage im schmalen Tal und aufgrund der guten Position am östlichen Berghang bot es sich an, hier Festungen zu bauen. Man sagt, wer diese Talstelle kontrollierte, hatte Einfluss auf die Wege des Warenhandels von und nach Italien und schrieb Geschichte.

Die drei Kastelle entstanden ursprünglich zu unterschiedlichen Zeiten, datieren heute baulich jedoch aus dem 15. Jahrhundert. **Castelgrande**, auf einem zentralen Felssporn mitten im heutigen Tessiner Hauptort Bellinzona gelegen, geht auf die Römerzeit zurück und konnte eine ganze Kohorte von 1000 Mann aufnehmen. Auf der linken Talseite entstand auf einer erhöhten Hügellage, gut 90 Meter über dem Talboden, im 13. Jahrhundert das **Castello di Montebello** mit einer mächtigen, Murata genannten Sperrmauer hinab ins Tal. Die Murata erstreckt sich heute über eine Länge von 700 m, nachdem eine heftige Überschwemmung des Flüsschens Ticino im 16. Jahrhundert 150 m weggerissen hatte. Immer wieder dienten die Materialien der Mauer auch als Steinbruch für andere Bauzwecke in der aufstrebenden Ortschaft. Die dritte und jüngste Burg befindet sich schliesslich hoch oben auf dem Sasso Corbaro genannten Felskopf und trägt dessen Namen. Das **Castello di Sasso Corbaro** bietet einen beeindruckenden Rundblick über die Leventina und Bellinzona. Doch auch Naheliegen-

*Mächtig thront das Castello di Sasso Corbaro vor einer Landschaft aus verfalteten Gneisen, Zeugen einer geologischen Geschichte, die viel älter als die militärische Geschichte der Leventina ist. Mai 2006.*

des sollte betrachtet werden. Vor der Burg ist ein gepflegter kleiner Park angelegt, der ausgewaschene Felspartien aufgeschlossen zeigt. Diese aus Gneis bestehenden Steine zeigen fein gefaltete Linien von Quarz – Ausdruck der geologischen Vergangenheit des Gebiets, das starkem Druck ausgesetzt war, der die Gesteine derart veränderte.

Im 16. Jahrhundert kontrollierten schliesslich die Schweizer den Zugang nach Süden in die Lombardei. Kampflos und ohne Blutverlust geriet 1516 Bellinzona unter Herrschaft der Innerschweizer Kantone, welche die Burgen auch prompt umtauften. Aus dem Castelgrande wurde so vorübergehend das Castello d'Uri, aus dem Montebello das von Schwyz und dem Castello di Sasso Corbaro wurde die Burg von Unterwalden. Erst mit der Kantonsgründung im Jahre 1803 gingen die Burgen in den Besitz des Kantons Tessin über und erhielten erneut andere Bezeichnungen. Die Vernachlässigung der Burgen im 19. Jahrhundert machte grösstenteils Ruinen aus ihnen. Erst im 20. Jahrhundert setzten das Bewusstsein und der Wille zu ihrer Erhaltung ein und sie wurden aufwändig restauriert. In allen drei Burgen befinden sich heute Museen zur Geschichte der Hügel und der Stadt Bellinzona mit ausreichendem Platz für abwechselnde, temporäre Ausstellungen (je 4.–/2.– Eintritt, Kombiticket für alle drei Burgen erhältlich, Zutritt zum Burggelände gratis).

## Monte San Giorgio

Der Berg der Saurier. Dieses Attribut steht dem Monte San Giorgio gut, denn seit fast zweihundert Jahren werden Fossiliengrabungen im Gebiet durchgeführt, und seit Anfang des 20. Jahrhunderts ist er für seinen ausserordentlichen Fossilreichtum bei den Wissenschaftlern gut bekannt. Keine andere Bergregion bietet einen grösseren und besser konservierten Schatz vergangener Welten. Der 1097 m hohe Berg, der sich wie eine Pyramide von der Seehöhe des Lago di Lugano erhebt und die beiden Südarme des Sees voneinander trennt, wurde nach dem Gebiet um → Jungfrau, Aletsch und Bietschhorn als zweites Weltnaturerbe der Schweiz im Sommer 2003 in die UNESCO-Liste aufgenommen. Seit 1974 schon steht das Kerngebiet mit 8.5 km$^2$ Fläche unter dem Schutz des Kantons Tessin. Im Verlauf des 20. Jahrhunderts wurden Dutzende Ausgrabungen durchgeführt, die eine erstaunliche Vielzahl von gut erhaltenen Fossilien von Sauriern und mesozoischen Fischarten zutage förderten. Dies erhöhte das Verständnis der Tierwelt zur Zeit der mittleren Trias erheblich. Funde sind heute im lokalen **Museum von Meride** ebenso ausgestellt wie im Paläozoischen Institut der Universität Zürich, das bei vielen wissenschaftlichen Arbeiten federführend war. Der ursprüngliche Erfolg der paläontologischen Funde ist aber der industriellen Aktivität zu verdanken: Aufgrund des verstärkten Abbaus von Ölschiefer im Bergwerk „Tre Fontane", welcher der Herstellung des „Saurol" genannten Öls für die pharmazeutische Industrie und zu medizinischen Zwecken diente, hatte man die vielen Fossilien entdeckt. Wer durch das verschlafene Dorf von Meride schlendert, sollte unbedingt den in einem zentralen Komplex in der Dorfmitte untergebrachten Raum besuchen, der als paläontologisches Museum dient – auch wenn niemand zur Betreuung da ist, steht die Tür meist offen, und die Ausstellungsstücke sind ebenso selbsterklärend wie die Bedienung der Multimedia-Einrichtung. Ein 18 minütiges Video erzählt in bewegten Bildern die Geschichte des Monte San Giorgio und erlaubt einen guten Überblick – sehr empfehlenswert auch für all jene, die den Naturlehrpfad für eine Wanderung in Betracht ziehen und sich so vorab informieren können. Die hervorragend präparierten Exponate beweisen eindrucksvoll die Sorgfalt und die minuziöse Arbeit der Präparatoren in den paläontologischen Laboratorien. Es ist ein regelrecht sportlicher Wettkampf, die Methoden und Techniken weiter zu verfeinern und zu verbessern, um das schönste und beste Exponat präsentieren zu können – in Meride die vollständigen Skelette eines Ichthyosaurus oder eines Serpianosaurus. Seit Neuestem wird so zum Beispiel das Sandstrahlen angewendet.

Die Sottoceneri mit dem **Mendrisiotto** bietet ein ausgedehntes Netz an Wanderwegen für jeden Anspruch sowie gleich drei Naturparks auf kleinem Raum. Neben der Breggia-Schlucht und dem Muggiotal gibt es für die paläontologisch interessierten am Monte San Giorgio den **Naturlehrpfad**, der den Gipfel allerdings nicht berührt, sondern als Rundweg konzipiert ist – der Fussweg auf den Berg führt hinter Meride in den Wald und bald steil bergan. Bequemer auf den Gipfel des Monte San Giorgio geht es mit der Seilbahn bis nach Serpiano. Nun hat man noch knapp zwei Stunden Marsch vor sich, um von den Alpen im Norden bis hinunter in die Poebene im Süden blicken zu können. Wer sich hingegen mit der Geologie, der Flora und der Fauna der Region in vergangener und heutiger Zeit intensiver beschäftigen möchte, der beginnt bei der „Fontana" (10 Minuten Fussweg von den Parkplätzen in Meride) und steigt anschliessend auf 900 m ü.M. nach Cassina hinauf. Der Rundweg beinhaltet elf Informationstafeln, die dem Besucher Geologie und Paläontologie näher bringen und die Schönheit der Natur und der Umgebung hervorheben. Die zehn Stationen mit Informationstafeln auf der Wanderung sind von der Struktur her identisch aufgebaut: Sie bestehen wie die Einleitungstafel bei Fontana aus Abschnitten zu Vegetation und Tierwelt, zu Geologie und Stratigrafie, zu Struktur und aus einer Übersichtskarte. Die Wanderung kann in rund vier Stunden gemächlich absolviert werden. Leider sind die Tafeln ausschliesslich in italienisch gehalten und geben zudem keine Auskunft über den momentanen Standort, sodass gutes Kartenmaterial hilfreich ist.

Die geologische Geschichte des Monte San Giorgio, zur tektonischen Einheit der Südalpen gehörend, beginnt mit kristallinem Grundgebirge aus Gneisen und mit vulkanischer Aktivität zum Ende des Paläozoikums. In der Periode des Perm erhoben sich Vulkane, die diverse porphyrische **Andesite** und Tuffe gebildet haben. Da die Gesteinsschichten mit gut 30° Neigung nach Süden einfallen, sind diese ältesten Serien am Nordrand, am Ufer des Luganersees, heute noch anzutreffen. Weiter südlich schliessen sich – mit einer Erosionslücke von mehreren Millionen Jahren – die jüngeren Sedimente des Mesozoikums an, als der Superkontinent Pangäa aufzubrechen begann. Sie sind triassischen Alters, entstanden unter subtropischen Umweltbedingungen in einem flachen Meer, das Bestandteil der **Tethys** war. Hier lagerten sich zuerst Sandsteine und Konglomerate ab, die aus ins Meer geschwemmten Partikeln aufgebaut wurden. Das Klima war ideal für karbonatische Ablagerungen, und so findet man Schichten von Dolomit und Kalk im tiefer werdenden Meer. Im Meeresbassin des Monte San Giorgio entstanden kleinere Becken, in denen sich Gesteine der so genannten **Grenzbitumenzone** bildeten. Die Umweltbedingungen veränderten sich dynamisch, und die bitumenhaltigen Tone wurde neuerlich von einer Schicht Dolomit und vom so genannten Meride-Kalk überlagert. Am Boden der ca. 50 – 100 m tiefen Meereslagune entstanden (vermutlich durch stark salziges Bodenwasser und eine beschränkte Wasserzirkulation) immer wieder Bedingungen, die ideal zur Erhaltung der gestorbenen und auf den Meeresgrund gesunkenen Tiere waren: Sie waren anoxisch und abiotisch, das heisst es mangelte an Sauerstoff und passenden Lebensbedingungen für Krebse und andere Tiere, die das Aas zersetzt und aufgefressen hätten. Hier findet man die weltweit einzigartige Abfolge von fünf übereinander liegenden Schichten, welche Reptilien und Fische konserviert haben. Die Grenzbitumenzone ist dabei die reichhaltigste Schicht, obwohl sie „nur" knapp 16 m mächtig ist. Insgesamt konnte man in ihr 12 marine und 2 landbewohnende Saurierarten sowie über 40 verschiedene Knorpel- und Knochenfische finden, die in einer Welt vor 230 bis 240 Millionen Jahren gelebt haben.

*Der Berg der fossilen Saurier, der Monte San Giorgio, von Bissone in der Abenddämmerung. Mai 2006.*

**Andesit:** Vulkanisches Gestein mit intermediärem Chemismus, zwischen Rhyolith und Basalt einzuordnen, charakterisiert durch Plagioklas mit 50 % Anorthit. Bezüglich der chemischen Zusammensetzung, aber nicht der Entstehung, entspricht es dem plutonischen Diorit. Das Gestein wurde nach den südamerikanischen Anden benannt.

# DAS UNESCO-WELTERBE

## Jungfrau-Aletsch-Bietschhorn

Wer sich mit der Luftseil- oder der Gondelbahn von Mörel im Wallis aus auf die **Riederalp** tragen lässt und anschliessend die gut eine Stunde Fussmarsch zur Villa Cassel hinauf und durch den oberen Teil des **Aletschwaldes** hinter sich gebracht hat, wird eine Aussicht, die zu den besten und berühmtesten der Alpen gehört, selber erleben: Hinter den Arven, die knapp 70% des hiesigen Baumbestandes ausmachen und den – im Herbst goldgelb verfärbten – Lärchen erstrecken sich die momentan noch rund 25 km des grössten Gletschers der Alpen: Der grosse **Aletschgletscher** strömt dynamisch mit zwei grauen Streifen aus den vereinigten Mittelmoränen in einer S-Kurve vom Konkordiaplatz her ins Blickfeld. Dort hat der Gletscher Bohrmessungen zufolge eine Eisdicke von über 900 m aufgebaut, genährt aus den Zuflüssen des Grossen Aletschfirns, des Grüneggfirns, des Jungfraufirns und des Ewigschneefelds. Hier ist die Dynamik fast schon sichtbar: Die Eismassen bewegen sich mit durchschnittlich 180 m pro Jahr oder fast einem halben Meter pro Tag bergab.

Doch diese gewaltigen Zahlen – der Gletscher umfasst eine Eismasse von über 27 Milliarden Tonnen bei einer Oberfläche von 125 km$^2$ und einem Höhenbereich von 4160 – 1600 m ü.M. (Gletscherzunge in der Massaschlucht) – sollen nicht darüber hinweg täuschen, dass insbesondere der Aletschgletscher unter der Klimaänderung geschrumpft ist, seit den Messungen von 1870 um über 2.6 km in der Länge. Das Schrumpfen des Grossen Aletschgletschers führt dazu, dass sich Temperatur- und Mechanikbedingungen in den umgebenden Felswänden verändern und diese an Stabilität verlieren. Zusätzlich greifen die atmosphärischen Bedingungen die nun exponierten, nackten Felswände an und unterwerfen sie der Erosion, vor allem durch Gefrier- und Auftauprozesse im Bereich von Frösten. Die veränderte Dynamik zeigt sich beispielhaft am Märjelensee. Hier wurde Schmelzwasser bisher vom Gletscher als natürlichem Damm aufgestaut – eine Gefahr für die Talbewohner, die immer wieder von verheerenden Gletscherseeausbrüchen heimgesucht wurden. 33 Ereignisse sind alleine im 19. Jahrhundert dokumentiert. Heute ist der See

*Die Villa Cassel des Pro Natura Zentrums Aletsch, das hier seit 1976 residiert (links) und der Aletschwald oberhalb der Riederalp. Oktober 2005.*

*Panoramen auf den Grossen Aletschgletscher aus dem mit Arven und Lärchen bestückten Aletschwald heraus. Oktober 2005.*

*Die Tierwelt im UNESCO-Welterbe des Aletschgebietes. Oktober 2005.*

praktisch verschwunden. Er bildet sich nur noch in Miniaturform aus und verliert sein Wasser jährlich (www.glaciology.ethz.ch).

Der Weg soll aber speziell im UNESCO-Naturerbe der Aletschregion das Ziel sein. Es ist die erste alpine Landschaft, die seit dem 13. Dezember 2001 mit insgesamt 540 Quadratkilometern, davon gut die Hälfte vergletschert, unter dem UNESCO-Weltlabel geschützt wird. Denn nicht nur der Aletschgletscher und das gewaltige Dreigestirn von Eiger, Mönch und Jungfrau mögen zu beeindrucken, sondern auch der Anmarsch durch den **Aletschwald** mag verschiedene Überraschungen bereit halten. Mit dieser Vielzahl von Superlativen sind die Anforderungen für das UNESCO-Weltnaturerbe mehr als erfüllt. Wer sich also früh morgens auf den Weg macht, wird nur wenigen anderen Wanderern begegnen und seine Sinne voll auf die Natur ausrichten können. Umso grösser ist die Chance, die Tierwelt zu beobachten. **Gämsen** sind allgegenwärtig, da sie hier nicht gejagt werden und darum die Fluchtdistanz gegenüber dem Menschen erheblich reduziert haben. Bewegt man sich verhältnismässig leise, so wird man verschiedene dieser trittsicheren und klettertüchtigen Exemplare zu Gesicht bekommen. Das **Rotwild** kündet sich schon viel früher lautmalerisch an. Gerade in der Brunftzeit im Herbst machen die Hirsche durch lautes Schreien und Röhren auf sich aufmerksam, ein Geräusch, das einen im Oktober nicht selten auf dem ganzen Weg begleiten wird. Mit etwas Feingefühl wird es auch ohne Problem möglich sein, die Tiere auf ihren Streifzügen zu beobachten, denn sie haben sich derart zahlreich vermehrt, dass sogar Eingriffe in die Populationszahlen wieder notwendig werden. Zu den typischen gefiederten Vertretern des Schutzgebietes zählen **Tannenhäher**, welche die Arvennüsschen sammeln und damit ganz entscheidend für das Bestehen und die Verbreitung der Arve sorgen. Innerhalb eines Jahres sammeln und verstecken sie mehre-

*Bunt verfärbte Lärchennadeln und Zapfen im Aletschwald. Oktober 2005.*

re Zehntausend Nüsschen – und finden natürlich nicht mehr alle. In der obersten Waldgrenze wird man Birkhühner beobachten können, während oberhalb der Waldgrenze das Schneehuhn anzutreffen ist.

Der Aletschwald wurde 1933 von der Pro Natura erfolgreich unter Schutz gestellt und umfasst mittlerweile über 410 ha Fläche. Das Alter und der Baumbestand des Waldes reflektieren dabei direkt die Klima- und damit die Gletschergeschichte der vergangenen gut 10'000 Jahre. Je weiter talwärts wir gegen den Aletschgletscher schreiten, desto mehr lichtet sich der Baumbestand. Nahe beim Gletscher hat sich erst eine **Pioniervegetation** etabliert, die nur langsam nach und nach das mit dem Rückzug vom Gletscher freigegebene Gebiet wieder in Beschlag nehmen kann. Hier lassen sich aktuelle ökologische Prozesse beobachten! Weiter oben finden sich mit die ältesten Vertreter der Arve. Dieser widerstandsfähige Baum, der sich sehr gut an das hier vorherrschende raue Klima angepasst hat, steht mit 500 bis 600 Jahren im besten Alter. Man schätzt, dass die ältesten Bäume schon seit 1000 Jahren hier stehen.

# STADT SCHWEIZ – VERKEHR UND KLEINRÄUMIGKEIT

Der Beruf des Geologen war lange Zeit weniger ein nachhaltiger und umweltschonender Beruf als eher ein industrielles Handwerk höheren Levels, das zur Ausbeutung mineralischer Rohstoffe und zur Lösung verkehrstechnischer Probleme wie Tunneln und ähnlichen Kunstbauten herangezogen wurde. Das Bild und die Anforderungen an den heutigen Berufsstand haben sich gewandelt, doch noch immer ist der Verkehr auch in der Geologie eine wichtige Komponente. Der Verkehr im Schweizer Mittelland ist geprägt von Hauptachsen parallel zum Mittelland zwischen den grossen Städten (Achse Genf–Bern–Zürich) und den alpenquerenden Transitrouten im Privat- und im öffentlichen Verkehr (Gotthard, San Bernardino). Neben dem Taktfahrplan, der seit 1980 die Schweizer Bundesbahnen (SBB) berühmt gemacht hat, stachen in letzter Zeit vor allem die Projekte der **Neuen Alpentransversale** (NEAT) mit den beiden Grossprojekten Lötschberg- und Gotthard-Basistunnel sowie die Fahrplanverdichtung im Rahmen der Bahn 2000 hervor. Im dichten Bahnnetz der Schweiz existieren Alt und Neu eng nebeneinander. Im Jahre 2005 wurden die SBB für ihr Engagement zur Erhaltung ihrer Baukultur mit dem Wakkerpreis ausgezeichnet. 22 Objekte wurden vom **Schweizer Heimatschutz**[35] beispielhaft ausgewählt, um an ihnen die Bedeutung für die Geschichte und die Schweizer Kulturlandschaft zu demonstrieren. Beim Anbruch des 20. Jahrhunderts wurden die fünf grössten Eisenbahngesellschaften verstaatlicht. Dies war die Geburt der SBB, und aus dieser Zeit stammen noch wenige grosse Bahnhöfe, unter ihnen jener von Lausanne mit seinen grossen Hallen oder die symmetrische Steinkonstruktion des Bahnhofs Basel. Natürlich fehlt auch der Raum Zürich nicht; im Gegenteil, er kann besonders viele erhaltenswerte Objekte auf sich vereinen. Der Zürcher Hauptbahnhof wurde bereits an anderer Stelle beschrieben, doch achte man einmal auf das Wipkinger Viadukt, das praktisch jeder Bahnreisende in und um Zürich entweder befährt oder passiert. Es wurde 1894 mit den Kalksteinen des östlichsten Juraausläufers, der Lägern, und Sandsteinen erstellt und vor kurzem saniert.

## Das Verkehrshaus

Wer sich mit dem Verkehr in der Schweiz beschäftigen möchte, kommt nicht an **Luzern** vorbei. Anziehungspunkt ist das **Verkehrshaus der Schweiz**, mit gut 150 Jahren Eisenbahn- und knapp 75 Jahren Fluggeschichte. Einzigartig in der Schweiz und vermutlich auf der Welt ist die „**Swissarena**": Eine ca. 15x12 m grosse Zusammensetzung aus total 7'800 Luftbildern, die in den Jahren 1998 und 2000 in 4'400 m bis 9'300 m Flughöhe aufgenommen wurden. Diese begehbare

[35] www.heimatschutz.ch

Karte im Massstab 1:20'000 erlaubt es, bequem in wenigen Schritten von Genf nach Romanshorn zu gelangen und dabei die eindrucksvollsten geomorphologischen, geografischen und strukturellen Merkmale der Schweiz mit einem Blick zu erfassen. In insgesamt 16 Mannjahren Arbeit wurde ein **Terabyte** an Daten aufwändig verarbeitet, geometrisch entzerrt, auf das Schweizer Landeskoordinatennetz referenziert und so gerendert, dass kaum Wolken, aber ein einheitlicher Schattenwurf zu sehen sind. Der Schweizer Bevölkerung wurde die Swissarena u.a. auch in der Sendung „Schlau & Meier" des SF DRS bekannt gemacht, deren Grundlage für die Jagd nach einem Mister X die Luftbildkarte war. Für den Besucher der Swissarena im Verkehrshaus Luzern steht ferner ein interessantes **Geografiequiz** bereit, bei dem es darum geht, kleine Ausschnitte aus dem Luftbild richtig auf der grossen Karte einzuordnen. Wem die Geschichte der Stadt La Chaux-de-Fonds bekannt ist, wird den Ausschnitt der Ortschaft mit dem typischen rechtwinkligen Schnitt der Strassen sehr leicht zuordnen können, doch gibt es auch sehr viel anspruchsvollere Kartenausschnitte z.B. aus dem Berner Voralpenland, die alles andere als evident sind.

## Die NEAT

**Neue Eisenbahn-Alpentransversale** oder kurz NEAT heisst das Grossprojekt, das die alpine Querung mit der Bahn auf der Nord-Süd-Achse langfristig sicherstellen soll. Im Vordergrund steht bei der Bauplanung dabei einerseits das Ziel, den **Güterschwerverkehr** der EU, der die Schweiz als Transitland quert, auf die Schiene zu verlagern.

Von momentan über 1.4 Millionen Alpenquerungen mit Lastwagen auf der Strasse sollen es zwei Jahre nach Inbetriebnahme der Lötschbergachse (2007) noch 650'000 sein. Laut Bundesbeschluss von 1991 wird ferner angestrebt, die Schweiz mittels des NEAT-Konzepts zur Drehscheibe im europäischen Hochgeschwindigkeits-Bahnverkehr zu entwickeln und sie entsprechend an die ausländischen Netze anzuschliessen[36].

Die Schweiz ist der direkten Demokratie verpflichtet und der Schweizer Stimmbürger verfügt daher über die Möglichkeit, seiner Meinung zu Veränderungen im Land in politischen Referenden oder Initiativen an der Urne Gewicht zu verleihen. Die Schwierigkeiten, das NEAT-Projekt dem Schweizer Stimmvolk schmackhaft zu machen, es zu finanzieren und termingerecht trotz aller politischen, geografischen und geologischen Hindernisse fertigzustellen, waren und sind darum für die federführende AlpTransit AG und den Bund immens. Die Wahrung des **Föderalismusgedankens** führte zu einer Aufsplittung in drei Teilprojekte mit der **Gotthard-** und der **Lötschbergachse** sowie der besseren Anbindung der **Ostschweiz**. Insgesamt sieht die Planung in zwei Bauetappen den Bau von Basistunneln am Gotthard und Lötschberg (Phase I) und am Ceneri, Zimmerberg und Hirzel (Phase II) vor. Diese Vorlage wurde bei einer Volksabstimmung 1992 gutgeheissen. Finanzielle Probleme führten dann zu einer Redimensionierung des Projektes und zu weiterer Etappierung, die in einer Abstimmung im November 1998 (Bau und Finanzierung der Infrastruktur des öffentlichen Verkehrs, FinöV) gutgeheissen wurden. Bestandteil der Finanzierung

---

[36] Bundesamt für Verkehr: www.bav.admin.ch

durch die so genannten „flankierenden Massnahmen" ist die **LSVA**, die Leistungsabhängige Schwerverkehrsabgabe für Lastwagen und Busse ab 3.5 Tonnen auf den Schweizer Nationalstrassen. Ein Drittel der Einnahmen von rund 1.5 Milliarden Franken pro Jahr geht an die Kantone, während dem Bund zwei Drittel zur Finanzierung der NEAT und anderer Grossprojekte zur Verfügung stehen. Die **grosspolitischen** und **grossräumigen Implikationen** werden deutlich, wenn man Zusammenhänge zur Europäischen Union knüpft. Die NEAT ist fest in die Personen- und Transitabkommen zwischen der Schweiz und der EU eingebunden und darum zum Erfolg verpflichtet. Europaweit ist die Akzeptanz der Verlagerung auf die Schiene jedoch relativ gering, was sich im Verkehr auf den wichtigen Strassenrouten (San Bernardino und Gotthard) manifestiert. 75% aller Lastwagen auf Schweizer Strassen stammen aus der EU (NZZ, 2./3.7.2005). Der politische Spagat wird ferner erschwert durch die Annahme der **Alpeninitiative** 1994 durch Volk und Stände (entgegen der Empfehlung des Bundesrates), die dem Bund vorschreibt, die Alpen vor den negativen Verkehrsfolgen zu schützen.

Weiter kommen starke raumplanerische und regionenfördernde Massnahmen dazu. Die **Visiun Porta Alpina** ist ein gutes Beispiel. Sie sieht vor, die bestehende Nothaltestelle und den Erkundungsstollen Sedrun als vollständigen Bahnhof auszubauen, sodass Passagiere auf dem europäischen Hochgeschwindigkeits-Bahnnetz bequem das Bündnerland bzw. die Surselva erreichen und aus dem Gotthardtunnel mit einem Aufzug die 800 Höhenmeter bis nach Sedrun ans Tageslicht überwinden können. Man muss hier allerdings stark zwischen der technischen Machbarkeit und dem ökonomischen und raumbezogenen Sinn und Zweck unterscheiden. Während die Bewohner der **Surselva** von einer Anbindung an die urbanen Grossräume und einer Schrumpfung der Reisezeiten träumen, muss man die Zusammenhänge in einer breiteren Perspektive betrachten. Einerseits ist die NEAT ja als Schnellbahn gedacht und der Ausbau zum Bahnhof widerspricht diesem Gedanken grundsätzlich. Andererseits wäre bei geringen Zusatzkosten (50 Mio. Franken sind im Gespräch) ein interessanter Ansatz zur **Regionalentwicklung** gegeben. Bevor sich der Bund für dieses Projekt entscheidet, muss Graubünden diese touristischen Entwicklungsperspektiven genauer artikulieren können. Die Neue Zürcher Zeitung spricht davon, dass es „nicht einfach einen Lift" geben darf und fragt sich, ob die Surselva bald Wohnsitz für Zürcher Berufspendler wird ... (NZZ, 30.6.2005). Mittlerweile ist die Bestätigung durch den Bund und auch die Supportbekräftigung der Bündner Regierung eingegangen.

Das Lötschental profitiert von der Berühmtheit seines namentlich grossen Bruders, dem **Lötschbergtunnel**, der seit 1913 vor allem den Wintertouristen bequem von Kandersteg (BE) ins Wallis nach Goppenstein befördert. Seit dem 28. April 2005 ist der Durchstoss des Lötschberg-**Basistunnels** vollendet, der im Zuge der NEAT alsbald Frutigen mit Raron verbindet. Sowohl der alte (14.6 km) als auch der neue Tunnel (34.6 km) machen – auf einer Karte einfach nachzuvollziehen – drei eher ungewöhnliche Kurven. Der Grund dafür liegt in einer Diskussion mit fataler

*Blick ins Gasterntal BE von der Luftseilbahn Winteregg ob Kandersteg auf dem Weg zum Winterwanderweg Gemmipass. Der Gemmipass ist ein seit dem Mittelalter dokumentierter Alpenübergang. Es ist eine hochgelegene Mulde an der Grenze zweier helvetischer Decken. März 2005.*

Entscheidung, die 25 Mineuren das Leben kostete: Geologen hatten vor dem Bau des ersten Tunnels die Frage zu entscheiden, wie gross die Schottermächtigkeit aus der quartären Glazialtätigkeit sei. Bis zu diesem Zeitpunkt war ungenügend bekannt, dass Gletscher aufgrund des Druckgradienten des Wassers Täler übertiefen können und ihre Wirkung deshalb viel weiter hinabreichte als zuvor angenommen (die mehrere hundert Meter tiefen Fjorde in Skandinavien sind nicht etwa in Zeiten tiefen Meeresspiegels entstanden, sondern wurden von Schmelzwasser an der Gletscherbasis erodiert!).

Die Meinung eines privaten Geologen, der den damaligen Pionier **Albert Heim** opponierte und vor viel mächtigeren Schottern warnte, bestätigte sich auf traurige Weise, als nach einer Sprengung im Tunnel das Sediment tangiert wurde und es im Juli 1908 zum Unfall kam: Die Mineure bohrten unwissentlich die unverfestigte Schottermasse an, die in den Stollen einbrach und ihn mit einem Schlammstrom überflutete. Der Einsturztrichter der Schotter ist noch heute sichtbar. Der Tunnelverlauf musste in der Folge umprojektiert werden: Um die Schotterbereiche zu umgehen, wurde er in die massiven Bergflanken gelegt, was sich in den drei Kurven äussert, um das **Gasterntal** mit seinem heute auf knapp 200 m Mächtigkeit geschätzten Glazialtrog zu umgehen. Diese Schottermächtigkeit kann heute dank nicht-invasiver erdwissenschaftlicher Techniken, zum Beispiel durch Sondierung mit **seismischen Wellen**, sehr viel besser abgeschätzt werden, als es mit den damals bekannten Methoden möglich war.

Etwas Ähnliches wäre auch fast am Gotthard passiert. Dass als Folge der glazialen Übertiefung des **Urserentals** die tiefste Felssohle nur knapp 30 m oberhalb des Eisenbahntunnels unter dem Gotthard zu liegen kommt, ergab sich erst 1940 per Zufall. Geplant war ein Staudammprojekt, das durch eine Aufstauung der **Schöllenen** das Urserental mit den Gemeinden → Andermatt und Hospental fluten sollte. Zu diesem Zweck wurden Bohrungen und seismische Vermessungen durchgeführt. Durch den genannten, erstaunlichen und beunruhigenden Befund musste das Projekt jedoch abgebrochen werden, denn Wasser wäre durch den Druck des Stausees in den Tunnel eingedrungen. Nur im Nachhinein ist man sich so klar geworden, dass man einer Katastrophe wie beim Einbruch des **Lötschbergtunnels** knapp entgangen war. Die Erosionsfähigkeit der Gletscher wird also auch hier demonstriert, denn während das anstehende Gestein an den Talflanken auf 1400

# STADT SCHWEIZ – VERKEHR UND KLEINRÄUMIGKEIT

Umzug am Grenzübergang des Grossen Sankt Bernhard zwischen dem Wallis und Italien. August 2005.

m ü.M. liegt, findet es sich in der Talmitte auf 1100 m ü.M. – die glaziale Erosion und Sedimentauffüllung beträgt also 300 m!

Der **Lötschberg-Basistunnel** wird 2007 voraussichtlich in Betrieb genommen werden und die Reisezeiten von wichtigen Verbindungen wie z.B. Basel – Mailand oder Bern – Brig massiv senken. Man spricht von Zeitersparnissen von 30 Minuten. Durch den **Gotthard-Basistunnel**, 57 km lang, wird der Verkehr vermutlich im Jahre 2015 fliessen können. Die flache Trassenführung mit einer Scheitelhöhe von 550 Meter über Meer statt über 1000 erlauben derart erhöhte Geschwindigkeiten auf bis zu 250 km/h, dass die Reisezeit von Zürich nach Mailand um eine Stunde sinken wird.

## Schweizer Pässe

**Erdöl** ist ein nicht erneuerbarer Rohstoff, der zu verknappen droht. In der Folge von erwarteter Verknappung, steigender Nachfrage gegenüber dem bereitstellbaren Angebot, politischen Instabilitäten gewisser Länder und den Vereinbarungen der Vereinigung erdölfördernder und exportierender Länder (OPEC) sind die Treibstoffpreise in den letzten Jahren markant angestiegen. Die Entwicklung nachhaltiger und in menschlichen Zeiträumen **erneuerbarer Energieformen** kann mit dieser Tendenz leider nicht Schritt halten – und dennoch: Es wird nicht weniger gefahren. Die Anzahl der gesamthaft zurückgelegten Kilometer hat in der Schweiz Jahr für Jahr zugenommen, und die täglichen Verkehrsnachrichten verdeutlichen den Verkehrszustand verschiedener Hauptrouten. Warum nicht dies als Anlass nehmen, um den eigenen Mobilitätsmix nachhaltiger zu gestalten, zu diversifizieren? Dieses Kapitel soll Anreize bilden, vielleicht einmal nur dann selbst zu fahren, wenn auch wirklich der Weg das Ziel sein soll und schöne, zum Teil abgelegene Routen die Hauptsache sind. Ansonsten kann man sich oft fahren lassen, um die letzten Wegabschnitte mit Muskelkraft zu bewältigen – sollen andere im Stau stehen, auf der A1 zwischen Zürich und Bern oder am Gotthard, wenn wieder einmal die „**Phase Rot**" verhängt wurde!

## Gotthard

Des einen Freud, des anderen Leid. Dies trifft nicht nur auf die Sperrung der Transitroute aufgrund des dramatischen Felssturzes zu Pfingsten 2006 zu, sondern auch auf den Fortschritt bei der Verkehrserschliessung früherer Jahre. Würden wohl die meisten die Eröffnung des Gotthard-Eisenbahntunnels im Jahre 1882 als Durchbruch bezeichnen, so gibt es dennoch Verlierer. Zu ihnen gehört die Urner Gemeinde **Andermatt** im Urserental, die als wichtige Station in der Verkehrsachse über den Gotthardpass in die Leventina sowie über den Oberalp- und den Furkapass fungierte und als das „Kreuz der Alpen" bezeichnet wurde. Besucher von Andermatt können einige Aspekte dieser Zeit, unter anderem die spektakuläre Einfahrt der fünfspännigen **Gotthardpostkutsche** ins Dorf bei den Andermatter Freilichtspielen „d'Gotthardposcht[37]" erheischen. Sie zeigen das Geschehen im letzten Betriebssommer als dynamisches Stück mit Live-Musik, schönen Kostümen und mit all den Problemen, die der bevorstehende **Strukturwandel** in den Berggemeinden mit sich brachte. Wer sich nach dem Stück so sehr von der alten Pferdekutschenromantik angesprochen fühlt, der kann eine derartige Fahrt auch heute noch selber miterleben: Die Historische Reisepost AG[38] bietet die Möglichkeit, in einer eintägigen Fahrt, soweit wie möglich auf der alten Gotthardroute, die Tradition im Landauer noch einmal aufleben zu lassen und sich als wichtige Person der Vergangenheit zu fühlen. Für das 125 Jahr-Jubiläum der Eröffnung des Gotthard-Eisenbahntunnels planen die Freilichtspiele Andermatt im Sommer 2007 übrigens ein entsprechendes Stück, das dieses schweizerische Grossereignis mit geplanten 25 Vorstellungen würdig umrahmt.

Für Andermatt existiert eine Broschüre „**Baukultur entdecken**" vom Schweizer Heimatschutz, die einen architektonischen und geschichtlichen Rundgang durch den Ort und seine wichtigen Bauten ermöglicht, darunter auch die wichtigen Strassenbauten wie das Urnerloch und die Teufelsbrücken. Prominent als erster Haltepunkt auf dieser kleinen Reise steht die Pfarrkirche St. Peter und Paul, die ihren Ursprung in einem Naturereignis der schlimmeren Art hat: Sie wurde an dieser Stelle erbaut, als im Jahre 1601 sieben Menschen von einer **Lawine** erfasst wurden und ihr Leben liessen, während sie auf dem Weg zur alten Pfarrkirche von St. Kolumban am Hang des Chilchenbergs waren. St. Kolumban ist der wichtigste romanische Kirchenbau im Kanton Uri und seit dem 17. Jahrhundert baulich kaum mehr verändert worden, obwohl er immer wieder von Lawinen bedroht wurde. Das Mauerwerk der Kirche ist in Natursteinen gehalten und verfügt über eine unverputzte Fassade. Ferner findet man zwei Statuen, die 1949 aus Dankbarkeit über das abgeblasene Projekt „**Stausee Ursern**" erstellt wurden. Der See hätte die Dörfer Hospental und Andermatt komplett unter Wasser gesetzt.

---

[37] www.gotthardposcht.ch
[38] www.gotthardpost.ch

## STADT SCHWEIZ – VERKEHR UND KLEINRÄUMIGKEIT

### Der Bahnlehrpfad am Albula

Für den Autoverkehr stellt der **Albulapass** nur einen kleinen, vergleichsweise unbedeutenden Alpenübergang von Tiefencastel nach La Punt dar, der im Winter deshalb auch einer Wintersperre unterliegt. Der grosse Hauptübergang ins Engadin ist der Julierpass etwas weiter südlich. Für die Bahn jedoch war der Albula für lange Zeit aus dem Rheintal der einzige Zugang ins Engadin (bis der Vereina-Tunnel eröffnet wurde). In eifriger und mutiger Pionierarbeit wurden Kehrtunnel und Viadukte errichtet, um das Tal der Albula zu meistern. Die gesamte Albulastrecke von Thusis nach St. Moritz überwindet auf einer Distanz von 63 km zahlreiche Hindernisse und erforderte einige Spezialkonstruktionen, wie die Brücke über den Rhein bei Thusis, die aufgrund der Hochwassersicherheit keine Pfeiler im Rhein aufweisen durfte, das **Landwasserviadukt** bei Filisur mit einer Gesamtlänge von 130 m, aufgeteilt auf sechs Brückengewölbe, sowie den Albula-Stichtunnel, der höchstgelegene Alpendurchstich Europas, dessen Kalk- und Tonschiefer auf der Nordseite die Ingenieure vor grosse Probleme stellten.

Die Bündner Eisenbahnpioniere sahen lange neidvoll zum Gotthard hinüber, welcher der dortigen Region aufgrund der internationalen Nord-Süd-Achse einen ordentlichen Aufschwung bescherte. Doch für die bahntechnische Erschliessung des Alpenraumes spielen die Bündner Bahnen eine grosse Rolle. Technisch gab es zwei Grundsatzfragen zu beantworten: Diese nach der Spurweite und jene nach dem Antrieb. Bei Ersterer galt es, zwischen der Normalspur und einer Schmalspur zu wählen, wobei die Schmalspur nicht zu unterschätzende Kostenvorteile bietet, da aufgrund des kleineren Profils günstigere Tunnel- und Brückenbauten erstellt werden konnten. Letztere Frage ist abhängig von der Geländetopografie und unterscheidet zwischen Adhäsions- und Zahnradbahnen respektive einer Kombination von beidem (wie z.B. auf der Glacierexpress-Route im Wallis), um die oftmals markanten Höhenunterschiede zu überwinden.

Um der Leistung der Bauphase von 1898 bis 1903 gerecht zu werden, wurde ein **historischer Bahnlehrpfad** eingerichtet, der dem Wanderer auf gut 8 km die Tücken und Techniken der Albulastrecke näher bringt. Ein weiss-rot-weiss markierter Wanderweg führt das Bahntrassee entlang und offenbart dem Wanderer einige gute

*Der Berninaexpress auf einem Viadukt neben dem historischen Bahnlehrpfad zwischen Preda und Bergün. Oktober 2005.*

Aussichtspunkte für Beobachtungen der „kleinen Roten". Ein grafischer Fahrplan zeigt, an welchen Stellen zu welcher Zeit mit Zügen gerechnet werden kann. Empfehlenswert sind die Stunden von 9 und 10 Uhr, da hier neben dem Bernina- zusätzlich der Glacier-Express auf seinem Weg von St. Moritz nach Zermatt vorbeifährt und so eine erhöhte Taktfolge ergibt.

Gestartet wird in **Preda** auf 1789 m ü.M., Ziel ist **Bergün** auf 1372 m ü.M. Für die Bahn heisst das, dass auf einer Tallänge von 6.5 km im Auf- oder Abstieg die 417 Höhenmeter überwunden werden müssen. Da die Bahn maximal 3.5% Steigung schafft, muss die Gleislänge entsprechend auf 12 km gestreckt werden – die Strasse schafft dieselbe Verbindung auf 7 km. Dies geschieht mittels Kehrtunnels und Schleifentunnels, die 22% der Gesamtstrecke zwischen Bergün und Preda umfassen. Erstere bezeichnen Tunnelstrecken, bei denen sich die Fahrtrichtung der Bahn zwischen Ein- und Ausfahrt um 180° ändert, während bei Spiraltunnels ein voller Kreis bei einem gewissen Höhenunterschied gefahren wird, sodass die Ein- und die Ausfahrtrichtung übereinstimmen.

In Preda beginnt der Bahnlehrpfad direkt am Bahnhof und zeigt die **Situation der Arbeiter** beim Tunnelbau der Jahre 1898 – 1903. Sie lebten wie Sardinen in nur notdürftig ausgerüsteten Baracken und arbeiteten in einem Dreischichtbetrieb. Maschinen waren damals noch Mangelware, und so war abgesehen von den zwei Bohrmaschinen vor allem Handarbeit angesagt. Die gut fünftausend Arbeiter, die zu Spitzenzeiten auf den Baustellen beschäftigt waren, stellten auch eine enorme Herausforderung für die **Infrastruktur** der Bergdörfer dar. Viele der Ortschaften erlebten mehr als eine Verdoppelung ihrer Bevölkerungszahl während der Bauzeit. Nach der Fertigstellung der Albulalinie und ihrer Eröffnung 1904 sank die Population dann wieder. Es waren meistens italienische Fremdarbeiter, welche die Knochenarbeit bei der Erstellung der Albulabahn leisteten. Sie verdienten als Mineure knapp 4.– Franken plus einer Tagesprämie, die von der Vortriebsleistung abhängig war (auch damals gab es also den heute so gepriesenen „Leistungslohn"). Als Vergleich dient der Preis eines Essens in der Gaststube, rund Fr. 2.50, sodass sich die meisten Arbeiter in Kantinen einfach verpflegen und primitiv in den Baracken leben mussten.

Die **Instabilität** der Hänge und die lokale **Geologie** gaben den Ingenieuren einige Probleme auf, die gelöst werden mussten. Dies wird auf dem Wanderweg talwärts anhand verschiedener Schautafeln erklärt. So konnte die Bahn beispielsweise nicht überall in den Hang hinein verlegt werden, sondern musste über zusätzliche Viadukte geführt werden. Als Baumaterial wurden Rohstoffe aus der Nähe verwendet: Natursteine aus nahegelegenen Steinbrüchen waren reichlich vorhanden. Dabei handelt es sich um **Dolomite** und **Kalke** der Trias, die alle Anforderungen an den Bau erfüllten. Insgesamt wurden 9 Viadukte auf der Strecke zwischen Bergün und Preda ge-

**Dolomit:** Sedimentgestein, überwiegend aus dem Mineral Dolomit, Karbonatmaterial mit der Formel $CaMg(CO_3)_2$.
**Kalkstein:** Sediment, überwiegend aus Kalziumkarbonat $CaCO_3$.

baut, wovon der längste der Albulaviadukt III mit 137 m ist. Die grösste Höhe überquert der Val-Tisch-Viadukt mit 40 m. Historische Fotos auf den einzelnen Informationstafeln unterwegs ermöglichen es, sich die damalige Situation zu verbildlichen.

Wo Tunnelkonstruktionen möglich waren, musste sehr präzise gearbeitet werden. Insbesondere die Vermesser gelangten an neue Grenzen, da sowohl die Steigung als auch die Kurvenradien – minimal 120 m – minutiös bestimmt werden mussten. Der **Rugnux-Spiraltunnel** (661 m lang) war eine der schwierigsten Konstruktionen, da in die Klüfte des Dolomits eindringendes, 4°C kaltes Wasser härteste Anforderungen an Mann und Maschine stellte. Dementsprechend überschritten wurden die Zeit- und die Kostenvorgabe. Ein wirtschaftliches Problem also, das nicht nur gegenwärtige Projekte wie Lötschberg- und Gotthardtunnel betrifft.

Für Bahnreisende ist es reizvoller, durch die offene Landschaft zu fahren, als in dunklen Tunnels zu sein. Wenn immer möglich, wurde die Bahn also ans Tageslicht geführt. Doch auch hier müssen einige Voraussetzungen bezüglich Sicherheit vor **Lawinen** und **Steinschlag** erfüllt sein. Zum Bahnbau gehörten deshalb auch die Prüfung und Evaluation der entsprechenden Gefährdung der Strecke und die Vorbeugung. Nicht nur für Tunnel- und Brückenbau wurde tonnenweise Baumaterial benötigt, sondern auch für Lawinenverbauungen, Schutzgalerien und -dächer. Auch an natürlichen Schutz wurde gedacht: Insgesamt wurden über den gesamten Betriebszeitraum der Albulastrecke 700'000 Bäume ge-

*Bahnhofvorplatz von Bergün. Der Engadiner Schlitten erinnert an den Winterspass zwischen Preda und Bergün, und das „Krokodil" an alte Bähnler-Zeiten. Oktober 2005.*

pflanzt, die Hänge stabilisieren und vor Lawinen und Steinschlag schützen. Daneben beeindrucken die insgesamt 11 km an Kunstbauten (500 Mauern), welche die Strecke unterhalb des Piz Muot vor der Lawinengefahr schützen.

Die Energie für die Bohrgeräte wurde übrigens durch **Wasserkraft** bereitgestellt. Eine Druckleitung aus dem Palpuognasee erzeugte den nötigen Strom. Aus ihr ging schliesslich das Elektrizitätswerk von Bergün hervor. Auch das Rollmaterial kommt nicht zu kurz. Ausführlich werden alle eingesetzten Lokomotiven und Personenwagen vorgestellt, und unterhalb des Bahnhofs von Bergün begrüsst neben dem Engadiner Schlitten, der das Wintervergnügen zwischen Preda und Bergün auf der zur Rodelpiste umfunktionierten Passstrasse symbolisiert, ein leibhaftiges „Rhätisches Krokodil", eine Lokomotive C-C der Reihe Ge 6/6 mit der Nummer 407 (von insgesamt nur 15 Exemplaren Nr. 401 – 415), neben dem Weg den Wanderer, der die Strecke absolviert hat, und wartet darauf, von Gross und Klein bestaunt zu werden.

*Der berühmte Kreisviadukt unterhalb der Station von Brusio im Val Poschiavo. Oktober 2005.*

## Kreisviadukt der RhB von Brusio

Zweiter Teil des UNESCO-Welterbe-Kandidaten der Rhätischen Bahn ist die Bernina-Linie. Die Strecke führt von St. Moritz im Engadin über Pontresina auf den 2253 m hohen Berninapass. Ab dort beginnt das eigentliche Extremereignis der Bahnfahrt, der Abstieg nach Tirano auf 429 m ü.M. Wie schon im Albulatal gilt es hier, sehr viel Höhe auf der geringen horizontalen Distanz von 22 km abzubauen, was einige bautechnische Kniffe erforderte. Dennoch gilt die Bahnstrecke – ohne Zuhilfenahme von Zahnradunterstützung, im Gegensatz zu Abschnitten der Glacier-Express-Strecke – mit bis zu 7% Gefälle / Steigung als eine der steilsten Adhäsionsbahnen.

Unterhalb der Station Brusio im Val Poschiavo (Puschlav) gilt es noch einmal, viele Höhenmeter abzubauen, bevor man der Endstation Tirano auf der italienischen Seite der Grenze entgegen fahren kann. Im Tal stand genug Platz zur Verfügung, um den Touristen erneut die Fahrt in einem dunklen Tunnel zu ersparen. So wurde eine der berühmtesten Kunstbauten der RhB erstellt: Der **Kreisviadukt von Brusio**, der gut sichtbar das Tal von Brusio einnimmt und der Bahn ermöglicht, innerhalb eines vollständigen Kreises von 100 m Durchmesser die nötige Höhe bei vorgegebenem Gefälle zu verlieren. Die RhB-Zugkomposition verlässt den Bahnhof Brusio auf der linken Talseite und beginnt dann ihre absteigende Rechtskurve. Nach 360° verlässt sie die Spirale durch das dritte der insgesamt neun Bogentore wieder auf derselben Talseite und entschwindet dem Blick des Beobachters.

*Der Lunghinsee, Quelle des Inns. Oktober 2005.*

## *Julierpass und Wasserscheide Lunghin*

Der Julier ist die wichtigste Alpenverbindung zwischen dem Oberrheintal und dem Engadin und ist im Winter, wenn immer möglich, durchgängig geöffnet. Die moderne Strassenverbindung gibt es seit 1840. Sie stellt die Verbindung zwischen Tiefencastel und Silvaplana her und ist vor allem von der Oberrheintalseite her interessant und vielseitig. Gleich nach der Autobahnausfahrt in Thusis geht es durch viele Kurven, die untereinander häufig durch kleine Tunnels verbunden sind. Nach Tiefencastel trennt sich die Albulastrasse und führt weiter nordöstlich, während die Julierstrecke den Julia-Bach entlang hinein ins **Oberhalbstein** (Surses) nach Savognin führt. Das Tal zieht sich hin, man erreicht den Marmorera-Stausee und schliesslich Bivio als kleine, liebliche Ortschaft mit einem kleinen Skilift an der Passstrasse. Von hier aus geht es in gut ausgebauten, aber dennoch eng geführten Kehren hinauf zur Passhöhe auf 2284 m. Auf der anderen Seite ist Silvaplana schnell erreicht. Dennoch sollte man sich Zeit nehmen, um die Umgebung auf sich wirken zu lassen. Wenn in der Abenddämmerung die Touristenkolonnen längst ihr Ziel im Engadin erreicht haben und im Hotel beim Abendessen sitzen, glüht der Oberhalbstein auf, und das schmale Band der Strasse auf der Passhöhe reflektiert, von Schmelzwässern letzter Schneeflecken angefeuchtet, das letzte Licht am Horizont, während die Dunkelheit längst über die Täler hereingebrochen ist. Zu diesen Zeiten ist der Julierpass eine der **Traumstrassen** der Schweiz.

Die Bedeutung des Julier-Überganges, der neben dem Septimerpass (heute nur noch als Fusspass von Bivio oder Juf aus begehbar, eine schöne Tageswanderung) intensiv begangen wurde, datiert mindestens auf die Römerzeit zurück. Hier erschliesst sich auch die Bedeutung der Ortschaft **Bivio** aus ihrem Namen – Bivium: Gabelung, Wegscheide, Zweiweg. Mit ihren gut 260

*Wanderung zum Lunghinsee. Oktober 2005.*

Einwohnern lebt sie hauptsächlich vom Durchgangstourismus und gilt als die letzte italienischsprachige Gemeinde nördlich des Alpenkammes. Wer die Julier-Passfahrt mit einer mehrstündigen, anspruchsvollen Wanderung zurück über die Fusspässe Lunghin und Septimer kombinieren möchte, benützt vorteilhafterweise den **Julier-Express Postbus**. Leider wird Bivio von Chur und Lenzerheide aus nur dreimal täglich (zweimal vormittags, einmal nachmittags) mit dem Engadin verbunden. In Silvaplana wird umgestiegen, und nach wenigen Minuten ist die Ortschaft Maloja erreicht. Zu Fuss erfolgt gleich der anstrengendste Teil des Marsches: Der Aufstieg um 700 Höhenmeter zum dunklen, sich eng an den Fels schmiegenden **Lunghinsee** auf 2496 m ü.M., die Quelle des Inns.

Danach sind es nur noch wenige Höhenmeter auf den 2645 m hohen Pass Lunghin, der eine gewaltige Sicht auf das Bergell und das Hinterrheintal zu beiden Seiten freigibt, eingebettet zwischen Piz Lunghin und Piz Grevasalvas. Über dem Bergell thront mächtig die **Albigna-Staumauer**, in deren See noch immer der Gletscher kalbt.

Die Staumauer, die den Albigna-See am Fusse des Piz Balzet aufstaut, ist das Kernstück einer grossen Wasserkraftanlage der EWZ, der Elektrizitätswerke der Stadt Zürich, die in den 50er und 60er Jahren viel Arbeit und grosse Investitionen ins gesamte Bergell gebracht haben. Die Gewichtsstaumauer, die sich durch einen fast dreieckigen Querschnitt auszeichnet, wurde in den Jahren 1955 bis 1959 gebaut (die insgesamt 27 km Stollen waren schon 1957 erstellt, 1959 wurde der erste Strom produziert und 1960 der Albignasee erstmals vollständig gefüllt) und hat eine maximale Höhe von 115 m. Sie steht an fast derselben Stelle, wo nach dem tragischen Hochwasserereignis im Bergell im Jahre 1927 zwischen 1930 und 1932 eine Hochwassersperre errichtet wurde, um ähnliche Unglücke zu verhindern. Berechnungen während des Hochwasserereignisses von 1987 zeigten jedoch, dass diese Sperre bei weitem nicht ausgereicht hätte. Der Stausee Albigna konnte jedoch das zusätzliche Wasser aufnehmen, sodass während der Starkniederschläge kein weiteres Wasser ins Bergell hinunter abgeleitet werden musste und das Unwetter im Unterschied zu anderen Talschaften im Bergell glimpflich ausging.

Unterhalb des Seespiegels auf 2161 m ü.M. verläuft ein 5 km langer Druckstollen hinunter zur Speicherpumpe Murtaira, wo sie mit einer Wasserfassung aus dem Val Forno zusammenläuft. Nun wird die grosse Höhenstufe überwunden, das Wasser geht hinunter zur Zentrale Löbbia auf 1418 m ü.M., wo ein Ausgleichsbecken den Wasserstand – auch der Maira – kontrolliert und eine weitere Fassung aus dem Gegental, dem Val Maroz, eintrifft. Über weitere 12 km Druckstollen schiesst das gefasste Wasser dann hinunter bis nach Castasegna auf 685 m ü.M. Die Albigna-Staumauer kann besichtigt werden, und wenn man den steilen Fussmarsch von Vicosoprano oder Casaccia meiden möchte, führt einen die EWZ-Seilbahn im Sommer (1. Juni bis 30. September, inkl. Führung Albigna-Staumauer 25.–/12.–) von Pranzaira aus hinauf zum Stausee.

Der Lunghin-Pass ist die einzige dreifache europäische Wasserscheide. Sie trennt drei Weltmeere voneinander. Die Maira des Bergells entwässert in den Comer See, als Adda dann in den Po und damit in die Adria, der Inn in die Engadiner Seenplatte, in Österreich in die Donau und ins Schwarze Meer und alle nordwestlich davon gelegenen Zuflüsse in die Julia, den Rhein und am Ende in die Nordsee. Die Wasserscheide hat so aber nicht immer bestanden. Drehen wir die Zeit ein wenig zurück, vor das Eiszeitalter. Der Inn hatte seine Quelle damals noch im oberen Bergell und floss ostwärts, während das Wasser der Oberengadiner Seen nach Süden, ins Bergell abfloss. Doch dann trat jener Kampf zweier Gewässer ein, der in den Geowissenschaften als **Flussanzapfung** oder mit dem englischen Begriff stream piracy bezeichnet wird. Es ist die Erosion und schliesslich der Durchbruch einer Wasserscheide zwischen zwei Flüssen durch jenen Fluss, welcher das stärkere Gefälle und damit die grössere Erosionsfähigkeit aufweist. Dies führt zur Eroberung eines Teils des Einzugsgebietes des langsamer erodierenden Flusses. So verschob sich die Wasserscheide zwischen der stark abfallenden Maira und dem flachen Flusslauf des Inns stetig. Nach der Eiszeit, während der die Gletscher die Passlandschaften in diesem Gebiet schufen, bildete sich dann die definitive Wasserscheide hier am Lunghinpass oberhalb Maloja aus.

### Albulapass

Wer es ruhiger, gemächlicher, aber auch enger als auf dem Julierpass haben möchte, der wählt die parallele Verbindung aus dem Hinterrheintal über den Albulapass ins Engadin. Bis nach Filisur folgt man dem gleichen Weg wie auf den Julierpass, über Chur, Thusis und **Tiefencastel**. Hier trennen sich am Kreisel hinter der Ortschaft die Wege. Rechts steigt die Strasse nach Bivio direkt den Hang hinauf, während man sich zum Albula in Richtung Landwassertal vor wagt, wo sich zwischen Alvaneu und Filisur die Landwasser und die Albula vereinigen. Die eigentliche Passstrecke beginnt bei Filisur, wo sich imposant das **Landwasserviadukt** der Rhätischen Bahn vor einem aufbaut. Es ist eine Brücke aus Kalkstein, 64 Meter über dem Grund thronend und auf fünf Pfeiler gestellt. Entlang und auch durch berühmte Bauwerke der RhB-Albulastrecke klettert man auf einer engen und zum Teil nur schlecht ausgebauten, spannenden Strasse hinauf zum Alvra-Hospiz auf 2312 m. Der Abstieg ins Engadin ist dann schnell geschafft, gilt es doch nur die gut 500 Höhenmeter nach La Punt hinabzusteigen. Insgesamt hat man so 17 Kehren hinter sich gebracht, um das Oberengadin zu erreichen.

Geöffnet ist die Passstrasse nur im Sommer von Mai bis November. Da der Übergang eine geringe Bedeutung neben der Albula-Bahnstrecke und der Julier-Strassenverbindung hat, muss so der immense Aufwand für die Lawinensicherung und Schneeräumung nicht auch noch hier betrieben werden. Nicht zu vergessen ist natürlich neben den im Sommer begehbaren → Bahnlehrpfad der touristische Winteraspekt zwischen Preda und Bergün: Dann gilt der Strassenabschnitt als die tollste **Schlittenbahn** der Welt. Auf über 5 km Länge kann man den selbst mitgebrachten oder von der RhB gemieteten Schlitten über 400 m hinab sausen lassen, um sich anschliessend mit der Bahn wieder an den Ausgangspunkt Preda hinaufbringen zu lassen. Am Besten natürlich ein originaler Engadiner Schlitten! Das Vergnügen ist tagsüber von Dezember bis März von 10.10 bis 16.45 Uhr zu geniessen und in der Nacht von 19.00 – 23.30, ausser Montags.

*Wildromantischer Albulapass zwischen Bergün und Preda. Oktober 2005.*

STADT SCHWEIZ – VERKEHR UND KLEINRÄUMIGKEIT

## Flüelapass

Der Flüelapass stellt die Verbindung von Davos aus dem Landwassertal bis nach Susch ins Unterengadin her. Wer den Weg bis nach Davos über den Wolfgangpass von Klosters her geschafft hat, verdient eine Pause. Ein willkommener, strassenloser Zeitvertreib findet sich im **Sertigtal** mit hervorragenden geomorphologischen Elementen, die hier, in einem glazial geformten Tal, beobachtbar sind.

Von Davos aus sind es nach dem Überqueren der Bahngeleise in Richtung Osten nur 13 km auf die Passhöhe der Flüela, 2383 m ü.M. Die Stimmen über die Passfahrt sind sich meist einig: Es ist eine karge Geröllandschaft, die sich hier vor dem Reisenden ausbreitet. Im Norden das Wisshorn, im Süden das Schwarzhorn, beides gute Dreitausender. Nur der Schottensee speist den Landwasserbach mit seinem milchig-trüben Inhalt und gibt der Landschaft noch etwas Farbe, bevor im Winter alles rasch mit Schnee zugedeckt ist. Seit 1807 besteht die Ost-West-Strassenverbindung, der man dennoch nur eine untergeordnete Bedeutung zumisst: Die grossen Alpenübergänge waren alle Nord – Süd orientiert. Dennoch hat man hier im Bereich der Flüela vorrömische Spuren gefunden, die auf alte Handelswege auch in diesem Gebiet schliessen lassen. Das **Val Susasca** bringt den Reisenden dann ins Engadin hinunter. Man erreicht es auf 1426 m in Susch, das in einer weitläufigen Kehrkurve angesteuert wird.

Der Pass ist seit der Eröffnung des 19 km langen **Vereinatunnels** der Rhätischen Bahn im Jahre 1999 nicht mehr ganzjährig geöffnet. Die Aufwendungen für die Sicherung der komplexen Lawinensituation im Gebiet sind zu gross und riskant gewesen, um den Pass weiterhin das ganze Jahr offen zu halten (in den Wintermonaten vom 1.11. bis zum 30.4. war er früher sowieso nur tagsüber befahrbar). Eine Volksabstimmung im Kanton Graubünden entschied im Jahre 1985 von den zur Wahl stehenden Möglichkeiten Fernstrasse und Bahntunnel deutlich für Letzteren. Nur der Vereina-Autoverlad schafft so eine garantierte Verbindung aus dem Prättigau ins Unterengadin, von Klosters-Selfranga nach Sagliains in 18 Minuten Fahrzeit.

*Seit Eröffnung des Vereina-Autoverlades ist der Flüelapass im Winter bis Anfang Januar geöffnet und wird anschliessend aus Sicherheitsgründen geschlossen. Dennoch lohnt sich ein Ausflug in die tiefverschneite Winterlandschaft, wenn der Pass noch geöffnet ist. Dezember 2004.*

### Malojapass

Wer sich im Dörfchen Maloja an den Reminiszenzen an Giovanni Segantini satt gesehen und die → Gletschermühlen sowie das Castell Belvedere besucht hat und die Seenplatte des Oberengadins hinter sich lassen möchte, der wird spektakulär ins Bergell hinabreisen. Die Gletscher der Eiszeit haben diese Eigenart des „unvollständigen Abschlusses durch eine würdige Bergkulisse im Süden des Engadins" geschaffen und den Zugang zum Val Bregaglia flachgehobelt, sodass man schon von Maloja aus bis weit hinunter ins Tal schauen kann. Die **Maira**, der Talfluss, hat sich gegen den Inn durchgesetzt und ihn nach Norden abgedrängt, sodass die Gewässer von hier nun nach Süden, in die Adria, abfliessen.

*Postautokurs auf der Malojaroute mit Blick hinunter ins Bergell. Oktober 2005.*

Diesem Weg folgt man, wenn man als Passfahrer – egal ob im Privatwagen, auf dem Motorrad, dem Fahrrad (auf der einen Seite ist der Pass per Velo ja leicht zu bezwingen!) oder mit dem täglich mehrmals verkehrenden Postauto – die zwölf Haarnadelkurven, die dem Berg beim Bau zum Teil mühsam abgerungen werden mussten, nach Casaccia hinunter in Angriff nimmt. Gerade mal 350 Höhenmeter verliert man in dieser majestätischen Passage, bis nach Castasegna hinunter an die italienische Grenze sind nochmals fast 800 abzubauen, vorbei an den berühmten → Kastanienselven. Auf dem Weg dorthin passiert man jene **Talenge** bei Promontogno, die das Bergell in zwei Teile aufteilt, eine obere und untere Hälfte – auch klimatisch: Die Sopraporta bezeichnet das obere Teilstück des Val Bregaglia und die Sottoporta das untere mit schon südlich beeinflusster Vegetation.

Wenn man von Castasegna hinunter nach Borgonovo fährt, fällt einem auf, wie markant die Maira in ihrem Bett an die rechte Talseite gedrängt wird. Die Ursache für diesen Flusslauf liegt fast 400 Jahre zurück: Bei einem **Bergsturz** kamen im Jahre 1618 um die Tausend Menschen ums Leben. Die Geschichte wird bei der Brücke über die Maira dem Besucher auf Informationstafeln vorgestellt. Nach zehn Tagen sintflutartiger Niederschläge erfolgt ausgerechnet an einem schönen, sonnigen Tag der Sturz aus den Flanken des Monte Conto und zerstört das alte Plurs (Piuro). Vermutungen häufen sich, dass ein forcierter Abbau von Lavez (Speckstein) mit ein Grund für das katastrophale Ereignis war, das sich noch heute an der Landschaft „ablesen" lässt.

## Umbrail und Stilfserjoch

Zu den wildesten, unberührtesten und am schwersten zugänglichen Pässen gehört der Umbrail (die alte deutsche Bezeichnung lautet **Wormserjoch**). Es ist jener Schweizer Stichpass, welcher auf der Passhöhe auf 2501 m – damit ist er der höchste befahrbare Schweizer Alpenpass – in die Westseite des Stilfserjochs mündet – nach dem Col de l'Iseran der zweithöchste befahrbare Alpenpass. Der Umbrail stellt eine der letzten fahrerischen Herausforderungen dar, denn die Strasse ist eng, besonders gleich bei der Abzweigung im Dorf Santa Maria im Münstertal. Ferner ist die Passstrasse nicht durchgehend asphaltiert, und ab ungefähr drei Vierteln der Strecke muss man sich mit Kies und Schotter abfinden. Aus diesem Grund ist diese Alpenüberquerung für Fahrer von Strassenmotorrädern nur bedingt geeignet, während gewisse Tourenmotorrad- und Autofahrer endlich einmal asphaltiertes Terrain verlassen dürfen und können. Es ist zu beachten, dass die Grenze zu Italien nachts geschlossen ist und der Pass einer Wintersperre von Oktober bis Juni unterliegt. Hoch oben thront der Piz Umbrail, ein Dreitausender mit 3033 m.

Die Verbindung ist aus dem **Mittelalter** bekannt, Kaiser Maximilian soll Ende des 15. Jahrhunderts über den Pass Truppen nach Italien geschickt haben. Schon 1901 entschieden sich Bund und Kanton Graubünden für eine befahrbare Strasse und halfen mit nennenswerten Subventionen aus. Seitdem wurde sie kaum mehr verändert und folgt noch der alten Route. Im 1. Weltkrieg spielten Umbrail und Stilfser Joch eine strategische Rolle. Österreichische und italienische Soldaten bekämpften sich erbittert, während die Schweizer verzweifelt versuchten, ihre Grenze zu schützen und aus den Querelen herausgehalten zu werden. Der Verein Stelvio-Umbrail 14/18, im Jahre 2000 gegründet, versucht, die geschichtlichen Spuren zu erhalten und einer breiteren Öffentlichkeit zugänglich zu machen. Dazu gehört ein **Gedenkweg** zu den militärischen Anlagen auf dem Pass, der die Geschichte der Schweizer Grenzschutzsoldaten erzählt. In dieser Zeit hatte der Pass eine grosse Bedeutung, mussten doch Nachschub von Verpflegung und Medizin aus Santa Maria sichergestellt sein.

*Naturstrasse am Umbrail. Oktober 1998.*

## Bernina

Eine Besonderheit am Berninapass ist die stark unterschiedliche Streckenführung von Bahn und Strasse. Während man am Oberalp- und am Albulapass ständig der Bahn begegnet und sie unter- oder überquert, ist die Bernina Südrampe zweigeteilt. Zwar gibt es sogar zwei Bahnübergänge beim relativ gemächlichen Anstieg von Pontresina zum Hospiz, doch schon vor der Passhöhe auf 2253 (Bahn) resp. 2328 (Strasse) m ü.M. trennen sich die Wege. Selbst der Bahnhof am Hospiz ist nicht mit dem Auto erreichbar, es gilt einen Fussmarsch von 5 Minuten und einigen Höhenmetern Differenz in Angriff zu nehmen, wenn man das Transportmittel wechseln möchte. Die Berninabahn, 1906 begonnen und in Abschnitten von 1908 bis 1910 eröffnet, folgt einem alten Säumerweg, der vom Oberengadin ins Puschlav und bis hinab ins Veltlin führte. Dabei eröffnen sich einem die besten Panoramen über den **Lago Bianco** und die umliegenden Berge. Auf der Südrampe folgt die Bahn einer Schlucht zur Station Cavaglia, nachdem die Alp Grüm mit ihrer berühmten 180°-Kurve, die einem das komplette Val Poschiavo zur Aussicht eröffnet, passiert wurde. Bis 1941 wurde dem Reisenden schon früher der Ausblick ins Puschlav ermöglicht, nämlich mit der Scalaschleife, welche abgekürzt und begradigt wurde. Der Abschnitt zwischen der Alp Grüm und der 400 Höhenmeter tiefer liegenden Station Cavaglia galt anfänglich im Winter aufgrund der Lawinengefahr und des Schneereichtums als besonders anspruchsvolle Strecke. Einheimische hielten den durchgehenden Winterbetrieb ursprünglich sogar für völlig unmöglich. Wie auch bei der Albulastrecke konnten Aufforstungen und Lawinengalerien das Problem entschärfen; dennoch forderten Lawinen und Unfälle ihren Tribut am Bahnpersonal, das mit dem Winterdienst die Berninabahn offen zu halten versuchte, wann immer es ging. Dennoch gab es Lawinenunglücke, die den Bahnbetrieb blockierten und/oder Opfer forderten, so im Dezember 1916, im März 1920, im März 1934, im Februar 1937 sowie im „Lawinenwinter" 1951. Die Strasse befindet sich weit weg, unsichtbar am Gegen-

*Strassenabschnitt nahe der Bernina-Passhöhe, die Markierungspfosten für den zu erwartenden Schnee sind schon angebracht (links). Wie ein rotes Band zieht sich die Lichterkette entlang der Kantonsstrasse auf den Berninapass im Abendlicht durch Pontresina (rechts). Oktober 2005.*

hang, und ermöglicht zudem den Abstecher auf die **Forcola di Livigno** ins Zollfreigebiet Italiens. Erst kurz vor Poschiavo, in San Carlo, treffen sich Bahn und Strasse wieder auf einer Höhe von 1068 m ü.M. Die Bahn hat dabei die Cavagliasco-Schlucht gemeistert und den Talboden erreicht, kein einfaches Unterfangen, da für den Bau der Strecke grosse Mengen Fels bewegt werden mussten. Ein grosses Problem stellte der obere Cavagliasco-Tunnel dar, der auf einem alten Bergsturz zu stehen kommt. Das scheinbar anstehende Material war alles andere als stabil, sondern stellte sich als Geröll heraus. Übrigens ist auch der **Lago di Poschiavo** am Talausgang durch einen prähistorischen Bergsturz entstanden, bei dem 200 Mio. m³ Gestein bei Miralago zu Tal stürzten.

Der Gedanke, dem weiter aufstrebenden alpenquerenden Verkehr eine Strasse zur Verfügung zu stellen, gelangte ab 1832 am Bernina zur Ausführung. Die Bernina-Passstrasse wurde in drei Etappen von 1847 bis 1865 auf einer Länge von 53.7 km von Poschiavo her erstellt. Damals führte der südliche Anstieg kurz vor der Passhöhe in zwei Tunnels, um die grosse Lawinengefahr zu entschärfen. Seit den 1960er Jahren wird diese Stelle umfahren. Die vergleichsweise unspektakuläre Streckenführung vom Engadin her bis zum Hospiz lässt die Gelegenheit für einige erdwissenschaftliche Beobachtungen zu beiden Seiten der Strasse, namentlich an den nackten Berghängen mit lockerem Felsschutt und an den Seen nahe der Passhöhe. Zahlreiche Parkmöglichkeiten bieten sich an, eine kurze Rast einzulegen und sich die Sehenswürdigkeiten aufmerksam anzuschauen. Gleich ausserhalb der Station Morteratsch, von der nur wenige Meter entfernt bei Eröffnung der Berninabahn der Gletscher noch endete, bietet sich ein spektakulärer Blick auf das Panorama von Piz Bernina und Piz Morteratsch. Die Bahn durchfährt hier eine enge 45-m-Kurve, die so genannte **Montebello-Schleife**, und kreuzt dabei die Strasse in einem Niveauübergang.

Auf der Bernina-Passhöhe lässt sich die erodierende Wirkung von Gletschern sehr gut am **Suspensionseintrag** in die Gewässer nachvollziehen. Der Cambrena-Gletscher speist den Lago Bianco, den weissen See, dessen Name ableiten lässt, dass die so genannte Gletschermilch, das fein zerriebene, im Wasser fein verteilte Gesteinsmaterial, dem See auf der Passhöhe eine trübe, milchige Farbe verleiht. Es ist ein heute von den Kraftwerken Brusio genutzter Stausee, der sich einen weiteren kleinen See auf der Passhöhe einverleibt hat, den ehemaligen Lago delle Scala. Den Gegensatz zum Lago Bianco stellt der etwas tiefer in Richtung Engadin gelegene Lago Nero dar, der von keinem Schmelzwasserbach aus Gletschern genährt wird, darum kaum Suspensionseintrag aufweist und dementsprechend eine geheimnisvolle, schwarze Farbe zeigt. Übrigens ist auf dem Pass auch, mit einer grossen Tafel an der Bahnlinie deutlich markiert, die **Wasserscheide** zu finden. Sie trennt die beiden eben genannten Gewässer. Der Lago Bianco entwässert nach Süden in den Poschiavino und schliesslich in die Adria, während die westlich gelegenen Seen auf dem Berninapass dem Inn im Engadin zustreben und nach Norden abfliessen.

*Panorama der Nordrampe der Forcola di Livigno kurz vor der Ortschaft Livigno. Oktober 2005.*

## Forcola di Livigno

Wer die Bernina-Südrampe von der Passhöhe aus in Richtung Val Poschiavo hinab fährt, erreicht bald die Abzweigung nach Livigno. Aufmerksam mustern die Beamten der Zollstation direkt nach der Kreuzung alle in Richtung Livigno Fahrenden, denn es ist zu erwarten, dass die meisten nach kurzer Zeit schon wieder vollbepackt den Rückweg aus dem **Zollfreigebiet** antreten. Es ist müssig zu erwähnen, dass auch der Benzin-Tourismus eine grosse Rolle spielt, da besonders das Engadin alles andere als Schnäppchenpreise für Treibstoffe bietet.

Doch die Forcola di Livigno bietet neben kommerziellen auch landschaftliche und fahrerische Reize. Die schmale Strasse zieht sich entlang des engen Val Laguné hinauf auf die Passhöhe, 2315 m, wo man von den italienischen Grenzwächtern gelangweilt durchgewinkt wird. Während des Abstiegs entlang der **Spöl** ändert sich das Landschaftsbild schlagartig. Auf der Südrampe herrschen Geröll und nackte Felswände auf über 2000 m vor, während sich auf der Höhe von Vago und Campacciolo Seitentäler mit bunt verfärbten Lärchen öffnen und auch einen Hauch von grünen Landschaften freigeben. Wer den Pass meiden möchte, kann ganzjährig von Zernez aus durch den ampelgeregelten, einspurigen und gebührenpflichtigen Tunnel Livigno erreichen.

*Als geschwungenes Band zieht sich die Forcola di Livigno hinauf bis zum Grenzübergang auf der Passhöhe. Oktober 2005.*

STADT SCHWEIZ – VERKEHR UND KLEINRÄUMIGKEIT

## Grimselpass

Grimsel, Furka und Susten bilden die berühmte Pässe-Einheit an den Kantonsgrenzen von Bern, Uri und dem Wallis. Auf weit über 100 km lässt sich so ohne Unterbrechung die alpine Welt facettenreich erleben. Der Grimselpass verbindet das Berner Haslital respektive das Berner Oberland mit dem Goms im Wallis, eine früher sehr mühsame und noch immer die einzige direkte Pass-Verbindung vom Berner Oberland ins Wallis. Eine Strasse existiert erst seit dem Jahr 1894. Nach Meiringen verengt sich das Haslital markant und bietet fast nur der Strasse Platz. Bei Innertkirchen trennen sich Susten- und Grimselpassstrasse. Letztere führt bis zum letzten Weiler, **Guttannen**, bereits über einen Höhenunterschied von 400 m bergauf.

Die **Unwetter** im August 2005 sind auch an der Grimselpassstrasse nicht spurlos vorübergegangen. Kurz nach dem Dorfausgang Guttannen in Richtung Passhöhe wurde am 22. August 2005 der komplette Talboden von einem Murgang der Rotlaui bedeckt, der tonnenweise Geröll in eindrucksvoller Weise abgelagert hat. Die Aare wurde aufgestaut und musste sich in der Folge ein neues Bett suchen. Bei nachfolgenden Murgängen floss die Aare über die Grimselstrasse ins Oberdorf von Guttannen und überflutete zahlreiche Keller. Es ist von Glück zu reden, dass in der Gemeinde selbst nicht mehr passiert ist, im Unterschied zu Dörfern weiter unten im Tal, wie Brienz, das damals am schlimmsten betroffen war. Dennoch sind die **wirtschaftlichen Auswirkungen** auch in Guttannen deutlich spürbar, denn mit jeder Sperrung der Passstrasse auf der Nordrampe ist auch das Dorf praktisch von jeglichem Touristen- und sonstigen Verkehr abgeschnitten. Dementsprechend heftig waren die Diskussionen in den Tagen nach dem Unwetter, wie und in welcher Form die Passstrasse wiederherzustellen sei. Wirtschaftsfunktionäre und **geologische Berater** prallten hier stark aufeinander, denn während die Ersteren um eine schnelle Wiedereröffnung der Strasse rangen, äusserten Letztere das Anliegen,

*Panorama auf der Grimselpasshöhe mit dem Totensee auf 2160 m ü.M. und dem Blick in Richtung Wallis. Juni 2005.*

nicht gegen die Natur, sondern mit der Natur zu bauen und den Strassenverlauf dem neuen Bachverlauf anzupassen. Es macht wenig Sinn, gegen die Natur zu arbeiten, vor allem in dynamischen Gebieten am Berg, wo jederzeit mit einer Wiederholung von Extremereignissen zu rechnen ist.

Dominiert wird das Panorama beim weiteren Anstieg von gigantischen Berühmtheiten der Berner Alpen und von der Infrastruktur der → **Kraftwerke Oberhasli AG** (KWO) zur Stromerzeugung aus Wasserkraft. Schon das Pässebuch von Maier in der Originalausgabe Ende der 70er Jahre beschreibt das Gebiet aus zwei Komponenten bestehend: „... aus glattpolierten Gneisfelsen und aus moderner Technik". Bald erkennt man die mächtigen Staumauern des Rätrichsboden- und des Grimselsees. Linker Hand ist man zuvor schon am Gelmersee vorbeigefahren. Der Totensee nahe der Passhöhe auf 2144 m ü.M. trägt noch im Juni Eisblöcke, die der ganzen Alpenszenerie eine etwas arktische Note verpassen. Noch viel spannender wird es, die einspurige, 6 km lange und zeitgeregelte **Panoramastrasse Oberaar** der KWO zum Oberaargletscher zu befahren. Gestartet werden kann von der Passhöhe auf 2165 m ü.M. jeweils zur vollen Stunde für 10 Minuten. Die Rückfahrt beginnt beim Restaurant Oberaar auf 2300 Meter Höhe zur halben Stunde für 10 Minuten.

*Vom Murgang auf der Passstrasse abgelagerter Geröllblock. Im Hintergrund die Schneise des verantwortlichen Bachlaufes der Rotlaui (rechts).*
*Panoramablick auf die Verwüstung. Die provisorische Strasse befindet sich hoch oben auf dem Geröllkegel (unten). Oktober 2005.*

STADT SCHWEIZ – VERKEHR UND KLEINRÄUMIGKEIT

## Furkapass

Von der Furka-Passhöhe ist ein Blick auf die Serpentinen möglich, die den Abstieg von der Grimselpasshöhe nach Gletsch im Goms, dem obersten Teil des Wallis, darstellen. Umgekehrt gib es ein grandioses Panorama von der Grimselpasshöhe hinüber zur Furkapassstrasse, die schnurgerade dem hintersten Ausläufer des Rhonetals folgt, um dann in wenigen spitzen Kehrkurven bis zum **Belvedère** hinaufzusteigen, dem Ausblick über den Rhonegletscher. Dieser Ausblick war früher viel gewaltiger, als die Gletscherzunge noch unterhalb der Steilstufe lag und fast das Dörfchen Gletsch erreichte. Seit 1867 existiert die Furka- Strassenverbindung. Bei der momentanen Rate des Gletscherrückzuges wird allerdings bald der Kiosk, der den Eintritt in die Grotte am Rhonegletscher ermöglicht, einsam und verlassen in einer Geröllwüste des Gletschervorfeldes liegen, während sich der Rhonegletscher, auf alten deutschschweizer Karten noch mit **Rottengletscher** beschriftet, weiter hinauf in Richtung Damma- und Tällistock zurückgezogen hat. In der neu entstandenden Alluvialebene vor Gletsch bahnt sich der verzopfte Gletscherbach seinen Weg. Gleich daneben erkennt man das Trassee der alten Furka-Dampfbahnstrecke, die dieser Tage wieder auferstanden ist[39]. Sorgfältig restauriert, dauert die Fahrt von Realp im Urserental nach Gletsch in den alten Waggons gut zwei Stunden, angetrieben von einer 80-jährigen Lokomotive. Dazu gehören all die alten Rahmenbedingungen wie Wasserfassen, Russ in den Augen und der gemächliche Aufstieg aus dem Tal ins Alpenpanorama.

Nach der Passhöhe auf 2431 m ü.M., die gleichzeitig die Kantonsgrenze zwischen dem Wallis und dem Kanton Uri markiert, geht es entlang der Furkareuss zuerst in weitläufigen, dann in immer enger werdenden Kurven hinunter nach Realp. Gleich nach der Passhöhe fährt man an den schon erwähnten → **Solifluktionsformen** vorbei. Gen Realp ist der Autoverlad für den Furka-Basistunnel die markanteste Anlage. Sie garantiert den eifrigen Skifahrern aus dem Unterland im Winter den Zugang zu den Skigebieten im Wallis. Schnell erreicht man dann talabwärts den Weg fortsetzend Hospental und den Hauptort der **Urseren-**

*Impressionen einer Pässefahrt: Kurz vor der Furka-Passhöhe blickt man ins Wallis bis nach Gletsch hinab und erkennt die überhöhte Kurve am Furkapass (rechter Vordergrund) und die in Serpentinen ansteigende Grimsel-Passstrasse im Hintergrund in der Mitte sowie die Schienen der Furka-Dampfbahnstrecke (Vordergrund in der Mitte). Juni 2005.*

[39] www.furka-bergstrecke.ch

**Talschaft**, Andermatt. Hier bieten sich wieder neue Möglichkeiten, die Reise fortzusetzen: Der Oberalppass bringt einen in die Surselva in Graubünden, natürlich besteht der Gotthard als Option, doch auch durch die Schöllenen hindurch gibt es nette Alternativen, und der Sustenpass schliesst die Runde der drei grossen Pässe.

*Verzopfter Gletscherbach vor Gletsch VS.*
*Juni 2005*

## Sustenpass

Es muss nicht immer der Gotthardpass sein. Wer von Altdorf die Gotthard-Nordrampe in Richtung Wassen befährt, bekommt eine Vielzahl von Möglichkeiten, um nicht zwangsläufig den Weg (respektive den Stau) für ein Wochenende im Tessin zu wählen. Der lange, gleichmässige und unspektakuläre Aufstieg durch das Urner Meiental hinauf zur Sustenpasshöhe auf 2224 m ü.M. ist da eine willkommene Abwechslung. Ein kurzer Tunnel verbindet die Urner Seite mit der Passhöhe, die einen weiten Blick aufs Berner Oberland freigibt. Schon bald erkennt man links auf der Talseite den **Steingletscher** und den See. Der Sustenpass

*Abendstimmung an der Sustenpassstrasse mit Blick auf den Steingletscher. Oktober 2005.*

ist heutzutage hauptsächlich eine touristische Aussichtsstrasse. Über das Prädikat „schönste Alpenstrasse" mag man streiten, doch unbestritten hat sie ihre Reize. Man fährt hier durch das Kristallinfundament des Alpenbaus, mit einem deutlich erkennbaren Kontakt zu den Sedimentgesteinen des Mesozoikums.

Als Strassenverbindung existiert der Susten erst seit 1945 – hier wird der militärische Einfluss klar sichtbar. Noch heute ist die Wahrscheinlichkeit gross, Soldaten anzutreffen. Wer eine Wanderung rund um den Steingletscher macht, um sich die glazialen Prozesse anzuschauen und festzustellen, wie weit sich der Gletscher hinter seinen See zurückgezogen hat, und um anschliessend im Hotel Steingletscher einzukehren, begegnet sicher ein paar Militäruniformen. Der rund dreistündige Rundweg, der als „**Gletscherpfad**" ausgewiesen ist, bietet eine Fülle von erdwissenschaftlich interessanten Haltepunkten. Begonnen mit dem Steinsee, in den noch vor wenigen Jahren der Steingletscher hinein kalbte, über das verführerisch bläulich schimmernde Gletschertor (Achtung, gefährliche Gletscherabbrüche möglich!) mit dem Blick zurück, hinab ins Tal über das Schuttfeld mit dem typischen Gestein des Erstfeldergneis und erkennbaren Seitenmoränen aus Vorschubphasen des Gletschers, bis hinauf zum Seeboden auf 2042 m ü.M., einer verlandenden Seenplatte mit einer Anhäufung namenloser Seelein, deren Transformation in ein Moor bevorsteht. Dieser Verlandungsprozess begann am Ende der letzten Eiszeit, was erfolgreich mit der $^{14}$C-Methode datiert werden konnte.

Die Tour ist in Auf der Maur und Jordan (2002) beschrieben. Zudem kann ein Gletscherpfad-Führer im Hotel Steingletscher bezogen werden. Der Weg zum Fuss des Steingletschers kann auch mit dem Auto auf einer Privatstrasse abgekürzt werden, die allerdings gebührenpflichtig ist (5.–). Diese gehört der → KWO und verwendet die Gebühr für die Aufwendungen im Bereich der **Renaturierungsarbeiten** des Gebiets Steinalp. Sollte die neue Ausbaustufe „KWO plus" mit der Erhöhung des Grimselsees kommen, werden als eine unter mehreren Ausgleichsmassnahmen das 1.8 km$^2$ grosse Gebiet, das an den Steingletscher anschliesst, als Naturschutzgebiet Miseren / Hublen aufgewertet, der Lehrpfad ausgebaut und die existierenden Nutzungskonflikte (man spricht u.a. von 4WD-Fahrten, dem Schiessbetrieb und übermässigem Bergsteigen) von der KWO angegangen werden.

Der Sustenpass ist wie auch der Grimsel- und der Furkapass mit einer Wintersperre belegt, die von Anfang November bis Anfang Juni dauert. Problematisch ist hierbei in Bezug auf die **Lawinensicherheit** vor allem das Meiental, das immer wieder erhöhte Aufmerksamkeit erfordert.

## Lukmanierpass

Wer sich einmal mehr den ermüdenden Gotthard als Übergang ersparen möchte und sich die Zeit für den Abstecher ins → Val Blenio nimmt, wird über den Lukmanierpass auf die Alpennordseite zurückfahren. Er verbindet die Leventina respektive das Bleniotal im Tessin mit der Surselva und dem Val Medel im Bündnerland. Nur 1920 m ist er hoch, der niedrigste Pass der Zentralalpen. Der Weg aus Graubünden nach Italien wurde so seit vielen Jahrhunderten bevorzugt auf der Lukmanier-Transitroute begangen. Seit 1880 existiert die Passstrasse, die seit wenigen Jahren auch im Winter geöffnet ist – und es ist ein ziemlicher Aufwand, den Zustand der Passstrasse und der lawinengefährdeten Hänge täglich zu inspizieren.

Die **Südrampe** des Lukmaniers zieht sich nach der Abzweigung von der Gotthard-Hauptroute in der Valle Leventina bei Biasca auf 300 m ü.M. langsam und gemütlich bis nach Olivone auf knapp 900 m hoch. Fast die Hälfte der Distanz in die Surselva hat man hier schon zurückgelegt. Erst hier nimmt die Steigung zu; wer die Abzweigung zum Luzzone-Stausee hinter sich gelassen hat, steigt mit guten Ausblicken in Richtung Passhöhe hinauf. Von hier an heisst das Tal Santa Maria, ebenso wie der Stausee auf der Passhöhe, der aber schon den romanischen Namen trägt. Das Tal weist einen der schönsten Arvenbestände in der Schweiz auf, und ein Halt im Naturschutzgebiet bei **Acquacalda** ist empfehlenswert. Hier erwarten den Reisenden alpine Parklandschaften, die in ihrer Weitläufigkeit einzigartig sind, Moorlandschaften, kleine Seen und ein Ökologiezentrum[40], in dem man sich zuvorkommend um den interessierten Besucher bemüht, der auch das Naturetum erkunden will. Dabei handelt es sich um einen kleinen, geführten Spaziergang durch den Park und seine typischen Biotope am Lukmanier. Ein Leitfaden ist auf Anfrage gegen ein Pfand erhältlich. Der Rundweg beginnt mit dem

*Parklandschaften bei Acquacalda. Oktober 2003.*

*Schneebedeckte Gipfel am Lukmanierpass vor Ostern. Achtung Glatteisgefahr in den Tunnels und Galerien für Motorradfahrer aufgrund von Schmelzwässern, die in exponierten Lagen noch im Spätfrühling gefrieren können! April 2005.*

---
[40] www.uomonatura.ch

Lebensraum Fels und seinen Moosen und Flechten, die langsam vom nackten Gestein Besitz ergreifen. Es folgt verrottendes Unterholz und die Schlucht des Brenno, der tief unten im Tal einmal in den Ticino münden wird, hier aber noch ganz jung und wild sprudelnd aus den Felsen schiesst, aber auch die anthropogene Flora, die nur der Kultivierung der Landschaft durch den Menschen ihr Dasein verdankt. Das Zentrum Uomonatura hat übrigens 1994 für seine kombinierte Heizung im Keller mit aktiver und passiver Solarenergie und Holznutzung den Schweizer **Solarpreis 1994** bekommen und soll wieder für eine Auszeichnung vorgemerkt sein. 27'000 Kilowattstunden können pro Jahr umweltfreundlich und nachhaltig allein mit den Solarpanels produziert werden, das entspricht 65% des totalen Bedarfs der Betreiber und ihrer Restaurant- und Feriengäste. Der Rest wird mit der Holzheizung gedeckt.

Von Acquacalda hinauf bis zur Passhöhe findet man immer wieder interessante metamorphe Gesteine des Gotthard-Massivs. Ihr Metamorphosegrad wird beschrieben durch so genannte **Indexmineralien**, die man in den entsprechenden Gesteinen häufig antrifft. Im Bereich des Lukmaniers sind dies Granate und Chloritoide, die in die Schiefergesteine eingebaut sind und eine mittelstarke Metamorphose anzeigen.

Nach der Passhöhe zieht sich die Strasse durch einige Galerien den Stausee entlang und verliert dabei gleichmässig an Höhe. Der Weiler Sogn Gions liegt am Fusse des malerischen Piz Medel und erlaubt den Eingang zum wilden **Val Cristallina**. Dieses wird allerdings auch vom Militär für lange Zeit umstrittene Schiessübungen mit schwerem Geschütz mitbenutzt – auf die entsprechenden Hinweise für Wanderer ist also zu achten! Weiter nach Norden zieht sich der Pass hinab zur Medelser Schlucht, die seit der Nutzung des Passes durch die Karolinger und Staufer ihren Schrecken verloren hat. Der Pass endet in **Disentis / Mustér**, dominant bewacht vom Kloster, das schon um das Jahr 720 gegründet wurde und Otto I., Heinrich II. und Barbarossa beherbergt haben soll. 61 km hat man von Biasca zurückgelegt und befindet sich nun in der Surselva. Wer nicht nach Ilanz hinunterfahren will, kann zum Oberalppass abbiegen und sich in Sedrun über die Fortschritte beim Bau des → Gotthard-Basistunnels informieren oder die Quelle des Vorderrheins am Tomasee auf 2344 m ü.M. anschauen.

Haltepunkt „C", die Schlucht des Brenno. Centro ecologico „Uomonatura". Mai 2006.

STADT SCHWEIZ – VERKEHR UND KLEINRÄUMIGKEIT

## San Bernardino und Splügen-Pass

Im Sommer 2006 wurde durch den Felssturz am Gotthard und die dadurch bedingte Sperrung der Gotthard-Autobahn ein Alpenübergang, der sonst beim Verkehrsaufkommen gen Süden immer nur die zweite Geige spielte, zum Nadelöhr der Schweiz (schon 2001 nach dem Brand im Gotthardtunnel hatte sich ein ähnliches Szenario abgespielt). Kurz hinter dem Tessiner Kantonshauptort Bellinzona zweigt die A13 zum Sankt Bernhardin nach Osten von der Gotthardroute und dem Valle Leventina ab und überquert schon kurz darauf die Kantonsgrenze. Von nun an befinden wir uns im italienischsprachigen Teil von Graubünden, dem Misox oder Valle Mesolcina, sind aber noch weit entfernt von den Viertausendern, die der Inbegriff des Kantons Graubünden zu sein scheinen. An der Kantonsgrenze befinden wir uns auf kaum 270 m ü.M. und steigen gemächlich auf der Fahrt nach Norden an. Auf der Höhe von Roveredo erhascht man nur einen Blick auf das wilde **Calancatal**, das aufgrund seiner abgeschiedenen Lage und des Fehlens alter grosser Wegverbindungen wenig bekannt ist. Folgte man dem Flüsschen Calancasca, könnte man sieben kleine Weiler passieren, bis man die Ortschaft Rossa erreicht. Das ist die letzte ganzjährig bewohnte Siedlung im Calancatal. Hier beginnt der Sentiero alpino, ein Höhenwanderweg von ca. 40 km Länge, der eine langjährige Geschichte und Tradition hat und San Bernardino mit der Ortschaft Santa Maria im Calancatal verbindet.

Auf der Autobahn weiter nach Norden bemerkt man bald die Installationen des „Tröpfchenzähler-Systems" für die Lastwagen, die gestaffelt

*Dorf Splügen (links) und die mit Steinplatten gedeckten Dächer des geschützten Ortsbildes (rechts). Mai 2006*

mit grossen Abständen auf die Bergfahrt geschickt werden – wer Pech hat, gesellt sich im Rückreisestau nach Norden zu den wartenden Lastwagenchauffeuren. Stress und Zeitverlust im Stau müssen aber nicht sein, denn wer sich die Zeit nimmt, beobachtet viele alpine Elemente, die das Landschaftsbild des Misox geprägt haben. Steil fallen die Wände des Westhanges ein und lassen Wasserfälle tief ins Haupttal hinabstürzen – bei Föhnwind kann die Gischt weit verstreut werden; sie bringt Frische ins Tal. Nun geht es rascher bergan, bis zur Passhöhe auf 2065 m ü.M. ist noch einiges an Höhe zu überwinden. Über und unter dem Betonband der Autobahn, die in weit geschwungenen Schleifen die ganze Talbreite einnimmt, damit auch der Schwerverkehr die Steigung schafft, geht es von Mesocco zum wohlklingenden Pian San Giacomo und vorbei am kleinen Stausee nach **San Bernardino**. Hier besteht die letzte Wahlmöglichkeit: Schnell und ohne Aussicht durch den 6.6 km langen Tunnel bis nach Hinterrhein, oder doch über die alte Passstrasse? Maximal 12 % Steigung sind auf der Südrampe auf den verbliebenen gut 450 Höhenmetern zu bewältigen. Parallel und östlich von uns

267

befindet sich das → Val Curciusa, Schauplatz eines schliesslich nicht zustande gekommenen Stauseeprojekts, das den Misoxer Kraftwerken zusätzliche Energiekapazitäten hätte liefern sollen. Noch weiter östlich liegt der Splügenpass, Zugang zum Bergell und nach Chiavenna in Italien. Man erreicht ihn, wenn man auf der Nordrampe des San Bernardino bis zum Walserdorf **Splügen** hinunter fährt, dem alten Handelsknotenpunkt auf den Passrouten, mit heute knapp 450 Einwohnern. Als Blütezeit galt der Anfang des 19. Jahrhunderts, als sowohl die Strasse über den San Bernardino als auch jene über den Splügenpass ausgebaut wurden und die Leute in Scharen anreisten. Das Bild trübte sich mit der Eröffnung des Gotthard-Eisenbahntunnels, konnte aber wiederum von einem Aufschwung im Zusammenhang mit der Eröffnung des San-Bernardino-Strassentunnels (1967) profitieren. Erst seit der Existenz des Tunnels ist auch das Misox ganzjährig mit dem Rest des Kantons verbunden, der Pass ist nur von Juni bis Oktober passierbar und unterliegt einer Wintersperre. Das Dorf Splügen ist als „Ortsbild von nationaler Bedeutung" Träger des **Wakkerpreises**, den es 1995 für die Verdienste, die alte Bausubstanz zu erhalten, vom Schweizer Heimatschutz verliehen bekommen hat. Ein Halt ist absolut lohnenswert. Vom Dorfplatz mit Pflastersteinen steigt man nach Norden in die Wand des Rheinwalds hinauf und hat nach wenigen Minuten schon so viel Höhe gewonnen, dass man das Dorf inmitten einer kleinen Spielzeuglandschaft wahrnimmt. Dominant sind die mit Steinplatten gedeckten Dächer, für die Splügen so berühmt ist.

Auf der Weiterfahrt empfiehlt es sich, weiterhin das gemütliche Tempo auf der Landstrasse beizubehalten und die Autostrasse zu meiden, die meistens in Galerien und Tunnels geführt wird, sodass man von der wilden Landschaft nichts mitbekommt. Auf der schmalen Strasse durch die Ortschaften kommt man gemütlich und meist ohne Verkehr vorwärts, vorbei am Sufner See, der Ortschaft Sufers und der anschliessenden Rofflaschlucht mit den Wasserfällen. Dann folgt die für die Wegbauer anspruchsvolle Strecke hinter Zillis, das mit der ältesten bemalten Bilderdecke des Abendlandes (anfangs des 12. Jahrhunderts auf Tannenholz gemalt) in der romanischen Kirche St. Martin aufwartet. Der Zugang zur Talschaft des Hinterrheins am Rheinwaldhorn war alles andere als einfach, und für den Reisenden aus Süden war sie das letzte grosse Hindernis, bevor man in die Ebene gelangte. Der Name sagt es: Noch wartet die **Viamala-Schlucht**, wie der Rest der Strecke seit der Römerzeit bekannt und begangen, auf Durchquerung. Im 15. Jahrhundert sorgten die Porten, für Warentransport und Strassenbau und -unterhalt verantwortlich und als Zunft organisiert, für einen Ausbau, der breiteren Wagen gerecht wurde. Seit 1903 kann man auf steilen Treppen in die Schlucht selbst hinabsteigen (5.–/3.– Eintritt) und die gewaltige Tiefenerosion des Wassers des Hinterrheins hautnah miterleben. Hier ins dunkle „Loch" scheint die Sonne praktisch nie, das Wasser rauscht hier gut 300 m unterhalb der alten Felskante, und auch die drei Brücken, welche die Schlucht überqueren, befinden sich noch 70 m über dem Niveau des Flusses.

## Simplonpass

Die Schönheit des Simplonpasses erschliesst sich anfänglich auf der Walliser Seite nicht. Der Pass, der das Wallis von Brig aus mit Iselle in Italien verbindet und direkt nach **Domodossola** führt, zieht sich als breites, graues, langweiliges Asphaltband die Anhöhen vor Brig hinauf. Vom Versprechen des Verkehrsvereins Simplon, es sei der schönste Alpenpass, sind wir offensichtlich weit entfernt. Seit der Erstellung des Weges durch Stockalper ist viel Zeit vergangen. Seit **Napoleon** die strategische Bedeutung Anfang des 19. Jahrhunderts erkannt hatte, wurde die Strasse mehrfach ausgebaut, heute ist sie eine europaweit wirtschaftlich bedeutende Achse und deshalb ganzjährig geöffnet (sollte es die Lawinenlage einmal nicht zulassen, besteht immer noch die Bahnverbindung durch den **Simplon-Basistunnel**). Zu Stosszeiten drängt sich der Verkehr auf der Nationalstrasse dicht aneinander und kriecht die grosszügig angelegten Kurven hinauf. Der schönste Alpenpass? Beginnen wir noch einmal von vorne. Noch vor Brig fahren wir von der Hauptstrasse ab und schlängeln uns die kleinen alten Strassen nach **Ried** hinauf. Wir haben Zeit und Gelegenheit, den Ausblick über das Oberwallis zu geniessen. 45 km sind es von Brig nach Iselle, und wir suchen uns die schönen Streckenabschnitte aus. Auf dem Anstieg zur Passhöhe auf 2005 m ü.M., die schon kurz nach Brig folgt, benutzen wir mächtige Brücken, um Schluchten zu überqueren, die der Chrumm- und der Ganterbach erodiert haben (berühmte Schrägseilbrücke, 678 m lang). Nun folgt der wildeste Abschnitt des Simplon – obwohl die Strasse noch immer gut ausgebaut ist. Wir erreichen das geschichtsträchtige Dorf Simplon. Hier bietet sich ein Besuch des **Ecomuseums** (4.–/2.–) an, das Geschichte und Auswirkungen auf die Gegend im Rahmen der Transit-Verkehrsentwicklung am Simplonpass nachzeichnet.

Wir nähern uns der in alten Zeiten gefürchteten **Gondo-Schlucht** und dem Dorf Gondo, von einer Mure nach einem ausserordentlichen Niederschlagsereignis (man sagt, ein tausendjähriges) im Oktober 2000 übel zugerichtet. Die Mure war so stark, dass sie Steinschlagnetze und Sicherheitsverbauungen einfach durchbrach. 13 Menschen wurden getötet und das Dorf in einer diffizilen Aktion evakuiert. Nach dem Ereignis stand das Dorf vor dem Aus, man fragte sich, ob es überhaupt und wenn ja, wie es mit dem völlig isolierten Dorf weitergehen könne, vom Rest der Schweiz durch die Schlucht und den Pass getrennt. In einer tollen Aktion entschieden sich die Bewohner für den **Wiederaufbau**, und heute ist so etwas wie eine kleine Blüte in Gondo spürbar. Von hier aus kann man das Zwischbergental erkunden. Bis zur Grenze sind es nur noch wenige Kilometer, dahinter folgt Iselle in Italien und die langgezogene Abfahrt bis nach Domodossola. Zurück in die Schweiz kommt man via Centovalli und Locarno; das **Valle Antigorio** bietet nur Ausblick und Wanderweg, aber keinen Strassenzugang zum Nufenenpass.

*Töfftour mit Station am breiten Asphaltband des Simplonpasses. April 2005.*

*Berge und Brücken.*

## Sprache und Raum

Raum und Topografie haben einen grossen Einfluss auf die Sprachgestaltung und -mobilität. Nicht selten wurden Sprachgrenzen durch Naturkatastrophen gebildet. In der Schweiz gilt der Pfynwald im Wallis als Beispiel: Ein prähistorischer Bergsturz gegen Ende der letzten Eiszeit vor ca. 10'000 Jahren im Spätglazial bei Sierre / Salgesch definiert die Grenze zwischen dem französischsprachigen Unter- und dem deutschsprachigen Oberwallis. Das Ereignis verhilft übrigens Salgesch auch zu seinem guten Wein, da die Reben auf dem kalkigen Bergsturzmaterial, durchmischt mit den Geschiebeablagerungen des Rhonetals aus Schiefer-, Mergel- und Sandkomponenten, hervorragend gedeihen. Der Bergsturz wurde ausgelöst durch die Entlastung der Talhänge während des Abschmelzprozesses des Rhonegletschers. Er blockierte das Haupttal des Wallis und verhinderte so eine gleichmässige Besiedelung.

Sprachen verändern sich dynamisch aufgrund von Wanderungsbewegungen, sozialen und politischen Umwälzungen und der Globalisierung, was nicht zuletzt zur Allgegenwart des Englischen im Alltag geführt hat. Es gibt wohl kaum ein besseres Beispiel dafür als die Schweiz. Vier offizielle Sprachen prägen das Land, neben dem **Deutschen** sind dies **Französisch**, das in der Westschweiz gesprochen wird. Südlich des Gotthards ist das **Italienische** ansässig und östlich der grossen Alpenpässe im Bündnerland hat sich das Bündner **Rätoromanisch** gehalten. Dennoch muss angemerkt werden, dass die meisten Schweizer Englisch als ihre am besten beherrschte Fremdsprache angeben. Der schweizerische Nationalfonds hat 2004 ein Programm aufgelegt, das die gegenwärtige Sprachenvielfalt studieren soll (NFP 56). Es heisst dort: „Die Ziele der schweizerischen Sprachenpolitik sind einerseits die Verstärkung des Verständnisses zwischen den Sprachgruppen, andererseits die Förderung der sprachbezogenen Identitätsbildung der Individuen und ihrer erst- und mehrsprachigen Kompetenzen".

Von **Einheitlichkeit** kann aber auch innerhalb einer Sprachgruppe kaum gesprochen werden. Das zeigt die Deutschschweiz am besten, denn ganz abgesehen davon, dass Schweizerdeutsch für alle Nichtschweizer eine unverständliche Fremdsprache darstellt, hat auch praktisch jeder Kanton seinen eigenen Dialekt und viele spezifische Begriffe, Ausdrücke und Redewendungen (Beispiel: Für den schriftdeutschen Ausdruck Früchtekuchen gibt es alleine in der Ostschweiz mindestens die drei Begriffe Tülle, Flade und Wähe). Spricht man vielerorts vom sprachlichen Niedergang durch die modernen Medien, so hat sich in der Schweiz eine interessante Facette ergeben: Musste man früher mühsam sein in der Schule gelerntes „Hochdeutsch" mitsamt der Füllfeder hervorkramen, um einen Brief abzufassen, so zeigt sich die **lokale Sprachenvielfalt** heute vor allem elektronisch. Die junge Bernerin von heute chattet, e-mailt und smst munter in lockerem Bärndütsch und stellt ihren Walliser oder St. Galler Kommunikationspartner vor die eine oder andere Hürde, erweitert aber die lokale Sprachnuancierung. Ein interessantes geografisches Konzept von Distanz und Sprache, aber auf alle Fälle eine bisher unbekannte Bereicherung des schriftlichen Schweizer Dialekts. Ganz ähnlich

STADT SCHWEIZ – VERKEHR UND KLEINRÄUMIGKEIT

*Das traditionelle Dorfbild von Evolène im Val d'Hérens an einem frühen Sommermorgen. August 2005.*

erfolgt die erfolgreiche Verbreitung Schweizer Mundartmusik, die regelrecht auf dem Erfolg der „neuen neuen deutschen Welle" mitschwimmt. Laut eigenen Angaben spielt Radio DRS3 aus fünf Liedern mindestens eines vom Schweizer Heimmarkt. Grosse Anhängerschaften haben so bekannte Bands wie Patent Ochsner oder Züri West, doch die Liste lässt sich beliebig verlängern.

Weniger gut geht es den **französischen Dialekten**, insbesondere jenen **frankoprovenzalischen** Ursprungs. Dass es französische Dialekte grundsätzlich schwerer haben, ergibt sich schon alleine aus dem zentralistischen Aufbau Frankreichs. Schon vor mehreren Jahrhunderten versuchte der französische Staat, regionale Sprachen und Dialekte aus dem offiziellen Leben zu verbannen, denn man erachtete sprachliche Vielfalt als Hindernis für eine effiziente Demokratie und als Widerspruch zum Gleichheitsprinzip. Hauptsächlich geblieben ist eine Trennung in die **langues d'oïl** des Nordens und in die **langues d'oc** des Südens. Aber es gibt noch Dialekte, die keiner der beiden Gruppen sauber zugeteilt werden können. Es sind Mischungen aus beiden Sprachteilen, zusammengefasst als frankoprovenzalisch. In den Flurnamen der Romandie sind viele Begriffe diesen Ursprungs, da eigentlich die ganze Welschschweiz früher so gesprochen hat. Nach einem raschen Verfall findet man heute nur noch wenige Dörfer, wo man es hören kann. Ganz besonders zählt man **Evolène** dazu.

Das **Rätoromanische** ist ebenso wenig einheitlich wie die facettenreichen Täler Graubündens: Das Rumantsch wird in fünf **Idiome** unterteilt. Im Domleschg spricht man **Sutsilvan**, im Vorderrheinthal wiederum **Sursilvan** – eine deutschsprachige Insel bilden Obersaxen und das Valsertal. Im Albulatal und dem Oberhalbstein ist **Surmiran** geläufig, während das Oberengadin **Puter** spricht. Zernez ist davon ausgenommen, das spricht **Vallader** wie das Unterengadin und das Münstertal. Puter und Vallader werden oft auch unter Ladinisch subsumiert, und Sutsilvan und Surmiran ergibt Mittelbünden. Die lokale Vallader Varietät kann dort schon fast als eigener Dialekt gewertet werden. Insgesamt gibt es noch zwei weitere rätoromanische Sprachen, die beide in Italien ansässig sind: Dolomitenladinisch und Friaul. Die räumlichen und politischen Probleme des Sprachraums manifestieren sich in der Schwierigkeit, einen Standard für das 1938 als vierte Schweizer **Amtssprache** anerkannte Rätoromanisch zu finden. Mehrfach schlugen die Versuche fehl, eine einheitliche Regelung für die schriftliche Form zu finden. Nun scheint der neueste Versuch, das „**Rumantsch Grischun**[41]", Erfolg zu haben. Es ist eine vereinfachte Kunstsprache, die als eine Art kleinster gemeinsamer Nenner aller Idiome aufgefasst werden kann und 1982 von Prof. Schmid geschaffen wurde. „Sta si! Defenda, Romonsch, tiu vegl lungatg!", „Verteidige, Rätoromane, deine alte Sprache", hat der wichtigste romanische Dichter, Giacun Hasper Muoth, geschrieben. Sein Denkmal steht auf dem Dorfplatz am Brunnen von Brigels. Die Trends der Statistik sprechen eine andere Sprache. Im Jahr 2000 haben noch 60'000 Personen angegeben, Romanisch zu sprechen. Das ist ein Rückgang um 6'000 innerhalb von 10 Jahren (BFS). Schliesslich gibt es bündnerische Täler, in denen Italienisch die Hauptsprache ist. Das sind die Südbündner: Das Misox (Val Mesolcina) mit dem Calancatal unterhalb des San Bernardino-, das Bergell (Val Bregaglia) südlich des Maloja- und das Puschlav (Val Poschiavo) südlich des Berninapasses.

---

[41] www.liarumantscha.ch

# NACHHALTIGKEIT

**Nachhaltigkeit** („sustainability") ist der Gedanke einer Balance von wirtschaftlichem Wachstum, ökologischen Auswirkungen und sozialer Gerechtigkeit. In der Praxis bedeutet Nachhaltigkeit, die Einflüsse auf die Umwelt im Zuge von wirtschaftlichem Wachstum und Wandel so gering wie möglich zu halten und die Kosten und Nutzen regional und auf alle Gesellschaftsklassen gleichmässig und fair zu verteilen. Die **nachhaltige Entwicklung** („sustainable development") zielt auf die derzeitigen Bedürfnisse, ohne sie indes zu stark auf Ressourcenverwendung auszurichten, damit die Lebensgrundlagen und Chancen der nachfolgenden Generationen gewahrt bleiben. Angestrebt wird eine Verbesserung der Lebensqualität, ohne die Ökosysteme zu überlasten. Zur Nachhaltigkeit gehört also der schonende Umgang mit den natürlichen Ressourcen, unter anderem durch verstärkte Nutzung erneuerbarer Energien und rezyklierbarer Materialien. Damit Nachhaltigkeit Erfolg haben kann, muss sie zeitlich und räumlich – hier finden die Dimensionen wieder eng zusammen – richtig strukturiert sein.

Die zentrale Frage der Nachhaltigkeit ist die **Tragfähigkeit**: Wie viele Menschen kann die Erde verkraften, ohne dass die vorhandenen Ressourcen aufgebraucht oder in kritischem Masse ausgebeutet werden? Ausgelöst wurde die Debatte durch Thomas R. Malthus, der in seiner Theorie über das Verhältnis von Bevölkerungszahl und Nahrungsangebot die Ressourcen als **limitierenden Faktor** des Bevölkerungswachstums erkannte. Er formuliert 2 Kernsätze: **Nahrung** ist die notwendige Grundlage menschlicher Existenz; sie kann nur **linear** zunehmen. Der **Geschlechtstrieb** ist notwendig und immer vorhanden; die Bevölkerung nimmt dadurch **exponentiell** zu. Malthus besteht darauf, dass das menschliche Reproduktionsvermögen unendlich viel grösser sei als das Potential des Bodens, die notwendigen Nahrungsmittel zu liefern. Er glaubt daher, dass die wachsende Bevölkerung das begrenzte Nahrungsangebot erschöpfen müsse. Diese These wurde von Godwin, Marx und Engels kritisiert. Marx und Engels stimmten überein, dass die technologische Entwicklung und **gerechte Ressourcenverteilung** die Probleme lösen würden.

Letztlich ist der Umgang mit den das Leben erleichternden Ressourcen und Annehmlichkeiten ein **zweischneidiges Schwert**. Viele Plätze auf dieser Erde sind nur aufgrund geologisch aktiver Prozesse so schön, ansprechend, interessant und angenehm für menschliches Leben geworden. Kann man die Ergebnisse dieser Ereignisse nutzen ohne dem Prozess selbst beiwohnen zu müssen, gibt es oft keine Probleme. Doch plötzlich werden längst schon vergangene Bewegungen wieder zu aktiven Veränderungen, welche die

*Landwirtschafts- und Energienutzung des Mittellandes. Mai 2003.*

Einflusssphäre des Menschen berühren und ihn gefährden oder ihm den Lebensraum nehmen. Geothermie, Wasser- und Energieressourcen sowie fruchtbare Böden gehen unvermeidlich einher mit Erdbeben, Erdrutschen oder anderen Naturgefahren, über die man sich bewusst werden sollte.

## Energieversorgung: Das Wasserschloss Schweiz

Mit den heutigen Annehmlichkeiten, die elektrische Geräte am Arbeitsplatz, zur Mobilität, im Haushalt und im restlichen menschlichen Lebensraum bieten, ist der **Energieverbrauch pro Kopf** zusehends in die Höhe geschnellt. Gleichzeitig werden die Ressourcen an fossilen Energieträgern (Kohle, Erdöl, Erdgas) sukzessive ausgebeutet. Wie kann also in Zukunft der Energiehunger der Bevölkerung gestillt werden? Vielleicht wäre ja der Ansatz besser, nicht ständig der steigenden Nachfrage nachzukommen, sondern Energie zu **sparen** und sie effizienter zu nutzen. Ein visionäres Ziel, das unter anderem auch von der ETH Zürich vorangetrieben wird, ist die **2000-Watt-Gesellschaft**, also eine Lebensweise, mit der jede Person im Durchschnitt nur noch 2000 Watt (2000 Joule pro Sekunde, 2 kW, 17'500 kWh pro Jahr) verbraucht. Momentan braucht der Durchschnittsschweizer das Dreifache. 6000 Watt, das entspricht 8.16 PS oder so viel, wie ein im Strassenbild heute so verbreiteter Motorroller maximal leistet. Man stelle sich das bildlich vor: Egal, was der Mensch gerade am Tag oder in der Nacht tut – zur Arbeit fahren, Mittagessen auf dem Elektroherd kochen, dieses Buch bei Kunstlicht lesen, ja sogar schlafen: Neben ihm brummt immer ein solches Töff mit Vollgas! Mit gewissen veränderten Verhaltensweisen und Gewohnheiten könnte ein Teil dieser – meist unbewusst verbrauchten Energie – eingespart werden. Probieren Sie einmal selbst mit dem Energierechner[42] aus, was Sie weniger brauchen könnten!

In der Schweiz wird der Stromverbraucher hauptsächlich durch **Atom**- und **Hydrokraft** versorgt. Laut Angaben der grossen Elektrizitätswerke teilte sich die helvetische Stromerzeugung im Jahr 2005 in **56% Wasserkraft, 40% Atomstrom** und 4% übrige Erzeugungsarten auf – ein bewährter Mix, der aber nicht ohne Weiteres auf Dauer beibehalten werden kann, sollte der Energiebedarf weiter derart anschwellen.

Da in der Schweiz durchschnittlich mit über 1000 mm fast zweimal mehr **Niederschlag** fällt als im benachbarten Ausland und ausserdem die Schweiz mit ihren Hauptflüssen Rhein, Rhone, Ticino und Inn in alle vier Himmelsrichtungen in die anderen europäischen Länder entwässert,

---

[42] www.ecospeed.ch

wird sie zurecht oft als das **Wasserschloss** Europas bezeichnet. Dies schlägt sich auch in der Energieproduktion nieder. Der Vorteil der Wasserkraft liegt vor allem in der $CO_2$-freien Produktion und der **nachhaltigen Nutzung** des durch die Sonne angetriebenen Wasserkreislaufs. Ökonomisch sinnvoll ist die Kombination von periodisch einsetzbaren **Hochdruckwasserkraftwerken** (Speicherkraftwerken) einerseits, wie sie Stauspeicher- und Pumpspeicherkraftwerke in den Alpen darstellen, und Bandenergie liefernden **Niederdruckkraftwerken** (Laufkraftwerken) andererseits, wie es Flusskraftwerke sind. Dies ermöglicht es der Schweiz, über Mehrkapazitäten zu verfügen, zu Spitzenzeiten zu verfügen, die teuer ins Ausland verkauft werden können, und umgekehrt zu Randzeiten billig Strom zu importieren, um die Pumpspeicher wieder zu füllen. Nicht zu vergessen sind allerdings die Nachteile von Speicherkraftwerken, denn der grossflächig benötigte Platz für einen Stausee ist heutzutage praktisch ausgeschöpft und in den meisten Fällen von anderen Interessengruppen (Bergbewohner, Tourismus etc.) ebenfalls begehrt. Ferner muss die **Sicherheit** der Stauanlagen bezüglich Erdbeben, Hangrutschungen und Dammbrüchen gewährleistet und ständig überprüft werden.

Heutzutage ist der Strommarkt gesättigt und die Strompreise befinden sich auf einem Niveau, die kaum mehr die hohen Projektierungskosten für Stauseen in den Alpen rechtfertigen. Dazu kommt der enorme Platzbedarf und die fehlende Akzeptanz in der berggängigen Bevölkerung. Die auf den ersten Blick so umweltfreundliche und nachhaltige Wasserkraft hat eben doch ihre Vorbehalte. Zahlreiche Projekte, die noch im 20. Jahrhundert begonnen wurden, sind mittlerweile auf Eis gelegt oder ganz abgebrochen worden. Vielerlei Gründe sind dafür aufzuführen.

## *Val Curciusa: Misoxer Kraftwerke AG als Fallbeispiel*

Das **Val Curciusa** ist ein verstecktes Hochtal zwischen den beiden Übergängen am San Bernardino im Westen und am Splügen im Osten. Das ruhige Tal inmitten einer vereinnahmenden Gebirgslandschaft verschweigt erfolgreich, dass hier 15 Jahre lang hitzig um die Energiegewinnung aus Wasserkraft gestritten wurde. Die Abkehr vom Projekt ist einerseits Folge der relativ niedrigen Energiepreise, die es verunmöglicht hätten, hier konkurrenzfähig Strom zu produzieren. Viel mächtiger waren aber die Einsprachen von Umweltorganisationen, die schliesslich zum Gang vors Bundesgericht führten. Der Konzessionsentscheid für den **Stausee Curciusa**, der ein Ausbau der bestehenden Anlagen im Misox geworden wäre, war 1990 von der Bündner Regierung gefällt und daraufhin von den Umweltorganisationen angefochten worden, da der raumplanerische Nutzungsnachweis des Val Curciusa für Wasserkraft nicht erbracht worden war. 1992 fand ein Ortstermin statt, eine Anschauung im Feld mit dem Bundesgericht, das seinen Entscheid 1993 fällte: Das Projekt könne grundsätzlich realisiert werden, doch müsse das neue Gewässerschutzgesetz, das seit 1992 in Kraft ist, besser berücksichtigt werden. Konkret ging es um die Erweiterung des **Perimeters**, innerhalb dessen die Restwassermengen geprüft und eingehalten werden sollten. Dieser Raum war bei der ersten **Umweltverträglichkeitsprüfung** (UVP) zu eng bemessen worden und musste in der Folge auf weitere Nebentäler und deren Gewässer ausgedehnt werden.

Die Projektkorrekturen wurden in den folgenden Jahren vorgenommen, was zu einem neuen Konzessionsentscheid 1995 führte, der prompt wieder angefochten wurde. Nachdem das Bundesgericht erneut involviert wurde, verzichtete die **Misoxer Kraftwerke AG** auf die Konzession, was eine Einstellung des Verfahrens beim Bundesgericht im Jahre 1999 nach sich zog. Ein Urteil wurde so umgangen, was viele Fragen offen lässt. Grösster Diskussionspunkt waren die Bestimmungen über die Restwassermengen, die nicht zur Stromproduktion verwendet werden dürfen. Die Bemessung dieses Restwassers sowie die Festlegung des zu untersuchenden hydrologischen Einzugsgebiets sind absolut grundlegend, da das Abflussregime einer ganzen Region durch den Einfluss gestört werden kann. Nach der Erweiterung des Untersuchungsgebietes wurden die hydrologischen Forschungen vom zuständigen UVP-Büro bis hinab nach Bellinzona ausgedehnt.

Damit hat das **Val Curciusa** schon zwei Gemeinsamkeiten mit der „grossen Schwester" **Greina**. Auch diese Hochebene zeichnet sich durch einen ähnlichen Hochgebirgscharakter aus, und auch in der Greina gab es ein grosses Wasserkraftprojekt, das schliesslich abgewendet werden konnte. Schliesslich soll das Val Curciusa ins Inventar des BLN aufgenommen werden. Überzeugen von der schönen Alpenwelt im Curciusa kann man sich bei einer Wanderung von Nufenen oder San Bernardino aus. Die Passhöhe Bocchetta Curciusa ist auf 2500 m ü.M. gelegen und gibt, eingerahmt von mehreren Dreitausendern, den Blick auf das eigentliche Längstal frei, das über zehn Kilometer von Süden nach Norden läuft und bei **Nufenen** ins Hinterrheintal mündet. Es ist ein einsames Tal, auch fast frei von Alpwirtschaft. Im Mittelalter soll es einen Saumweg gegeben haben, der nach Isola ins Valle San Giacomo führte. Auf der Alp de Rog bot ein Hospiz Einkehr, doch auch hier zeigte sich die Macht der Natur: Während der kleinen Eiszeit rückten die Gletscher vor und zerstörten das Gebäude. Die Geschichte sagt, dass die Glocke des Hospizes heute im Kirchturm von Isola hängt.

Es ist hier der richtige Moment, nach der wahren **Nachhaltigkeit** und **Umweltverträglichkeit** von alternativen Energiequellen zu fragen. Wasserkraft ist die grosse Ressource der Schweiz, die den Grossteil unseres Energiehungers sättigt, ohne $CO_2$ in rauen Mengen zu erzeugen oder andere Schäden anzurichten. Keine Schäden? Gerade die Wasserkraft sollte sehr differenziert betrachtet werden, wie das Beispiel des Val Curciusa zeigt. Daneben gilt es als Stichwörter auch die schon erwähnte Greina-Hochebene, das Hospental oder das Val Madrisa aufzuzählen. An allen Standorten war die Erzeugung von Energie durch Wasserkraft mittels Stauseen geplant, und an allen wurde sie abgelehnt. Man kann sich nun fragen, welche Punkte gegen die Wasserkraft sprechen. An erster Stelle aufzuführen ist ganz klar der Platzbedarf. Die Standortmöglichkeiten für Pumpspeicherwerke beschränken sich generell auf erhöht gelegene Gebiete, da sonst die Lageenergie des Wassers nicht zur Energieerzeugung genutzt werden kann. Der oft angeführte Vorteil des billig produzierten Stroms relativiert sich sehr stark, wenn man die Bau- und Kollateralkosten für den Staudamm einbezieht, denn diese können immens gross sein und das Bauprojekt unrentabel werden lassen. Weitsichtigkeit in der Projektplanung ist eine wichtige Voraussetzung! Dem Platzbedarf für einen Staudammbau nachzugeben ist einerseits aus landschaftlichen Gesichtspunkten abzuwägen, denn nicht selten wird ein komplettes Alpental unter Wasser gesetzt. Andererseits muss auch der menschliche Aspekt einbezogen werden, denn die Landnutzung durch Alpenbauern, Tourismus oder schon ansässige Personen wird wegfallen. Die menschlichen Tragödien während der zwangsweise vorgenommenen Umsiedlungen in China beim Drei-Schluchten-Projekt liefern hier ein schon erwähntes, allzu krasses Beispiel.

Der Nutzen und die Vorteile der Wasserkraft sollen hier nicht in Frage gestellt werden. Allerdings muss die Überlegung gestattet sein, dass nicht jede $CO_2$-freie Energieform automatisch nachhaltig ist und es sehr darauf ankommt, wie die Projekte umgesetzt werden. Die Schweiz ist dermassen dicht mit Wasserkraftprojekten durchsetzt, dass nur wenig Raum für wirklich nachhaltige, neue Anlagen bleibt. Als Option bleiben die Aufstockung und die Effizienzsteigerung an bestehenden Anlagen – ein Weg, den die Kraftwerke Oberhasli AG momentan beschreitet.

## *Die Kraftwerke Oberhasli AG (KWO)*

Neun Kraftwerke betreibt die KWO mit ihrem Firmensitz in Innertkirchen, die insgesamt etwas mehr als 1 GW Leistung erbringen und bis zu einer Million Menschen versorgen können; sieben Seen werden zur Energiegewinnung von ihr gestaut. Das Einzugsgebiet erstreckt sich von Meiringen hinauf auf den Susten- und den Grimselpass. Schon in den 1910er Jahren plante man das für damalige Verhältnisse gigantische Grimselprojekt, das im folgenden Jahrzehnt in einer Grossbaustelle bisher unbekannten Ausmasses mündete. 1924 wurde das Projekt genehmigt und gelangte Schritt für Schritt zur Ausführung. Eine Luftseilbahn auf den Grimselpass, Wasser- und Hochspannungsleitungen, Eisenbahntunnels, und natürlich nicht zu vergessen die Staumauern: die Grimselstaumauer, die 63'000 $m^3$ Material verschlang, und die Sperre vom Gelmersee mit sogar 78'000 $m^3$ Mauerwerk. Kontinuierlich folgten weitere Sperren, so in den 1930er und 1950er Jahren. Dennoch zeigen die Entwicklungen der Elektrizitätsnutzung: Nimmt der Bedarf an zusätzlicher Energie weiterhin so zu wie bisher, wird es kaum möglich sein, Energie mit einem höheren Anteil an nachhaltigen Komponenten zu erzeugen. Allein mit dem Mehrbedarf können erneuerbare Energieträger wie die Wasserkraft nicht Schritt halten.

Mit dem Investitionsprogramm „**KWO plus**" versucht die Kraftwerke Oberhasli AG, die Wasserkraft auch im 21. Jahrhundert verstärkt im Strommarkt zu positionieren. Da es keinen Platz für neue Staudammprojekte gibt, soll dies sukzessive in mehreren Etappen und innerhalb des bestehenden Kraftwerksnetzes am Grimsel- und Sustenpass geschehen. Effizienzsteigerungen sind im Bereich der Sanierung der teilweise über 80 Jahre alten Anlagen möglich. Daneben soll eine Erhöhung des Stauvolumens die Energieproduktion steigern und Bedarf und Verfügbarkeit besser aufeinander abstimmen, da im Winter am meisten Energie benötigt wird, aber am besten (60% der Jahresproduktion) im Sommer produziert werden kann. Die Aufstockung der Staumauer soll nur einen kleinen Teil der Umweltbeeinträchtigungen verursachen, die bei einem neuen Projekt anfallen würden. Ersatzmassnahmen im Rahmen von UVP und Kooperation mit den beteiligten Behörden sollen die Landschaft am Grimsel würdigen und die wichtigen Elemente schützen, schreibt die KWO – ob sich dieser Zielkonflikt so einfach lösen lässt? Insgesamt haben neun Umweltorganisationen Einsprache gegen das Projekt erhoben, denn sie sehen das Verhältnis Energiegewinn zu Landverlust nicht als ausgewogen an, obwohl die lokale Topografie am Grimselpass es ermöglicht, mit relativ wenig Landverlust (87 ha) das Speichervolumen des Sees deutlich zu vergrössern (um 74 Mio. auf 175 Mio. m$^3$).

Konkret geht es um die Erhöhung der Staumauern am Grimselsee, Spittellamm (bisherige Höhe 114 m) und Seeuferegg (bisherige Höhe 42 m) um 22.5 m, sodass die neue Stauhöhe des Grimselsees auf 1931.7 m ü.M. zu liegen käme und die Winterproduktion auf etwa 55% steigen könnte. Da dies eine zusätzliche Überflutung von Land mit bestehenden Arvenbeständen zur Folge hätte, sind Ausgleichsmassnahmen beschlossene Sache. Die KWO wird für neue Naturschutzgebiete (→ u.a. Steingletscher am Sustenpass) und die Aufforstung mit neuen Arven sorgen, die notwendigen Veränderungen am Wegnetz durchführen und verspricht gleichzeitig, von möglichen anderen Projekten abzusehen. Zusätzlich zeichnet sich die Firma durch innovative Koppelungsmethoden aus, denn sie erwägt den Einsatz einer Biogasanlage und die mögliche Installation eines **Geothermie-Kraftwerks** in Innertkirchen. An diesem Standort wäre es relativ einfach, die für die Dampferzeugung nötige Gesteinstemperatur im Grimselgranit zu erreichen – die Bohrungen wären entsprechend wenig aufwändig. Gekoppelt mit dem kalten Wasser aus ihren Wasserkraftwerken als Kühlwasser könnte so ein hoher Wirkungsgrad erzielt werden, was das Projekt interessant aussehen lässt.

*Der Räterichsbodensee am Grimselpass. Juni 2005.*

NACHHALTIGKEIT

## Le barrage de la Grande Dixence

Die berühmteste Staumauer der Schweiz steht im Wallis: Schon früh im 20. Jahrhundert kristallisierte sich heraus, dass das Wallis mit seinem Löwenanteil an Gletschern ein grosses Wasserreservoir beherbergt. 12% der Schweizer Landesfläche besitzt das Wallis, aber 56% der Gletscher. Dementsprechend rasch wurden verschiedene Projekte für Talsperren vorangetrieben. Von 1950 bis 1964 gebaut, ist seit 1965 die Grande Dixence in Betrieb, mit 285 m die höchste **Gewichtsstaumauer** der Welt und Hauptenergielieferant für den Betreiber, die Energie de l'Ouest Suisse (EOS) Holding. Zwei Zentralen, eine in Fionnay und eine in Nendaz, leisten zusammen 680 MW und entwässern das Einzugsgebiet, das bis nach Zermatt reicht, schliesslich in die Rhone. Es war die Ausführung einer Vision nach dem Zweiten Weltkrieg, denn schon von 1929 an existierte die erste, kleine Staumauer von Dixence mit dem Kraftwerk in Chandoline.

Die Konstruktion einer Gewichtsstaumauer ist so angelegt, dass das Eigengewicht der Mauer ausreicht, um die Kraft des gestauten Wassers zurückzuhalten. Die Grande Dixence kann im Sommer von Juni bis September besichtigt werden und ist mit einer Luftseilbahn von Le Chargeur im **Val d'Hérémence** erreichbar. Der Lac des Dix staut den Fluss Dixence auf einer Länge von 5.3 km und besitzt ein Einzugsgebiet von 43.6 km$^2$. Das macht 400 Mio. m$^3$ Wasser gegen 6 Mio. m$^3$ Beton. Wer mit dem Auto über Pralong bis zur Staumauer hinauffährt, kann aber auch die Stufen und Kehren des Zugangsweges auf die Mauerkrone zu Fuss überwinden. Der Fussweg erlaubt die verschiedensten Perspektiven auf das grosse, aber auch gefürchtete Meisterwerk aus Stein und Wasser, das vom Walliser Dichter **Maurice Chappaz** in „Chant de la Grande Dixence" besungen wurde.

*Abendstimmung auf der Staumauer der Grande Dixence mit Blick hinab ins Val d'Hérémence. Die Sonne schickt gerade ihre letzten Strahlen durch die hartnäckige Wolkendecke dieses Augustabends. August 2005.*

Unterhalb der Staumauer der Grande Dixence äst in der Abendstimmung friedlich eine Gruppe von Hirschen (links). Rechts: ein aufmerksamer Beobachter. August 2005.

Gemütliches Fondue-Essen und anschliessende Nachtruhe in holzgetäferten Zimmern in einer Herberge direkt am Fuss der Grande Dixence in Pralong, deren Mauer aus 6 Millionen Kubikmeter Beton sich fast zierlich von hier ausmacht. August 2005.

## Die Pyramiden von Euseigne

Wer sich schon im Gebiet des Val d'Hérens befindet, sollte auch die **Pyramiden von Euseigne** besichtigen, die zu den nationalen Naturdenkmälern der Schweiz gehören (BLN Inventar 1708). Sie sind erosionsresistive Überbleibsel der Moräne des Rhonegletschers, der sich während der Riss-Eiszeit bis nach Lyon erstreckt hatte. Gegen Ende der Würmeiszeit vor knapp 100'000 Jahren zog sich der Hérens-Arm des Gletschers nach und nach in grössere Höhen zurück und hinterliess heterogenes Moränenmateriel. Aufgrund grosser, harter Blöcke, die durch Felssturz auf den Gletscher gelangten und so unzerkleinert weitertransportiert wurden, konnte die Erosion der darunter liegenden, weicheren Moränenkomponenten verhindert werden, während die umliegenden, weniger festen Moränenstellen von Wasser und Wind bearbeitet und abgetragen werden. Zurück blieben die bizarren Pyramidenformen, im französischen auch **demoiselles coiffées** genannt.

Die groben Blöcke bestehen aus den massiven Gesteinen des Val d'Hérens (Eringertal) oder des Val d'Hérémence: Gneisse oder Serpentinite, die an ihrer grünen Farbe und dem speckigen Erscheinungsbild gut erkennbar sind. In der Wissenschaft zählt man sie zu den "**precariously balanced rocks**". Solche wackelig positionierten Gesteine laufen Gefahr, durch Naturereignisse weiter gelockert zu werden, um schliesslich herunterzufallen. Dazu gehören unter anderem **Erdbeben**, wie sie im Wallis häufig auftreten. Tatsächlich werden derartige precariously balanced rocks verwendet, um die maximal mögliche Intensität eines in der Vergangenheit aufgetretenen Bebens einzugrenzen.

Die Zukunft der Pyramiden unterliegt wie jede Erdstruktur der Veränderung respektive der Zerstörung: Schliesslich werden auch sie vollständig erodiert werden. Dieser Erosionsprozess wird umso stärker beschleunigt, je spärlicher die "**Kopfbedeckung**" der Moränenhänge durch den massiven Felsblock ist. Tatsächlich gibt es schon Pyramiden mit Glatzen, welche in einigen Jahrzehnten bis Jahrhunderten verschwunden sein dürften.

Eine weitere Besonderheit zeichnet übrigens das Eringer-Tal aus: Seine Rinderrasse, die Eringer Kuh. Die Tiere sind bekannt dafür, auf ganz natürliche Weise um die Hierarchie in der Herde zu kämpfen.

*Die Pyramiden von Euseigne. August 2005.*

*Der Stausee von Emosson. Wenn man die alte SBB-Anlage, die daraufhin erhöhte Version und den Lac Vieux Emosson zählt, kommt man insgesamt auf drei Stauanlagen oberhalb von Finhaut direkt an der französischen Grenze. August 2005.*

## Lac d'Emosson

Der **Col de la Forclaz** ist ein relativ grosszügig ausgebauter, dennoch nicht allzu bekannter Pass in Richtung Süden. Von **Martigny** aus wählen der Schwerverkehr und die meisten Reisenden mit Destination Frankreich oder Italien den Grossen Sankt Bernhard als Route aus. Beschaulicher geht es auf der direkt nach dem Autobahntunnel in Martigny von der Hauptstrecke abzweigenden Forclaz-Passstrasse zu. Die gut instand gehaltene Route führt zuerst in lang geschwungenen Kehren hoch über Martigny hinauf und zieht sich dann ins Tal der Trient zurück. Die Abzweigung über den **Col de la Gueulaz** zum Gebiet der Stauseen des alten und neuen Lac d'Emosson, die Nummer 5 der Schweizer Talsperren mit 180 m Höhe, findet sich rechter Hand kurz vor **Le Châtelard** an der Grenze zu Frankreich. Er ist mit seiner doppelt geschwungenen Bogenmauer zugleich die Position 15 auf der Weltrangliste der höchsten Staudämme. Es ist lohnenswert, sich kurz am Grenzübergang in Le Châtelard umzusehen, denn so entdeckt man die grossen Anlagen der Wasserwerke von Emosson.

Die kleine Strasse über Finhaut zum Lac d'Emosson windet sich anschliessend auf fast 2000 Meter hoch und ist nicht selten unübersichtlich und in den frühen Morgenstunden mit Steinschlag bedeckt. An Schönwettertagen mit guter Fernsicht wird man jedoch für die Anstrengung durch ein ausserordentliches Mont-Blanc-Panorama belohnt. Wer nicht selber fahren möchte, kann sich auch fahren lassen: Einerseits durch den Busbetrieb des öffentlichen Verkehrs, andererseits durch eine Kombination verschiedener Bergbahntypen. Diese ermöglichen es, bequem in Le Châtelard in eine Standseilbahn einzusteigen, anschliessend beim Wasserturm auf einen kleinen Panoramazug zu wechseln und letztlich mit einer kleinen Miniseilbahn „Minifunic" vom Fuss bis zur Krone des Staudamms hinaufzufahren. Im Jahre 2005 wurde mit einem Dampfzug das 30-Jahr-Jubiläum der Schmalspur-Panoramabahn gefeiert, die das Herzstück des **Erlebnisparks Emosson** bildet, der so die Errungenschaften der damaligen Konstrukteure in die Gegenwart hinüber gerettet hat. Die Standseilbahn hält den Weltrekord im Zweikabinenbetrieb mit 87% Steigung und existiert seit 1920. Ihre Konstruktion durch Von Roll ist stark mit dem Projekt der SBB von 1921 bis 1925 verbunden, eine Staumauer zur Versorgung ihres Strombedarfes zu bauen. Diese **Barrage de Barberine** liegt heute bei Pegelhöchststand 42 Meter unter Wasser, kann aber bei niedrigem Wasserstand im Winter zum Vorschein kommen: Die Eléctricité d'Emosson AG, 1954 gegründet, erhielt 1967 die Erlaubnis zum Bau einer grösseren Staumauer, der **Barrage d'Emosson**. Die Gedenktafel an der Mauerkrone beschreibt, dass sie 1976 von Bundesrat Willi Ritschard, Vorsteher des Transport-, Energie- und Kommunikationsdepartements, und dem französischen Innenministerium, vertreten durch Paul Delouvrier, eingeweiht wurde.

Drei **Pumpleitungen** sammeln das Wasser der französischen Hochtäler der Arve und der Eau Noire sowie die Schweizer Flüsse des Val Ferret und des Vallée du Trient hier, dazu gibt es normale Wasserkanäle, die zusätzliche Gewässer aus dem französischen Territorium hierher leiten. Die **Rhone** bildet schliesslich den **Abfluss** für das Wasser der Stauseen, hinter der Schlucht in Vernayaz. Die Stauseebetreiber produzieren das ganze Jahr hindurch Elektrizität, mit Spitzenwerten im späten Herbst und im Winter, wenn das 225 Mio. m$^3$ fassende Reservoir entleert wird. Dennoch gelangt nicht alles Wasser, das eigentlich für den Stausee vorbestimmt ist, auch wirklich dorthin, wie eine zehnjährige hydrogeologische Untersuchung im Gebiet zeigte. Die Geologie gibt den Ausschlag, wie stark wasserdurchlässig ein Gestein ist. Die Tektonik der Alpenfaltung verformte und zerbrach das Gestein. Die heutige Lage der Gesteinspakete und die Bruchverläufe sind weiter dafür verantwortlich, ob und wie viel Grundwasser abfliessen kann. Da das Einfallen der Gesteinsschichten nach Westen geneigt ist, profitiert das französische Vallée du Fer à Cheval am meisten: Der reichhaltige Grundwasserzufluss auf einer wasserundurchlässigen Gesteinsschicht beschert dem Tal seine Wasserfälle, die als touristischer Anziehungspunkt gelten. Solche Zusammenhänge werden neben der reinen Beobachtung u.a. mit für die Natur ungefährlichen Färbversuchen erschlossen. Die heutige Technik ermöglicht es ferner, solche gigantischen Staudämme kontinuierlich zu überwachen und auf **Belastung** zu prüfen. Im vorliegenden Fall geschieht dies durch ein dichtes Netzwerk von Beschleunigungsmessern im Inneren des Damms, der über neun **Inspektionstunnel** verfügt.

*Die Staumauer des Lac d'Emosson, fünfthöchste in der Schweiz.*

*Schmalblättriges Weidenröschen (Epilobium angustifolium) am Lac d'Emosson. August 2005.*

Im Gebiet von Finhaut gibt es drei **thematische Wanderwege**. Geologisch am interessantesten ist der Dinosaurierpfad zwischen dem **Lac du Vieux Emosson** (ebenfalls von den SBB betrieben) und dem Berggebiet des **Cheval Blanc**. Er erzählt an verschiedenen Haltepunkten die Geschichte der Alpenformation und des Funds von Dinosaurierspuren sowie die Geschichte des Staudammbaus. Im Jahre 1976 hat ein französischer Geologe während einer Exkursion in einem besonders heissen Sommer, in dem viel Schnee abschmelzen konnte, sonderbare Spuren im Gestein entdeckt: Die Fussspuren von **Dinosauriern**, die im Monsunklima der **Trias** vor mehr als 200 Mio. Jahren über einen Meeresstrand liefen. Sie wurden anschliessend unter Wasser so lange auf kalkhaltigem **Sandstein** konserviert, bis die Alpenfaltung durch die Kollision von afrikanischer und europäischer Platte sie auf ihre heutige Höhe hob. Die Spuren stammen von Pflanzenfressern von offenbar 4 bis 7 Metern Grösse, stehen seit 1983 unter Schutz und gehören zu den schützenswerten **Geotopen** des Wallis von nationaler Bedeutung. Sie können zu Fuss nach mindestens 2 Stunden Marsch, vorbei am Staudamm Vieux Emosson, erkundet werden. Hierbei steigt man von gut 1930 m ü.M. am Lac d'Emosson über 2200 m ü.M. am Vieux Emosson bis zum Areal der Dinosaurierspuren im Vallon du Vieux Emosson auf 2400 m ü.M. gut 400 Höhenmeter auf. Dies ist der klassische Weg. Wer die schwierige Passage vorzieht, kann via **Veudale-Schlucht** in ungefähr der gleichen Zeit ans Ziel gelangen.

An Gesteinseinheiten findet man auf dem Weg zum Vieux Emosson die **Morcles-Decke** sowie den Sockel mit den geschieferten und gebänderten Gneissen der **Aiguilles Rouges**. Darin enthalten sind auch die nicht-metamorphisierten Granite von Vallorcine, benannt nach der ersten Ortschaft jenseits der französischen Grenze.

Der zweite Themenweg beinhaltet die Entwicklung der Gemeinde Finhaut seit ihrer ersten Besiedlung vor 7'000 Jahren, während der dritte, „**Balcon du Mont-Blanc**", die Natur zwischen Finhaut und Emosson vorstellt. Die **Vegetationsstufen** in den Alpen sowie die **Schutzwirkung** des Waldes sind hier besonders hervorzuheben; erst die Lawinenverbauungen des Menschen haben zusammen mit dem bestehenden Wald die heutige Entwicklung der Gemeinde ermöglicht.

## Staudamm-Sicherheit

Das tragischste Staudammunglück in der europäischen Alpenwelt hat sich im Oktober 1963 in Italien im **Vaiont** zugetragen. Schon seit dem Jahr 1925 bestand ein Staudamm im Tal des Vaiont, an einer Stelle, die sich ungefähr 1.5 km stromaufwärts von jener Position befand, an welcher der Vaiont-Damm letztlich gebaut wurde. Semenza und Ghirotti (2000) meinen, dass das Unglück verhindert worden wäre, wenn sich der neue Damm an der alten Stelle an der Ponte di Casso befunden hätte. Doch aufgrund des viel grösseren Fassungsvermögens des Stausees wurde in den 50er Jahren bei der Projektausarbeitung der untere Standort klar bevorzugt. Mit 58 Mio. m$^3$ sollte das Becken fast soviel Fassungsvermögen haben wie die sieben bisher in der Region existierenden Reservoire zusammen. 1956 kommt die Società Adriatica di Elettricità (SADE) ins Tal und beginnt mit den Bauarbeiten, doch statt der bisher projektierten 200 soll die Dammkrone plötzlich 261 m hoch und das Becken damit um 150 Mio. m$^3$ aufgestaut werden. 400 Arbeiter werden permanent im Tal angesiedelt, das zuvor total 2000 Einwohner zählte. 1959 sind die Bauarbeiten an der Staumauer abgeschlossen und das Tal wird zum ersten Mal unter Wasser gesetzt. 360'000 m$^3$ Beton sind verbaut worden.

Am 9. Oktober 1963 nimmt das Unglück am **Monte Toc** haltlos seinen Lauf. Vaiont-Kalk, im **Dogger** entstanden, löst sich in einem Volumen von 260 Mio. m$^3$, die dröhnend in den See fahren und eine Wasserwelle von 50 Mio. m$^3$ aufwerfen, welche zur Hälfte über den Staudamm hinausschwappt und das ganze Tal unter sich begräbt. Die Bilanz sind knapp zweitausend Tote aus fünf Dörfern, die dem Erdboden gleich gemacht werden. Nicht, dass nicht gewarnt worden wäre. Auswärtige Gutachter, unter anderem der österreichische Spitzengeologe Müller, hatten klar erkannt, dass die Hangseite des Toc abrutschgefährdet sei.

Marco Paolini und Gabriele Vacis (1998) erzählen die Geschichte des Vaionts ausführlich, mit leichter Ironie und scharfer Zunge. Sie berichten vom Kampf zwischen den Dörfern im Bereich des geplanten Stausees und der Kraftwerksgesellschaft, der SADE, dem Standpunkt der Politik aus dem fernen Rom und den geologischen Gutachten. Das Buch ist provokant und in Du-Form gehalten, sodass sich der Leser zwangsläufig und persönlich mit dem Schicksal auseinandersetzen muss. Besonders hart ins Gericht gehen die Autoren mit der Staudamm-Kommission und den geologischen Beratern, die unter anderem auch das im Vergleich zu Vaiont kleine Unglück im Jahre 1959 im benachbarten Pontesei nicht als Vorwarnung verstanden und die sich an den Hängen bildenden Risse ignoriert haben. Dort geht am Palmsonntag ein Bergrutsch in den vergleichsweise kleinen Stausee Lago di Pontesei ab, generiert eine Welle von 20 m Höhe und tötet den diensthabenden Arbeiter. Ebenso ignoriert wird der erste Rutsch in den See, der sich am 4.11.1960 ereignet. Die Autoren verweisen darauf, dass schon die Etymologie (vergleiche auch „Falli

**Dogger:** Epoche im Erdmittelalter, dem Mesozoikum. Die Zeitperiode des Juras wird unterteilt in die drei Epochen Lias, Dogger und Malm, welche oft auch als Schwarzer, Brauner und Weisser Jura bezeichnet werden.

*Der Kühlturm vom Kernkraftwerk Gösgen (SO), dessen Druckwasserreaktor mit 1000 MW Leistung seit 1979 in Betrieb ist. Juli 2003.*

Hölli") Hinweise geben würde: Der Name des Monte Toc käme von patòc, „faul, morsch"; und der Name des Baches, Vaiont, käme von „va giù", er geht runter.

## *Kernenergie*

In der Schweiz sind momentan fünf **Atomkraftwerke** in Betrieb: Beznau I (AG, seit 1969) und II (seit 1971), Mühleberg (BE, ebenfalls seit 1971), Gösgen (SO, seit 1979) und Leibstadt (AG, seit 1984). Atomkraftwerke erzeugen ihre Energie wie Wasserkraftwerke ebenfalls weitgehend frei von $CO_2$-Emissionen (der Abbau von Uran, der Bau von Infrastruktur und der Transport von Abfällen erzeugt $CO_2$), was bei der Erfüllung der Richtlinien zum **Kyoto-Protokoll** ein Kernfaktor ist. Sie stellen ausserdem eine grosse Energiequelle bei geringem Platzbedarf dar und sind daher effizient in der Produktion und Distribution der Energie. In der Schweiz stellen sie durchschnittlich ungefähr 40% Grundenergie zur Verfügung, die Wasserkraft knapp 60%. Während in den 70er und 80er Jahren vor allem die Sicherheit Bedenken aufwarf (die in der Schweiz geplanten AKW-Projekte Kaiseraugst und Graben wurden nach dem Unfall in Tschernobyl 1986 fallen gelassen), sind heutzutage die Hauptprobleme die **Endlagerung** der radioaktiven Abfälle und die Gewährleistung der Sicherheit des Kraftwerks und des Endlagers gegenüber menschlichen Fehlmanipulationen und terroristischen Anschlägen sowie geologischen Veränderungen und anderen natürlichen Einflüssen. Radioaktive Abfälle bergen eine Strahlengefahr und müssen daher von der Umwelt abgeschirmt werden. Die technischen Anforderungen an solche Endlagerstätten sind aus natürlichen Vorkommen bekannt und die Probleme im Umgang damit gelöst. Die **NAGRA**, die nationale Genossenschaft für die Lagerung radioaktiver Abfälle, prüft momentan die möglichen Standorte einer solchen Einrichtung in der Schweiz. Während die Lagerung schwach und mittel **radioaktiver** Abfälle (SMA) aus Kernkraftwerken sowie Industrie, Medizin und Forschung im ZWILAG genannten Zwischenlager in Würenlingen mittlerweile realisiert ist, wird bis zur Endlagerung die-

---

**NAGRA:** Nationale Genossenschaft für die Lagerung radioaktiver Abfälle in der Schweiz mit Sitz in Wettingen. Ihre Aufgabe ist es, die wissenschaftlichen und technischen Grundlagen für eine sichere Entsorgung radioaktiver Abfälle zu erstellen. In der Schweiz sind nach dem Verursacherprinzip die Produzenten der radioaktiven Abfälle für deren Entsorgung verantwortlich. So haben sich die Kernkraftwerk-Gesellschaften, verantwortlich für die Abfälle aus der Stromproduktion, und das Departement des Inneren, verantwortlich für Abfälle aus Medizin, Forschung und Industrie, 1972 zur NAGRA zusammengeschlossen. www.nagra.ch

**Radioaktivität:** Die (natürliche) Eigenschaft von Atomkernen bestimmter Elemente, unter Aussendung energiereicher Teilchen spontan zu zerfallen.

ser und der hoch radioaktiven oder langlebigen Abfälle noch einige Zeit vergehen. Schon 1993 war der Wellenberg im Kanton Nidwalden als möglicher, geeigneter Standort (im Mergelton) für die Endlagerung der SMA ins Auge gefasst und Prüfungen unterzogen worden. Die Erteilung der Konzession wurde jedoch von der Nidwaldner Bevölkerung abgelehnt und der Standort aufgegeben.

Höhere Anforderungen werden an den Standort zur Endlagerung der hoch radioaktiven und langlebigen Abfälle gestellt. Es muss über lange Zeiten gewährleistet bleiben, dass keine Radioaktivität an die Oberfläche gelangt. Hierbei sind vor allem die hydraulischen Eigenschaften (Wasserdurchlässigkeit) des Gesteins bedeutsam. In der Schweiz wurden von der NAGRA zwei potentielle Wirtsgesteine untersucht, also die geologischen Gesteinskörper, deren Eigenschaften für ein Endlager geeignet scheinen. Im Zusammenhang mit diesen Untersuchungen wurden Gebiete des Mittellandes mit geowissenschaftlichen Methoden so intensiv untersucht wie selten zuvor. Das kristalline Grundgestein war unter Voraussetzung genügender Ausdehnung eine mögliche Variante, die aufgrund starker Zergliederung in der Schweiz so aber nicht angetroffen wird. Die andere Option ist ein Sedimentgestein namens Opalinuston (jurassischen Alters), wie es im Zürcher Weinland angetroffen wird. Die Untersuchungen der Eigenschaften dieses Tongesteins ergaben positive Resultate; der **Entsorgungsnachweis** gemäss Bundesanforderungen (bestehend aus Sicherheits-, Standort- und Machbarkeitsnachweis) ist heute am Standort der Probebohrung in Benken ZH erbracht. Offen bleiben die Akzeptanz der Bevölkerung der Region und des Nachbarlands Deutschland sowie die praktische Durchführbarkeit. Die Diskussion um Atomkraftwerke in der Schweiz wurde in neuester Zeit und unter weniger emotionalen Gesichtspunkten wieder aufgenommen. Die Erfüllung des Kyoto-Protokolls, sich verknappende Ressourcen an Kohlenwasserstoffen und offene Fragen zur Versorgungssicherheit bei steigendem Strombedarf haben dazu geführt, dass auch in vielen westlichen Ländern wieder auf die Energieproduktion durch Kernspaltung gesetzt wird. Spätestens im Jahre 2020 (dann nämlich gehen die ersten Atomkraftwerke bestehender Generationen vom Netz) wird auch die Schweiz ohne zusätzliche Massnahmen ihren Strombedarf nicht mehr selbständig decken können – es droht eine so genannte **Versorgungslücke**. Diese zu schliessen ist Kernaufgabe der Schweizer Energiewirtschaft. Es stellt sich die wirtschaftspolitische und ökologische Frage, ob der Bau neuer Kernkraftwerke das Problem löst. Stromsparen wäre die beste und naheliegendste Variante, die aber kaum alleine zum Erfolg führt – im Gegenteil, nicht einmal der Zusatzbedarf wird durch Einsparungen kompensiert, und auch die erneuerbaren Energien sind weder stark noch ausgereift genug dazu. Stromimport ist eine zusätzliche Variante, die der diesbezüglichen Autarkie der Schweiz zuwiderläuft und auch bezüglich ökologischer Gesichtspunkte schlecht abschneidet – besonders, wenn man Strom aus osteuropäischen Kohlekraftwerken einführt.

### Der Ökostrom-Lehrpfad vom Berninapass

Der Ökostrompfad der **Rätia Energie** von der Bernina-Passhöhe am Lago Bianco hinunter zum Gletschergarten von Cavaglia, die im Jahr 2000 aus der Kraftwerke Brusio AG, vor über 100 Jahren im Rahmen des Baus der Berninabahn gegründet, der Bündner Kraftwerke AG und der Rhätischen Werke für Elektrizität AG hervorging, erklärt auf zwölf Infotafeln allerlei Wissenswertes zum Thema Nachhaltigkeit und Elektrizitätsproduktion. In zwei Stunden und vierzig Minuten (offizielle Zeitvorgabe) wandert man von 2253 m ü.M. hinunter auf 1703 m ü.M., verbrennt dabei 295 kcal und lernt das Ökostromlabel „**Pure Power**" kennen, das einen Strommix mit mindestens 2.5% aus Solar- oder Windenergie oder aus Biomasse und die Einzahlung von 1 Rp./KWh in einen Ökofond garantiert und kürzlich mit dem Gütesiegel „naturemade star" ausgezeichnet wurde. Ferner können unter Voranmeldung die beiden Kraftwerke Palü und Cavaglia in einer zweistündigen Führung besichtigt werden (10.– / 6.–).

Zu Beginn wird Bezug genommen auf den Lago Bianco, dessen Gletschersuspensionseintrag hier schon an früherer Stelle erklärt wurde. Der Lago Bianco ist ein Speichersee, der 1910 künstlich erstellt wurde und von zwei Mauern aufgestaut wird – zu beiden Seiten der Wasserscheide je eine. Das Wasser fliesst seit 1927 unterirdisch über eine **Druckleitung** ins Kraftwerk Palü ab, wo es mit einer Geschwindigkeit von bis zu 150 km/h die Turbine des Typs Pelton (für grosse Höhenunterschiede) antreibt, die als Spezialität gleichzeitig mit einer Turbine des Typs Francis gekoppelt ist. Ein Diagramm erklärt den Füllungsgrad des Speichersees im Jahresverlauf, mit der ungünstigen, aber natürlichen Situation, dass im Sommer der **Füllungsgrad** höher als im Winter ist, der Strombedarf sich aber genau umgekehrt verhält. Aus diesem Grund gibt es Pumpleitungen, die es ermöglichen, den Füllungsstand künstlich so zu steuern, dass die Stromproduktion zugunsten der Wintermonate verschoben werden kann. Die Geowissenschaften und namentlich die **Fernerkundung** leisten hier einen neuen Beitrag, indem sie während der Schneeschmelzperiode Abflussprognosen mit Hilfe von Satellitenbildern erstellen. Dies hilft, die Wasserkraft effizienter zu nutzen, da das Volumen des abschmelzenden Schnees einige Tage im Voraus abgeschätzt werden kann und sich dementsprechend die Kraftwerksbetreiber auf die Situation einstellen und ihre Steuerungs- und Pumpanlagen optimieren können.

Die Kombination aus anleitender Lektüre bei der Wegtafel und eigenen **Beobachtungen** im Feld wird dem Wanderer am Lago Palü perfekt dargeboten. Ursprünglich sollte nämlich der Palüsee vierzigmal mehr Wasser fassen, als er es heute mit seinen 150'000 m$^3$ tut. Dies hat aber dem kleinen Talboden einiges von seiner Ur-

---

**Fernerkundung:** Das Erfassen von Informationen über Teile der Erdoberfläche unter Einsatz von Luft- oder Satellitenaufnahmen in verschiedenen Lichtspektren. Gemessen und dargestellt werden bestimmte physikalische Eigenschaften von Objekten der Erdoberfläche auf Distanz, ohne dass sich Messinstrumente und -objekte berühren.

sprünglichkeit bewahrt, mit dem Gletscherzufluss des Palü-Gletschers, der sich in den letzten Jahrzehnten aufgrund der Klimaveränderung hoch über die Steilstufe zurückgezogen hat und damit nur noch knapp ein Fünftel seiner ursprünglichen Fläche einnimmt und ein grosses Gletschervorfeld zurückgelassen hat. Hier wird das Spannungsfeld aus Geomorphologie und dem Energiehunger des Menschen offenkundig.

Erklärt werden auch weitere alternative („erneuerbare") Energieformen, wie Wind- und Solarkraft, die nicht aus fossilen Rohstoffen bestehen. Allerdings muss bemerkt werden, dass diese Erklärungen etwas knapp gehalten und wenig kritisch sind. Denn während Windenergie erneuerbar ist und frei zur Verfügung steht, muss auch hier die Frage nach der Nachhaltigkeit gestellt werden, denn der Lärm durch die Windrotoren, der enorme Platzbedarf und die optische Verschmutzung, die in den windreichen Berggebieten nicht zu unterschätzen ist, sind auf der Minusseite dieser Energieform zu verbuchen. Bei der Solarenergie ist es die aufwändige Herstellung des Trägermaterials und die limitiert zur Verfügung stehende Stromproduktion. Die Probleme der Nachhaltigkeit in der Wasserkraft liegen unter anderem im Platzbedarf im Alpenraum und in den Restwassermengen gemäss dem neuen Schweizerischen Gewässerschutzgesetz, die schliesslich auch dem Projekt → Val Curciusa den Todesstoss versetzt haben. Unter Restwassermengen versteht man die Abflussmenge an Wasser im ursprünglichen Gewässer unterhalb der Fassung für das Kraftwerk. Nachhaltigkeit heisst also nicht nur, die $CO_2$-Emissionen niedrig zu halten, sondern auch weitere Aspekte des Umwelt- und Landschaftsschutzes zu berücksichtigen.

Wer schliesslich in der unter Naturschutz gestellten Ebene von Cavaglia mit dem frei mäandrierenden Gletscherbach auf 1703 m Höhe angekommen ist, sollte auch gleich den → Gletschergarten von Cavaglia besuchen, auf den auf der letzten Tafel des Ökostrompfades hingewiesen wird, entstanden während der Eiszeiten und Ausdruck einer anderen Form von „Wasserkraft"!

Der Speichersee Palü mit dem kleinen Talboden in herbstlichem Gewand durch die Lärchen vor dem Hintergrund des sich immer weiter zurückziehenden Palü-Gletschers, der schon hoch über der Steilstufe thront. Oktober 2005.

## Geothermie und Thermalquellen

Baden ist auch in der Schweiz ein grosser Volkssport und schon seit Römerzeiten an den meisten Orten bekannt – schliesslich ist nicht ohne Grund eine Schweizer Stadt so benannt worden. An dieser Stelle sollen nicht die (mittlerweile auch schon zahlreichen) Vergnügungsbäder mit rein kommerziellem Hintergrund diskutiert werden, sondern jene Attraktionen, bei denen uns die Natur ihre Ressourcen zur Verfügung stellt. Über den „Bäderkanton" Aargau wurde schon im Zusammenhang mit Geothermie und die sie begleitenden Thermalbäder berichtet, doch von der Erde erhitzte und im Aufstieg aufgenommene, mit gesundheitsfördernden Mineralien angereicherte Thermalquellen finden sich nicht nur im Mittelland an der Randlage zum Jura, sondern auch an interessanten Orten im Alpengebiet. Die nachfolgenden Kapitel erzählen die Geschichte der Entdeckung einer Thermalquelle nach einem Erdbeben im Wallis und jene der nur schon aufgrund ihrer Architektur berühmten Therme im Valsertal.

*Sprudelndes Wasser aus einem Appenzeller Bergbrunnen (links). August 2004. Rechts: Herbstliches Farbenspiel im Val Cannobina. Oktober 2003.*

## Das Val d'Illiez

Nicht jede Quelle ist zwangsläufig schon seit der Urzeit oder zumindest seit Menschengedenken geflossen. Eine eigenartige Geschichte hat sich im Jahre 1953 im **Val d'Illiez** im Wallis zugetragen.

Im Jahresbericht 1953 des Erdbebendienstes schreibt Dr. E. Wanner dazu: „Nach einem Rapport des Beobachters der Regenmessstation Val d'Illiez, Herr L. Rey, wurden seit anfangs 1953 zahlreiche unterirdische Detonationen wie Sprengschüsse beobachtet. Die Phänomene wurden besonders gut im Innern der Häuser wahrgenommen. Zeitweise waren diese Detonationen gefolgt von starken Vibrationen der Gebäude. Besonders hoch wurde die Frequenz dieser Detonationen im Monat September, wo an einzelnen Tagen bis zu 10 gezählt worden sind. Besonders heftig sind diese Erscheinungen in der Umgebung von Buchelieulaz wahrgenommen worden, wo die Anwohner während der Nacht öfters aus dem Schlafe geweckt wurden und wo das Phänomen in der Bevölkerung grosse Beunruhigung verursacht hat. Nur vereinzelte Stösse sind im ganzen Tal zwischen Champéry und Monthey beobachtet worden. Leider wurden damals Zeit und Datum der Stösse nicht notiert. Auch auf den Seismogrammen der Stationen Neuchâtel und Zürich konnten nachträglich mit Sicherheit keine entsprechenden Spuren von Nachbebenregistrierungen aufgefunden werden".

Noch während man diese Erdbebenbeobachtungen verfolgte, traten am 27. September plötzlich bei **Buchelieulaz** im Bette der Vièze drei warme Quellen zutage. Diese Quellen, die noch heute mit unverminderter Intensität am linken Ufer der Vièze aus tertiären **Flyschgesteinen** ausfliessen, haben Temperaturen von 28, 26 und 18°C und eine Gesamtergiebigkeit von 1200 – 1300 l/min. Nach dem Austritt der Quellen ist die Stossfrequenz der Erschütterungen des Erdbodens rasch auf geringere Werte gefallen.

Das Wasser dieser neu erschienenen Quellen des Val d'Illiez stammt zum Teil aus der Region des 9 km entfernt gelegenen **Lac de Salanfe** am Dents du Midi. Das obere Ende dieses 1952 erstellten Stausees mit 40 Mio. m$^3$ Volumen kam in einem Geröllrdelta des Glacier Noir zu liegen. Solche glazialen Ablagerungen sind stark wasserdurchlässig, und dies liess das Wasser auf eine Kalkschicht mesozoischen Alters heruntersickern, wo es der Schichtneigung folgt und unter dem Dents du Midi hindurch ins Val d'Illiez zum dar-

*Das Thermalbad der heissen Quellen vom Val d'Illiez mit der Vièze im Vordergrund. Juli 2005.*

aufhin errichteten Thermalbad gelangt. Die Seismizität, die zusammen mit den Quellen auftrat, stützt diese Hypothese, da die Erdbeben erst nach der vollständigen Aufstauung des Lac de Salanfe beobachtet wurden. Zugleich stellten die Dammbetreiber grössere Wasserverluste im Untergrund fest. Damit löst sich das Rätsel um die Wärme des Wassers: Es ist nach der Versickerung am Salanfe durch die Erdwärme in der Tiefe des Gebirges aufgeheizt worden: Der Geologe spricht von der **kontinentalen Geotherme**, wenn er meint, dass die Temperatur der kontinentalen Kruste durchschnittlich um 30°C pro Kilometer Gesteinsüberlast zunimmt. Dies ermöglicht es Badefreudigen heute, im Thermalbad von Val d'Illiez gegen Eintritt (Erwachsene 13 bis 16.–, Studenten 10 bis 12.–, Kinder 8 bis 11.– je nach Badedauer) in den Genuss der warmen Quellen zu kommen[43]. Doch nicht nur den Wassernixen, sondern auch der gan-

> **Geotherme:** Kurve in einem Druck-Temperatur-Diagramm, welche die Veränderung der Temperatur in der Erde mit der Tiefe beschreibt. Die unterschiedlichen tektonischen Bereiche sind durch unterschiedliche Zunahmen der Temperatur in Abhängigkeit von der Tiefe geprägt.

zen stromhungrigen Bevölkerung könnten die warmen Quellen zugute kommen, denn Experten schätzen das Wärmepotential für eine eventuelle Wärmenutzung auf 1.7 MW.

## Die Therme Vals

Das Gemüt schwimmt träge und zufrieden im warmen Wasser wie der Körper, der sich hier oben im Abschluss des Valsertals verwöhnen lässt. Sanft werden die Füsse von ihren Strapazen, sei es vom Wandern oder vom Skifahren, mit der Unterwasserdüse massiert. Alle Sinne können sich, ganz getreu dem Motto der Betreiber, hier in der einzi-

*Weisse Weihnachten in Vals GR. Dominant die Gebäude der Therme Vals. Das graue Gebäude links ist die von Peter Zumthor erstellte Therme. Dezember 2003.*

[43] www.thermes-parc.com

NACHHALTIGKEIT

gen Thermalquelle Graubündens[44], die mit 30°C aus dem Boden sprudelt, vom Stress entspannen. Im Klangsteinbad und im Resonanzraum wird die Stimmung akustisch untermalt. Optisch zusammengehalten wird die Gesamtheit von 60'000 **Valser Quarzitplatten**, verbaut nach der Maxime „Berg, Stein, Wasser" von Architekt Peter Zumthor, dessen Gebäude auch von aussen eine Einheit aus Stein zu sein vermittelt. Früher wurde der Valser Quarzit vor allem zur Dachdeckung im Ort verwendet. Heute existieren Bauvorschriften, um das Ortsbild zu erhalten.

Nachdem die Therme Vals 1983 in Gemeindebesitz überging, entstanden Pläne zum Bau eines neuen Bades mit Becken von 14°C (Eisbad) bis 42°C (Feuerbad) und sieben weiteren Becken dazwischen. Das Bad ging 1986 in Auftrag und konnte 10 Jahre später eröffnet werden. Es steht den externen Besuchern (d.h. den Nicht-Hotelgästen) von 11 bis 20 Uhr (Mo: bis 21h) offen, gegen eine Eintrittsgebühr von 30.- (20.-). Desweiteren steht ein komplettes Wellnessangebot bereit, für jeden Geschmack und Geldbeutel. Die Saison dauert jeweils von Juni bis April.

Und wer sich genügend erholt hat, ist zum Schluss noch fit für einen Spaziergang den gemütlich rauschenden Valserrhein entlang in Richtung des Zervreilasee und des unverkennbaren Zevreilahorns. Der Valserrhein entspringt am Rheinwaldhorn, ein mächtiger Dreitausender und höchste Erhebung der Adula-Decke (Gipfel auf 3402 m ü.M.). Das Gebiet zeigt Gesteine der penninischen Decken Westbündens, durch eine Metamorphose umgeformt in Gneise und Glimmerschiefer. Von West nach Ost folgen in diesem Bereich Graubündens immer höhere Deckeneinheiten, die nach Osten einfallen; vom Lukmanier her die Simano-, die Adula-, die Tambo- und schliesslich ganz im Osten die Surettadecke.

*Steile Abhänge im Adula-Massiv (links). Der Valserrhein: Wasser, Feuer, Stein und Eis (rechts). Dezember 2003.*

---

[44] www.therme-vals.ch

*Die überflutete Uferpromenade von Luzern. Die Seebrücke und der Schweizerhofquai sind für den Verkehr unpassierbar, alleine Fahrradkuriere halten unbeeindruckt den Warentransport in der Innenstadt aufrecht. August 2005.*

## Naturkatastrophen

### *Überschwemmungen*

Hochwasser und Überschwemmungen sind **periodisch** wiederkehrende Ereignisse. 1987 ging als Unwetterjahr in die Annalen der Schweiz ein, als weite Teile des Berglandes von starken Gewittern heimgesucht wurden, insbesondere der Kanton Uri. 1999 war dann das Jahr der Überschwemmungen im Mittelland, mit grossen Schäden entlang des Rheins und am Bodensee. Hier kam die Schneeschmelze zu den Niederschlägen, was die Pegel enorm anschwellen liess.

Mit dem Aufkommen der Industrialisierung und der Naturwissenschaften galt die Devise, dass der Mensch die Natur mit technischen Mitteln bändigen kann. Flüsse wurden korrigiert, Seen reguliert, Abflüsse aus den Bergen mit Talsperren verschlossen und Sumpfgebiete durch Dämme und Drainage trockengelegt (siehe Thematik Linthkanal, Berner Seeland). Dies löste viele ständig wiederkehrende Probleme wie die Überflutung von Auenlandschaften und schuf Platz für Kulturland. Doch aus den grossen Unwetterereignissen hat man gelernt, dass die Technik nicht alle Probleme in den Griff bekommen kann. Naturgefahren können letztlich nicht immer kontrolliert und damit gefährdete Räume nicht bedenkenlos besiedelt werden. Es ist wichtig, über bestehende oder mögliche zukünftige Gefahren Bescheid zu wissen. Eine wichtige Bedeutung kommt dabei dem Element der **Gefahrenkartierung** zu. 1997 hat der Bund Richtlinien zur Kartierung von Gefahren erlassen und die Kantone sind verpflichtet, sämtliche Naturgefahren zu erfassen. Bisher ist aber nur ein Bruchteil der kompletten Erfassung umgesetzt, geschweige denn die entsprechende Anpassung der Zonierung innerhalb der Gemeinden. Hier läuft letztlich alles auf eine Ungunstsituation hinaus: Es muss eine Abwägung zwischen der Besiedlung des zur Verfügung stehenden Raumes und den damit in Kauf genommenen Gefahren getroffen werden. Bei der Beurteilung von Naturgefahren lautet der Begriff dafür **Restrisiko**. Denn eine Renaturierung verbessert auf jeden Fall den Hochwasserschutz, wenn die zur Verfügung stehenden Überflutungsgebiete kein Schadenspotential enthalten. Dieser Raum kann aber nicht mehr besiedelt werden, und häufig kann soviel Platz wie benötigt gar nicht zur Verfügung gestellt werden. Die **Flächenvorsorge** als erster Teil eines Hochwasserman-

# NACHHALTIGKEIT

gements ist somit schwierig umzusetzen. Letztlich wird damit der Unwetterschutz auch zum Politikum der **Raumplanung**, denn häufig sind genau jene Orte gefährdet, an denen es sich scheinbar schön und gut, z.B. mit Seeanschluss, leben lässt.

Hier ist die Eigeninitiative jedes Einzelnen gefordert, seine persönliche Situation zu überdenken und sich ein **Gefahrenbewusstsein** (Verhaltensvorsorge) zu schaffen. Mit wenigen, einfachen Massnahmen lassen sich nämlich die individuellen Schäden schon stark reduzieren. Am ehesten überflutet werden die unteren Stockwerke, wo in Kellern und Garagen oft Objekte gelagert werden, die sich nicht rechtzeitig in Sicherheit bringen lassen. Anstrengungen in Richtung **Bauvorsorge** umschreibt man mit dem Begriff **Objektschutz**. Wie im Fall der Erdbebenvorkehrung gilt auch hier, dass bei einer rechtzeitigen Planung kaum erhöhte Baukosten anfallen, um ein Haus gegenüber Hochwasser entsprechend der Gefährdungskartierung resistenter zu machen. Generell ist es viel einfacher, einen Neubau entsprechend zu planen, als Anpassungen an bestehenden Gebäuden vorzunehmen. Egli (2002) zeigt, dass Objektschutzmassnahmen eine gute Erfolgsquote aufweisen und sich in der Regel über ein Kosten-Nutzen-Verhältnis von 1:10 auszeichnen. Der Objektschutz umfasst dabei die Anpassung der Gebäudenutzung an die Gefährdung, wie z.B. die Umnutzung der erwähnten Kellerzonen, und die baulichen Massnahmen zu Abdichtung oder Abschirmung.

Der Zusammenhang zwischen einer Häufung von Naturkatastrophen und der menschlich verursachten Erwärmung der Atmosphäre wird gerne gemacht. Das Thema ist in den Wissenschaften sehr umstritten. Alleine im hitzigen Roman „State of Fear" von Michael Crichton gibt es Dutzende von Verweisen auf wissenschaftliche Veröffentlichungen, die für oder gegen einen Beweis des anthropogenen Einflusses argumentieren. Doch sind zunehmend mehr Menschen betroffen. Besonders die räumliche Ausdehnung der Überschwemmungen auf praktisch die gesamte Schweiz vom Berner Oberland über das Glarnerland bis nach Graubünden ins Engadin zeigt das Ausmass der heftigen Niederschläge. Das kleine Dorf **Oey im Diemtigtal** BE wurde fast komplett evakuiert. Ein Quartier in Brienz BE wurde vom Glyssibach zerstört. Talschaften wie Engelberg OW und das Melchtal blieben für Wochen auf dem regulären Landweg unerreichbar und mussten über eine Luftbrücke mit Helikoptern versorgt werden. Nur teilweise konnten Notstrassen errichtet werden.

Wichtig ist bei den Aufräumarbeiten, dass man die Veränderungen der Natur beachtet und respektiert. Der Wiederaufbau wird nachhaltiger und weniger gefährdet gegenüber neuen Ereignissen sein, wenn man die bleibenden Eingriffe

*Die Macht des Glyssibachs hat in Brienz eine traurige Schneise der Zerstörung zurückgelassen. Aufnahme Oktober 2005.*

durch das Unwetter anerkennt und nicht versucht, gegen sie anzukämpfen. Dies wird beispielsweise bei der Wiederherstellung der **Grimsel Passstrasse** bei Guttannen BE berücksichtigt, wo man nicht versucht, den Murkegel der Rotlaui wegzuwünschen, sondern den neuen Lauf der jungen Aare miteinbeziehen und die Strasse entsprechend führt (siehe Abbildung zum Grimselpass). Dem aufmerksamen Beobachter werden die Zeichen noch lange im Gelände auffallen, und er kann seine eigenen Schlüsse ziehen, ob die Platzverhältnisse und die Entscheidungsmöglichkeiten der betroffenen Menschen ausreichen, um künstliche Bauwerke entsprechend in die Natur einzupassen.

Gewässer treten immer dann über die Ufer, wenn das **Gerinne** mehr Wasser durchfliesst, als es aufnehmen kann. Dieser scheinbar einfache Zusammenhang ist aber keine reine Funktion der Wassermenge, sondern vielmehr auch der Form und des Inhalts des Gerinnes. Im Verlauf von starken Niederschlägen kann sehr viel mehr Festmaterial vom Wasser transportiert werden und das Gerinne verändern bzw. verstopfen. Ein grosses Problem war im Sommer 2005 der Transport von Schwemmholz in den Gewässern, der viele Abflüsse und Wehre blockierte und die Flüsse aus ihren Betten treten liess. Emmen LU wurde dabei besonders schlimm getroffen. Bei solchen Extremereignissen spielt die Umgebung des Gewässers eine wichtige Rolle. Die Art und das Vorhandensein von Böschungen, von Ufervegetation und von **Auslaufzonen** bestimmt dann den weiteren Verlauf des aus dem veränderten Gerinne heraustretenden Wassers. Dies führt heutzutage dazu, dass man Gewässern erlaubt, gezielt an Stellen über die Ufer zu treten, wo möglichst kein oder wenig Schaden angerichtet wird. So genannte Streichwehre an Entlastungsstellen lassen nur soviel Wasser durchfliessen, wie der nachfolgende Flussabschnitt aufnehmen kann, der Rest wird über das Ufer hinaus in Entlastungsgebiete gelenkt. Bei unkontrollierten Wasserausbrüchen sucht sich der Abfluss seinen eigenen Weg des geringsten Widerstandes. Dies ist leider häufig menschliche Infrastruktur, da gerade Strassen und leicht erreichbare Kellergeschosse dankbar das Wasser aufnehmen.

Die Stadt Luzern wird immer wieder bei hohen Pegelständen durch den Vierwaldstättersee überschwemmt. 1999 erreichte der See mit 434.93 m ü.M. den zweithöchsten Stand im 20.

NACHHALTIGKEIT

*Die Reuss zwängt sich gerade noch unter der Kapellbrücke durch. Hochwasser Luzern im August 2005.*

Jahrhundert, nach 1910 mit 435.25 m ü.M. Der Pegelstand von 1999 wurde 2005 deutlich übertroffen, wodurch Verkehr und Gewerbe in der Innenstadt völlig zum Erliegen kamen.

Die Aufräumarbeiten dauerten Wochen an, man sprach von Milliardenschäden. Der Alltag war in der Schweiz noch nicht wieder eingekehrt, als in den USA das nächste Ereignis über die Menschen hereinbrach: Der **Hurrikan Katrina** richtet nur wenige Tage später Schäden durch Sturmwinde, aber vor allem durch anschliessende Überflutungen an und kostet hunderten von Menschen das Leben. Auch hier wurde schon frühzeitig von der Wissenschaft gewarnt, ein Artikel über mögliche Dammbrüche und Überflutungen mit dem Titel „New Orleans – das neue Atlantis?" datiert vom Januar 2000. Allerdings prophezeite dieser Bericht, dass ein solches Szenario am Mississippi-Delta erst 2100 eintreten könnte – und nicht schon fünf Jahre nach der Publikation.

**Hurrikan:** Tropische Wirbelstürme werden im Atlantik Hurrikan, Taifun im Pazifik und Zyklon im Indischen Ozean genannt. Die Entstehung eines Hurrikans benötigt Meeresgebiete mit mindestens 26°C Wassertemperatur und ruhige Luft. Diese Bedingungen findet man im Spätsommer im tropischen Meer beidseits des Äquators. Die warme Luft steigt, schwer von Wasserdampf, auf und zieht auf einer gebogenen Linie nach Westen. Ihr Platz wird von Luft eingenommen, die von den Seiten ins Tief einströmt. Durch die Erddrehung erfährt diese fliessende Luft eine Ablenkung, wodurch das ganze System zu rotieren beginnt. Die warme, aufsteigende Luft trifft auf kältere Luft und setzt ihren Wasserdampf in Form von Niederschlag und Kondensationswärme frei. Dadurch erhöht sich die Steiggeschwindigkeit der Luft und ein sich selbst verstärkender Kreislauf beginnt. Neues Wasser und damit mehr Wärme wird freigesetzt. Da das Windsystem mit einer Energie, die der weltweit halben Kraftwerkskapazität entspricht, um die eigene Achse rotiert, wird die Luft durch die Zentrifugalkraft nach aussen getrieben, sodass im Zentrum ein niedriger Luftdruck entsteht, der das Auge des Hurrikans bildet. Um das Tiefdruckgebiet aufzufüllen, muss die Luft immer schneller fliessen, was wiederum die Zentrifugalkraft verstärkt. Daher kommt es zu diesen schnellen Kreisströmungen. Sobald sich ein Hurrikan voll entwickelt hat, beginnt er sich zu verschieben, sodass er mit neuem, warmem Meerwasser in Berührung kommt und der Prozess sich selbst erhält.

### Das Beben von Basel 1356 – und heute?

In den Schweizer Medien wird häufig über Naturereignisse alpiner Art berichtet: Bei Lawinenabgängen, Steinschlägen oder Murgängen kommen praktisch jedes Jahr Menschen zu Schaden. Darüber wird ganz vergessen, dass die grösste Naturgefahr unseres Landes eine völlig andere ist: Man mag es kaum glauben, aber **Erdbeben** stellen die grösste Gefahr der Natur für den Menschen und sein Hab und Gut dar. Warum uns das nicht auf Anhieb klar ist: Erdbeben treten sehr selten so auf, dass jemand dabei zu Schaden kommt. Wenn sich aber ein grosses Erdbeben ereignet, dann passiert im Lauf dieses einmaligen Ereignisses meistens extrem viel. Das Problem dabei ist das **Bewusstsein** der Menschen. Verheerende Erdbeben treten meist in so weiten Zeitabständen auf, dass die Menschen die drohende Gefahr schon lange wieder vergessen haben. In den letzten fünfzig Jahren hat sich in der Schweiz kein zerstörerisches Erdbeben ereignet. Doch gerade das fehlende Bewusstsein führt zu einer nachlässigen Haltung gegenüber dieser Gefahr aus der Erdkruste. Sollte ein Schadenbeben in nächster Zeit die Schweiz treffen, sind Bevölkerung und offizielle Stellen vergleichsweise schlecht vorbereitet.

Der **Schweizerische Erdbebendienst** (SED, www.seismo.ethz.ch) an der ETH Zürich ist das Organ, das für die Überwachung und die wissenschaftliche Analyse von Erdbeben in der Schweiz verantwortlich ist. Systematisch wurden vom SED die Beben der historischen Vergangenheit bis 1975, als eine digitale instrumentelle Gesamtüberwachung der Schweiz erstmals möglich wurde, analysiert. Man findet sie im Erdbebenkatalog der Schweiz (ECOS). In den letzten 800 Jahren fanden immerhin 28 Erdbebenereignisse statt, die eine **Magnitude** $M_W$ grösser als 5.5 hatten und deshalb Schäden angerichtet haben. Von all diesen historisch aufgezeichneten Erdbeben war das von Basel im Jahre 1356 nicht nur das stärkste der Schweiz, sondern ganz Mitteleuropas seit dem Mittelalter.

Ohne Vorbereitung traf ein erster starker Erdstoss, dem man heute eine Magnitude von $M_W = 6.2$ zuordnet (nur die **Intensität** mit Stärke IX, also die Klassifizierung eines Erdbebens anhand der beobachteten Schäden, ist durch historische Aufzeichnungen zu belegen; daraus wird die

---

**Magnitude:** Mass für die Stärke eines Erdbebens, ermittelt durch Verwendung des Zehnerlogarithmus der stärksten Bodenbewegung, die bei Ankunft der seismischen Raum- oder auch der Oberflächenwellen als Amplituden in Seismogrammen beobachtet wird. Durch Anwendung eines Korrekturfaktors wird die Entfernung zum Epizentrum berücksichtigt. Da diese Grössen empirisch bestimmt werden, können die Formeln je nach Quelle leicht differieren. Man unterscheidet die Lokalmagnitude $M_L$ (die so genannte Richtermagnitude), die Raumwellenmagnitude $m_b$ und die Oberflächenmagnitude $M_S$. Die Momentmagnitude $M_W$ ist keine empirische Grösse, sondern steht direkt mit dem seismischen Moment $M_0$ in Zusammenhang und ist daher eine physikalische Grösse.

**Intensität:** Beschreibt die Auswirkungen eines Erdbebens an einem Ort als Ausmass der empirisch beobachteten Sekundäreffekte, die durch das Erdbeben verursacht wurden. Man unterscheidet verschiedene Intensitätsskalen je nach Zeit und Ort ihrer Anwendung. In Europa gebräuchlich ist die EMS98 Skala, die Europäische Makroseismische Skala 1998. Daneben existieren die MM (Modified Mercalli) Skala in den USA und die MSK (Medvedev-Sponheuer-Karnik) Skala.

Magnitude abgeschätzt), am 18. Oktober 1356 gegen 18 Uhr die Schweizer Stadt am Rhein. Das wahre Unheil brach aber erst gegen 22 Uhr über die rund 7'000 Bewohner herein, als mehrere noch stärkere Erdstösse als das eigentliche Hauptbeben mit $M_W = 6.9$ Basel verwüsteten. Nicht nur Wohngebäude stürzten ein, sondern auch massive Gebäude wie der Lohnhofeckturm und Burgen in der Umgebung sowie Teile des Münsters. Man spricht von 300 bis 1'000 Opfer, welche das Ereignis gefordert haben soll, und die Chroniken sind voll von dramatischen Berichten über die chaotischen Zustände, die daraufhin in Basel ausbrachen. Nicht nur das Erdbeben als Primärereignis war für die Schäden verantwortlich, sondern Sekundärschäden wie Brände machten es noch viel schlimmer. Waren dem Beben selbst vor allem die Steinhäuser zum Opfer gefallen und konnten die Fachwerkhäuser ihre geeignetere Bauweise gegenüber den Belastungen bei Erdbeben noch ausspielen, so waren sie dem folgenden Feuer, das durch die Stadtquartiere raste, machtlos ausgeliefert.

Heute noch sichtbar sind die Auswirkungen des Erdbebens von 1356 an einigen historischen Bauten. Von diesen wird das Basler Münster von Touristen wohl am häufigsten besucht. Neben der markanten Fassade ist vor allem auch die Aussicht von der Pfalz auf den Rhein und Kleinbasel Anziehungspunkt. Das Münster wurde aus weissen und braunroten **Buntsandsteinquadern** erbaut, in denen die Diagonalschichtung der Sandablagerungen noch gut sichtbar ist. Dieser Buntsandstein aus der Trias (Buntsandstein ist auch der Begriff für die erste Phase der in drei Abschnitte unterteilten Trias) war ein beliebter Baustoff für die wichtigen Bauten der Stadt und Hauptbaustein des Münsters. Seit etwa dem 10. Jahrhundert wurde er in Steinbrüchen im Gebiet des Rheins gebrochen, da der Fluss für den Transport eine wichtige Grundlage darstellte. Am Georgsturm des Münsters findet man weisse bis gelbliche Sandsteine tertiären Alters im unteren Teil. Reparaturen wurden deutlich sichtbar mit jenem roten Buntsandstein ausgeführt, der auch in den oberen Stockwerken des Turms zum Einsatz gelangte. Diese Zäsur kann mit dem Erdbebenereignis in Zusammenhang gebracht werden. Die drei unteren Geschosse gehören zur ältesten Kirchenanlage, während die oberen Türme nach dem Erdbeben errichtet wurden. Dies erkennt man auch daran, dass die horizontale Gliederung der Türme nicht mit jener des Seitenschiffes kor-

*Westfassade des Basler Münsters mit Glücksrad und den Eisenspangen, die Beschädigungen vom Erdbeben 1356 anzeigen. Juni 2006.*

reliert. Konkret sichtbar werden die Auswirkungen des Erdbebens noch an der Westfassade beim Glücksrad. Von den Erdstössen verursachte Spalten und Verschiebungen werden von grossen Eisenspangen in den Bausteinen dieser ältesten erhaltenen Fassade zusammengehalten. Das Münster verfügte ursprünglich über vier Türme, von diesen wurden nur der Georgs- und der Martinsturm an der Front nach dem Erdbeben wieder aufgebaut oder repariert. Ähnlich Befunde findet man auch an anderen Kirchen der Stadt, bei denen statt zwei nur noch ein Turm aufgebaut wurde.

Auslöser des Erdbebens war eine aktive Störungszone innerhalb des generell erdbebengefährdeten **Rheingrabengebietes** gewesen. Beim Rheingraben handelt es sich um eine geschwächte Zone der Erdkruste, die durch das Aufbrechen des eurasischen Kontinenten im Tertiär (vor gut 30 Millionen Jahren) entstanden und bis heute seismisch aktiv ist. Vergleichbar ist diese Riftzone mit der grossen Schwester, dem Ostafrikanischen Rift. Die im Rheingraben aktive Störungszone, die Basel gefährdet, verläuft im Birstal über Reinach nach Basel, wie der SED in neuesten Forschungen herausgefunden hat. Bei St. Jakob quert man die östliche Begrenzung dieser Störungszone beim Schänzli Muttenz BL auf dem kurzen Autobahnabschnitt nach Süden in Richtung Jura. Hier fand man bei den Aushubarbeiten während des Autobahnbaus Ende der 1970er Jahre Kalkbänke aus dem Dogger, die einen einzigartigen Einblick in den Gebirgsbau im Bereich des Rheingrabens boten. Um den geologisch bedeutsamen Fund mit dem Bau des Autobahnabschnitts der A18 nicht zu zerstören, einigte man sich auf die Errichtung eines **Denkmals**. Ein Schacht gibt den Zugang frei zu einem gut 8 m breiten Aufschluss, der Einblicke in die Gesteinsschichten neben den in einem Tunnel geführten Fahrbahnen der A18 ermöglicht. Steil fallen die dicken Bänke aus marinem Kalk mit Ooiden und Fossilien nach Westen ein. Diese Kalkbänke lagern im Tafeljura hauptsächlich horizontal und biegen dann unvermittelt im Bereich der Bruchzone um. Erst unter der Stadt Basel sind sie wieder praktisch waagerecht geschichtet. Diese Umbiegung der Gesteinsschichten bezeichnet man als Rheintal-Flexur. Sie markiert die Ostgrenze des tektonischen Gebiets des südlichen Rheingrabens, das für die Erdbeben der jüngeren Geschichte verantwortlich zeichnet, auch für jenes von 1356. Heute beobachtet man Bewegungsvorgänge am Rheingraben intensiv und misst sie kontinuierlich mit hochpräzisen Geräten.

Geologische Arbeiten haben für die letzten gut 10'000 Jahre insgesamt drei sehr schwere Beben an den Strukturen nahe der Erdoberfläche nachweisen können, eins davon um 250 n. Chr., das vermutlich die Römerstadt Augusta Raurica zerstört hat. Weitere Schaden verursachende Beben sind für die Jahre 1372, 1428, 1572 und 1610 belegt. Statistisch gesehen kommt das nächste Beben also bestimmt, die **Erdbebengefährdung** für Basel wird im globalen Rahmen als „mittel-

---

**Erdbebengefährdung:** Die Wahrscheinlichkeit, dass innerhalb einer bestimmten Zeit an einem Ort ein gewisser Wert einer makroseismischen Intensität oder eines Bodenbewegungsparameters wie Beschleunigung, Geschwindigkeit oder Auslenkung nicht überschritten wird. Die Erdbebengefährdung beschreibt also ein Mass für die Auftretenswahrscheinlichkeit eines bestimmten Erdbebens.

gross" angesehen. Das Problem in dichtbesiedelten Räumen ist aber das **Erdbebenrisiko**, also der tatsächlich zu erwartende Schaden an Infrastruktur und Menschen. Und hier nimmt Basel eine Position innerhalb der Top Ten der am meisten gefährdeten Städte der Welt ein! Der Grund liegt in der Kombination von Risikoherden wie dem Rhein mit seinen Hafen- und Wehranlagen, der hochkonzentrierten Chemie- und Pharmaindustrie sowie der Baulage, der hohen Bevölkerungsdichte und der Bedeutung Basels als Verkehrsknotenpunkt auf der Strasse und auf dem Wasser. Versicherungen und Katastrophendienste versuchen das Bewusstsein für die Situation nun zu schärfen, der Bevölkerung das richtige Verhalten anzutrainieren und griffige Massnahmen zu erarbeiten. Vor allem geht es darum, die Verletzlichkeit der Infrastruktur bei einem Erdbeben zu reduzieren und Kanäle zu schaffen, um das öffentliche Leben nach dem Beben nicht stillstehen zu lassen. Dennoch haben sich die verletzbaren Infrastrukturwerte in der Schweiz aufgrund Bevölkerungswachstum und -konzentration in Städten, die zudem häufig ungünstig gegenüber Erdbeben in Flusstälern gebaut sind, weiter erhöht. Schadensszenarien grosser Versicherungen rechneten im Jahre 1988 bei einem Erdbeben, das mit jenem von 1356 in der Stärke vergleichbar wäre, mit Gebäudeschäden von durchschnittlich 30.3 Milliarden Franken. Das Szenario wurde im Jahr 2000 aktualisiert. Gerechnet wurde dort schon mit 45 Mia. Franken. Dazu kommen Schäden am Gebäudeinhalt wie Maschinen und Mobiliar sowie Betriebsunterbrechungen, die ebenfalls besonders teuer, aber kaum genau abzuschätzen sind.

## Noch einmal Luzern: Historisches Erdbeben

Der gigantische **Tsunami**, der durch das starke Erdbeben vor der Küste Sumatras am 26.12.2004 ausgelöst wurde und Tod und Vernichtung über den südasiatischen Raum bis hinüber an die Ostküste Afrikas gebracht hatte, dürfte den meisten noch im Bewusstsein stecken. Ungewöhnlich und praktisch unbekannt ist jedoch die Tatsache, dass es auch schon in der Schweiz Tsunamis gab, die Schäden anrichteten. Im konkreten Beispiel geht es um das grösste Erdbeben des letzten Jahrtausends in der Zentralschweiz, das **Beben vom 18. September 1601** mit einer geschätzten Magnitude von 6.2. Das Epizentrum lag im Kanton Unterwalden nahe dem Vierwaldstättersee und löste synchron eine Anzahl Bergstürze und Rutschungen von Sedimenten unter dem Seespiegel aus. Die grössten befanden sich im Raume Weggis und versetzten den See in heftige Wellenbewegungen. Diese waren zeitweise so gross, dass das Wasser regelrecht aufgeschaukelt und der Ausfluss der Reuss in Luzern gänzlich trocken

**Erdbebenrisiko:** Die erwartete Anzahl von geforderten Menschenleben, verletzten Personen, Schäden an Gebäuden und der Beschreibung von wirtschaftlichem Verlust durch ein Erdbebenereignis. Damit ist das Erdbebenrisiko das Produkt aus der spezifischen Gefährdung multipliziert mit der Verletzlichkeit der betroffenen Elemente. Seismische Gefährdung mal Verletzlichkeit = seismisches Risiko

**Tsunami:** Japanischer Begriff („grosse Welle im Hafen"). Meist plötzlich auftretende, energiereiche und sehr schnelle (bis max. ca. 900 km/h), in Küstengebieten verheerende Welle, deren Amplitude weit von Land nur einige Zentimeter, in Küstennähe aber mehrere Meter betragen kann. Tsunami können durch Bewegungen des Meeresbodens, durch Massenbewegungen (Rutschungen am Meeresboden) oder vertikale Bodenbewegungen bei Erdbeben entstehen. Es ist eine der wichtigsten gravitativen Wellen, die an der Erdoberfläche auftreten können, und durch besonders lange Perioden (200 bis 2'000 s) und Wellenlängen von 1 bis 100 km charakterisiert. Die Ausbreitung der Tsunami-Wellen hängt stark von der Wellenlänge und der Wassertiefe ab.

gelegt wurde, wie der damalige Stadtschreiber von Luzern, Renward Cysat (1545 – 1614), eindrucksvoll und selbst erschrocken festhielt: *„Den 18 tag Septembris des 1601ten jars erhobe sich nach mittnacht wenig vor 2 uhren ein starcker und fürwahr erschrockenlicher erdbidem allhier by uns zu Lucern [...] Diser war ouch umbso vil erschrockenlicher und forchtsamer von wegen der wunderbarlichen bewegung und veränderung des sees und der Rüss us jrem rechten ziel"* (aus: ZHB Luzern, Handschriften und alte Drucke).

Detaillierte Simulationen für die Situation in den einzelnen, insgesamt sieben, Becken des Vierwaldstättersees, gesäumt von steilen Felswänden, ergaben Wellenhöhen von bis zu vier Metern. Zahlreiche Gebäude wurden durch die Erdstösse komplett zerstört, andere beschädigt oder durch weitere Hangrutsche unzugänglich.

Die genauen Auswirkungen werden aktuell von Geologen der ETH Zürich untersucht. Verschiedene Disziplinen arbeiten auf einem Forschungsschiff eng und intensiv zusammen, um mit seismischen Profilen kreuz und quer über den Vierwaldstättersee mittels Schallwellen akustisch die Strukturen der Seesedimente zu „durchleuchten" und mit $^{14}$C-Datierungen dem Ereignis genauer auf die Spur zu kommen. Breite **Schlammpakete** in dem Seeboden entnommenen Bohrkernen weisen schon offensichtlich den Weg: Deutlich abgegrenzt von typischen Seesedimentschichten ist jenes Material, das während des Erdbebens abgerutscht ist. Normalerweise setzen sich in den Schweizer Voralpenseen kontinuierlich Sedimentpartikel mit einer Schichtdicke von knapp einem Millimeter pro Jahr auf dem Seegrund ab (gilt für das Holozän). Insgesamt sind es total über 100 m des so genannten glaziolacustrinen Eintrages aus dem Pleistozän und dem Holozän. Die Analysen dieser Sedimentlagen lassen klare Rückschlüsse auf die klimatischen und biologischen Bedingungen der Umwelt zur damaligen Zeit zu. Doch von diesen regulären Sedimenteinträgen abweichend lassen sich verschiedene Ablagerungen von Schlammlawinen im See finden. Diese bis zu mehr als 10 m mächtigen Pakete konnten nicht nur auf das Jahr 1601 datiert werden. In unregelmässigen Abständen war es schon früher zu Rutschungen gekommen, die durch Erdbeben ausgelöst worden waren. Für den Verlauf der letzten 15'000 Jahre konnten die **Paläoseismologen**, so die Bezeichnung für die Forscher längst vergangener Erdbeben, fünf solcher zerstörerischer prähistorischer Ereignisse zählen.

Die Forschungsergebnisse vom Vierwaldstättersee und von vier weiteren kleineren Seen der Region sind wichtig und bedeutsam, um die Erdbebengefährdung von grösseren, dicht besiedelten Agglomerationsräumen, wie sie auch die Region um Luzern darstellt, besser abschätzen zu können. Eine zunehmende Bevölkerungsdichte mit hohen infrastrukturellen Werten benötigt eine bessere Kenntnis der seismischen Gefährdung, um die notwendigen Massnahmen zum Bevölkerungsschutz einleiten zu können. Da in historischer Zeit neben dem Unterwalden-Beben von 1601 noch eines in Altdorf (1774) mit grösseren Schäden von Menschen aufgezeichnet wurde, die Wiederkehrperiode von grossen Schadensbeben aber im Bereich von Tausenden von

Jahren liegen kann, erlauben es die paläoseismisch entdeckten Erdbeben, weiteres Licht ins Dunkel zu bringen.

## *Historische Bergstürze*

Bergstürze waren und sind immer Bestandteil der dynamischen Alpenwelt, mit denen sich ihre Bewohner auseinandersetzen müssen. Als Bergsturz definiert man generell eine Massenselbstbewegung über Grösse und Art des Niedergangs, mit einem Volumen von > 1 Mio. m$^3$ oder der Bedeckung einer Fläche im Ablagerungsgebiet von > 0.1 km$^2$. Die Verbreitungsgrenze von Bergstürzen hält sich eng an die Petrografie. Die grössten Bergstürze ereignen sich in Kalk- und Dolomitformationen, in der Schweiz also in den Zonen des Helvetikums. Zu den internen Ursachen für Bergstürze gehören Gebirgsbau und -beschaffenheit, zu den externen die fluviatile oder glaziale Erosion. Auslöser sind dann oft nur noch kleine Ereignisse wie anhaltende Regenfälle, Erdbeben oder auch anthropogene Einflüsse. Zu den grössten Bergstürzen gehören das prähistorische Ereignis von Flims (→ Ruinaulta) und die historischen Ereignisse von Derborence und Goldau. Der Bergsturz von Elm 1881 ist ein Beispiel eines anthropogen verursachten Ereignisses in der Schweiz. In seinem Spätwerk „Bergsturz und Menschenleben" nahm sich Albert Heim des Thems an, das ihm, der um die schwierigen Umstände im Glarnerland in Elm und in Linthal nur allzu gut Bescheid wusste, sehr am Herzen lag.

## *Derborence*

Am 23. September 1714 ging am Nachmittag an der Südwestflanke der Diablerets, der Teufelskette, ein Bergsturz nieder, der auf der Alp von Derborence 50 Chalets zerstörte. In den Trümmern kamen 15 Personen ums Leben. 35 Jahre später, am 23.6.1749, erfolgte ein zweiter Sturz aus dem Kamm der Diablerets, der schliesslich den See von Derborence aufstaute. Dies war der spektakulärste und grösste Bergsturz in den Schweizer Alpen zu historischen Zeiten. Der Name Derborence wäre ohne das Drama wohl nie so bekannt geworden, doch profitiert Derborence heute auch von seiner Naturschönheit mit dem natürlichen See und dem Wildwuchs im Wald. Der Zugang wurde mit der Eröffnung der Strasse und den in den Fels gesprengten Tunneln 1951 stark vereinfacht, doch noch immer ist es ein wilder Ausflug hinauf aus dem Rhonetal. Berühmt wurde das Gebiet allerdings durch den Roman „Derborence" von Charles Ferdinand Ramuz, und es schrieb unlängst wieder Schlagzeilen, als zusammen mit der Pro Natura die Idee eines neuen Nationalparks „Les Muverans" erarbeitet wurde. Ginge es nach den Initianten, entstünde ein Park in den Kantonen Waadt und Wallis, in dem schon zwei Naturschutzgebiete liegen. Vier Anlieger-Gemeinden stellten sich im Jahre 2005 jedoch gegen das Projekt und brachten es (vorläufig) zum Abbruch. Dass neue Parkprojekte durchaus Chancen haben, zeigt nämlich der 2006 eröffnete „Parc Ela" in Graubünden.

### Die Steinflut von Elm

Am 11. September 1881 trug es sich zu, dass in **Elm GL** 10 Millionen m³ Gestein aus dem Plattenberg über 600 m tief hinunter ins Tal stürzten und einen Teil des Dorfes vernichteten. Bei dem tragischen, weil voraussehbaren Unglück kamen 115 Menschen ums Leben. Genau 50 Jahre später, angesichts der Bedrohung durch den → Kilchenstock, erinnert sich die Glarner Zeitung: „Eine schiefergraue Wolke lagerte längere Zeit über dem Unglückstal und erst allmählich wurden die Überlebenden der ungeheuren Verwüstungen gewahr, die die Katastrophe über ihrem Dorf angerichtet hatte. 22 Wohnhäuser, 50 Ställe, 12 Magazine und Werkstätten waren vom Erdboden verschwunden." Die Ursache war anthropogen, wie in so vielen Fällen, in denen die Gewalt der Natur dem Menschen letztlich Schaden zufügt: Die Schieferplatten des Plattenbergkopfes, während der alpinen Gebirgsbildung im Oligozän entstanden, waren überhastet und mit mangelnder Vorsicht abgebaut worden, sodass der Berg schliesslich stark unterhöhlt und nicht abgestützt worden war; die Einführung der Schulpflicht hatte den Bedarf nach **Schreibtafeln** aus Schiefer rasch in die Höhe schnellen lassen.

Nachdem kleinere Abbruchereignisse das Dorf schon zuvor in Aufregung versetzt hatten und Diskussionen im Gange waren, wie sowohl das Geschäft mit dem Gestein als auch die eigene Sicherheit erhalten bleiben könne, trat das Ereignis doch mit voller Wucht ein. Franz Hohler hat in seiner Novelle „**Die Steinflut**" das Drama aus der Perspektive der siebenjährigen Katharina, deren Eltern Besitzer einer Gaststätte in Elm sind, aufgearbeitet. Weil ihre Mutter in Erwartung des sechsten Kindes ist, muss sie mit ihrem kleinen Bruder bei der Grossmutter ausserhalb des Dorfs übernachten, was ihnen letztlich das Leben rettet. Wie oft kommt es doch vor, dass die Menschen vor den Gefahren der Natur eine kindliche, naive Perspektive einnehmen und die Naturwelt genauso wenig verstehen, wie ein sieben Jahre altes Kind die Welt der Erwachsenen! Die Erzählung, in einem für Franz Hohler ziemlich untypischen Stil, ermöglicht nebenbei einen interessanten Einblick in die Sprachgepflogenheiten der Schweizer (siehe Sprache und Raum). Unzählige **Helvetismen** finden sich in den Seiten des kleinen Büchleins und erlauben einen lebendigen Einblick in die Lebensweise der Menschen eines Glarner Bergdorfes.

Das ehemalige Schieferbergwerk „Landesplattenberg Engi", seit 1961 stillgelegt, und die Schiefertafelfabrik in Elm beschreiben die Geologie und erzählen die Geschichte des Schiefers im Sernftal: www.plattenberg.ch.

*Schieferplatte am Landesplattenberg in Engi GL. Juni 2006.*

## Kilchenstock

Eine ähnliche Geschichte hätte man beinahe im Herbst 1930 ganz in der Nähe nochmals erzählen können: Über der Gemeinde **Linthal GL** drohte eine grosse Masse Fels vom **Kilchenstock** abzubrechen. Der Name stammt von der Kirche, welche 1283 am Fuss des Berges als Bann gegen den Berg und seine Lawinen und Steinschläge gebaut wurde. Durch Abholzung und sich tief in die Flanken erodierende Runsen wurde das Problem der instabilen Hänge verschärft, von der Lokalbevölkerung allerdings nicht als gravierend angesehen. Die tragische Katastrophe im benachbarten Sernftal war schon aus den Köpfen verschwunden, und zudem war dort ja Raubbau an den Schieferplatten betrieben und dadurch der Bergsturz verschuldet worden, so die vorherrschende Meinung. Dennoch zeichnet sich das Gebiet um Linthal durch eine sehr ähnliche Geologie und damit ähnliche Gefährdung aus.

Um 1929 machte der Kilchenstock mit seiner Instabilität erstmals auf sich aufmerksam, doch die Gefahr wurde akut, als ein feuchter Sommer 1930 mit starken Niederschlägen immer wieder Steinschläge und Murgänge auslöste, die bis hinunter ins Dorf gelangten. Tatsächlich wurde Linthal mehrmals von Schlamm und Wasser überflutet, was erhebliche Schäden anrichtete.

Rudolf Staub war damals Professor für Geologie an der ETH Zürich und versuchte die Behörden des Kantons Glarus zum Handeln zu bewegen. Zwar unterblieb eine offizielle Evakuierung, doch wurden die Bewohner aufgefordert, sich und ihre Habe in Sicherheit zu bringen. Nachdem der grosse Bergsturz ausgeblieben war, ereilte den Wissenschaftler das Schicksal vieler seiner Vorgänger: Es hagelte harsche Kritik an seiner fehlerhaften Prognose. **Albert Heim**, grosser Pionier der Geologie in der Schweiz, bedauerte diese Entwicklung zutiefst, da ihm die Erinnerung an den Bergsturz von 1881 in Elm oder von 1806 in Arth-Goldau nur zu gut noch in Erinnerung war und er verzweifelte, dass die Menschen nicht aus der Geschichte klug werden wollten: *"Warnt er nicht kraeftig und es kommt der Sturz unverhofft, so wird er beschuldigt. Warnt er sehr kraeftig, so kann eine Panik entstehen. Und wenn es dann wieder etwas stille steht, so wird der Geologe, der Angst gemacht hat, furchtbar verdammt und beschuldigt, vielleicht sogar gerichtlich."* hat er in einem Brief an den Linthaler Pfarrer Frey geschrieben, der seine minuziösen Beobachtungen brieflich an Heim meldete, der damals für Feldbegehungen schon zu alt und schwach war. Der Konflikt zwischen den Menschen in ihren Alltagssituationen im Gefahrenraum, dem Wissenschaftler als Warner und Vermittler sowie dem Berg lastete Heim mindestens so schwer auf den Schultern wie sein Alter und seine Gebrechen. Dies war die Inspiration für das letzte grosse Werk seines Lebens, **„Bergsturz und Menschenleben"**.

Auch die Ereignisse am Kilchenstock sind in einem Roman verarbeitet worden. Emil Zopfi ist es mit „Kilchenstock" gelungen, eine lebhafte Geschichte rund um die realen Erinnerungen, die der Nachwelt erhalten geblieben sind und reichlich in den Roman eingeflochten werden, zu entwerfen. Es ist wie eine alte scharz-weisse Zeitungsfotografie aus dem Archiv der Jahre 1929 – 1932, die Zopfi dann komplett bis ins letzte Detail farbig ausmalt. Kapitel für Kapitel geht er so vor, dass auf ein authentisches Zeugnis die nächste Koloration folgt. Man erfährt so einiges über die Gedanken, die den verschiedenen Menschen im Kopf herumgegangen sind, und bekommt einiges über Geologie mit. Natürlich darf auch die Geschichte um die → Glarner Doppelfalte, der Theorie zur Erklärung der Beobachtungen an der Glarner Hauptüberschiebung zwischen Lochsite und Martinsloch, nicht fehlen. Albert Heims Werdegang und Eckpunkte seiner Karriere lassen sich genauso gut verfolgen wie die politischen und demografischen Entwicklungen der Dreissigerjahre, mit der Weltwirtschaftskrise, dem daniederliegenden Industriesektor in den Glarner Tälern mit der Angst um die Existenzfähigkeit der Glarner Dörfer und dem Aufschwung der Nazis in Deutschland. Auch werden von Zopfi viele Querverbindungen geschlagen. Unter anderem wird die Räumung von zahlreichen Gebäuden im → Wägital aufgrund des Staudammbaus beschrieben, als die teilweisen Evakuierungen in Linthal aufgenommen werden.

### Der Bergrutsch von Goldau

Wiederum trug es sich in einem September (wie in Elm) zu, der ausserdem überaus nass und regenreich gewesen war, dass der Berg Unglück über das Tal brachte. Am 2. September 1806 war eine **Mergelschicht** der Molasse derart aufgeweicht worden, dass sie zu einer Rutschbahn wurde und 36 – 40 Millionen Kubikmeter Gestein des darüber liegenden **Nagelfluhs** auf ihr ins Tal glitten. 457 Einwohner im Dorf Goldau kamen dabei um, 111 Häuser wurden vom Rossberg zerstört und eine gewaltige Flutwelle im Lauerzersee ausgelöst. Die Bergsturzmasse war derart riesig, dass sich ein gewaltiger Sturzstrom aus dem haltlosen Gestein des Nagelfluhs rasend schnell den Hang hinabbewegte, durch den Talkessel rauschte und seine Energie erst auf der gegenüber liegenden Seite des Tales abbauen konnte. Insgesamt bedeckt er heute 6 km². Neuesten Forschungen zufolge wirkten bei diesem Ereignis bei Zusammenstössen der Felsblöcke Massen von fast einer Tonne auf einen Quadratzentimeter bei Geschwindigkeiten bis zu **300 km/h**. Die Simulation des Rutsches ist Gegenstand von Forschungen an der ETH Zürich, um dem Auslöser und der Verhaltensweise der Bergsturzmasse während des gut zwei bis drei Minuten dauernden Rutsches noch besser auf die Spur zu kommen. Insbesondere schliesst man in Goldau die Theorie aus, dass die grossen Geschwindigkeiten durch eingeschlossene Luftkissen unter der Sturzmasse zustande kamen.

Die Folgen sind heute noch in und um den Tierpark Goldau (16.–/ 14.–/ 10.–) an den grossen Blöcken sichtbar, die einen Bestandteil des seit 1925 existierenden Tierparks bilden und ohne die er in seiner heutigen Form nicht existierte. Zudem ist das Bergsturzgebiet als Objekt 1607 im BLN geschützt. Da sich das Ereignis im Jahre 2006 zum 200. Mal jährt, gibt es im Tierpark verschiedene Aktivitäten im Gedenken an den Bergrutsch von 1806 (www.goldauerbergsturz.ch), aber auch hinsichtlich der Kraft der Natur, sich rasch zu erholen und das Gebiet mit einer speziellen Bergsturzflora und -fauna wieder in Beschlag zu nehmen. Seit 1999 gibt es den **Erlebnisweg Geologie** im Tierpark, der auf Schülerinnen und Schüler zugeschnitten ist und ihnen die Wissenschaft der Geologie anhand der regionalen Gegebenheiten näher bringen soll. So erfährt man etwas über die Lebens- und Umweltbedingungen während verschiedener Etappen der Erdgeschichte, welche die Umgebung nachhaltig geprägt haben. Über 160 Millionen Jahre Erdgeschichte zieht sich die Reise durch die Vergangenheit des Kantons Schwyz hin, reich bebildert in der Ausstellung und mit den Bildtafeln. Allerdings kann das vor gut 25 Millionen Jahren lebende **Nashorn** im Tierpark nicht mehr besucht werden – es ist schon lange ausgestorben. Seine Existenz konnte aber aufgrund versteinerter Fussspuren nachgewiesen werden.

Auch heute noch kommt es immer wieder zu Abbrüchen am Rossberg. Die oberen Schichten der Nagelfluh sind nämlich neben der wenig Halt bietenden Mergelunterlage zusätzlich durch eiszeitliche Tätigkeiten destabilisiert. Die erosive Tätigkeit des Reussgletschers hat die unteren Talbereiche ausgeschabt. Es fehlt an einer Stütze für die verbliebenen, höher liegenden Bereiche der bis zu 27° gefährlich schräggestellten Schichten, die während der Alpenfaltung aus ihrer horizontalen Lage verkippt wurden. Seit der Eiszeit kennt man Dutzende von kleineren Sturzereignissen. Die letzten datieren von den Wintern 1995/1996 und 2003/2004, waren aber zu klein, um die umliegenden Gebiete zu gefährden. In nächster Zeit ist die Wahrscheinlichkeit der Wiederholung eines grossen Ereignisses wie jenes von 1806 sehr gering, doch für geologische Zeiträume besteht durchaus wieder die Möglichkeit.

*Die Wegmarke „Falli-Hölli" oberhalb der Gemeinde Plasselb FR. Juli 2005.*

### Die Falli Hölli

Im Sommer 1994 machte der Berg seinem Namen alle Ehre: Der westliche Teil des **Schwybergs** im Kanton Freiburg nahe dem Schwarzsee begann im Bereich des Flurnamens „**Falli Hölli**" zu rutschen und erreichte maximale Geschwindigkeiten von beachtlichen 20 m/h. Total waren gut 35 – 40 Mio. m³ Erdmasse in Bewegung – etwa dieselbe Masse wie schon beim Felssturz in Randa 1991 –, welche die gesamte Ferienhaussiedlung mit sich rissen. Da der Vorgang schon im Mai eingesetzt hatte und der Vorgang sich Mitte Juni zu beschleunigen begann, konnten die Gebäude rechtzeitig evakuiert werden, sodass wenigstens keine Menschen zu Schaden kamen. Die Siedlung ging komplett verloren. Die Gefahr einer Überschwemmung weiter unten liegender Siedlungen durch eine Stauung des Baches und einen anschliessenden, plötzlichen Durchbruch konnte aber gerade noch einmal abgewendet werden. Das geologische Institut der Uni Freiburg, die das Gebiet untersuchte, beziffert die Rutschfläche auf ca. 1.5 km² bei einer betroffenen Hangbreite von 700 m.

Auch hier waren es die Sedimentschichten des Untergrundes, die für das Lockergestein darüber als Rutschbahn wirkten und es mehrere hundert Meter abwärts bewegten. Die **Flysche** der Gurnigeldecke sind für solche Ereignisse eigentlich bekannt, in der historischen Vergangenheit gab es verschiedene Rutschungen im Gebiet. Auch der Name des Gewässers, Höllbach, der sich tief ins Tal erodiert hat, lässt auf frühere unangenehme Naturereignisse schliessen. Tatsächlich hat man im NFP31 durch Datierungen mit der **$^{14}$C-Radiokarbon-Methode** festgestellt, dass in den letzten 10'000 Jahren einige Rutschungen stattgefunden hatten.

Heute fehlt fast jegliche Besiedlung im vormals touristisch erschlossenen Gebiet, und auf der bedenklich schlechten Strasse wird man heute darauf hingewiesen, dass man in diesem Gelände besser mit Vorsicht unterwegs ist. Auf der aktuellen Ausgabe der Schweizerischen Landeskarte taucht der Siedlungsnahme Falli Hölli nicht mehr auf, doch die Narben sind in der Landschaft noch überdeutlich zu erkennen. Sie haben den Menschen gelehrt, sich vermehrt mit **Naturgefahren** auseinanderzusetzen. Heutzutage ist es aufgrund der hohen Bevölkerungsdichte und der touristischen Bedürfnisse oft unvermeidbar, in gefährdete Gebiete hineinzubauen. Doch zahlreiche Beispiele von vermeidbaren Unglücken zeigen auf, dass Gefahrenkarten sorgfältig erstellt, gepflegt und anschliessend vor dem Bau auch konsultiert werden sollten, um Gefährdungen zu erkennen und Risiken zu vermeiden. Gefahrenkarten stellen heute ein wichtiges Lenkungsinstrument für die Raumplanung dar, auch wenn einige Massnahmen, die daraus folgen, überaus unpopulär sind. Rückblickend lässt sich aber für Falli Hölli sagen, dass die **Anzeichen** für einen Bergrutsch erkennbar und von den Geologen entsprechende Warnungen formuliert worden waren und demnach der fatale Bau der Chalets in diesem ungünstigen Gebiet hätte vermieden werden können. Spätestens als die Wasserleitungen für die Trinkwasserversorgung zweimal repariert werden mussten, hätte man hellhörig werden müssen.

Wenn man von der Kantonsstrasse in **Plasselb**, zu dessen Gemeindegebiet die Siedlung Falli Hölli gehörte, auf die schmale Bergstrasse abbiegt, kann man sich ein gutes Bild vom steilen Tal des Höllbaches und vom Hangrutsch machen. Instinktiv könnte man auch meinen, dass ein Ort mit dem Flurnamen „Falli Hölli" nicht gerade ideal als Baugrund zu verstehen wäre. Laut Auskunft des Amts für Wald, Wild und Fischerei in Plaffeien ist dies jedoch ein zusammengesetzter Begriff, der erst mit dem Bau des gleichnamigen Hotels aufkam. Die beiden Begriffe Falli und Hölli sind getrennt zu verstehen: Falli als steiler Hang in einiger Distanz, und Hölli als ein höher gelegenes Gebiet.

*Hinweis für den unwissenden Reisenden auf die Gefahr des Berges. Das mitgenommene Schild dahinter spricht Bände ... Juli 2005.*

# ANHANG

## Quellenverzeichnis

Das Quellenverzeichnis wird in alphabetischer Reihenfolge der Autoren aufgeführt. Auf eine wissenschaftliche Zitationsweise wurde zugunsten des Lesevergnügens und der Übersichtlichkeit verzichtet. Um die Nützlichkeit des Literaturverzeichnisses zu erhöhen, wird dem Quellenverzeichnis eine Auswahl an Literatur nachgestellt und das Quellenverzeichnis selbst mit Markierungen unterteilt:

Blau gedruckte Einträge bezeichnen Quellen, die dem allgemeinen Interesse an den Geowissenschaften der Schweiz dienen oder weiterführende, gut geeignete Literatur für einzelne Kapitel dieses Buches darstellen.

Allgemein verständliche und erhältliche Literatur ist in normaler Schreibweise gehalten.

Kursiv gesetzte Einträge bezeichnen Fachpublikationen oder nicht (mehr) öffentlich erhältliche Literatur.

Abt, Peter. Die eisenbahntechnische Erschliessung des Kantons Graubünden. In: Elsasser, H. und M. Bösch (Hrsg.). Beiträge zur Geographie Graubündens, 149 pp., Zürich: 99 - 104.

*Allen, P. A. Earth Surface Processes, 416 pp. Blackwell Science 1997.*

Anderes, Bernhard. Der Stiftsbezirk St. Gallen. 2. Auflage, Amt für Kulturpflege des Kantons St. Gallen, 1991.

Antenen-Kessi, Max. Der Untergrund der Bieler Altstadt – eine Steinzeit-Geschichte. Seebutz, Heimatbuch des Seelandes und Murtenbiets, 2003.

Auf der Mauer, Franz; Jordan, Peter. Geotope: Fenster in die Urzeit. Ott Verlag, Thun 2002.

*Barth, S. R. Utilization of boron as a critical parameter in water quality evaluation: implications for thermal and mineral water resources in SW Germany and N Switzerland. Environmental Geology 40, 73 – 89, 2000.*

Basset, Thierry. Unterlagen zu Geologieexkursionen, 2005. www.thierrybasset.ch.

Bearth, Peter. Geologischer Führer von Zermatt. Herausgegeben von der Alpinen Vereinigung Zermatt, 1977.

Bauer, Ursula und Jürg Frischknecht. Grenzland Bergell, 360pp. Rotpunktverlag, Zürich 2003.

Baumann, Marco; Göldi, Christian; Gunzenreiner, Urs und Matthias Oplatika. Die Thur – ein Fluss lebt auf. In: Der Rhein – Lebensader einer Region, 352 – 360. Naturforschende Gesellschaft Zürich, 2005.

*Bianchetti, G.; Roth, P.; Vuataz, F. und J. Vergain. Deep groundwater circulation in the Alps: Relations between water infiltration, induced seismicity and thermal springs. The case of Val d'Illiez, Wallis, Switzerland. Eclogae geol. Helv. 85/2, 291 – 305, 2002.*

Bischof, Marco; Weber, Hans; Stopper, Hans; Schmidt, Albert und Steve Nann. Das Martinsloch zu Elm. Die Region Elm / Glarus mit den Ereignissen im Martinsloch. Verkehrsverein Sernftal, 1996.

Bitterli-Brunner, Peter. Geologischer Führer der Region Basel. Birkhäuser, 1987.

Bloetzer, Werner; Egli, Thomas; Petrascheck, Armin; Sauter, Joseph und Markus Stoffel. Nationales Forschungsprogramm „Klimaänderungen und Naturkatastrophen" (NFP 31). Klimaänderungen und Naturgefahren in der Raumplanung – Methodische Ansätze und Fallbeispiele. vdf, Zürich 1998.

Bögli, Alfred. Das Hölloch und sein Karst, 109pp. La Baconnière, 1970.

Brune, James N. Precariously balanced rocks and ground-motion maps for Southern California. Bulletin of the seismological society of America, 86, 43 – 54, 1996.

Bundesamt für Statistik (BFS). Biodiversität, Statistiken und Analysen Umwelt Schweiz, 2002

Burri, Klaus. Schweiz. Geographische Betrachtungen, 338pp. Interkantonale Lehrmittelzentrale, Lehrmittelverlag des Kantons Zürich, 1995.

Crichton, Michael. State of Fear, 736pp. HarperCollins, 2005.

Diethelm, Brigitte. Die Gruppe von Neu-Innerthal der Architekten Müller & Freytag. In: Marchring 37 / 1997. 75 Jahre Kraftwerk Wägital, Beiträge zum Jubiläum sowie zur Geschichte des Wägitals. Marchring, Gesellschaft für Volks- und Heimatkunde der Landschaft March, 1997.

Doyle, Sir Arthur Conan. Die Sherlock Holmes Stories, Band 1. Dt. Ausgabe Verlag Ullstein GmbH, 1977.

Egli, Thomas. Objektschutz. Massnahmen und ihre Wirtschaftlichkeit bei Wildbächen, Flüssen und Seen dargestellt anhand von 4 Fallbeispielen. Bundesamt für Wasser und Geologie, 2002.

Enz, Anita. Lebende Fliessgewässer. Amt für Umwelt des Kantons Thurgau, 2006.

Fäh, Donat; Rüttener, Erik; Noack, Thomas und Peter Kruspan. Microzonation of the city of Basel. Journal of Seismology 1, 87 – 102, 1997.

Gabriel, Alexander. Möglichkeiten für Renaturierungen im Gebiet der Nussbaumer Seen. Naturmonographie Die Nussbaumer Seen. Mitteilungen der Thurgauischen Naturforschenden Gesellschaft, Band 53, 376 – 386, 1995.

Gensler, Gian und Max Schüepp. Witterungsklimatologie von Graubünden. In: Elsasser, H. und M. Bösch (Hrsg.). Beiträge zur Geographie Graubündens, 149 pp., Zürich: 7 – 17.

Gerber, Martin Eduard. Geologie des Berner Sandsteins. Das Burdigalien zwischen Sense und Langete, Kanton Bern. Inauguraldissertation der philosophisch-naturwissenschaftlichen Fakultät der Universität Bern, Universitätsdruckerei Bern, 1984

Giezendanner, Heini. Burgen und Schlösser im Thurgau, 144pp. Huber Verlag, Frauenfeld 1997.

Goll, Jürg und Aleksis Dind. Führer zum Klostermuseum Müstair. Schnell und Steiner, 2004.

Grasmueck, Mark. 3-D ground-penetrating radar applied to fracture imaging in gneiss. Geophysics 61, 1050 – 1064, 1996.

Gügel, Dominik und Christina Egli. Arkadien am Bodensee. Europäische Gartenkultur des beginnenden 19. Jahrhunderts. Huber, 2005.

Haeberli, W.; Holzauser, H. und M. Maisch. Physische Geographie III „Geomorphologie und Glaziologie". Geographisches Institut der Universität Zürich, 2005.

Hauser, Andreas und Peter Röllin. Bern. Architektur und Städtebau 1850 – 1920. Sonderpublikation aus Band 2 der Gesamtreihe Inventar der neueren Schweizer Architektur 1850 – 1920 INSA. Orell Füssli, 2003.

Heierli, Hans. Der geologische Wanderweg am Hohen Kasten (Säntis-Gebirge). Verlag Paul Haupt Bern, 2. Auflage 1987.

Heim, Alberg. Bergsturz und Menschenleben. Fretz und Wasmuth, 1932.

Heim, Albert. Geologie des Rheinfalls. Hrsg. von der Naturforschenden Gesellschaft Schaffhausen, Heft 10, 1931.

Hirt, Fritz und André Hofmann. Auen- und Mittelwälder am Zürcher Rhein und an der Thur. In: Der Rhein – Lebensader einer Region, 176 – 183. Naturforschende Gesellschaft Zürich, 2005.

Hohler, Franz. Die Steinflut, dtv 2000.

Huber, Johannes. Heiden. Ein Gang durch Geschichte und Architektur. Kurverein Heiden, 1998.

Iken, A. Der Heisswasserbohrer und seine Anwendung in der glaziologischen Forschung. Wasser, Energie, Luft; eau, energie, air, 84, 365 – 368, Baden 1992.

Itten, Klaus I. Schneeabflussprognosen mit Hilfe von Satellitenbildern, ein Projekt zur Nutzungsverbesserung einer natürlichen Ressource Graubündens. In: Elsasser, H. und M. Bösch (Hrsg.). Beiträge zur Geographie Graubündens, 149 S., Zürich: 18 – 21.

Käsermann, Christoph. Tulipa grengiolensis Thommen (CR). Merkblätter Artenschutz, BUWAL / Pro Natura 1999.

Keller, Oskar. Letzte Eiszeit und Landschaftsformung am Hochrhein und am Alpenrhein. In: Der Rhein – Lebensader einer Region, 54 – 74. Naturforschende Gesellschaft Zürich, 2005.

Kirchen, Emil. Wenn der Berg stürzt. Das Bergsturzgebiet zwischen Chur und Ilanz. Terra Grischuna Verlag, 1993.

Knox, Paul L. und Sallie A. Marston. Humangeographie. Spektrum Akademischer Verlag. Heidelberg, Berlin 2001.

KORA. Koordinierte Forschungsprojekte zur Erhaltung und zum Management der Raubtiere in der Schweiz. Dokumentation Bär, 16pp. Muri, 1999.

Labhart, Toni P. Geologie der Schweiz, 5., überarbeitete Auflage, 211pp. Ott-Verlag 2001.

Lehmann, Dirk und Michael Schaper. Das Schicksal des Prinzips Stadt. In: Yann Arthus-Bertrand. Die Erde von oben. Geo im Verlag Gruner + Jahr AG & Co. Hamburg 2002.

Lovelock, James. Das Gaia-Prinzip: Die Biographie unseres Planeten, 316pp. Artemis, Zürich 1991.

*Lowrie, William. Fundamentals of Geophysics, 354 pp. Cambridge University Press, 1997.*

*Maier, Dieter. Die schönsten Pässe und Höhenstrassen der Alpen. Sonderausgabe des Karl-Müller-Verlags, 1995.*

*Maisch, Max. Verständnis der Landschaftsindividualität aus der regionalen Naturgeschichte. In: Eine Landschaft und ihr Leben: das Zürcher Oberland. Herausgegeben von Bernhard Nievergelt und Hansruedi Wildermuth. vdf, Zürich 2001.*

Maisch, Max; Burga, Conradin A. und Peter Fitze. Lebendiges Gletschervorfeld. Führer und Begleitbuch zum Gletscherlehrpfad Morteratsch, 2. Auflage. Pontresina, 1999.

Marthaler, Michel. Das Matterhorn aus Afrika: Die Entstehung der Alpen in der Erdgeschichte. Ott Verlag Thun 2002.

*Marty, Daniel und Wolfang A. Hug. Dinosaurier-Spurenvorkommen auf der Transjurane, Kanton Jura: paläontologische Grabungen, Schutz und nachhaltige Nutzung. Geoforum Actuel, 19, 16 – 23, 2004.*

Meyer, Werner und Georg Kreis. Abenteuer Schweizer Geschichte: Wechselvolle Zeiten von 700 bis 1998, 550 pp. Verlag das Beste aus Reader's Digest.

Michel, Adolf; Michel, Andreas und Walter Brügger. Aareschlucht. Brügger AG, 1988.

*Müller, Erich R. Neues zur Geologie zwischen Thur und Rhein. Naturmonographie Die Nussbaumer Seen. Mitteilungen der Thurgauischen Naturforschenden Gesellschaft, Band 53, 9 – 42, 1995.*

*Müller-Merz, Edith. Erdgeschichte Graubündens. 2. Auflage. Bündner Natur-Museum Chur, 2001.*

*Naef, H. Geotope – Fenster zur Erdgeschichte. Geologie erleben und entdecken im Kanton Thurgau. Amt für Raumplanung, Frauenfeld 1999.*

Odermatt, André und Daniel Wachter. Schweiz – eine moderne Geographie, 4. Auflage. Verlag Neue Zürcher Zeitung, 2004.

Paolini, Marco und Gabriele Vacis. Der fliegende See. Chronik einer angekündigten Katastrophe, 200pp. Verlag Antje Kunstmann GmbH, München 1998.

Press, Frank and Raymond Siever. Understanding Earth, 3rd edition, 695pp. W.H. Freeman, New York 2001.

Press, Frank und Raymond Siever. Allgemeine Geologie (deutsche Fassung von Understanding Earth), 3. Auflage, Spektrum 2003.

*Proulx, Jean; Paultre, Patrick; Rheault, Julien und Yannick Robert. An experimental investigation of water level effects on the dynamic behaviour of a large arch dam. Earthquake Engng. Struct. Dyn., 30, 1147 – 1166, 2001.*

*Racine, A. Jean. Über die Bedeutung der Zweisprachigkeit im Amtsbezirk Biel. Forum für die Zweisprachigkeit, 2001.*

*Raymond, Mélanie; Wegmann, Matthias und Martin Funk. Inventar gefährlicher Gletscher in der Schweiz, Mitteilungen 182, Versuchsanstalt für Wasserbau, Hydrologie und Glaziologie der ETH Zürich, 368 pp. 2003. http://glaciology.ethz.ch/glacier-hazards*

*Roulier, Christian. Die Auenvegetation des Rheins. In: Der Rhein – Lebensader einer Region, 161 – 175. Naturforschende Gesellschaft Zürich, 2005.*

*Schär, Christoph und Gern Jendritzky. Hot News from Summer 2003. Nature 432, 559 – 560, 2004.*

*Schindler, Conrad Max. Zum Quartär des Linthgebiets zwischen Luchsingen, dem Walensee und dem Zürcher Obersee. Beiträge zur Geologischen Karte der Schweiz. Landesgeologie Bern, 2004.*

*Schnellmann, Michael; Anselmetti, Flavio S.; Giardini, Domenico; McKenzie, Judith A. and Steven N. Ward. Prehistoric earthquake history revealed by lacustrine slump deposits. Geology, 30, 1131 – 1134, 2002.*

*Schnellmann, Michael; Anselmetti, Flavio S.; Giardini, Domenico; McKenzie, Judith A. und Steven N. Ward. Ein See als Seismograf. Spektrum der Wissenschaft, 52 – 59, 12, 2004.*

*Schnellmann, Michael; Anselmetti, Flavio S.; Giardini Domenico and Judith A. McKenzie. Mass movement-induced fold-and-thrust belt structures in unconsolidated sediments in Lake Lucerne (Switzerland). Sedimentology, 52, 271 – 289, 2005.*

Schneuwly, Rainer. Balmgasse / Rue de la Palme. Geschichtliches und Geschichten zu den zweiundzwanzig zweisprachig beschrifteten Strassen und

Plätzen in Freiburg i. Ü., Schriftenreihe der Deutschfreiburgischen Arbeitsgemeinschaft (DFAG), Band 16, Freiburg 1995.

Schütt, Christian und Bernhard Pollmann (Red.). Chronik der Schweiz, 640pp. Chronik-Verlag Dortmund / Ex Libris Zürich 1987.

*Semenza E. und M. Ghiotti. History of the 1963 Vaiont slide: the importance of geological factors. Bull Eng Geol Env., 59, 87 – 97, 2000.*

*Sesiano, Jean. Hydrogeologische Untersuchungen im Wallis. Die Alpen 7, 25 – 29, 2005.*

Stössel, Iwan; Weissert, Helmut und Donat Fulda. Virtuelle Zürcher Stadtexkursion. LEAD 2005. www.lead.ethz.ch

*Strasser, U., Corripio, J., Pellicciotti, F., Burlando, P., Brock, B. and M. Funk. Spatial and temporal variability of meteorological variables at Haut Glacier d'Arolla (Switzerland) during the ablation season 2001: Measurements and simulations. J. Geophys. Res., 109, D03103, doi:10.1029/2003JD003973, 2004.*

Stutz, Peter. Konzept 2002. 2. Thurgauer Thurkorrektion. Amt für Umwelt des Kantons Thurgau, 2003.

Szönyi, Michael; Buholzer, Denis; Rupp, Sabrina und Corinne Bachmann. Studienlexikon Geowissenschaften, 210 pp. vdf / UTB, Zürich 2007.

Tremp, Ernst; Huber, Johannes und Karl Schmuki. Stiftsbibliothek St. Gallen. Ein Rundgang durch Geschichte, Räumlichkeiten und Sammlungen. Verlag am Klosterhof St. Gallen, 2003.

*Trümpy, R. 1991: The Glarus Nappes: A Controversy of a Century Ago. In: Controversies in Modern Geology (Ed. by Mueller, D.W., McKenzie, J.A. and Weissert, H.). Academic Press, London, 385 – 404.*

*Valley, Benoit; Burkhard, Martin und Pierre-André Schnegg. Dépliage 3-D des anticlinaux bordant le synclinal fermé de la vallée des Ponts, Jura central, Suisse. Eclogae geol. Helv. 97, 279 – 291, 2004.*

Verein Wassertor der Schweiz (Hrsg.). Wasserschloss – Das Wassertor der Schweiz. Zusammenfluss von Aare, Reuss und Limmat, eine Landschaft von nationaler Bedeutung. Verlag Merker im Effingerhof, 2. Auflage 2000.

Von Salis Soglio, Hubertus. Bahnhistorischer Lehrpfad Preda – Bergün. Verkehrsverein Bergün / Bravuogn. 5. Auflage 1997.

*Wall, Henning. Bernina. Bahnen der Berge, Band II. Verlag Schweers + Wall, Aachen 1982.*

*Wanner, E. Jahresbericht des Schweizerischen Erdbebendienstes 1953. Annalen der Schweizerischen Meteorologischen Zentralanstalt, 1954.*

*Warburton, Jeff. Channel change in relation to meltwater flooding, Bas Glacier d'Arolla, Switzerland. Geomorphology 11, 141 – 149, 1994.*

*Wassmer, P.; Schneider J.L.; Pollet N. and C. Schmitter-Voirin. Effects of the internal structure of a rock avalanche dam on the drainage mechanism of its impoundment, Flims sturzstrom and Ilanz paleo-lake, Swiss Alps. Geomorphology 61, 3 – 17, 2004.*

*Wechsler, Elisabeth. Das Erdbeben von Basel 1356. Teil 1: Historische und kunsthistorische Aspekte. ETH Zürich, 1987.*

*Wegmann, Matthias; Gudmundsson, Hilmar G. und Wilfried Haeberli. Permafrost Changes in Rock Walls and the Retreat of Alpine Glaciers: A Thermal Modelling Approach. Permafrost Periglac. Process. 9, 23 – 33, 1998.*

Weidmann, Markus. Erdbeben in der Schweiz. In Zusammenarbeit mit dem Schweizerischen Erdbebendienst. Verlag Desertina, Chur 2002.

*Wildermuth, Hansruedi; Zollinger, Jakob und Isabelle Flöss. Die Drumlinlandschaft im Zürcher Oberland. In: Eine Landschaft und ihr Leben: das Zürcher Oberland. Herausgegeben von Bernhard Nievergelt und Hansruedi Wildermuth. vdf, Zürich 2001.*

*Winkler, Ernst. Die Landschaftswandlungen des Wägitals seit dem Kraftwerksbau. Ein kulturgeographischer Versuch. ETH Habilitationsschrift, Zürich 1944.*

Zaugg, Paul. Aus Geschichte und Technik der Salz-Gewinnung in Zurzach. Historische Vereinigung des Bezirks Zurzach, 1989.

Zopfi, Emil. Kilchenstock. 2. Auflage. Limmat Verlag, Zürich 1996.

## Empfohlene Literatur

Zur Vertiefung in die einzelnen Disziplinen der Geowissenschaften sind die folgenden Bücher sehr empfehlenswert und haben dem Autoren und vielen weiteren Personen interessante Lektüre und gute Dienste bei der Aneignung grundlegender Fakten geboten. Einige der Bücher werden im Grundstudium Erdwissenschaften als Einstieg verwendet und haben ein gutes Niveau, ohne zu anspruchsvoll zu sein.

**Geologie, Erdwissenschaften:**
Press, Frank and Raymond Siever. Understanding Earth, 3$^{rd}$ edition, 695pp. W.H. Freeman, New York 2001.
Press, Frank und Raymond Siever. Allgemeine Geologie (deutsche Fassung von Understanding Earth), 3. Auflage, Spektrum 2003.

**Glaziologie:**
Zängl, Wolfgang und Sylvia Hamberger. Gletscher im Treibhaus. Eine fotografische Zeitreise in die alpine Eiswelt, 272pp. Tecklenborg Verlag, 2004.

**Humangeografie:**
Knox, Paul L. und Sallie A. Marston. Humangeographie. Spektrum Akademischer Verlag. Heidelberg, Berlin 2001.

**Klimatologie, Atmosphäre:**
Graedel, Thomas E. und Paul J. Crutzen. Atmosphäre im Wandel. Die empfindliche Lufthülle unseres Planeten. Spektrum Akademischer Verlag, 2000.

**Schweiz:**
Burri, Klaus. Schweiz. Geographische Betrachtungen, 338pp. Interkantonale Lehrmittelzentrale, Lehrmittelverlag des Kantons Zürich, 1995.
Labhart, Toni P. Geologie der Schweiz, 5., überarbeitete Auflage, 211pp. Ott-Verlag 2001.
Marthaler, Michel. Das Matterhorn aus Afrika: Die Entstehung der Alpen in der Erdgeschichte. Ott Verlag Thun 2002.
Weidmann, Markus. Erdbeben in der Schweiz. In Zusammenarbeit mit dem Schweizerischen Erdbebendienst. Verlag Desertina, Chur 2002.

## Belletristik und Geowissenschaften?

Es gibt einige interessante Bücher, die faszinierende Themen der Geowissenschaften in spannenden, zum Teil kriminalistischen Romanen verarbeitet haben. Sie bieten kurzweilige Lektüre, verknüpfen den Faktor Mensch mit der Funktionsweise unserer Erde und eröffnen den einen oder anderen Aspekt der Geowissenschaften. Zu den besten Autoren dieses Genres gehört Desmond Bagley, dessen viele Bücher allerdings meist nur noch auf Englisch neu aufgelegt werden. Desweiteren folgen die im Kapitel „Naturkatastrophen" erwähnten Schweizer Autoren, die über die historischen Bergstürze geschrieben haben. Zur empfehlenswerten Belletristik gehören die folgenden Werke. Mehr Informationen zum Thema gibt es auch unter www.geoland.ch.

Bagley, Desmond. Erdrutsch. Goldmann, 1998.
Bagley, Desmond. Wyatt's Hurricane (Titel der deutschen Übersetzung: Sog des Grauens), 220pp. House of Stratus, 2002.
Bagley, Desmond. The Snow Tiger (Titel der deutschen Übersetzung: Schneetiger), 298pp. House of Stratus, 2000.
Bass, Rick. In den Tiefen der Erde, 586pp. Luchterhand Literaturverlag, 2002.
Crichton, Michael. State of Fear, 736pp. HarperCollins, 2005.
Hernon, Peter. Das Beben, 575pp. Heyne, 2000.
Hohler, Franz. Die Steinflut, dtv 2000.
Stern, Richard M. Tsunami, 318pp. WW Norton & Co Inc, 1988.
Zopfi, Emil. Kilchenstock. 2. Auflage. Limmat Verlag, Zürich 1996.

# The Making Of

## Das Buch

In der heutigen Zeit der digitalen Fotografie ist es schwierig, etwas Authentizität beizubehalten, denn digital geht vieles einfacher, schneller und unkomplizierter. Dennoch war es mir ein Anliegen, auch die digitalen Bilder möglichst unverfälscht und ohne Zaubermittel Software abzudrucken. Um die notorische Schwäche des begrenzten Dynamikumfangs digitaler Kameras aufzufangen, wurden allerdings so genannte „DRI"-Techniken angewendet. Für die Panoramen wurde das Demo-Programm „Autostitch" von Matthew Brown von der University of British Columbia eingesetzt. Doch nicht wenige der hier abgebildeten Fotografien sind mit analogen Kameragehäusen und Diafilm entstanden. Das ist mühsam, das ist anstrengend, aber das ist ehrlich. 15 kg Kameraausrüstung auf dem Berg wiegen schwer, das beste Licht ergibt sich sicherlich dann, wenn es draussen am Kältesten und die Batterie leer ist.

Wer kennt ausserdem die folgende Situation nicht: Beim Filmwechsel nimmt man die volle Patrone in die eine Hand, die nachzufüllende Filmdose in die andere und wird nun gerade in diesem Moment abgelenkt, sodass man schliesslich zwei Filmdöschen in den Händen hat und sich konfus überlegt, welches nun das ist, das man in den Apparat einspulen wollte. Die Konsequenz ist klar – lieber ein entwickelter Film leer und verschwendet als ein 36er Film mit 72 überlagerten Aufnahmen.

Es passiert viel Unvorhergesehenes, was den Autor manchmal zum Verzweifeln oder fast zum Aufgeben bewegt hat, doch das hinterlässt auch Spannung und Neugier; Neugier, um mehr zu entdecken und zu lernen. Für dieses Buch wurden in anderthalb Jahren Zigtausend Kilometer kreuz und quer durch die Schweiz zurückgelegt. Mit der Bahn, dem Auto, dem Motorrad, auf dem Velo und zum Schluss letztlich immer zu Fuss. Es wäre langweilig, wenn da nichts schief gehen würde. Die Wolken schieben sich genau zum Sonnenuntergang vor die Sonne, nachdem man mehrere Stunden und zahlreiche Höhenmeter durch den Schnee gewandert ist, oder die Himmelspforten öffnen ihre Schleusen. Die Sohlen lösen sich von den Wanderschuhen kurz nach dem Erreichen des Berggipfels, oder hinter einer Kurve rauscht unerwartet Steinschlag auf die enge Strasse herab. Zugänge sind geschlossen, wenn sie geöffnet sein sollten, oder es wird einem komplett der Eintritt verweigert. Termine sind nur mit

*Unverhofft kommt oft: Stau in Richtung San Bernardino, August 2005 (Nach der Gotthardsperre 2006 ein noch viel alltäglicheres Szenario).*

*Ankündigung von Schlechtwetter aus Westen bei Abenddämmerung. Juli 2005.*

Mühe einzuhalten, wobei Bill Bryson hierzu bemerkt, dass die Eisenbahn immer dann pünktlich ist, wenn man selber zu spät ist, aber sie ist zu spät, wenn man selber pünktlich ist. Tagelange Niederschläge oder meterweise Schnee wie im Winter 2006 verschieben nicht nur die Schneeschmelze in eine für die Abflusspegel der grossen Gewässer ungünstige Zeit, sondern verunmöglichen den Zugang in die Alpen für längere Zeit und gefährdeten den Zeitplan des Buches, so wie Ferienstaus den Terminplan eines einzelnen Tages gefährden konnten.

Der Autor verlässt sich in der Regel als Reiseführer auf Lonely Planet als globale Übersicht und auf regionale kleine Führer und Literatur. Dennoch zeigt sich gerade beim Reisen, dass der Kommentar von LP grosse Gültigkeit hat: „Things change and prices go up, good businesses go bad and bad businesses go bankrupt". Viele Betriebe und Hotels existieren nicht mehr, Preise haben sich verändert und die wichtigen kleinen Reisedetails unterliegen der raschen Veränderung. Hier zeigt sich die Grenze von Printmedien, im Gegensatz zu diesem Buch, das auch in 8 Jahren noch dieselben geowissenschaftlichen Phänomene gültig beschreiben wird. Für Reisevorbereitungen empfiehlt sich hingegen aus Gründen der Aktualität klarerweise das Internet, obwohl hier nicht alles für bare Münze genommen werden sollte und ein Double Check Peinlichkeiten erspart. Aus diesem Grund wurde zum Buch auch die Webseite www.geoland.ch geschaffen, auf der aktuelle Entwicklungen und Veränderungen ersichtlich sein sollen.

Unangenehm war es manchmal auch festzustellen, wie wenig man selber eigentlich über sein eigenes Heimatland weiss. Reisen in ferne Länder haben mich zur Reflexion bewogen, was denn die Schweiz selber zu bieten hat und ob man immer tausende Kilometer in die Ferne schweifen muss. Aus dieser Idee heraus ist letztlich dieses Buch entstanden, was mir ermöglicht hat, die Schweiz in immer neuen Facetten kennenzulernen, die auch mir als Autor selber zuvor unbekannt und manchmal auch unmöglich erschienen waren. Ich hoffe Ihnen, liebe Leserinnen und Leser, damit einige Inputs zu geben oder Ihnen die kleinen Dinge der Schweiz, die gerne übersehen werden, einmal in einem anderen Licht zu präsentieren.

## Der Autor

Michael Szönyi, dipl. natw. ETH, Mitglied der Schweizerischen Studienstiftung, Jahrgang 1980, ist Geophysiker und arbeitet bei einer namhaften Schweizer Versicherung im Bereich Risikomanagement von Natur- und Umweltgefahren. Während seines Studiums hat er parallel die Ausbildung zum Höheren Lehramt absolviert und u.a. beim Schweizerischen Erdbebendienst an der ETH Zürich gearbeitet. Publizistisch tätig geworden ist er als Co-Autor und Herausgeber mit den beiden Fachbüchern „Studienlexikon Erdwissenschaften" und „Studienlexikon Geowissenschaften".

Bei seinen vielen geografischen Exkursionen und Reisen um die Welt hat er in den letzten Jahren Zigtausende von qualitativ hochwertigen Fotos, vorwiegend Naturaufnahmen mit geowissenschaftlichem Hintergrund, geschossen, so z.B. in Nordamerika, in der Karibik oder in Australien – natürlich aber vorwiegend in seiner Heimat, der Schweiz. Als Fotograf ist er bei der Fotoagentur „Science Photo Library" (SPL) gelistet, nach eigenen Angaben „der Welt führender Anbieter von Wissenschaftsfotos", sowie bei der Fotoagentur Imagebroker.

Schon immer faszinierend waren für ihn die Herausforderungen zwischen den Wünschen und Vorstellungen des Menschen und den natürlichen Grenzen der Umwelt des Menschen: unserer Erde – diese Herausforderungen darzustellen und ins Bewusstsein zu rufen ist Kernthema dieses Buches.

## Dank

Ohne die Hilfe von zahllosen Personen, die freiwillig oder auch unfreiwillig auf Beharren des Autors ihren Beitrag zum Gelingen dieses Werkes beigetragen haben, wäre nicht das vorliegende Ergebnis zustande gekommen. Den unten alphabetisch aufgeführten sowie unendlich vielen Personen mehr, die Kleines aber Unentbehrliches beigetragen haben, bin ich zu grossem Dank verpflichtet.

Dr. ALEX AGTEN von der Tulpenzunft in Grengiols für sein ausführliches Interview und die spannenden Geschichten rund um die Tulpe.

JÜRG ALEAN, KZU Bülach ZH, für die anfänglichen Tipps und anregenden Kommentare.

Professor FLAVIO ANSELMETTI, ETHZ, für seine Review der Sektionen Basel und Luzern und seine Bereitstellung von Hintergrundmaterialien.

BAD ZURZACH TOURISMUS für die Hintergrundmaterialien und die Hilfe bei der Geschichte der Zurzacher Salzgewinnung.

BARBARA BEKIER, Ried SZ, für die Beherbergung in der Innerschweiz und die Geschichten bei Rotwein am Abend, die den einen oder anderen Input geliefert haben.

PATRIK BOLT, Güttingen TG, für die Organisation der Flugaufnahmen und die eindrucksvollen Momente im Tiefflug, die viele Dinge in eine andere Perspektive rücken.

KARIN CLALÜNA vom Ente turistico Bregaglia in Stampa GR für ihren unermüdlichen Organisationseinsatz auch ausserhalb der Büroöffnungszeiten.

MARCO ETTER, St. Gallen SG, für die Hilfe bei den Wasseraufnahmen und die moralische Unterstützung.

ARNO FALLET, Müstair GR, für die spontane, individuelle Führung durch das UNESCO-Weltkulturerbe Kloster St. Johann, Müstair und seine Hintergrundrecherchen.

THERES FLURY für ihre Bemühungen und den Einlass in die Stiftsbibliothek St. Gallen.

Der ganzen FAMILIE GIOVANOLI für die Zeit, die sie im Kastanienhain Brentan GR während der Erntezeit für mich geopfert und mir alle meine neugierigen Fragen beantwortet hat.

Professor KURT GRAF, Universität Zürich, für die Einbringung seines Wissens bezüglich Vegetationsgeografie und Botanik.

MARCO GUGGISBERG von Grindelwald Bus BE für seinen Chauffeurservice auf die Grosse Scheidegg.

MICAEL HAUTIER, Epalinges VD, und seiner ganzen Familie für die zuvorkommende Gastfreundschaft und Beherbergung in Lausanne sowie die Begleitung auf zahlreichen Touren in der Waadt und im Wallis.

Professor WILFRIED HAEBERLI, Universität Zürich, für seine Bemühungen und sein Engagement bei der Durchsicht des Manuskriptes.

FELIX KELLER, St. Gallen SG, für sein Engagement und seine Hilfe bei der Sponsorensuche und den Finanzierungsmöglichkeiten.

MATTHIAS KÖGL, Direktor Grandhotel Giessbach BE, für seine Auskünfte zur Geschichte von Hotel und Giessbach.

PIRMIN MADER, Präsident Schweizer Geologenverband CHGEOL, für sein Engagement, die Verfassung des Geleitwortes und die finanzielle Unterstützung, die das vorliegende Werk vorangebracht hat.

CHRISTIAN MARTI, Stammheim ZH, für sein unerschöpfliches Wissen in „Pöstlergeografie" der Schweiz, seine Begleitung auf vielen Touren und seine Kritik, die auf fruchtbaren Boden gefallen ist, als er vielleicht meint. Er hat mich auf manchen Berg hinaufgetrieben und so dafür gesorgt, dass ein enger Zeitplan funktionierte.

PATRICK MEYER und dem Team von Honda für die grosszügige Unterstützung bei der Erstellung dieses Buchs.

PONTRESINA TOURISMUS, Pontresina GR, für die grosszügige Bereitstellung von Hintergrundmaterialien.

ALEX RUTISHAUSER, St. Gallen SG, für seine freundschaftliche Unterstützung, die Kritik und die Ratschläge.

TOBIAS SIEGFRIED, Zermatt VS, für die freundliche Aufnahme im Wallis und die Organisation bei der MGB.

Meinen Eltern MONIKA UND ATTILA SZÖNYI, die meine produktiven und unproduktiven Phasen mit all ihren Hochs und Tiefs aushalten mussten und mir den Rücken gedeckt haben.

CORNELIA TREFZER und der Jubiläumsstiftung der Thurgauer Kantonalbank für die finanzielle Unterstützung.

Professor ERNST TREMP für die Informationen zu Fribourg und seine Hilfe im Kloster St. Gallen.

*Einflüsse von Sonne und Mond: Sonnenunter- und zugleich Mondaufgang, gesehen vom Berninapass. Oktober 2005.*

Ich bin mir bewusst, dass auch mein Tag leider nur 24 Stunden zu bieten hat. Zwar habe ich als Erdwissenschaftler gelernt, dass die Tage stetig länger werden: Aufgrund der Gezeitenkräfte von Mond und Sonne werden in der elastischen Erde Reibungskräfte erzeugt, welche die Drehbewegung der Erdrotation kontinuierlich abschwächen. Allerdings beträgt dieser Effekt nachweislich nur ca. 24 µs, um die sich ein Tag pro Jahr verlängert, wobei sich der Mond jeweils um ca. 6 cm von der Erde entfernt. Es wird also noch eine Weile dauern, bis der gesetzliche Arbeitstag verlängert werden muss. Aus diesem Grund möchte ich mich auch bei all jenen Freunden und Bekannten bedanken, die Geduld und Verständnis mit mir hatten, wenn ich mal unter Zeitdruck war und nicht auch noch etwas im Zeitplan unterbringen konnte, was ich sehr gerne getan hätte.

# Stichwortverzeichnis

2000-Watt-Gesellschaft 274

**A**are 21, 100–102, 122, 123, 125–127, 134–136, 259, 296, 314
Aaregranit 28
Aareschlucht 125, 134–136, 204, 313
Aargau 12, 45, 122, 127, 290
Aarmassiv 134
Ablationsgebiet 30
Abwanderung 68, 71, 92, 96, 166, 224
Acquacalda 265, 266
Adelboden 82
Adliswil 221
Adula 293
Afrika 58, 140, 151, 199, 200, 313, 315
Agglomeration 75, 92, 93, 110, 127, 218
Aiguilles Rouges 204, 284
Akkumulationsgebiet 30
Aktualismus 112
Albigna 250, 251
Albis 220
Albulapass 69, 245, 252, 256
Albulatal 272
Aletschgletscher 235, 237, 238
Alluvion 174
Alp Grüm 152, 256
Alp Sämtis 130
Alpe Arami 178
Alpen 11, 13, 17, 24, 25, 28, 29, 34, 35, 39, 49, 54, 55, 57, 58, 62, 77, 78, 83, 86, 87, 94, 111, 126, 129, 137, 141, 151, 152, 154, 168, 172, 183, 195, 196, 220, 226, 233, 235, 241, 244, 260, 275, 285, 313, 314, 315, 318
alpine Gebirgsbildung 28
Alpstein 39, 73, 128, 129, 130
Altdorf 203
Altenburg 125, 127
Altlasten 95, 96
Altnau 15, 20
Altstadt 101, 107, 115, 116, 118, 119, 125, 223, 311
Alvaneu 252
Amden 128
Amrein 111, 112
Amriswil 17
Amsteg 191
Andermatt 36, 78, 242, 244, 262
Anhydrit 124
Annecy 109
Antezedenz 65
Antiklinale 129, 160, 161, 181
Appenzell 39, 73, 75, 128
Aprikose 208
Arenenberg 20, 188, 189
Areuse 162
Areuseschlucht 160–162
Arolla 139, 205, 314
Arollagletscher 205
Arosio 56
Arth-Goldau 194, 305, 306
Ascona 182
Asphalt 165
Atmosphäre 7, 24, 26, 28, 35, 38, 95, 122, 130, 151, 154, 193, 295, 315
Atomkraftwerke 286, 287
Auenwald 144
Augusta Raurica 114, 300
Ausserberg 59, 60, 61
Avenir Suisse 92
Axendecke 174
Axenstrasse 80, 192

**B**äch 98
Bachtel 216
Baden 53, 75, 92, 96, 122, 187, 312
Balsthal 44
Baltschiedertal 59, 60
Bäntal 218
Bär 226, 227, 312
Barberine 283
Barock 105
Bas Glacier d'Arolla 205, 206
Basel 41, 42, 45, 92, 93, 114, 119, 122, 169, 239, 298–300, 311, 312, 314, 335
Bauma 218
Baustein 95, 98, 102, 126, 230
Béliers 43
Bellinzona 78, 178, 223, 231, 232, 267, 276
Belvedere 38
Benzin 23, 37, 258
Bergell 56, 62, 69, 145, 147, 149, 150, 151, 250, 251, 254, 268, 272, 311
Bergeller Granit 29
Bergschlipf 63
Bergsturz 63, 66, 67, 140, 194, 254,

323

257, 270, 303, 305–307, 312
Bergün 246, 247, 252, 314
Bern 12, 21, 42, 57, 86, 92, 100–103, 110, 118, 119, 132, 142, 223, 239, 243, 259, 312, 313
Berner Jura 43
Berner Oberland 82, 83, 125, 132, 138, 259, 263, 295
Bernina 68, 152, 153, 157, 246, 248, 256–258, 288, 314
Berninapass 248, 256, 257, 288
Bertrand, Marcel 29
Beznau 286
Biel 45, 118–120, 137, 138, 313
Bielersee 21
Bilinguismus 119
Binntal 201, 202
Biodiversität 148, 225, 311
Biosphäre 7, 26, 28, 151
Biotit 57
Birmenstorf 127
Birs 44
Bischofszell 18
Bisgletscher 194
Bivio 249, 252
Blockgletscher 41, 158
Bocchetta Curciusa 276
Bodensee 11, 17, 20, 53, 64, 74, 75, 131, 169, 185, 294, 312
Bödmeren 172, 173, 219
Bollensteine 215
Bolligen 102
Bommen 17
Bommer Weiher 17, 74
Bonaduz 64, 65

Boudin 183
Boudry 160, 162
Bözingen 136
Braunwald 174
Brentan 145, 335
Briançonnais 58
Brienz 84, 295
Brienzersee 82–84
Brig 61, 194, 195, 269
Broye 21
Bruch 129, 228
Brugg 125–127
Brülisau 129, 130
Brünigbahn 136
Brunnen 57, 80, 81, 98, 115, 120, 144, 192, 272
Brusio 248
Bubikon 216
Buchelieulaz 291
Bundesamt für Wasser und Geologie 193
Buntsandstein 115, 123, 299
Burgdorf 102

Calanca 62
Calancatal 267, 272
Cantorama 138
Casaccia 150, 251, 254
Cascade de la Pissevache 205
Cassel 83, 235
Cassel, Sir Ernest 83
Castagnola 184
Castasegna 69, 146, 149, 251, 254
Castelgrande 231, 232
Castello di Montebello 231

Castello di Sasso Corbaro 231, 232
Castione 57
Caumasee 66
Cavaglia 152, 256, 288, 289
Cervinia 195
Chälenmoor 211
Champéry 291
Champfèr 150
Chandoline 279
Chappaz, Maurice 279
Charetalptal 174
Chasseral 44
Chiavenna 69, 268
Chlausechappeli 211
Choindez 44
Chur 65, 252
Churchill, Winston 83
Cleven 69
$CO_2$-Abgabe 37
Col de l'Iseran 255
Col de la Forclaz 282
Col de la Gueulaz 282
Col du Marchairuz 48
Contra 180, 181
Court 44
Courtedoux 46
Couvet 160
Crestasee 66
Creux-du-Van 160–162

Davos 253
Deckentheorie 29
Deflation 21
Delémont 43, 45
Dent-Blanche-Decke 58

Dents du Midi 39, 291
Derborence 63, 303
Diemtigtal 295
Diesel 37
Diessenhofen 213
Dinosaurier 45, 313
Disentis 266
Dogger 42, 285, 300
Doline 48, 173
Dolinen 45, 168
Dolomit 70, 128, 228, 234, 246
Domat/Ems 67
Domleschg 63, 272
Domodossola 269
Donau 35, 153, 251
Dossen 199, 200
Doyle, Sir Arthur Conan 82
Drumlin 67, 210, 216, 217
Drusbergdecke 174
Dufourspitze 108
Duktilität 41

Ecublens 92
Egelsee 211
Eggerberg 59–61
Eiger 82, 86, 133, 237
Eisdeformation 30
Eisenbahn 61, 96, 102, 109, 115, 239, 240, 318
Eisenoxid 215
Eiszeit 17, 18, 21, 32, 34, 35, 45, 55, 62, 86, 93, 95–98, 109, 111–113, 125, 130, 134, 140, 150–152, 154, 170, 177, 197, 198, 209, 210–212, 216, 251, 254,

## STICHWORTVERZEICHNIS

264, 270, 276, 281, 289, 307, 312
Elfenau 101
Elm 63, 88–90, 194, 303–306, 311
Elsass 42
Emmen 110, 296
Emosson 204, 282–284
Endlagerung 123, 286, 287
Endmoräne 21, 32, 93, 97, 206, 212
Energie 9, 24, 25, 36, 92, 122, 137, 167, 174, 176, 247, 274, 276–279, 283, 286, 288, 306, 312
Engadin 36, 41, 68, 69, 150, 152, 155, 158, 245, 248–250, 252, 253, 257, 258, 295
Engelberg 295
Engi 90, 304
Ensat 147
Entlebuch 23, 167, 168, 223–225
Entsorgungsnachweis 287
Epalinges 92
Erdbeben 41, 114, 115, 162, 181, 194, 228, 274, 275, 281, 290–292, 298–303, 314, 315
Erdkruste 25, 41, 122, 162, 197, 298, 300
Erdöl 17, 22, 243, 274
Erdwärme 122, 292
Eringertal 281
Erosion 21, 24, 31, 44, 78, 88, 93, 100, 113, 125, 128, 134, 136, 137, 141, 150, 158, 160, 161, 191, 219, 220, 235, 243, 251, 281, 303
erste Juragewässerkorrektion 21

Escher 9, 29, 142, 143, 212, 220
Escherkanal 142
Essertes 139
Étang de la Gruère 45
ETH 97, 98
Europa 28, 29, 37, 42, 58, 62, 76, 140, 151, 172, 199, 230
Euseigne 205, 206
Everest, George 197
Evolène 205, 272
Exekutive 79
Extrusivgesteinen 24

**F**alätsche 220, 221
Fälensee 129, 130
Falli Hölli 286, 308, 309
Faltenjura 44, 160
Felsenegg 220, 221
Felssturz 60, 193, 220, 267, 281, 308
Ferme du Soliat 160
Fernerkundung 34, 288
Fidaz 67
Filisur 245, 252
Findelengletscher 198
Findling 17, 32, 98, 108, 206, 210
Findlinge 190, 210, 212
Finhaut 282, 284
Finstersee 210, 211
Finsterwald 23
Firneis 30
Firnschnee 30
Flims 63–65, 67, 87, 88, 303, 314
Flüelapass 69, 253
Flüelen 80, 191
Flühli 167, 224

Flussauen 66
Flysch 29, 77, 87, 88, 129, 224, 291, 308
Föderalismus 43, 92
Föhn 81, 131
Föhnmauer 195
Fontaine froide 161
Forcola di Livigno 257, 258
fossile Brennstoffe 28
Franches-Montagnes 43, 44
Frankreich 42, 44, 45, 48, 53, 109, 188, 282
Frauenfeld 185, 190, 213, 312, 313
Freiburg 21, 22
Frenkel, Heinrich 131
Fribourg 22, 116–118, 138, 335
Front de Libération Jurassien 43
Frutigen 241
Furggele 174
Furka 38, 40, 59, 203, 259, 261
Furkapass 38

**G**abbro 58, 94
Gallus 104
Galmiz 22
Gandria 184
Garbald 149
Gasterntal 242
Gefährdung 95, 193, 194, 247, 295, 302, 305
Genf 42, 48, 53, 92, 93, 108, 109, 239
Genfersee 11, 59, 205
Geomorphologie 16, 41, 97, 155, 289, 312
Geothermie 122, 274, 290

Geotop 16–18, 87, 125, 190
Giacometti, Alberto 36
Giandains 157
Giarsun 70
Giessbachfälle 83
Giovanoli, Marco 145–147
Gips 124, 229
Giswil 168, 224
Glacier-Express 66, 195, 246, 248
Glarner Doppelfalte 29
Glarner Hauptüberschiebung 29, 87–89, 306
Glärnisch 140
Glarus 13, 88–90, 140, 141, 305, 311, 314
Glattalp 173, 174
Glattalpsee 174
Glatttalbahn 97
Glaubenberg 225
Glaubenbüelenpass 224
Gletsch 38, 261
Gletscher 17, 25, 26, 30–32, 34–36, 38, 40, 41, 45, 60, 85, 97, 98, 108, 109, 111, 134, 139, 150–152, 154–157, 161, 174, 177, 197–200, 205, 206, 210–212, 216, 235, 238, 242, 250, 251, 254, 257, 264, 276, 279, 281, 313
Gletschergarten 111, 113
Gletschermilch 32, 257
Gletschertopf 86, 111, 150–152, 200
Gletschertor 31, 156, 198, 264
Gletscherzunge 31, 154–156, 235, 261

325

Glimmer 102
Gneis 29, 57, 58, 78, 134, 151, 153, 182, 232, 293
Goethe, Johann Wolfgang von 82
Goldach 75, 106
Goldau 63, 303, 306
Goms 200, 259, 261
Gondo 269
Goppenstein 61, 203, 241
Gordola 181
Gornergletscher 198–200
Gornergrat 196, 198
Gorperi 60
Gösgen 286
Gotthard 31, 78, 79, 191, 194, 203, 231, 239–245, 247, 262, 263, 265–268
Gotthard-Basistunnel 191
Gotthardgranit 28, 29
Gotthardpass 244
Granat 57, 178
Grande Dixence 180, 279, 280
Granit 78, 94, 123, 150, 151, 153, 183, 190, 284
Graubünden 13, 56, 62, 88, 103, 144, 176, 203, 216, 223, 227, 241, 253, 255, 262, 265, 267, 295, 311, 312
Graun 176
Greina 276
Grengiols 61, 200–202, 335
Gressly, Amanz 9, 45, 115
Grimsel 28, 59, 259, 261, 264, 278, 296
Grimselpass 259, 277, 278

Grindelwald 82, 84, 133, 335
Grindelwaldgletscher 84
Grindjisee 198
Grosse Scheidegg 133, 335
Grundwasser 26, 27, 95, 283
Grünsee 198
Gruyère 138
Gryon 39
Guarda 70, 71
Gurnigeldecke 308
Gurschengletscher 36
Guttannen 259, 296

Habsburger 81, 126
Hagenwil 17
Hagneckkanal 21
Hängetal 31
Hasensee 212
Haslital 134
Hauensteintunnel 115
Hazard 193
Heiden 131, 177, 312
Heim, Albert 9, 23, 29, 63, 64, 66, 112, 113, 128, 138, 150, 170, 212, 242, 303, 305
Helvetik 42
Helvetikum 28, 70, 82, 133
Hergiswil 110, 167, 168
Hilferenpass 224
Hinterthal 141
Hinwil 216
Hirzel 240
Hochwasser 66, 74, 100, 114, 127, 142, 143, 152, 294, 295
Hochwasserschutz 101, 186, 294

Hodel, Ernst 113
Hohe Promenade 97
Hoher Kasten 128, 129, 312
Hohler, Franz 304
Hölloch 172
Holozän 302
Hundloch 177
Hutton, James 24, 29
Hüttwilen 212, 213
Hüttwiler Seen 212
Hydrosphäre 26, 151

IG Ruinaulta 66
IHG 68
Ilanz 65, 144, 266, 312, 314
Ilanzersee 64
Industrialisierung 13, 92, 96, 101, 176, 185, 294
Industrie 12, 23, 61, 66, 96, 124, 224, 233, 287
Innerthal 176, 177, 312
Innertkirchen 134, 135, 259, 277, 278
Insubrische Linie 151, 178
Intensität 281, 291, 298
Interlaken 82
Intrusivgesteine 24
Iragna 57
Isola 276
Isostasie 197
Italien 70, 94, 195, 201, 227, 231, 255, 265, 268, 269, 272, 282, 285

Jaun 138
Jaunpass 138
Jet d'Eau 109
Jochpass 128, 168
Jogne 138
Judikative 79
Juf 249
Julierpass 69, 245, 249, 252
Jungfrau 82, 86, 133, 223, 228, 232, 235, 237
Jura 11, 23, 42–45, 48, 52, 80, 109, 118, 126, 130, 136, 160, 161, 166, 290, 300, 313, 314
Juragewässerkorrektion 21

kaledonische Gebirgsbildung 28
Kalk 29, 140, 165, 170, 246
Kalksinter 50
Kalkstein 44, 57, 94, 98, 252
Kalktuff 95, 119, 219
Kaltbrunner Riet 143
Kalzit 57
Kandersteg 203
Karbonat 47
Kare 31
Karren 47, 130, 168, 173
Karst 47, 52, 130, 173
Kartografie 108
Kastanie 56, 145, 146, 148
Kernkraftwerke 122, 287
Kettenjura 44
Keuper 123
Kilchenstock 305
Killwangen 97
Kissenlava 199

Klassizismus 131
Klima 24, 35, 44, 52, 55, 59, 75, 93, 106, 109, 112, 123, 155, 186, 200, 209, 234, 238
Klimarappen 37
Klimawandel 111, 156–158
Klöntal 140
Klöntalersee 140, 177
Klosters 69, 253
Klus 44, 119, 136
Klusen 44, 136
Kneipp 225
Koblenz 123
Kohlensäure 28, 47, 130
Kollbrunn 218
Korallenriff 43, 46
Korrosion 47
Krauchthal 103
Kreide 160
Kreuzlingen 11, 13, 17, 190
Kronberg 129
Kryosphäre 26
Kulturland 13, 21, 186, 188, 294
KWO 39, 136, 260, 264, 277, 278
Kyburg 218

**L**a Brévine 52
La Chaux-de-Fonds 162, 166, 240
La Presta 165
La Punt 245, 252
Laax 65
Lac de Joux 48
Lac de Salanfe 204, 291, 292
Lac de Silence 49
Lac Emosson 282, 284

Lägern 44, 239
Lago di Lugano 55, 56, 184, 232
Lago di Luzzone 180
Lago di Vogorno 180, 181
Lago Maggiore 55, 56, 181
Landesmuseum 95
Landnutzung 12, 186, 277
Landwassertal 69, 252, 253
Landwasserviadukt 245, 252
Landwirtschaft 12–15, 20, 22, 23, 41, 48, 52, 68, 92, 122, 127, 145, 147, 148, 185, 188, 202, 214, 215, 217, 227
Langis 168, 225
Laufenburg 108
Lausanne 79, 92, 239, 335
Lauterbrunnen 85
Lava 24, 199
Lavertezzo 182, 183
Lawinen 14, 60, 151, 156, 194, 244, 247, 256, 305
Le Châtelard 282
Legislative 79
Leibstadt 286
Leisee 198
Lengg 95
Les Haudères 205
Leventina 55, 57, 78, 231, 244, 265, 267
Lias 42
Liechtenstein 76
Limmat 93, 97, 127, 314, 316
Lindenhof 95, 97
Linth 89, 142, 143, 185, 210, 212, 216, 220

Linthal 89, 303, 305, 306
Linthebene 142
Linthgletscher 97, 98, 211, 217
Linthkanal 142, 143, 294
Littau 110
Livigno 258
Locarno 178, 181, 182, 269
Löntsch 141
Lötschberg 31, 59, 61, 82, 203, 239–241, 243, 247
Lötschbergtunnel 59, 241, 242
Lötschental 241
Lovelock, James 9, 26, 35
Löwendenkmal 113
LSVA 241
Lugano 184
Lüina 147
Lukmanierpass 180, 265
Lumnezia 62, 144
Lunghinpass 250, 251
Lunghinsee 250
Lütschine 84, 85
Luzern 80, 110–113, 128, 167, 223, 239, 296, 301, 302, 335
Luzzone 180

**M**äander 66, 185–187
Magma 24, 25
Magmatische Gesteine 24
Magnitude 181, 228, 298, 301
Maira 251, 254
Malbun 77
Malcantone 56
Malm 42, 62
Malmkalk 67, 88, 160, 169

Maloja 151
Malojapass 69, 150, 158, 254
Mammut 111, 112
Marktrecht 106
Marmor 57, 73, 94, 98, 204, 229
Marmorera 249
Marthalen 215
Martigny 204, 208, 282
Martina 69
Martinsloch 88, 306, 311
Marun 148
Masse 12, 13, 29, 30, 64, 148, 181, 197, 229, 273, 305, 307
Massenbilanz 30, 31, 34
Matter Vispa 193, 194
Matterhorn 58, 194–196, 198–200, 203, 313, 315
Mauvoisin 180
Medel 144, 265, 266
Mediation 42
Meerheji 60
Megalith 139
Meiental 263, 264
Meiringen 82, 125, 132, 134, 259, 277
Meiringen-Hasliberg 82
Melchtal 168, 295
Melioration 214, 215
Mendrisiotto 233
Menzingen 210, 211
Mergoscia 181
Meride 233, 234
Mesozoikum 42, 43, 123, 128, 151, 199, 204, 234, 264
metamorphe Gesteine 25, 266

Metamorphose 25, 28, 30, 57, 78, 178, 182, 199, 266, 293
Metropolitanraum 23, 92
Meyer, Conrad 140
Misox 62, 231, 267, 272, 275
Mittelland 11, 12, 16, 17, 23, 25, 35, 43–45, 69, 70, 102, 109–111, 122, 137, 169, 188, 221, 226, 239, 287, 290, 294
Molasse 12, 17, 23, 95, 107, 109, 126, 129, 161, 188, 213, 219, 220, 306
Molassebecken 11, 12, 17, 43, 109, 169
Mönch 82, 86, 133, 237
Mont Blanc 48, 108
Mont Collon 205
Mont d'Orzeires 50
Mont Salève 109
Monte Brè 184
Monte Conto 254
Monte San Giorgio 46, 128, 223, 232–234
Monthey 291
Moränen 31, 34, 154, 198, 213
Mörel 235
Morgarten 73, 81
Morteratsch 154
Moutier 44
Mühleberg 286
Mühlenenschlucht 107
Müllheim 190
Mumford, Lewis 91
Mund 61, 202
Mundwiler, Stephan 103

Münstertal 70, 223, 227, 228, 255, 272
Muoth, Giacun Hasper 144, 272
Muragl 41, 157, 158
Murtél 41
Murten 118
Muschelkalk 98, 123, 126
Müstair 70, 223, 228–230, 312, 335
Muttenz 300

Nachhaltigkeit 9, 27, 66, 91, 132, 143, 273, 276, 288, 289
Näfels 140, 143
NAGRA 123, 286
Napoleon 42, 188, 189, 269
Nationalpark 62, 223, 226–228
NEAT 240, 241
Nerineenkalk 98
Netstal 141, 143
Neuchâtel 160–162, 291
Neuenburg 21, 22, 166
Neuenburgersee 48
Neugrundmoor 211
Neuheim 210, 211
Neutralität 42
Neuwilen 190
Niagara Falls 169
Niederer, Roberto 168
Niwärch 60
Noiraigue 162
Notker III 105
Nufenen 231, 276
Nufenenpass 269
Nussbaumen 212
Nussbaumer See 212

Nutzungskonflikt 66
Nutzungsplan 127

Oberaar 260
Oberalppass 262, 266
Oberengadin 272
Oberhalbstein 272
Oberwald 203
Obwalden 168
Oerlikon 96, 97
Oey 295
Ofenpass 62, 70
Ogna da Pardiala 144
Ökologie 186, 191
Olivone 180
OPEC 243
Orbe 48–51
Orthogneis 182, 183
Ossingen 213
Ostalpin 28, 70, 77, 151, 153
Ottikon 217

Pangäa 46, 151, 204, 234
Paracelsus 209
Paragneis 182, 183
Patent Ochsner 271
Penninikum 28, 57, 77
Peridotit 178, 199
Permafrost 41, 156–158, 161, 193, 314
Pfäffikersee 217
Pierre du dos à l'âne 139
Pierre du Niton 108
Pilatus 110, 111, 128, 168
Pionierpflanzen 65, 155

Piz Balzet 250
Piz Bernina 62, 68, 257
Piz Buin 70, 71
Piz Muragl 158
Piz Palü 152
Piz Roseg 157
Piz Terri 180
Piz Umbrail 255
Pizol 87
Plasselb 309
Plateaujura 45
Plattenberg 304
Plattentektonik 24, 78, 112
Pleistozän 302
Plurs 254
Polje 52
Ponoren 48, 172
Pontresina 41, 70, 154, 156, 158, 248, 256, 313, 335
Porosität 95
Porrentruy 43
Porta Alpina 203, 241
Porte du Scex 208
Poschiavo 152, 257
Pragelpass 141, 172, 177
Pralong 280
Prättigau 253
Preda 246, 247, 252, 314
proglazial 34, 196, 206
Puschlav 62, 248, 256, 272
Pyramiden von Euseigne 206, 281

Quartär 17, 34, 35, 112, 200, 313
Quarzit 103, 293
Quarzsand 167

# STICHWORTVERZEICHNIS

Quelltuff 119

**R**adioaktivität 122, 286
Randa 63, 193, 194, 308
Randen 169
Raron 241
Rassemblement Jurassien 43
Raumplanung 16, 23, 91, 295, 309, 313
Realp 40, 203, 261
Reichenau 64
Reichenbach 82
Reichenbachfälle 82, 132
Reichenburg 142
Renaissance 94, 105
Renaturierung 101, 187, 191, 214, 294
Reuss 127, 191, 301, 314
Reussdelta 191, 192
Reussgletscher 111, 307
Rhein 64–66, 108, 114, 115, 122, 123, 145, 169, 170, 185, 187, 212, 216, 245, 251, 274, 299, 301, 311–313
Rheinfall 126, 169, 170, 187
Rheingletscher 190
Rheingraben 300
Rheinschlucht 64, 65, 144
Rheinwaldhorn 268, 293
Rhone 58, 200, 204, 274, 279, 283
Rhonegletscher 21, 38, 101, 139, 161, 261, 270, 281
Richisau 141
Richterswil 98
Riederalp 235

Riederfurka 83
Riffelalp 200
Riftzone 300
Rigi 12, 111, 129, 168
Risiko 193, 194
Risk 193
Romanshorn 239
Rorschach 75
Rosegggletscher 157
Rosenlaui 132, 133
Rosenlauital 83, 132
Rossberg 306, 307
Rossini, Gioachino 132
Rueun 145
Ruinaulta 62, 64–66, 303
Rundhöcker 67
Rütli 79–81, 191

**S**aane 116, 117
Safien 144
Safran 61
Sahli 174
Saignelégier 43–45
Saillon 59, 208
Salanfe 204, 205, 292
Samnaun 69
Sämtisersee 130
San Bernardino 62, 231, 239, 241, 267, 272, 275, 276
Sandstein 12, 94, 97, 103, 113, 115, 139, 284
Santa Maria 255, 265, 267
Säntis 52, 128, 312
Sardinien 94
Sarine 116

Sattelegg 177
Saurol 233
Saussure, Horace Benedict de 48, 109
Savognin 249
Saxer Lücke 128–130
Scatlè 144
Schanfigg 62
Schänis 128, 142
S-charl 62, 226
Schinznach 122
Schloss Vaduz 76
Schlucht 64–66, 83, 89, 107, 119, 132, 134, 135, 137, 161, 162, 189, 205, 218, 233, 256, 266, 268, 269, 283, 284
Schmelzwasserrinne 18, 107, 130, 170, 211, 213
Schmerikon 143
Schöllenen 242, 262
Schöllenenschlucht 203
Schratten 47
Schrattenfluh 224
Schrattenkalk 129, 130, 224
Schüss 119, 136
Schwaderloh 17, 190
Schwand 210, 211
Schwandalpweiher 225
Schwanden 87
Schwarzhorn 133
Schwarzsee 308
Schwarzwald 125
Schwarzwaldalp 132, 133
Schwemmholz 101, 296
Schwundlöcher 48

Schwyberg 308
Schwyz 79, 141, 172, 232, 307
Schynige Platte 84
Sediment 24, 25, 57, 70, 98, 212, 242
Sedrun 203, 241
Seealpsee 130
Seebachtal 212, 214
Seedorf 191
Seekette 119, 137
Segantinihütte 158
Segnespass 63, 88
Seitenmoräne 198
Semper, Gottfried 97, 149
Septimerpass 249
Sernftal 88, 98, 211, 304, 305, 311
Serpentinit 153, 199, 281
Serpiano 233
Sertigtal 253
Sgraffito 71
Sihltal 95, 220
Silberen 141, 173, 174, 177, 224
Sils-Maria 147
Silvaplana 69, 150, 249, 250
Simmental 82
Siphon 49, 50
Sisikon 192
Sitter 18, 106
Slowenien 226
Soda 124
Soglio 147
Sogn Gions 266
Solifluktion 40, 41
Sommeri 14
Sottoceneri 233

Spalentor 115
Splügen 267, 268, 275
Spöl 258
Sprachgrenze 116, 118, 138, 270
St. Alban 115
St. Gallen 17, 18, 53, 73–75, 88, 104–107, 186, 190, 223, 311, 314, 335
St. Moritz 68, 69, 195, 245, 246, 248
Stadien 11, 17, 32, 97, 154
Städte 9, 13, 54, 91, 92, 110, 121, 162, 176, 301
Stalagmiten 47, 50
Stalagnaten 47, 50
Stalaktiten 47
Stalden 195
Stammertal 213, 215
Stammheim 215
Stans 110, 167
Staub, Rudolf 305
Staubbachfall 85
Stauberenchanzlen 129
Steinbruch 57, 113, 219, 231
Steingletscher 39, 263, 264, 278
Steinschlag 14, 31, 61, 132, 193, 247, 282, 305, 317
Stellisee 198
Steno, Nicolaus 29
Stiftsbibliothek 104–106, 223, 314, 335
Stilli 127
Stockalperpalast 195
Stratigraphie 46, 233
Streusiedlung 75
Stromquelle 48

Strukturwandel 71, 96, 142, 148, 244
Sufers 268
Suonen 59–61
Surselva 62, 64, 144, 203, 241, 262, 265, 266
Sustenpass 39, 262, 263, 264, 278
Swissarena 239
swissdams 180

**T**afeljura 45, 127, 300
Tagsatzung 142
Talk 200
Tällenmoos 224
Tännlimoos 211
Täsch 194
Tavanasa 145
Tektonik 29, 173, 283
Tell, Wilhelm 51, 79–81, 132
Tellskapelle 80, 81
Tertiär 17, 93, 102, 112, 128, 169, 199, 213, 300
Tessin 13, 54–56, 59, 62, 92, 145, 178, 180, 232, 263, 265
Tethys 58, 151, 178, 199, 234
Thal 131
Thermik 85
Thielle 48
Thonon 109
Thun 100, 143, 311, 313, 315
Thunersee 82, 224
Thur 18, 185, 187, 212, 311–313
Thurgau 12, 17, 20, 53, 74, 105, 185, 186, 188, 190, 312–314
Thusis 69, 245, 249, 252

Ticinogletscher 55
Tiefencastel 245, 249, 252
Tierfehd 89
Tirano 248
Tomas 67
Ton 102, 168, 177
Tortin-Gletscher 36
Tösstal 218
Toteisseen 210, 211, 212
Tourismus 66, 68, 132, 202, 228, 258, 275, 277, 335
Tragfähigkeit 227, 273
Transfluenz 150
Transjurane 45, 313
Travers 165
Travertin 219
Treibhauseffekt 36, 158
Tremola 78
Trentino 226, 227
Trias 123, 232, 246, 284, 299
Trient 204, 205, 282, 283
Triest 47
Trockental 48
Trogtal 31
TRP79 185
Trübsee 168
Trümmelbachfälle 86
Tschiervagletscher 157
Tsunami 301, 316
Tüfels Chilen 95, 218, 219
Tulpe 61, 200–202, 335
Turbidit 224
Typlokalität 42, 160, 224

**Ü**berschwemmung 21, 39, 100, 135, 143, 157, 185, 193, 194, 231, 294, 295, 308
Uerschhausen 212
Üetliberg 220
Umbrail 255
Umbrailpass 70
Umweltverträglichkeitsprüfung 276
UNESCO 46, 88, 101, 106, 121, 168, 169, 223
Universität Zürich 98
Unterengadin 272
Unterstammheim 212
Unterwalden 79, 232, 301, 302
Uri 79, 191, 232, 244, 259, 261, 294
Urnersee 80, 191
Urserental 38, 203, 242, 244, 261
Uster 216
UVP 276, 278
Uznach 142

**V**aduz 77
Vaiont 285, 314
Val Blenio 180
Val Bregaglia 145, 150, 254, 272
Val Cristallina 266
Val Curciusa 268, 275, 276, 289
Val d'Hérémence 279, 281
Val d'Hérens 205, 281
Val d'Illiez 291–293
Val d'Arolla 205
Val de Travers 160, 162, 165
Val di Carassino 180
Val Forno 251
Val Laguné 258

# STICHWORTVERZEICHNIS

Val Malenco 151
Val Maroz 251
Val Poschiavo 69, 152, 248, 256, 258
Val Roseg 157
Val Susasca 253
Val Verzasca 181
Valendas 144
Valle Antigorio 269
Valle Leventina 180
Valle San Giacomo 276
Valle Sta Maria 180
Vallée de Joux 48, 49
Vallorbe 48
Valsertal 103, 272, 290, 292
Valtournenche 195
variskische Gebirgsbildung 28
Vereina 245
Vereinatunnel 253
Verkehrshaus 239
Vernayaz 283
Verrucano 29, 63, 87, 88, 98, 211
Versamer Tobel 65
Verstädterung 9, 91, 92
Verwerfung 162
Verwitterung 18, 25, 28, 44, 113, 128, 220
Verzasca 180, 182
verzopfter Fluss 206
Vescuv 147
Viamala 268
Vicosoprano 251
Vierwaldstättersee 80, 81, 167, 191, 296, 301, 302
Vièze 291

Vögeli, Cornelius 123
Vögelinsegg 73, 74
Vogelsang 127
von Graefe, Albrecht 131
Vorderrheinthal 272

**W**aadt 42, 139, 335
Wägital 176, 177, 306, 312
Wakker-Preis 71
Walensee 87, 142, 143, 185, 313
Wallis 13, 36, 39, 42, 48, 54, 58, 59, 60, 61, 82, 108, 139, 193, 194, 200–203, 205, 208, 209, 235, 241, 245, 259, 261, 269, 270, 279, 281, 284, 290, 291, 311, 314, 335
Wärmefluss 40, 122
Warven 152
Wasser 14, 20, 26–28, 45, 47, 49, 50, 55, 58–60, 63–67, 82, 83, 85, 86, 89, 95, 111, 119, 120, 122–125, 130, 134, 135, 138, 141, 144, 161, 162, 169, 172, 176, 177, 193, 200, 206, 208, 211, 218, 219, 229, 237, 242, 244, 247, 251, 257, 268, 273, 277–279, 281, 283–285, 288–292, 296, 301, 305, 312
Wasserfall 83, 85, 135, 138, 169, 189, 205
Wasserkraft 17, 27, 74, 90, 137, 162, 176, 247, 260, 274–278, 286, 288, 289
Wasserscheide 249, 251, 257, 288
Wasserschloss 127, 274, 275, 314

Wasserversorgung 95
Waterloo 42
Weesen 143
Weg der Schweiz 80, 81, 191, 192
Weinfelden 13, 17, 185
Weininger See 213
Weisstannental 87
Wenigerweiher 74
Wernetshausen 216
White Turf 68
Wien 201
Wiener Kongress 42
Wilderswil 84
Wildhorndecke 86, 133
Wilen 210
Winterthur 92, 96, 215, 219
Wolfgangpass 253
Würenlingen 286
Würmeiszeit 35, 97, 126, 127, 170, 281

**Y**verdon 48

**Z**ähringer 101, 116
Ze Steinu 60
Zermatt 139, 193–195, 198, 200, 246, 279, 311, 335
Zernez 272
Ziegelbrücke 142
Ziegeleien 95
Zihl 21
Zopfi, Emil 176, 306
Zumthor, Peter 293
Züri West 271
Zürich 29, 36, 53–55, 92, 93, 95–98, 138, 149, 154, 169, 176, 186, 212, 219–221, 229, 233, 239, 243, 250, 291, 298, 302, 305, 306, 311–316, 335
Zürichsee 142, 143
Zurzach 122–125, 314, 335
zweite Juragewässerkorrektion 21

# INHALTSVERZEICHNIS

| | |
|---|---|
| **Zum Geleit** | 5 |
| **Vorwort** | 7 |
| | |
| **DIE SCHWEIZ UND IHRE DREITEILUNG** | 11 |
| **Mittelland** | 11 |
| Der Thurgau | 12 |
| Geologie | 16 |
| Das Seeland | 21 |
| **Alpen** | 24 |
| Der Gesteinskreislauf | 24 |
| Der Wasserkreislauf | 26 |
| Der Kohlenstoffkreislauf | 28 |
| Die Entstehung der Alpen | 28 |
| Gletscher und Oberflächenprozesse | 30 |
| Gletscherschwund und Klimaveränderung | 34 |
| Solifluktion am Furkapass | 40 |
| Blockgletscher | 41 |
| **Jura** | 42 |
| Der jüngste Kanton | 42 |
| Geologie des Juras | 43 |
| Die Dinosaurier-Autobahn | 45 |
| Karst | 47 |
| | |
| **REGIONEN** | 53 |
| **Einleitung** | 53 |
| **Südschweiz** | 54 |
| Steinbrüche | 57 |
| **Wallis** | 58 |
| Suonen | 59 |
| **Graubünden** | 62 |
| Die Ruinaulta | 62 |
| **Engadin** | 68 |
| Zugänge ins Engadin | 69 |
| **Appenzellerland und Alpstein** | 73 |
| Fünfländerblick | 75 |
| **Liechtenstein** | 76 |
| **Die Zentralschweiz und die alten Eidgenossen** | 78 |
| Zentralmassiv (Gotthard) | 78 |
| Rütli, Hohle Gasse und die Geschichte von Wilhelm Tell | 79 |
| Berner Oberland | 82 |
| Die berühmtesten Wasserfälle der Schweiz | 82 |
| **Das Glarnerland** | 87 |
| | |
| **DIE STÄDTE** | 91 |
| **Zürich** | 93 |
| **Bern** | 100 |
| **Sankt Gallen** | 104 |
| **Genf** | 108 |
| **Luzern** | 110 |
| **Basel** | 114 |
| **Fribourg / Freiburg** | 116 |
| **Biel / Bienne** | 118 |

**TYPLANDSCHAFTEN** (NACH KANTONEN) .. 121
**Der Begriff der Typlandschaft** ....................... 121
**Aargau** ................................................................ 122
    Zurzach – Salz und Wasser ....................... 123
    Brugg: Häuser- und Aareschlucht ............ 125
**Appenzell** (Innerrhoden u. Ausserrhoden) . 128
    Geologischer Wanderweg
    Hoher Kasten .............................................. 128
    Heiden ......................................................... 131
**Bern** ................................................................... 132
    Das Rosenlauital ........................................ 132
    Die Aareschlucht ....................................... 134
    Taubenlochschlucht .................................. 136
**Fribourg** ............................................................ 138
    Jaunpass ..................................................... 138
    Der Menhir von Essertes-Auboranges ... 139
**Glarus** ............................................................... 140
    Das Klöntal ................................................. 140
    Die Linthebene .......................................... 142
**Graubünden** .................................................... 144
    Die Surselva ............................................... 144
    Kastanienernte in Soglio .......................... 145
    Die Gletschertöpfe von Maloja ............... 150
    Gletschergarten Cavaglia ......................... 152
    Gletscherlehrpfad Morteratsch .............. 154
    Klimalehrpfad Muottas Muragl –
    Alp Languard .............................................. 156
**Neuchâtel** ........................................................ 160
    Der Creux-du-Van ...................................... 160
    Die Areuse-Schlucht ................................. 162
    La Chaux-de-Fonds ................................... 166
**Nidwalden** ...................................................... 167
    Die Glasi Hergiswil .................................... 167
**Obwalden** ....................................................... 168
**Schaffhausen** ................................................. 169
    Der Rheinfall .............................................. 169
**Schwyz** ............................................................. 172
    Das Muotathal ........................................... 172
    Wägital ....................................................... 176
**Tessin** ............................................................... 178
    Granatperidotit der Alpe Arami ............. 178
    Das Val Blenio ............................................ 180
    Das Val Verzasca ........................................ 181
    Lavertezzo .................................................. 182
    Entdeckungspfade in Gandria ................ 184
**Thurgau** ........................................................... 185
    Thurmäander und Renaturierungs-
    projekte ...................................................... 185
    Die Parkanlage vom Arenenberg ........... 188
    Findlingsgarten Schwaderloh ................. 190
**Uri** ..................................................................... 191
    Die Renaturierung des Reussdeltas
    bei Flüelen ................................................. 191
**Wallis** ............................................................... 193
    Das Mattertal ............................................. 193
    Die alpine Krustenwurzel am Beispiel
    des Matterhorns ....................................... 195
    Die rezente Geschichte von Findelen-
    und Gornergletscher ................................ 198
    Das Tulpendorf Grengiols ........................ 200
    Zugänge zum Wallis .................................. 203
    Die Umgebung von Martigny ................. 204
    Das Arolla-Tal ............................................. 205
    Saillon und der mittelalterliche Kräuter-
    garten .......................................................... 208
**Zug** .................................................................... 210
    Moränenlandschaft um Menzingen ....... 210

**Zürich** ............................................................ 212
    Toteisseen und Riegelhäuser ................... 212
    Drumlinlandschaft im Zürcher Oberland ............................................................ 216
    Tüfels Chilen ................................................ 218
    Üetliberg – Felsenegg ................................ 220

## DAS UNESCO-WELTERBE ............................ 223
**Biosphärenreservat Entlebuch** .................... 223
**Biosphärenreservat Nationalpark** .............. 226
    Der Bär kehrt zurück .................................. 226
**Das Kloster St. Johann in Müstair im Münstertal** ................................................ 228
**Die Burgen von Bellinzona** ........................ 231
**Monte San Giorgio** ........................................ 232
**Jungfrau–Aletsch–Bietschhorn** ................. 235

## STADT SCHWEIZ – VERKEHR UND KLEINRÄUMIGKEIT ........................................... 239
**Das Verkehrshaus** ......................................... 239
**Die NEAT** ......................................................... 240
**Schweizer Pässe** ............................................ 243
    Gotthard ........................................................ 244
    Der Bahnlehrpfad am Albula ................... 245
    Kreisviadukt der RhB von Brusio ............ 248
    Julierpass und Wasserscheide Lunghin . 249
    Albulapass .................................................... 252
    Flüelapass .................................................... 253
    Malojapass ................................................... 254
    Umbrail und Stilfserjoch .......................... 255
    Bernina ........................................................... 256
    Forcola di Livigno ...................................... 258
    Grimselpass .................................................. 259
    Furkapass ...................................................... 261
    Sustenpass ................................................... 263
    Lukmanierpass ............................................ 265
    San Bernardino und Splügen-Pass ......... 267
    Simplonpass ................................................ 269
**Sprache und Raum** ........................................ 270

## NACHHALTIGKEIT ......................................... 273
**Energieversorgung: Das Wasserschloss Schweiz** ............................................................. 274
    Val Curciusa: Misoxer Kraftwerke AG als Fallbeispiel ............................................ 275
    Die Kraftwerke Oberhasli AG (KWO) ...... 277
    Le barrage de la Grande Dixence ............ 279
    Die Pyramiden von Euseigne .................... 281
    Lac d'Emosson ............................................ 282
    Staudamm-Sicherheit ............................... 285
    Kernenergie ................................................. 286
    Der Ökostrom-Lehrpfad vom Berninapass .................................................. 288
**Geothermie und Thermalquellen** ............... 290
    Das Val d'Illiez ............................................. 291
    Die Therme Vals ......................................... 292
**Naturkatastrophen** ........................................ 294
    Überschwemmungen ............................... 294
    Das Beben von Basel 1356 – und heute? ............................................................. 298
    Noch einmal Luzern: Historisches Erdbeben ....................................................... 301
    Historische Bergstürze .............................. 303
    Derborence .................................................. 303
    Die Steinflut von Elm ................................. 304
    Kilchenstock ................................................. 305
    Der Bergrutsch von Goldau ..................... 306
    Die Falli Hölli ................................................ 308

**ANHANG** ............................................................... 311
**Quellenverzeichnis** ............................................... 311
**Empfohlene Literatur** ........................................... 315
**Belletristik und Geowissenschaften?** ........ 316
**The Making Of** ...................................................... 317
    Das Buch ............................................................ 317
    Der Autor ............................................................ 319
    Dank ..................................................................... 320
**Stichwortverzeichnis** ........................................... 323
**Inhaltsverzeichnis** ................................................ 333

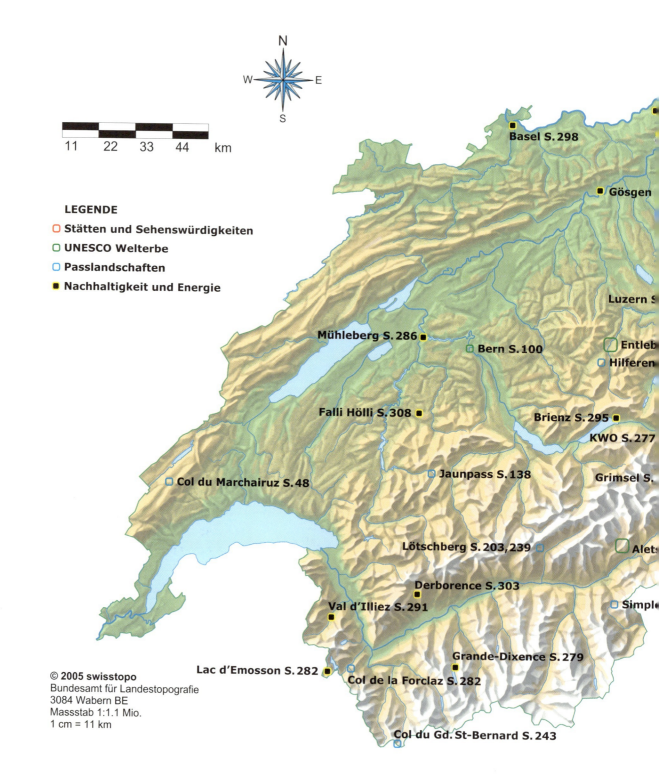